国家社科基金
GUOJIA SHEKE JIJIN HOUQI ZIZHU XIANGMU
后期资助项目

元代铜权整理与研究

The Arrangement and Research of Copper Weights of the Yuan Dynasty

刘　铮　著

文物出版社

图书在版编目（CIP）数据

元代铜权整理与研究 / 刘铮著 . -- 北京：文物出版社，2024.3

ISBN 978-7-5010-8357-2

Ⅰ.①元… Ⅱ.①刘… Ⅲ.①金文—研究—中国—元代 Ⅳ.① K877.34

中国国家版本馆 CIP 数据核字（2024）第 032314 号

元代铜权整理与研究

著　者：刘　铮

责任编辑：许海意
责任印制：张道奇

出版发行：文物出版社
社　　址：北京市东城区东直门内北小街 2 号楼
邮政编码：100007
网　　址：http://www.wenwu.com
经　　销：新华书店
印　　刷：宝蕾元仁浩（天津）印刷有限公司
开　　本：710mm×1000mm　1/16
印　　张：25
版　　次：2024 年 3 月第 1 版
印　　次：2024 年 3 月第 1 次印刷
书　　号：ISBN 978-7-5010-8357-2
定　　价：160.00 元

国家社科基金后期资助项目
出版说明

后期资助项目是国家社科基金设立的一类重要项目，旨在鼓励广大社科研究者潜心治学，支持基础研究多出优秀成果。它是经过严格评审，从接近完成的科研成果中遴选立项的。为扩大后期资助项目的影响，更好地推动学术发展，促进成果转化，全国哲学社会科学工作办公室按照"统一设计、统一标识、统一版式、形成系列"的总体要求，组织出版国家社科基金后期资助项目成果。

全国哲学社会科学工作办公室

序

刘铮博士的新著《元代铜权整理与研究》就要出版了，他将出版社排印稿传给我，嘱我为他的新书写序。盛情难却，我就从一般读者的角度说几句读后感。

铜权是一种衡器，其制作、使用是经济活动顺利开展的必要保障，是影响到国计民生的重要问题。因此，可以说铜权其器虽小而不可谓"小"，铜权应当是古代器物研究中值得特别关注的一类。元代铜权保存至今的很多，旧时的金石学家已经有所关注，新的考古发现更是层出不穷，完全具备了综合研究的条件。作者经过广泛收集和仔细辨析，得到672件元代铜权的实物资料，以此为基础对元代铜权以及相关问题开展了全面、系统的研究，形成现在的专著。

元代铜权作为一种器物，有形制、重量和铭文三方面的基本要素，《元代铜权整理与研究》的主要工作便是元代铜权的器物学研究。在铜权类型分析方面，作者已经做得很细致，分了型和亚型，还结合时代、地域等要素做了进一步分析，并归纳其特征。在铜权铭文分析方面，作者下了很大的功夫，举凡纪年、地名、自重与称重、编号等重要信息，都有翔实的归纳、分类和讨论，对制作者、检校者等一些涉及制作和使用细节的铭文字眼也给予了足够的重视，还涉及不同的文字种类和不同文字内容的组合等铭文总体状况，甚至连不同于一般文字的押书也有所讨论，可谓一网打尽，毫发无遗。毕竟元代铜权的铭文往往只是寥寥数字，信息有限，作者仍能就其中的"都府""宣课所""市令司""留守司"等一些具体信息展开考证，结论平实可喜。编号的讨论，则总结为"多样性""比例小""随意性"三方面的特征，论述深入。在铜权重量分析方面，作者是结合铭文中的自重与称重开展的，为研究元代的斤制提供了基础资料。对元代权衡单位量值的讨论，作者并未局限于铜权，而是充分引入元代银锭资料，并更加肯定了银锭材料的准确度要高于铜权材料，显示了其研究的科学性。

作者不满足于铜权的器物层面的研究，在以上器物研究的基础上，结合《元典章》《元史》等文献资料，还对元代度量衡管理的历史做了一些讨论，诸如管理机构、管理制度等等。甚至结合元代经济历史也展开了一些讨论，发现铜权的时代分布与元代经济的发展历程相一致，元代铜权的分布区域与元代经济发展的区域性差异相一致。

基于元代铜权的基本认识，作者对元代历史分期也提出了自己的看法。虽然不同于史学界的主流看法，也不失为一种富有学术启发的有意义的尝试，显示了元代文物研究的独到价值。当然，这个问题牵涉面还很广，还需要更加多侧面、多维度的思考。

总之，祝贺刘铮博士的新著出版，也祝愿他在以后的岁月里收获新的科学研究成果。

杨晓春

2023 年 12 月 19 日

目　录

绪　论

第一节　选题缘起与研究意义

一　选题缘起

度量衡是衡量物品尺寸长短、容量大小、重量多寡的标准器物，与人类的生活、生产息息相关。度量衡制度对于规范商品交换、稳定市场秩序、促进经济发展、推动科技进步、维护社会安定、保证国家权力等方面均具有重要意义。正是如此，古代度量衡及其制度既是计量学研究的重要内容，又是历史学研究的重点问题，同时也是考古学研究的热点问题。

元代的度量衡及其制度问题，长期以来鲜有学者进行通盘地考察，相关研究较为薄弱，既不全面、也不系统。个中原因大致有二：一是元代文献中涉及度量衡的材料较少，且零散不成体系；二是元代度量衡的实物资料发现不多，且类别比较单一（仅见衡器一类）。鉴于这些情况，吴承洛在考察元代度量衡及其制度时说："元代度量衡，籍无纪载，其所用之器，必一仍宋代之旧。而元代度量衡制度，即谓为宋制，自无不可。"[①]面对当时极为有限的资料，这显然只是一个权宜之说。

值得庆幸的是，随着文博、考古事业的蓬勃发展，大量的元代铜权被发现并公布出来。尤为重要的是，这些铜权蕴含了丰富的历史文化信息，为探讨元代度量衡及其制度问题提供了宝贵的实物资料。

元代铜权，与其他朝代相比，具有以下几个较为显著的特点：

1.数量众多。据统计，从清代乾隆时期至今，各类图书报刊发表的、被认为是"元代铜权"的有近千件之多[②]。其中，能够依据纪年铭文、纪

[①]　吴承洛著：《中国度量衡史》，上海三联书店，2014年，第242页。

[②]　原资料所记元代铜权的馆藏地点（行政机构）或出土地点（行政区划），有的已经裁并，有的已经改名。本书在行文过程中若有涉及，则按原资料迻录，并将今名附于其后的小括号内。

地铭文等相关信息推定为元代的有672件（详见《附表》）。

2.类型多样。元代铜权的类型，除了沿袭南北朝以来的圆体、上窄下宽的六面体以外，还创造出了上宽下窄的六面体、上下等宽的六面体、六弧面体、四面体、八面体、六棱台体、扁钟体等多种类型。

3.铭文内容丰富。元代铜权的铭文是丰富多样的，不仅涉及铜权的制作机构、颁发机构和检校机构，而且包括了权衡的管理制度和管理措施，同时还蕴含着铜权的制作者、使用者、检校者、性质、质量等诸多方面的信息。

4.延续时间较长。从纪年铭文看，元代铜权的最早年代为元太宗窝阔台八年（1236年，如标本1①），最晚年代为元顺帝至正二十四年（1364年，如标本608），前后延续了近130年，发展演变的轨迹十分清晰。

5.分布地域较广。从纪地铭文看，元代铜权的地域分布较为广泛，不仅涉及中书省直辖的腹里地区，而且涉及江浙、湖广、河南、辽阳、江西、四川、陕西和甘肃等8处行省。

6.文字类型多样。元代铜权的铭文包含了汉文、八思巴文、回鹘蒙文、波斯文四种文字类型，这不仅是元朝多民族交流融合、共同发展的体现，而且是元代商品经济繁荣、对外贸易兴盛的反映。

总体来说，元代铜权所具备的上述特点，是中国历史上其他任何朝代都无法比肩的。

二 研究意义

对元代铜权进行整理与研究，具有重要的学术价值和研究意义。具体来说，主要体现在以下几个方面：

第一，迄今为止，元代的度量器物基本不见，而以元代铜权为代表的权衡器物，不仅数量众多，而且铭文内容十分丰富，既涉及元代权衡的制作机构、颁发机构和管理机构，又包含了元代权衡的管理制度和管理措施。由于权衡与度量密切相关，元代铜权不仅为深入探讨元代的权衡制度提供了丰富的资料，而且为深入研究元代的度量制度提供了翔实的资料，同时也为深入探索中国古代度量衡及其制度的发展演变提供了宝贵的资料。

---

① 本书中的"标本（号）"，均是本书《附表》中的"标本编号"。

第二，从某种意义上讲，元代铜权不仅是元代政治发展态势的晴雨表，而且是元代商品经济乃至整个社会经济发展状况的指向标。通过其年代分布状况，可以了解元代政治和经济从弱到强、由盛至衰的发展轨迹；通过其地域分布特征，可以窥见元代经济发展的区域差异性。

第三，元代铜权铭文涉及众多行政机构和行政区划的沿置情况，有的可以证史，有的可以补史，这不仅丰富了我们对元代行政机构的认识，而且刷新了我们对元代行政区划的认知，有助于相关问题的深入探讨。

如标本569，河北保定出土，六面体，权腹正面铭文为"至正四年""官造"，背面铭文为"保定路""较勘相同"，侧面铭文为一个"十"字[①]。这里的"保定路"，本清苑县，唐隶鄚州，宋升为保州，金改为顺天军；元太宗十三年（1241年）升为顺天路，至元十二年（1275年）改为保定路[②]；明洪武元年（1368年）九月，改为保定府[③]。该权制作于至正四年（1344年），符合当时的行政建置，可以起到证史的作用。

又如标本232，河南博物院藏品，权腹正面铭文为"大德四年"，背面铭文为"滦州路造"[④]。元代文献中有"滦州"而无"滦州路"。"滦州"，元初隶"兴平府"；中统元年（1260年），"兴平府"改为"平滦路"；大德四年（1300年），又改"平滦路"为"永平路"[⑤]。该权的出现，说明"平滦路"曾一度改为"滦州路"，从而可以起到补史的作用。

第四，元代铜权的纪年铭文，不仅涉及元代大部分年号和年份，而且连续性较强，发展脉络十分清晰，这不仅有助于我们深入了解元代衡器的发展状况，而且有利于我们深入探讨元代度量衡制度的演变情况。

第五，元代铜权的自重铭文和称重铭文，为我们系统讨论元代的斤两制、杆秤类别、权衡单位量值等问题提供了新契机。

鉴于元代铜权所蕴含的重要学术价值，本书以元代铜权为研究对象，目的是对元代铜权进行一次全面搜集和整理；并在此基础上对元代铜权的形制、元代铜权的铭文、元代权衡的单位量值、元代度量衡的管理体系、元代经济发展的基本特征等相关问题进行一次系统地探讨。

① 郑绍宗：《河北出土金元时期铜权的分析与研究》，《文物春秋》2004年第3期。
② ［明］宋濂等撰：《元史》卷五十八《地理一》，中华书局，1976年，第1354页。
③ ［清］张廷玉等撰：《明史》卷四十《地理一》，中华书局，1974年，第888页。
④ 杨国庆：《河南省博物馆藏元纪铭铜权》，《中原文物》1987年第1期；梁爽：《河南博物院藏元代铜权赏析》，《理财（收藏）》2020年第9期。
⑤ ［明］宋濂等撰：《元史》卷五十八《地理一》，中华书局，1976年，第1352～1353页。

三　时空范围

本研究的时间范围为元代。由于目前学界对"元代"的认识尚存在着一定的分歧，这里有必要加以说明。

（一）元代的时间范围

元代结束于1368年元顺帝北遁大漠，这是学界的共识。但是，对于元代的起始年代问题，学者则众说纷纭，目前尚存在着以下六种不同的说法。

1.元代始于1206年

1206年，元太祖成吉思汗建立大蒙古国。明初官修的《元史》和民国柯劭忞的《新元史》，即以此作为元代的起始年代。按照这种认识，元代延续了163年（1206～1368年）。

2.元代始于1234年

1234年，大蒙古国灭金。袁行霈主编的《中国文学史》，即以此作为元代的起始年代[①]。按照这种看法，元代存在了135年（1234～1368年）。

3.元代始于1260年

1260年（中统元年），元世祖忽必烈继承大统。陈高华、史卫民两位学者即以此作为元代的起始年代。他们认为，1206～1259年，忽必烈之前的前四汗（铁木真、窝阔台、贵由、蒙哥）只称"大汗"，不具备中原王朝皇帝的实际身份。若循名责实，"元代"应始于1260年[②]。以此推算，元代延续了109年（1260～1368年）。

4.元代始于1271年

1271年（至元八年），元世祖忽必烈改国号"大蒙古国"为"大元大蒙古国"。中国硅酸盐学会编写的《中国陶瓷史》，即以此作为元代的起始年代[③]。按照这种看法，元代存在了98年（1271～1368年）。

5.元代始于1276年

1276年（至元十三年），元军攻占杭州，南宋灭亡。清代毕沅的

---

① 袁行霈主编：《中国文学史》（第3卷），高等教育出版社，2003年，第239页。

② 陈高华、史卫民著：《中国政治制度通史·元代》，人民出版社，1996年，"前言"第1页。

③ 中国硅酸盐学会编：《中国陶瓷史》，文物出版社，1982年，第331页。

《续资治通鉴》，即以此作为元代的起始年代[①]。按照这种看法，元代存在了93年（1276～1368年）。

6.元代始于1279年

1279年（至元十六年），崖山之战，宋军战败，元军统一全国。王力的《汉语语音史》，即以此作为元代的起始年代[②]。按照这种认识，元代存在了90年（1279～1368年）。

上述诸说各有所据，但考虑到元代铜权和元代度量衡制度发展演变的连续性和系统性，本研究以《元史》和《新元史》中所言的"元代"为时间范围；而作为研究对象的"元代铜权"，则是指在1206～1368年这段时间内，由元朝各级、各类政府机构制颁（制作和颁发）的铜权。

（二）元代的历史分期

依据元代政治、经济、社会等方面发展的实际情况，可将元代历史分为三期五段。

1.元代早期

该期又可称为"大蒙古国时期"，始于元太祖成吉思汗建立大蒙古国（1206年），终于元世祖忽必烈确立"大元"国号的前夕（1270年），共65年。具体来看，这一时期可再分为早、晚两个阶段。

（1）早段，共54年，为"前四汗"时期（1206～1259年），包括元太祖成吉思汗统治时期（1206～1227年）、拖雷监国时期（1228年）、元太宗窝阔台统治时期（1229～1241年）、乃马真后称制时期（1242～1246年）、元定宗贵由统治时期（1246～1248年）、海迷失后称制时期（1248～1251年）、元宪宗蒙哥统治时期（1251～1259年）。

（2）晚段，共11年，为元世祖忽必烈统治的前期（1260～1270年），包括中统朝（1260～1264年）和至元朝早期（1264～1270年）。

2.元代中期

该期又可称为"大元早期"，始于"大元"国号的确立（1271年），终于元英宗至治三年（1323年），共53年，包括五位帝王统治时期的七个年号。具体来看，这一时期可再分为早、晚两个阶段。

（1）早段，共24年，为元世祖忽必烈统治的后期，即至元朝中晚期（1271～1294年）。

---

① ［清］毕沅编著：《续资治通鉴》卷一百八十三《元纪一》，上海古籍出版社，1987年，第1024页。

② 王力著：《汉语语音史》，商务印书馆，2017年，第349页。

（2）晚段，共27年，包括四位帝王统治时期的六个年号，即元成宗的元贞（1295～1297年）和大德（1297～1307年）、元武宗的至大（1308～1311年）、元仁宗的皇庆（1312～1313年）和延祐（1314～1320年）、元英宗的至治（1321～1323年）。

（三）元代晚期

该期又可称为"大元晚期"，始于泰定元年（1324年），终于至正二十八年（1368年），共45年，先后由泰定帝、天顺帝、元文宗、元明宗、元宁宗、元顺帝等六位帝王进行统治，涉及八个年号，即泰定（1324～1328年2月）、致和（1328年2月～8月）、天顺（1328年9月）、天历（1328年9月～1330年5月）、至顺（1330年5月～1333年9月）、元统（1333年10月～1335年11月）、至元（1335年11月～1340年）和至正（1341～1368年）。

第二节　研究历程与研究现状

对元代铜权进行整理与研究，始于清代乾隆时期，迄今已有240年左右的历史了。在这漫长的历程中，经过十几代人的不懈努力，积累了丰富的铜权资料，发表了近百篇研究论文，获得了较为丰富的学术成果。但是，这项研究目前仍然存在着一些亟待解决的问题和不足。

一　研究历程

清朝统治者入关以来，随着考据学的兴起，元明时期一度沉寂的金石学再度兴盛起来。元代铜权也随之走进了学者们的视野，并逐渐成为学界讨论的热门话题之一。

依据研究内容、研究方法等方面的时代特征，可将元代铜权的研究历程分为两个阶段。

（一）第一阶段：清代中晚期和民国时期

这一阶段始于清代乾隆时期，终于1949年，延续了160余年。

清代乾隆时期，金石学家翁方纲首开元代铜权整理与研究的先河。乾隆四十九年（1784年），他对自己所搜集的一件"真定河间宣课所"铜权（标本3）进行了详细考证，并赋得《元真定河间宣课所铜权歌》一首。围绕这件铜权，翁树培、程瑶田、张埙、何道生等先贤也积极参与了讨论①。

随后，翁树培、阮元、毕沅、瞿中溶、疏筤、张廷济等一批金石学者或地方志学者也积极投入到搜集、辑录和考证元代铜权的过程中来，从而掀起了一股整理和研究元代铜权的高潮。

翁树培曾搜集到15件铜权，并拓制了《翁氏石峰草堂十五权》图册，可惜已经不传。张廷济曾在《清仪阁所藏古器物文》一书中，迻录了其中的4件元代铜权②。

阮元在《两浙金石志》中辑录了7件元代铜权，但仅录铭文，没有其他相关信息③。

毕沅在《山左金石志》中辑录了2件元代铜权，并对铜权的铭文、来源和藏地作了简单介绍④。

瞿中溶在《古泉山馆金石文编》中辑录了3件元代铜权，不仅介绍了铜权的来源、形制和尺寸，而且对铜权铭文作了简单考证⑤。

疏筤等人纂修的《（道光）武康县志》中辑录了1件元代铜权，介绍了铜权的来源和重量，并对铜权铭文作了简单考证⑥。

冯云鹏、冯云鹓合辑的《金石索》中收录了2件元代铜权，介绍了铜权的来源和形制，并对铜权铭文作了简单考证⑦。

张廷济在《清仪阁所藏古器物文》中辑录了14件元代铜权，不仅制作了铜权拓片，而且介绍了铜权的来源，同时对铜权铭文进行了考证⑧。

黄瑞在《台州金石录》中辑录了5件元代铜权，介绍了铜权的尺寸、

---

① ［清］缪荃孙纂：《畿辅金石志》，新文丰出版公司，1979年，第8405页；［清］鲍昌熙摹：《金石屑》，新文丰出版公司，1979年，第4633～4635页；中国嘉德国际拍卖有限公司编：《大观：中国书画珍品之夜·古代》，2015年秋，"清乾隆时期拓本《汉唐虎符鱼符集》"，LOT-1340。

② ［清］张廷济著：《清仪阁所藏古器物文》（下册），浙江人民美术出版社，2020年，第527～543页。

③ ［清］阮元撰：《两浙金石志》，江苏古籍出版社，1998年，第410页。

④ ［清］毕沅辑：《山左金石志》，新文丰出版公司，1982年，第14383页。

⑤ ［清］瞿中溶撰：《古泉山馆金石文编残稿》，新文丰出版公司，1979年，第1711～1712页。

⑥ ［清］疏筤等纂修：《（道光）武康县志》卷十六《艺文志下·金石》，成文出版社有限公司，1982年，第1001页。

⑦ ［清］冯云鹏、冯云鹓辑：《金石索》，上海古籍出版社，2002年，第135页。

⑧ ［清］张廷济著：《清仪阁所藏古器物文》（下册），浙江人民美术出版社，2020年，第527～543页。

重量、藏地，并对铭文内容作了简单考证①。

徐宗幹在《济宁州金石》中辑录了3件元代铜权②。其中，1件迻录于《金石索》，1件迻录于《山左金石志》。

吴浔源在《宁津金石志》中辑录了1件元代铜权，不仅绘制了器物图像，而且对铜权的尺寸、重量、收藏者等事项作了简单介绍③。

陈瑜在《黎平金石志》中辑录了1件元代铜权，记有尺寸、重量、形制、来源、藏地和铭文等信息④。

刘体智在《小校经阁金石文字》中辑录了54件"元代铜权"（其中可推定为元代的有47件），不仅制作了铜权或铜权铭文拓片，而且对铜权铭文作了简单释读⑤。

王舟瑶在《台州金石志》中辑录了6件元代铜权⑥，其中5件迻录于《台州金石录》。

刘绍宽在《平阳金石志》中辑录了1件元代铜权，对铜权铭文作了简单考释⑦。围绕这件铜权，刘绍宽及其好友陈宝宸、冒广生、符璋等人先后赋诗唱和。这些诗文后来被辑成《铜权唱和诗集》一书⑧。

罗振玉在《雪堂藏古器物目录》中辑录了13件元代铜权，但仅有存目，没有其他相关信息⑨。

整体来看，这一阶段元代铜权的整理与研究，具有以下几个特点：

1.涉及事项较少。从整理的角度看，元代铜权的整理应包含铭文、形制、重量、尺寸、来源、藏地（或藏者）等事项，同时还要有绘制或拓制的铜权图片。上述学者的整理大多仅涉及铭文这一事项，而对其他

---

①　[清]黄瑞辑：《台州金石录》，新文丰出版公司，1982年，第11149～11158页。

②　[清]徐宗幹辑：《济宁州金石》，新文丰出版公司，1979年，第9455页。

③　[清]吴浔源纂：《宁津金石志》，新文丰出版公司，1986年，第517页。

④　[清]陈瑜纂：《黎平金石志》，新文丰出版公司，1986年，第218页。

⑤　[清]刘体智主编：《小校经阁金石文字（引得本）》（四），台湾大通书局，1979年，第2339–2356页。

⑥　王舟瑶撰：《台州金石志》，新文丰出版公司，1986年，第280～282页。

⑦　刘绍宽撰：《平阳金石志》，新文丰出版公司，1986年，第411页。

⑧　陈后强主编：《苍南县陈姓通览》，杭州出版社，2006年，第751页；陈镇波：《刘厚庄年谱》，载苍南县政协文史资料委员会编《刘绍宽专辑》（苍南文史资料第十六辑），2001年，第427页；陈庆念主编：《苍南诗征》，上海古籍出版社，2005年，第406页；平阳县志编纂委员会编：《平阳县志》，汉语大词典出版社，1993年，第954页。

⑨　罗振玉著：《雪堂藏古器物目录（外五种）》，上海古籍出版社，2013年，第29～30页。

事项关注较少。

2.研究内容狭窄。从研究内容来看，上述学者对元代铜权的研究，大多是对铜权铭文的释读和考证，而对元代铜权的形制、地域分布、年代分布、权衡单位量值、权衡制度等相关问题则基本没有涉及。

3.研究方法单一。从研究方法来看，上述学者对元代铜权的研究，基本上是在金石学的范围内进行的。

4.搜集数量较少。从数量来看，上述学者所辑录的元代铜权数量较少，仅有100余件。

5.年代判断不确。宋、金、元三个时期的铜权，形制上大致相同。若无纪年铭文等相关信息可资断代，则不能确定铜权是属于宋、金还是属于元代。如《小校经阁金石文字》中辑录的1件"元代铜权"，六面体，权腹正面铭文为"十六"，其他五面无铭文[1]。该权既无纪年铭文，又无其他可资断代的信息，而被认定为"元代"，这显然过于草率。

总体来看，这一阶段元代铜权的研究具有搜集数量较少、整理内容简单、研究方法单一、研究范围狭窄等特征。

（二）第二阶段：1949年新中国成立至今

这一阶段以1949年新中国的成立为开端，一直延续至今，前后经历了70余年的时间。

新中国成立以后，随着文博、考古事业的蓬勃发展，元代铜权的整理与研究也揭开了新篇章，无论是研究的广度还是深度都有了很大的拓展。

从研究的广度看，不再局限于对铜权铭文的单纯考证，开始对铜权的形制、铭文文字类型等问题进行比较系统地分析。从研究的深度看，不再局限于对铜权本身的研究，开始关注铜权所反映出的权衡单位量值、度量衡管理体系等相关问题。

关于元代铜权的形制问题，刘幼铮《介绍天津发现的一批古代铜、铁权》[2]、吴大林《江苏溧水县收集到的元代铜权》[3]、刘弘和晏德宗《元

---

① ［清］刘体智主编：《小校经阁金石文字（引得本）》（四），台湾大通书局，1979年，第2338页。

② 刘幼铮：《介绍天津发现的一批古代铜、铁权》，载文物编辑委员会编《文物资料丛刊（8）》，文物出版社，1983年，第113～116页。

③ 吴大林：《江苏溧水县收集到的元代铜权》，《文博通讯》1983年第6期。

代铜权小议》①、郑绍宗《河北出土金元时期铜权的分析和研究》②、张庆久《浅说元代铜权》③、蔡明《元代铜权的初步研究》④等文进行了探讨。

关于元代铜权的文字类型问题，刘东瑞《铸有四种不同文字的元代二斤铜秤锤》⑤、刘幼铮《介绍天津发现的一批古代铜、铁权》⑥和《元代衡器衡制略考》⑦、黄时鉴《元代四体铭文铜权的考释》⑧、王大方和张文芳《草原金石录》⑨等论著进行了探索。

关于元代的权衡单位量值问题，刘幼铮《元代衡器衡制略考》⑩、吴慧《宋元的度量衡》⑪、蔡明《元代铜权的初步研究》⑫、丘光明《中国历代度量衡考》⑬和《计量史》⑭、丘光明等人《中国科学技术史·度量衡卷》⑮等论著进行了有意义的讨论。

关于元代的度量衡管理体系问题，刘幼铮《元代衡器衡制略考》⑯、丘光明《中国历代度量衡考》⑰和《计量史》⑱、丘光明等人《中国科学技

---

① 刘弘、晏德宗：《元代铜权小议》，《故宫文物月刊》1993年第11期（总第119期）。
② 郑绍宗：《河北出土金元时期铜权的分析与研究》，《文物春秋》2004年第3期。
③ 张庆久：《浅说元代铜权》，《文物世界》2012年第4期。
④ 蔡明：《元代铜权的初步研究》，《考古》2013年第6期。
⑤ 刘东瑞：《铸有四种不同文字的元代二斤铜秤锤》，《历史教学》1979年第6期。
⑥ 刘幼铮：《介绍天津发现的一批古代铜、铁权》，载文物编辑委员会编《文物资料丛刊（8）》，文物出版社，1983年，第113~116页。
⑦ 刘幼铮：《元代衡器衡制略考》，载元史研究会编《元史论丛》（第三辑），中华书局，1986年，第172~180页。
⑧ 黄时鉴：《元代四体铭文铜权的考释——以识读波斯文铭文为主》，载叶亦良编《伊朗学在中国论文集（第二集）》，北京大学出版社，1998年，第41~47页。
⑨ 王大方、张文芳编著：《草原金石录》，文物出版社，2013年，第234页。
⑩ 刘幼铮：《元代衡器衡制略考》，载元史研究会编《元史论丛》（第三辑），中华书局，1986年，第172~180页。
⑪ 吴慧：《宋元的度量衡》，《中国社会经济史研究》1994年第1期。
⑫ 蔡明：《元代铜权的初步研究》，《考古》2013年第6期。
⑬ 丘光明编著：《中国历代度量衡考》，科学出版社，1992年，第470~471页。
⑭ 丘光明著：《中国物理学史大系：计量史》，湖南教育出版社，2002年，第486~494页。
⑮ 丘光明、邱隆、杨平著：《中国科学技术史·度量衡卷》，科学出版社，2001年，第399~402页。
⑯ 刘幼铮：《元代衡器衡制略考》，载元史研究会编《元史论丛》（第三辑），中华书局，1986年，第172~180页。
⑰ 丘光明编著：《中国历代度量衡考》，科学出版社，1992年，第470~471页。
⑱ 丘光明著：《中国物理学史大系：计量史》，湖南教育出版社，2002年，第486~494页。

术史·度量衡卷》①等论著进行了讨论。

总体来看，这一阶段的元代铜权整理与研究，除了研究内容向广度和深度拓展以外，还具有以下几个特点：

1.涉及事项齐全。学者对元代铜权的整理，不但包括了铭文内容、尺寸、重量、来源方式、藏地（或藏者）等事项，而且大多提供了铜权铭文拓片和铜权图片。

2.搜集数量较多。据统计，这一阶段各类出版物公开发表的、被认为是"元代铜权"的有近900件，数量约是第一阶段的9倍。其中，丘光明《中国历代度量衡考》一书对当时（1992年）业已公布的"元代铜权"进行了一次较为系统地搜集与整理，共辑得"元代铜权"306件②。

3.研究方法多样。从研究方法来看，这一阶段基本上摆脱了单一的金石学研究方法，开始综合运用考古学、历史学、计量学和统计学的方法来探讨元代铜权的相关问题。

二　研究现状

纵观元代铜权的研究历程不难发现，经过十几代学者的不懈努力，学界对于元代铜权的研究已经取得了较为丰硕的成果。但毋庸讳言，先行研究还存在诸多亟待解决的问题。

（一）铜权资料尚待完善

依据实物资料进行相关问题的研究，务必保证实物资料的全面性和可靠性。依据片面的、不系统的资料所进行的研究，得出的结论是片面的；依据不准确的、甚至错误的资料所进行的探讨，获得的成果是不可靠的。总体来看，先行研究在资料使用方面尚存在着以下几个问题：

1.资料不够全面

迄今为止，各类出版物发表的"元代铜权"已近千件。研究者在进行相关研究时，并未对这些铜权进行全面的搜集、整理。

2.年代判断有误

元代铜权与宋金时期的铜权在形制上有着很大的相似性。如果铜权本身既没有确切纪年证明是元代的，又无法通过其他信息推定为元代的，是不能视作元代铜权的。不少学者在进行相关研究时，并未对所采信的

① 丘光明、邱隆、杨平著：《中国科学技术史·度量衡卷》，科学出版社，2001年，第399～402页。
② 丘光明编著：《中国历代度量衡考》，科学出版社，1992年，第472～477页。

铜权资料进行仔细甄别，以致经常出现把宋金时期铜权误作为元代铜权的情况。

3.铭文释读不确

由于年代久远，元代铜权铭文多漫漶不清。铜权的发表者对铜权铭文的漏释、误释等现象较为常见。如果研究者对铜权铭文不进行仔细甄别而直接使用，会使研究结果大打折扣。

4.资料重复计算

同一件元代铜权可能会发表于不同的出版物，由于发表时间、测量工具等方面的不同，相关信息或数据可能会有所差别。如果研究者不进行细致筛选，不仅可能导致数量的重复计算，而且可能造成采信的数据不够准确，这势必会影响到研究结果的真实性和可靠性。

（二）研究深度有待挖掘

目前的元代铜权研究，虽已涉及元代权衡的单位量值、元代度量衡的管理体系等问题，但深度仍待进一步挖掘。如在权衡单位量值问题上，学者所讨论的基本上都是元代的权衡单位量值。这类讨论只看到大蒙古国时期与大元时期权衡单位量值的联系，没有看到两者的区别。又如在度量衡管理体系问题上，学者的研究也有待深入，没有全面系统地探讨元代度量衡的管理机构、管理制度和管理措施等相关问题。

（三）研究范围尚待拓展

目前的元代铜权研究虽涉及诸多相关问题，但对于元代铜权的铭文特征、纪年方式、编号方式、纪地方式等问题尚无学者论及。这些问题不仅是元代铜权研究的重要内容，而且是我们全面认识元代铜权的重要环节，因此元代铜权研究的范围还有待进一步拓展。

总体来看，上述问题能否解决，或解决得妥当与否，都会直接影响到元代铜权相关问题的深入和拓展。

第三节　研究思路、内容与方法

鉴于先贤时哲在元代铜权整理与研究过程中尚存在的问题和不足，本研究力求以较为清晰的研究思路和切实可行的研究方法，获得比较符合实际的结论。

一　研究思路

本研究分为搜集、整理、研究三个阶段。

第一阶段为搜集阶段。在这一阶段里，充分利用网络、图书、期刊、报纸等各类资源，广泛查阅各类资料，尽可能全面地搜集元代的铜权资料。

第二阶段为整理阶段。在这一阶段里，首先对搜集的元代铜权资料进行细致梳理，以避免资料重复；然后逐一对铜权的年代、铭文等进行考证和订补，以确保资料的可靠性。

第三阶段为研究阶段。这一阶段按照以下几步有序进行：

第一，对元代铜权的研究历程进行梳理，深入了解先行研究的不足和缺陷，理清研究思路，明确研究内容，并为此采取适当的研究方法。

第二，对形制明确的元代铜权进行考古类型学分析，在此基础上对元代铜权进行分期研究。

第三，探讨元代铜权的铭文制作方式、铭文布局特征、铭文类别、铭文体例等问题。

第四，依据纪年铭文，对元代铜权的年代分布、元代铜权的纪年方式等相关问题进行讨论。

第五，依据纪地铭文，对元代铜权的制颁机构、元代铜权的地域分布等相关问题进行研究。

第六，依据元代铜权的自重铭文、称重铭文、实测重量等信息，对元代铜权自重铭文的类别与特征、元代的斤两制、元代铜权称重铭文的类别与特征、元代杆秤的类别等相关问题进行研究。

第七，依据元代铜权的编号铭文，对元代铜权的编号方式、各编号方式的来源等相关问题进行探讨。

第八，对元代铜权的"其他铭文"进行归纳和阐释。

第九，依据元代铜权和银锭等实物资料，分别探讨大蒙古国时期和大元时期的权衡单位量值问题。

第十，以元代文献资料为基础、以元代铜权资料为中心，探讨元代度量衡制度的发展历程、元代度量衡的管理机构、元代度量衡的管理制度、元代度量衡的管理措施等相关问题。

最后，依据元代铜权的年代分布状况与地域分布状况，并结合文献记载，探讨元代经济发展的基本特征问题。

二 研究内容与框架

本研究共分为七个部分十章内容，分别对元代铜权的研究历程、元代铜权的类型与分期、元代铜权铭文的类别与特征、元代权衡的单位量值、元代度量衡的管理体系、元代经济发展的基本特征等相关问题进行探索和研究。

第一部分为绪论，主要探讨元代铜权的学术价值和研究意义，并对先行研究进行回顾和评价，指出尚存在的问题和不足。在此基础上，阐明本研究的思路、内容、框架、方法和创新等问题。

第二部分为第一章，主要探讨元代铜权的制作流程、结构、类型、各类型的源流、各类型的地域分布、各类型的年代分布等相关问题。在此基础上，对元代铜权进行分期研究。

第三部分包括第二至七章，主要对元代铜权的铭文特征（包括铜权铭文的制作、书写、布局等方面的特征）、纪年铭文、纪地铭文、自重铭文、称重铭文、编号铭文、"其他铭文"等问题进行研究。

第二章主要探讨元代铜权铭文的制作方式、布局、书写方式、文字类型、类别、体例等相关问题。第三章主要探讨元代铜权的纪年方式和年代分布等相关问题。第四章主要探讨元代纪地铜权的类别、所涉及的行政区划、地域分布等相关问题，同时对其中的"都府""宣课所""市令司""留守司"等政府机构进行探讨。第五章主要探讨元代铜权自重铭文的类别与特征、元代的"斤两制"、元代铜权称重铭文的类别与特征、元代杆秤的类别等相关问题。第六章主要探讨元代铜权的编号方式及来源、"千字文＋数字"编号的含义等相关问题。第七章主要对元代铜权的"其他铭文"进行归纳、分类和阐释。

第四部分为第八章，主要依据元代铜权和银锭等实物资料，分别对大蒙古国和大元两个时期的权衡单位量值问题进行讨论。

第五部分为第九章，以元代文献资料为基础、以元代铜权资料为中心，主要探讨元代度量衡的制颁机构、管理机构、管理制度和管理措施等相关问题。

第六部分为第十章，依据元代铜权的年代分布和地域分布状况，并结合相关文献，主要讨论元代经济发展的基本特征问题。

第七部分为结语，主要对本研究的内容进行归纳和总结，并对元代度量衡及其制度的主要特征进行概括和阐释，同时对本研究尚存在的问题和不足给予揭示。

三　研究方法

由于涉及众多的铜权资料和文献资料，本研究将综合运用以下方法对相关问题进行探讨。

运用考古类型学的方法，对元代铜权进行类型学研究，并对各类型的源流、年代分布状况、地域分布状况等问题进行探讨。在此基础上，对元代铜权进行分期研究。

运用"多重证据法"，以元代铜权资料为中心，以《元史》《元典章》和《通制条格》等文献资料为基础，结合考古学、历史学和计量学的研究成果和研究方法，以历史学的现有成果为指导，对元代铜权铭文的内容、元代权衡的单位量值、元代的度量衡制度等问题进行系统地探讨。

运用计量分析的方法，对丰富的实物资料进行科学分析，力求获得更多、更可靠的数据。在此基础上，对元代铜权各类型的地域分布状况、年代分布状况以及元代权衡的单位量值等相关问题进行研究。

四 特色与创新

对照先贤时哲所进行的先行研究，本研究的特色与创新之处主要体现在以下几个方面。

（一）对于元代铜权的研究，时至今日仍然存在着诸多的问题和不足。以元代铜权为研究对象的专著尚未出现，本书是对元代铜权的第一次较为全面系统地整理与研究。

（二）在指导思想上，一方面摆脱"唐宋元明度量衡制度相同"的思想束缚，以元代文献资料为基础，以元代实物资料为中心来探讨元代的度量衡及其制度问题；一方面摒弃"元代权衡单位量值一成不变"的旧有认识，将元代的权衡单位量值分为"大蒙古国"和"大元"两个时期分别进行讨论。

（三）元代铜权的类型是多样的。依据腹部特征的差异性，可将元代铜权分为 A 型、B 型、C 型、D 型、E 型和 F 型六种类型。其中，B 型、C 型、D 型和 E 型四种类型均可再分为若干个亚型。依据各类型的年代分布状况，可将元代铜权分为一、二、三期。

（四）依据具体内容或内涵的不同，可将元代铜权的铭文归纳为六类，即纪年铭文、纪地铭文、自重铭文、称重铭文、编号铭文和"其他铭文"。

（五）大蒙古国时期与大元时期的权衡单位量值是不同的。其中，大蒙古国时期的斤重约为635克，折合两重约为39.7克；大元时期的斤重约为616克，折合两重约为38.5克。

（六）元代的度量衡管理体系，不仅包括各级、各类管理机构，而且包括比较完善的管理制度，同时也包括较为完备的管理措施。

第一章　元代铜权的类型与分期

元代铜权可分为 A 型、B 型、C 型、D 型、E 型、F 型六种类型。其中，B 型可再分为 Ba 型、Bb 型、Bc 型、Bd 型四种亚型，C 型可再分为 Ca 型、Cb 型两种亚型，D 型可再分为 Da 型、Db 型两种亚型，E 型可再分为 Ea 型、Eb 型两种亚型。依据各类型的年代分布状况，可将元代铜权分为一、二、三期。

第一节　元代铜权的结构

元代铜权是由两合外范进行"合范"的方法铸造的，其制作过程大致包括制模、制范、合范、浇铸、打磨五道工序。元代铜权一般由钮、肩、腹、腰、座五部分组成。

一　元代铜权的制作流程

通过对实物的观察，可知元代铜权具有两个显著的特征：一是"实心"，一是"范线"。所谓"范线"，是采用"范铸法"而遗留于铜器表面的铸造痕迹。元代铜权的"范线"，对称分布于权体的两侧，从钮部顶端两侧自上而下一直延伸至底座，并在底面中间汇于一处。这两个特征说明，元代铜权是采用两合外范进行"合范"的方法铸造的。

依据"范铸法"制作铜器的一般流程，可以推知元代制作铜权的大致过程。

第一道工序为"制模"。大致过程是：精心筛选陶土，然后和成泥团；待泥团半干后，按照预先设定的铜权形状进行雕刻，制成母模。

第二道工序为"制范"。大致过程是：母模阴干后，将调和好的泥土拍打成薄厚均匀的泥片，然后贴敷在母模表面，反复用力拍压；待泥片成型并晾至半干后，用细线、刀或锥将其左右对称分割，然后取出母模，余下的便是两合对称的外范。

第三道工序为"合范"。大致过程是：外范阴干后，将其合拢，并在底部预留两个小孔，一为浇注孔，一为透气孔；或者直接预留一个稍微大点的孔，既便于浇注铜液，又可以起到透气的作用。从实物来看，元代铜权通常采用后一种留孔方式。

第四道工序为"浇铸"。大致过程是：将装配好的两合外范捆紧后糊以泥砂或草拌泥，再入窑烧烤；然后将预热的陶范取出并倒置，继而将熔化的铜液缓慢匀速注入浇注口；待铜液冷却后，打碎外范，将所铸的铜权取出。

第五道工序为"修整"。大致过程是：将铸好的铜权以锯挫、錾凿等方式进行修整，以便去除多余的铜块和毛边；然后用细砂、毛皮、粗布等物品对铜权进行打磨抛光。

经过上述五道工序，一件铜权就制作完成了，再经过度量衡管理机构的检校，铜权及其所配杆秤就可以流通使用了。

二 元代铜权的结构

元代铜权一般由钮、肩、腹、腰、座五部分组成。以往学者在探讨相关问题时，并未对这些部位做出明确的解释和界定。为方便问题的探讨，在先贤时哲讨论的基础上，这里依次对元代铜权各部位进行详细说明（图1-1）。

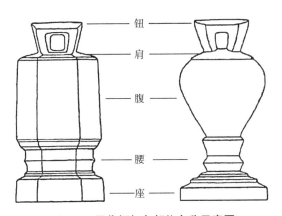

钮
肩
腹
腰
座

图1-1 元代铜权各部位名称示意图

（一）权钮

权钮位于铜权的顶部，通常由一个顶面和两个侧面组成。顶面可大致分为两类：一是两面坡式（如图1-2），为常见类型；一是山字形（如图1-10），为少见类型。两个侧面均在中间起脊，作两面坡式。钮部中间有孔，便于系绳悬挂或携带；孔径大小不一，形状各式各样，大致有圆形、椭圆形、长方形、正方形和不规则形之分。

从整体特征看，权钮主要有四边形钮和"山"字形钮两种。所谓四边形钮，是指权钮的纵剖面呈四边形，包括梯形、长方形、正方形等形状在内（如图1-2）。所谓山字形钮，是指权钮顶部像个"山"字，钮部纵剖面的整体形状呈"山"字形（如图1-10）。

（二）权肩

权肩位于权钮之下，其下一般有一圈凹进权体的弦纹，与权腹相隔。从外形特征看，权肩有平肩与溜肩之分。从平面形状看，权肩有圆形、椭圆形、多边形之分。大致来说，权肩的平面形状一般与权腹的截面形状保持一致：腹部为圆体（包括椭圆体）的铜权，肩部的平面形状一般为圆形（包括椭圆形）；腹部为多面体的铜权，肩部的平面形状一般为多边形。

（三）权腹

权腹位于权肩之下，是铜权的主体部分，其下一般有一圈凹进权体的弦纹，与权腰相隔。其形制多样，大体上有圆体和多面体之分。其中，多面体又有四面体、六面体和八面体之分。

圆体铜权的腹部有正、背两面，以权体两侧自上而下的范线为界，分别与权钮的正面和背面相对应（如图1-2）。

四面体铜权的腹部有四面，以权体两侧的范线为界，两侧各有三面；正面的左侧面与背面的右侧面以范线为中心合为一面，正面的右侧面与背面的左侧面以范线为中心合为一面（如图1-7和图1-8）。

六面体铜权的腹部有六面，以权体两侧的范线为界，两侧各有三面。其中，正对权钮的两面，分别为正面和背面。正面的左侧和右侧各有一面，可分别称为左侧面和右侧面。背面亦然（如图1-3）。

八面体铜权的腹部有八面，包含两种情况。第一种，范线与八面体铜权的棱线重合，范线两侧各有四面，与权钮大致正对，各有两面，可分别称为正面和背面。正面包括两面，可分别称为左正面和右正面；正面的两个侧面，可分别称为左侧面和右侧面；背面亦然（如图1-9）。第二种，范线位于八面体铜权相对两面的中线上，范线两侧各有五面，正面靠近范线的左侧面与背面靠近范线的右侧面以范线为中心合为一面，正面靠近范线的右侧面与背面靠近范线的左侧面以范线为中心合为一面（如图1-10）。

（四）权腰

权腰位于权腹之下、权座之上，两端外凸，中间内束。权腰的平面形状通常与权腹的截面形状保持一致：腹部为圆形的铜权，腰部的横截面为圆形；腹部为多面体的铜权，腰部的横截面为多边形。权腰之上通常装饰二至五圈凸出的平行弦纹。

（五）权座

权座位于权腰之下，其平面形状通常与权腹的平面形状保持一致：腹部为圆形的铜权，座为圆台式，横截面为圆形；腹部为多面体的铜权，座为多面体台式，横截面为多边形。

权座通常由座面、立面、底面三部分组成。多面体台式座的座面一般呈台阶式，平面形状为多边形；立面的数量一般与腹部一致，均为长方形；底面一个，为多边形。圆体台式座的座面一般亦是台阶式，平面形状为圆形；立面一个，为带状圆形；底面一个，为圆形。

这里需要说明的是，个别元代铜权无腰、无座，仅由钮、肩、腹三部分组成；但这类铜权数量较少，目前仅见3件，即标本128（图1–13）、标本315（图1–12）和标本668（图1–11）。

第二节　元代铜权的类型

对于元代铜权的形制问题，迄今为止已有不少学者进行了探讨。由于时代不同、资料有别、研究方法各异、描述习惯不同，诸位学者所得出的分析结果也不尽相同。

一　先行研究

对元代铜权的形制问题进行探讨，始于清代乾隆时期。从现有资料看，翁方纲是最早谈论这一问题的学者。乾隆四十九年（1784年），他将自己收藏的1件"真定河间宣课所"铜权（标本3）描述为"六觚"[1]。

瞿中溶将《古泉山馆金石文编》中3件元代铜权（标本53、标本610和标本642）称为"六棱"[2]。

---

[1]　[清] 翁方纲撰：《复初斋诗集》，上海古籍出版社，2002年，第625页；[清] 缪荃孙纂：《畿辅金石志》，新文丰出版公司，1979年，第8405页；[清] 鲍昌熙摹：《金石屑》，新文丰出版公司，1979年，第4633～4635页；中国嘉德国际拍卖有限公司编：《大观——中国书画珍品之夜·古代》，2015年秋，"清乾隆时期拓本《汉唐虎符鱼符集》"，LOT-1340。

[2]　[清] 瞿中溶撰：《古泉山馆金石文编残稿》，新文丰出版公司，1979年，第1711～1712页。

冯云鹏、冯云鹓二人将《金石索》中2件元代铜权（标本293和标本315）描述为"六觚"[1]。

王舟瑶将《台州金石志》中1件"至大元年"铜权（标本337）描述为"耸肩之瓶"[2]。

陈瑜将《黎平金石志》中1件"大德六年"铜权（标本256）描述为"顶戴式"[3]。

不难看出，上述先贤对元代铜权形制的探讨，实际上是对个别铜权形状的一种文字描述，并不是真正意义上的考古学类型分析。

20世纪70年代以来，随着考古学的蓬勃发展，一些学者开始尝试对元代铜权进行考古类型学的研究。

1973年，中国科学院考古研究所等单位的学者，将北京西绦胡同元代居住遗址出土的3件元代铜权分为了"六角柱形"（标本431）和"覆钵塔式"（标本588）两种类型[4]。

1983年，刘幼铮在《介绍天津发现的一批古代铜、铁权》一文中，将天津发现的9件元代铜、铁权分为了三种类型：Ⅰ型，扁四面体；Ⅱ型，扁圆束腰；Ⅲ型，圆形束腰[5]。

同年，吴大林在《江苏溧水县收集到的元代铜权》一文中，将江苏溧水县（今南京市溧水区）文化部门收藏的17件元代铜权分为了两式。其中，Ⅰ式为六面塔形，Ⅱ式为亚字形圆柱体[6]。

1993年，刘弘、晏德宗两位学者在《元代铜权小议》一文中，将元代铜权分为了三种类型：第一种，上部为方形或倒梯形的鼻钮，权身为上大下小的覆钵塔状，有圆形与八楞形两种，束腰，下接上小下大的圆盘式底座；第二种，上部亦为方形或倒梯形的鼻钮，权身为略扁的六角塔形，束腰，下接六角形须弥座式底座；第三种，权身整体呈扁钟状，上薄下厚，上部有一个圆形穿孔[7]。

① ［清］冯云鹏、冯云鹓辑：《金石索》，上海古籍出版社，2002年，第135页。

② 王舟瑶撰：《台州金石志》，新文丰出版公司，1986年，第280～282页。

③ ［清］陈瑜纂：《黎平金石志》，新文丰出版公司，1986年，第218页。

④ 中国科学院考古研究所等：《北京西绦胡同和后桃园的元代居住遗址》，《考古》1973年第5期。

⑤ 刘幼铮：《介绍天津发现的一批古代铜、铁权》，载文物编辑委员会编《文物资料丛刊（8）》，文物出版社，1983年，第113～116页。

⑥ 吴大林：《江苏溧水县收集到的元代铜权》，《文博通讯》1983年第6期。

⑦ 刘弘、晏德宗：《元代铜权小议》，《故宫文物月刊》1993年第11期（总第119期）。

2004年，郑绍宗在《河北地区出土金元时期铜权的分析与研究》一文中，将河北发现的64件金元时期铜权（其中元代铜权57件）分为了圆体、六棱体、扁圆体三个类型[①]。

2012年，张庆久在《浅说元代铜权》一文中，依据他所收集的百余件铜权资料，将元代铜权分为了A型、B型、AB型、C型四种类型。A型，为圆形权。B型，为六棱形权，又分三式：BⅠ式，上大下小（也称"宽肩收腹"）；BⅡ式，上小下大（也称"窄肩宽腹"）；BⅢ式，六棱柱形（也称"上下相同"）。AB型，为六棱圆腹形，圆肩，权体上丰下敛，通体有棱。C型，为其他形状，即钟形，上薄下厚[②]。

2012年，都惜青在《馆藏元代大都路铜权及相关问题研究》一文中，将其搜集到的43件"大都路"铜权分为了扁六面体和椭圆形两种类型[③]。

2013年，蔡明在《元代铜权的初步研究》一文中，将其搜集到的209件元代铜权分为了六面体和圆体两种类型[④]。

2017年，都惜青在《辽宁省博物馆藏元代纪年铜权考析》一文中，将辽宁省博物馆收藏的40件元代铜权分为了椭圆形、扁六面体和六面体三种类型[⑤]。

总体来看，上述诸家对元代铜权形制的探讨存在着两个缺陷：一是由于时代与资料之限，对元代铜权所进行的类型分析不够全面；二是由于描述习惯不同，对同一类型的命名不尽相同。但不可否认的是，上述研究深化了元代铜权类型问题的讨论，并为继续探讨奠定了坚实的基础。

二　元代铜权的类型

按照类型是否明确，可将元代铜权分为两类：一是类型明确的铜权，共485件，其类型可依据原资料中的文字描述、器物图片或器物拓片（全形拓）而得知；二是类型不明的铜权，共187件，其类型因原资料缺少相关信息而不能确定。其中，第一类是探讨元代铜权类型的基本材料。

依据腹部特征的差异，可将元代铜权分为A型、B型、C型、D型、E型、F型六种类型。其中，B型可细分为Ba型、Bb型、Bc型、Bd型四

① 郑绍宗：《河北地区出土金元时期铜权的分析与研究》，《文物春秋》2004年第3期。
② 张庆久：《浅说元代铜权》，《文物世界》2012年第4期。
③ 都惜青：《馆藏元代大都路铜权及相关问题研究》，载辽宁省博物馆编《辽宁省博物馆馆刊（2012）》，辽海出版社，2013年，第245～258页。
④ 蔡明：《元代铜权的初步研究》，《考古》2013年第5期。
⑤ 都惜青：《辽宁省博物馆藏元代纪年铜权考析》，《四川文物》2017年第4期。

种亚型；C型可细分为Ca型、Cb型两种亚型；D型可细分为Da型、Db型两种亚型；E型可细分为Ea型、Eb型两种亚型。

A型，圆体，217件。对于此种类型，学界曾有"钟形"[①]"覆钵塔式"[②]"亚腰圆柱体"[③]"亚字形圆柱体"[④]"葫芦形"[⑤]"扁形椭圆形"[⑥]"球形体"[⑦]"瓶状"[⑧]"椭圆形"[⑨]"圆锥体"[⑩]等十余种不同的称呼。

A型的总体特征是：由钮、肩、腹、腰、座五部分组成；钮部纵剖面为四边形或山字形；肩部通常为溜肩，平面形状为圆形；腹部通常为上大下小的圆柱体，最大径一般在腹部中线以上、顶端以下位置，横切面为圆形或椭圆形，纵剖面大致为倒梯形，上下两边为平行的直边，左右两边为等高外凸的弧边；腰部上下两端外侈，中间内束；座部通常为圆台式。不分亚型。

如标本490，辽宁省博物馆藏品，腹部有"泰定元年""□定路造"等铭文[⑪]。该权的形制特征是：倒梯形钮；溜肩；束腰；圆台式座；腹部为上大下小的圆柱体，横切面为圆形，纵剖面为左右两弧边的倒梯形（图1-2）。

B型，六面体，261件。对于此种类型，学界曾有"六棱形"[⑫]"扁六面体"[⑬]"扁平六面体"[⑭]"六棱形体"[⑮]"六面塔形"[⑯]"六角塔形（式）"[⑰]"六

① 郑绍宗、孙慧君：《隆化皇姑屯辽北安州及其附近遗迹调查简报》，《文物春秋》1991年第2期。
② 刘善沂：《山东茌平郜屯出土一批金元器物》，《考古》1986年第8期。
③ 刘建中：《张家口地区博物馆收藏的元代铜权》，《文物春秋》1993年第3期。
④ 吴大林：《江苏溧水县收集到的元代铜权》，《文博通讯》1983年第6期。
⑤ 醴陵市志编纂委员会编：《醴陵市志》，湖南出版社，1995年，第792页。
⑥ 陈之勉：《江西赣州出土元代铜权》，《南方文物》1996年第2期。
⑦ 程明：《山东邹城市出土元代铜权》，《考古》1996年第6期。
⑧ 林洪：《浏阳市博物馆藏元大德二年铜权》，《文物》2020年第12期。
⑨ 李晓峰：《济南市博物馆藏元代铜权介绍》，《文物春秋》1999年第2期。
⑩ 马瑞雪：《宽城县出土金元时代文物》，《考古》1987年第12期。
⑪ 都惜青：《辽宁省博物馆藏元代纪年铜权考析》，《四川文物》2017年第3期。
⑫ ［清］瞿中溶撰：《古泉山馆金石文编残稿》，新文丰出版公司，1979年，第1711～1712页。
⑬ 都惜青：《辽宁省博物馆藏元代纪年铜权考析》，《四川文物》2017年第3期。
⑭ 李晓峰：《济南市博物馆藏元代铜权介绍》，《文物春秋》1999年第2期。
⑮ 刘幼铮：《介绍天津发现的一批古代铜、铁权》，载文物编辑委员会编《文物资料丛刊（8）》，文物出版社，1983年，第113～116页。
⑯ 吴大林：《江苏溧水县收集到的元代铜权》，《文博通讯》1983年第6期。
⑰ 许明纲：《大连地区出土元代铜、铁权》，《考古》1987年第11期。

棱状"① "六棱纺锤形"② "六角柱形"③ "六角形"④ "六棱柱形"⑤等多种不同的称谓。

B型的总体特征是：由钮、肩、腹、腰、座五部分组成；钮部纵剖面一般为四边形；肩部为平肩或溜肩，平面形状为六边形；腹部由六个面组成，横切面为六边形，纵剖面为上下两边平行、左右两边（直边或外凸弧边）等高的四边形；腰部两端外侈，中间内束；座部通常为六面体台式。

按照亚型是否明确，可将B型铜权分为两大类：一类亚型明确，共计221件，依据腹部具体特征的差别，可将其再细分为Ba型、Bb型、Bc型和Bd型四种亚型；一类亚型不明，共计40件，因原资料缺少相关信息而不能确定属于何种亚型。

Ba型，腹部上窄下宽，174件。如标本386，辽宁朝阳出土，权腹正面铭文为"大宁路造""皇庆二年"，背面铭文为"二十五斤""较勘相同"，侧面铭文为"天字七十一号""异之"⑥。该权腹部上窄下宽，最宽处在腹部下端；六个面均为梯形，正面和背面较大，其余四面相对较小；腹部横切面为扁六边形，纵剖面为等腰梯形（图1-3）。

Bb型，腹部上宽下窄，28件。如标本285，浙江杭州西湖出土，权腹阳铸"大德八年""大"等铭文⑦。该权腹部上宽下窄，最宽处在腹部上端；六个平面均为倒置的梯形，正面和背面较大，其余四面较小；腹部横切面为扁六边形，纵剖面为倒置的等腰梯形（图1-4）。

Bc型，腹部上下基本等宽，12件。有学者称此类铜权为"六棱柱形"⑧或"六面六棱形"⑨。如标本193，辽宁省博物馆藏品，权腹有"大德

① 马瑞雪：《宽城县出土金元时代文物》，《考古》1987年第12期。
② 郑州历史文化丛书编纂委员会编：《郑州市文物志》，河南人民出版社，1999年，第409页。
③ 中国科学院考古研究所等：《北京西绦胡同和后桃园的元代居住遗址》，《考古》1973年第5期。
④ 郑绍宗、孙慧君：《隆化皇姑屯辽北安州及其附近遗迹调查简报》，《文物春秋》1991年第2期。
⑤ 张庆久：《浅说元代铜权》，《文物世界》2012年第4期。
⑥ 朝阳博物馆：《辽宁朝阳博物馆收藏的元代窖藏器物》，《文物》2013年第5期。
⑦ 浙江省博物馆编：《浙江省博物馆典藏大系·越地范金》，浙江古籍出版社，2009年，第110页。
⑧ 张庆久：《浅说元代铜权》，《文物世界》2012年第4期。
⑨ 陈文：《广西灵山县发现元代铜权》，《考古与文物》2001年第6期。

二年""保定路"等铭文①。该权腹部为上下基本等宽的六棱柱体；六个面均为长方形，基本等大；腹部的横切面基本上为等边六边形，纵剖面为长方形（图1-5）。

Bd型，腹部为六弧面体，7件。有学者称此类铜权为"六棱纺锤形"②或"六棱圆腹形"③。如标本271，浙江省博物馆藏品，权腹有"大德七年""元九"等铭文（图1-6）④。该权腹部由六个弧面组成，最宽处在中间可上位置，六面因外凸而成弧面；腹部横切面为六弧边形，纵剖面为四边形，上下两边为平行的直边，左右两边为外凸的弧边。

C型，四面体，2件。总体特征是：由钮、肩、腹、腰、座五部分组成；钮部纵剖面为四边形或圆形，内有小孔；溜肩；腹部由四个面组成，最宽处在中间位置，正面和背面为平面，大致呈椭圆形，两个侧面为弧面，范线自上而下从中间贯穿，腹部横切面和纵剖面均为四边形，上下两边为平行的直边，左右两边为外凸的弧边；束腰；底座为圆台式或四棱台式。按照底座的差异，可将该型细分为Ca型、Cb型两种亚型。

Ca型，圆台式座，1件，即标本157，江西赣州马扎巷出土，权腹正面铭文为"元贞三年"，背面铭文为"赣州路造"⑤。该权的形制特征为：四边形钮；溜肩；腹部最宽处在中间位置，正面和背面为平面，大致呈椭圆形，两个侧面为弧面，范线自上而下从中间贯穿，腹部的横切面和纵剖面均为四边形，上下两边为平行的直边，左右两边为外凸的弧边；束腰；圆台式座（图1-7）。

Cb型，四棱台式座，1件，即标本69，吉林通化修正博物馆藏品，权腹有"至元廿二年""赣州路造"等铭文⑥。该权的形制特征是：近圆形钮；溜肩；腹部扁平，纵剖面为椭圆形；束腰；四棱台式座，纵剖面为等腰梯形（图1-8）。

D型，八面体，2件。总体特征是：由钮、肩、腹、腰、座五部分组成；钮部纵剖面为四边形或山字形；溜肩；平面形状为圆形；腹部由八

① 都惜青：《辽宁省博物馆藏元代纪年铜权考析》，《四川文物》2017年第3期。

② 江洪：《湖南芷江发现元代铜权》，《考古》1990年第5期。

③ 张庆久：《浅说元代铜权》，《文物世界》2012年第4期。

④ 浙江省博物馆编：《浙江省博物馆典藏大系·越地范金》，浙江古籍出版社，2009年，第110页。

⑤ 陈之勉：《江西赣州出土元代铜权》，《南方文物》1996年第2期。

⑥ 邱隆：《修正药业"万权堂博物馆"藏品简介》，《中国计量》2010年第1期；修来富主编：《修来富度量衡藏品选》，2014年，第40页。

图1-2　A型铜权

图1-3　Ba型铜权

图1-4　Bb型铜权

图1-5　Bc型铜权

图1-6　Bd型铜权

图1-7　Ca型铜权

图1-8　Cb型铜权

图1-9　Da型铜权

图1-10　Db型铜权

图1-11　Ea型铜权

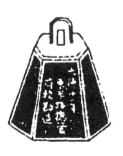

图1-12　Eb型铜权

图1-13　F型铜权

个弧面组成，最宽处在中间可上位置；束腰；八面体台式座。依据钮部特征的差异，可将该型细分为 Da 型、Db 型两种亚型。

Da 型，四边形钮，1件，即标本259，湖南芷江县文管所征集，权腹有"大德七年""潭州路造""五"等铭文（图1-9）①。该权的形制特征为：钮部纵剖面为四边形；溜肩；腹部由八个面组成，最宽处在中间可上位置，八个面因外凸而成弧面，以范线为中心，前后各有四面并对称布局，腹部横切面为外凸的八弧边形，纵剖面为四边形，上下两边为平行的直边，左右两边为外凸的弧边；束腰；八面体台式座。

Db 型，山字形钮，1件，即标本234，浙江湖州市博物馆藏品，权腹正面铭文为"大德四年"，背面铭文为"官造""上十"（图1-10）②。该权的形制特征为：钮部纵剖面为山字形；溜肩，圆形；腹部由八个弧面组成，最宽处在中间可上位置，八个面因中间外凸而成弧面，以范线为中心，前后各有五面并对称布局，正面靠近范线的左侧面与背面靠近范线的右侧面合为一面，正面靠近范线的右侧面与背面靠近范线的左侧面合为一面，腹部横切面为外凸的八弧边形，纵剖面为四边形，上下两边为平行的直边，左右两边为外凸的弧边；束腰；八面体台式座。

E 型，六棱台体，2件。总体特征是：由钮、肩、腹三部分组成，无腰、无座；钮部纵剖面为四边形或柄状；溜肩或平肩，平面为六边形；腹部由六个平面组成，皆为梯形，腹部上窄下宽，横切面为六边形，纵剖面为等腰梯形。依据腹部具体特征的不同，可将该型细分为 Ea 型、Eb 型两种亚型。

Ea 型，腹部细长，1件，即标本668，江西新余市博物馆藏品，权腹有"新渝州造""元廿一号"等铭文（图1-11）③。该权的形制特征为：钮部纵剖面为四边形；溜肩，平面为六边形；腹部稍显细长，正、背两面较大，其他四面较小，腹部横切面为抹角六边形，纵剖面为梯形。

Eb 型，腹部粗短，1件，即标本315，《金石索》中辑录，权腹有"大德十一年""东平路总管府""较勘造"等铭文（图1-12）④。该权的形制特征为：钮部纵剖面为柄状；平肩，平面形状为六边形；腹部略显粗

---

① 江洪：《湖南芷江发现元代铜权》，《考古》1990年第5期。

② 湖州市地方志编纂委员会办公室编：《湖州市志（1991~2005）》（中册），方志出版社，2012年，第1607页。图片来源于湖州市博物馆官网。

③ 章国任：《新渝州造铜权》，《南方文物》2003年第3期。

④ ［清］冯云鹏、冯云鹓辑：《金石索》，上海古籍出版社，1995年，第135页。

短，六个平面均为梯形，基本等大，横切面为六边形，纵剖面为梯形。

F型，扁钟体，1件，即标本128，福建南安县罗东乡（今南安市罗东镇）出土，权腹有"泉州路总管府""至元三十一年造""天□"等铭文。该权的形制特征为：整体作扁钟形，由钮、肩、腹三部分组成，无腰、无座；桥形钮，中有近圆形穿孔；钮部、肩部与腹部均无明显分界；近底处轻微内束，下端作弧状，两侧稍微外撇（图1-13）[①]。

在上述各类型中，A型的数量最多，总共217件，约占总数（485件）的44.74%；Ba型次之，总共174件，约占总数的35.88%；Bb型、Bc型、Bd型三种类型的数量都不多，总共47件，约占总数的9.69%；Ca型、Cb型、Da型、Db型、Ea型、Eb型和F型等七种类型的数量则更少，总共7件，仅占总数的1.44%（表1-1）[②]。

表1-1　元代铜权各类型相关情况一览表

形制		数量		百分比	
A型		217件		44.74%	
B型	Ba型	174件	261件	约35.88%	约53.81%
	Bb型	28件		约5.77%	
	Bc型	12件		约2.47%	
	Bd型	7件		约1.44%	
	不详	40件		约8.25%	
C型	Ca型	1件	2件	约0.21%	约0.41%
	Cb型	1件		约0.21%	
D型	Da型	1件	2件	约0.21%	约0.41%
	Db型	1件		约0.21%	
E型	Ea型	1件	2件	约0.21%	约0.41%
	Eb型	1件		约0.21%	
F型		1件		约0.21%	
合计		485件		100%	

[①] 吴志谦：《福建泉州市发现元代铜权》，《考古》1986年第11期；林德民：《元"泉州路总管府"铜权》，《文物》2001年第7期。

[②] 本书中的相关计算均保留两位小数，不再一一说明。

第三节　元代铜权各类型的源流

元代铜权各类型，从来源角度看，有的是沿袭前代而来，有的是元人的创新产品；从流传层面看，有的仅见于元代，有的则沿用至明代早期。

一　元代铜权各类型的来源

按照来源的不同，可将元代铜权各类型分为两大类：一是继承类，系沿袭宋金而来，如A型、Ba型两种类型；二是创新类，为元人的创新产品，如Bb型、Bc型、Bd型、Ca型、Cb型、Da型、Db型、Ea型、Eb型和F型等十种类型。其中，Bb型和Bc型皆是对Ba型进行加工改造的结果，Bd型、Ca型、Cb型、Da型和Db型均是对A型、Ba型两种类型进行综合改造的结果，Ea型、Eb型和F型则是元人的创新产品。

（一）A型的来源

A型为圆体权。从公开发表的资料中，我们辑出了11件元代以前的此类权（表1-2）。

圆体权最早见于北朝时期。如中国国家博物馆藏有一件北朝时期的铁权，权腹正面铭文为"武平"，背面铭文为"元年"，合为"武平元年"（图1-14）[①]。"武平"年号有二：一为北齐后主高纬所用，存7年（570～576年）；一为北齐范阳王高绍义所用，存4年（577～580年）。因此，该权的铸造年代当为570年或577年。

从形制来看，武平元年铁权为环形钮、圆腹、束腰、高台式底座，整体呈亚腰葫芦形。该权之环形钮、高台式底座与元代A型权有所不同，但整体形状则与后者比较接近，可以视为后者的祖型或雏形。

隋唐时期，圆体权进一步发展。如中国国家博物馆藏有一件唐代铜权，重464.2克；腹部刻有"武德元年""新城""官造""库平"等铭文（图1-15）[②]。"武德"为唐高祖李渊的年号，元年为618年，历9年（618～626年）。

从形制来看，武德元年铜权为倒梯形钮、圆肩、圆腹、束腰、圆台式底座。这些特征已经与元代A型铜权没有多大区别了。

---

① 丘光明编著：《中国历代度量衡考》，科学出版社，1992年，第437页。

② 丘光明编著：《中国历代度量衡考》，科学出版社，1992年，第443页。

宋金时期，圆体权的形制基本固定，发现的数量也较多。其中，纪年明确的有9件，相关信息如下：

1.俄罗斯拉佐夫城出土有一件金代铁权，圆体，高10厘米，腹部有"泰和五年"铭文①。"泰和"为金章宗完颜璟的第三个年号，共8年（1201~1208年）。泰和五年为1205年。

2.黑龙江萝北县太平乡出土有一件金代铁权，圆体，钮部缺失，残高10厘米，重192克。权腹正面铭文为"泰和二年"，其下为一个"伫"字；背面铭文为"辽东运司"②。泰和二年为1202年。

3.河南内黄井店乡（今井店镇）出土有一件金代铜权，圆体，通高10.3厘米，重850克；权腹正面阴刻"十二年"，右侧阳铸一个"官"字，背面阴刻"大定"③。"大定"为金世宗完颜雍的年号，存29年（1161~1189年）。大定十二年为1172年。

4.江西瑞昌出土有一件宋代铜权，圆体，高9厘米，重425克，权腹正面铭文为"江东"，背面铭文为"路造"，合为"江东路造"（图1-16）④。

江东路为江南东路的省称。北宋至道三年（997年）在州之上改道为路，置江南路。天禧四年（1020年），分为江南东路和江南西路。建炎四年（1130年），又合为江南路。绍兴元年（1131年），又分为江南东路和江南西路⑤，直到南宋灭亡。故该权的铸造年代当为1020~1130年或1131~1276年。

5.河北东光县出土有一件金代铜权，圆体，高12厘米；权腹刻有"大定"铭文⑥。"大定"为金世宗的年号，该权应铸造于1161~1189年。

---

① 冯恩学：《俄罗斯滨海边区赛加古城出土金代权衡器考》，《北方文物》1993年第1期。

② 刘丽萍：《黑龙江省萝北县发现金代"辽东运司"铁权》，《北方文物》1996年第2期。

③ 刘东亚：《新发现的三件金、元权》，《中原文物》1986年第4期；张粉兰：《河南内黄县发现金代铜权》，《文物》1994年第6期。

④ 周春香：《瑞昌收集一枚宋代铜权》，《江西文物》1989年第3期；冯利华：《江西瑞昌出土北宋铜权》，《考古》1994年第3期；朱汉盛主编：《瑞昌文明掠影》，2000年，第53页。

⑤ 李昌宪著：《中国行政区划通史：宋西夏卷》，复旦大学出版社，2007年，第70~74页。

⑥ 赵沧来、卢瑞芳编著：《沧州春秋：沧州文物选粹》，中国国际广播出版社，2005年，第64页。

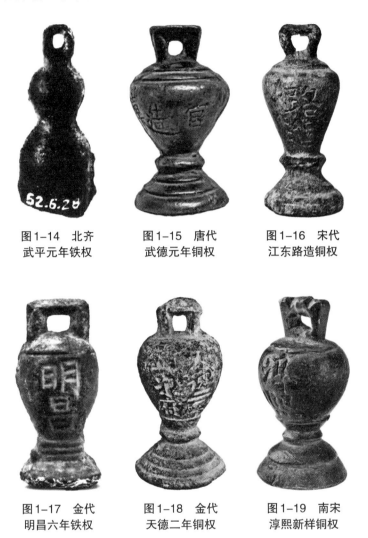

图1-14　北齐
武平元年铁权

图1-15　唐代
武德元年铜权

图1-16　宋代
江东路造铜权

图1-17　金代
明昌六年铁权

图1-18　金代
天德二年铜权

图1-19　南宋
淳熙新样铜权

6.河北滦平县博物馆藏有一件金代铁权，方形钮，束腰，高11厘米，重730克；正面阴刻铭文"明昌"，背面阴刻铭文"六年"，合为"明昌六年"（图1-17）[①]。"明昌"为金章宗完颜璟的第一个年号，存7年（1190～1196年）。明昌六年为1195年。

7.《中国古代计量史图鉴》中辑有一件金代铁权，圆体，权腹正面铭文为"明"，背面铭文为"昌"，合为"明昌"[②]。从"明昌"年号推断，

①　张玉橙：《滦平县发现宋代铁权》，《文物春秋》1997年第3期；沈君山等主编：《滦平博物馆馆藏文物精华》，中国文联出版社，2012年，第133页。
②　丘光明著：《中国古代计量史图鉴》，合肥工业大学出版社，2005年，第122页。

该权应铸造于1190～1196年。

8.甘肃平凉市博物馆藏有一件金代铜权，圆体，通高9.6厘米，权腹刻有"天德二年""平凉府""官造""卅"等铭文（图1-18）[①]。"天德"为海陵王完颜亮的第一个年号，存5年（1149～1153年）。天德二年为1150年。

9.安徽蚌埠市博物馆藏有一件南宋铜权，圆体，高9.8厘米，权腹正面铭文为"淳熙"，背面铭文为"新样"（图1-19）[②]。"淳熙"是宋孝宗的最后一个年号，共16年（1174～1189年）。因此，该权应铸造于1174～1189年。

由上述可知，A型权的大致发展历程是：萌芽于北朝时期，发展于隋唐时期，定型于宋金时期，鼎盛于蒙元时期。

表1-2　北朝至宋金时期圆体权一览表

序号	质地	朝代	制颁年代	制颁机构	主要铭文	备注
1	铁质	北朝	570年或577年	不详	权腹正面"武平"，背面"元年"，合为"武平元年"。	
2	铜质	唐代	618年	不详	权腹有"武德元年"铭文。	
3	铁质	金代	1205年	不详	权腹有"泰和五年"铭文。	
4	铁质	金代	1202年	辽东运司	权腹正面为"泰和二年"，其下为"佺"；背面为"辽东运司"。	
5	铜质	金代	1172年	不详	权腹正面阴刻"十二年"，右侧阳铸"官"，背面阴刻"大定"，合为"大定十二年"。	
6	铜质	北宋	1020～1130年或1131～1276年	不详	权腹刻有"江东""路造"铭文。	详见本节
7	铜质	金代	1161～1189年	不详	权腹刻有"大定"二字铭文。	
8	铁质	金代	1195年	不详	权衡正面阴刻"明昌"，背面阴刻"六年"，合为"明昌六年"。	
9	铁质	金代	1190～1196年	不详	权腹正面刻"明"，背面刻"昌"，合为"明昌"。	
10	铜质	金代	1150年	平凉府	权腹有"天德二年""平凉府""官造""卅"等铭文。	
11	铜质	南宋	1174～1189年	不详	权腹正面"淳熙"，背面"新样"。	

[①]　政协甘肃省平凉市崆峒区委员会编：《崆峒金石》，甘肃人民美术出版社，2014年，第46页。

[②]　赵兰会著：《蚌埠珍贵文物》，安徽美术出版社，2017年，第168页。

（二）Ba型的来源

Ba型，为上窄下宽的六面体权。从公开发表的资料中，我们辑出了6件元代以前的此类权（表1–3）。

六面体权最早也见于北朝时期。如《小校经阁金石文字》中辑有一件北周铜权。该权六面均刻有铭文，分别是"天和""二十""四年""五月""四日""□造"（图1–20）[①]。"天和"为北周武帝宇文邕的年号，存7年（566~572年），所以该权的纪年铭文应读为"天和四年五月二十四日"。天和四年为569年。

隋唐时期，六面体权的发展基本定型。如《小校经阁金石文字》中辑有一件隋代铜权，为上窄下宽的六面体；六面均有铭文，正面铭文为"大隋"，其右侧面铭文为"仁寿四年"，其左侧面铭文为"岁在甲子"；背面铭文为"犍为"，其右侧面铭文为"部曹伊虔肃察"，其左侧面铭文为"正曹史恺成造"（图1–21）[②]。"仁寿"为隋文帝杨坚的年号，存四年（601~604年）。仁寿四年为604年。

图1–20　北周"天和四年"铜权拓本

宋金时期，六面体权进一步发展。纪年明确的此类铜权目前共发现4件，相关信息如下：

1.湖南省博物馆藏有一件宋代铜权，上窄下宽的六面体，通高5.2厘米，重109克；权腹正面铭文为"元丰"，背面铭文为"新样"（图

---

① ［清］刘体智主编：《小校经阁金石文字（引得本）》（四），台湾大通书局，1979年，第2336页。

② ［清］刘体智主编：《小校经阁金石文字（引得本）》（四），台湾大通书局，1979年，第2236页。

1-22）①。"元丰"是宋神宗赵顼的第二个年号，存8年（1078～1085年）。

2.河南宜阳县城关乡（今城关镇）出土有一件金代铜权，上窄下宽的六面体，通高10.09厘米，重1500克；权身正面阴刻"河南府"，其左侧面阴刻一个"金"字，右侧面阴刻一个"徐"字，背面阴刻"皇统年"三字②。"皇统"为金熙宗完颜亶的第三个年号，存9年（1141～1149年）。

3.丘光明《中国古代计量史图鉴》中辑有一件金代铜权，上窄下宽的六面体，权腹正面铭文为"阜昌"，背面铭文为"新法"（图1-23）③。"阜昌"为伪齐政权刘豫的年号，存8年（1130～1137年）。

图1-21 隋代　　　图1-22 北宋　　　图1-23 伪齐
仁寿四年铜权　　　元丰新样铜权　　　阜昌新法铜权

4.广东四会市博物馆藏有一件宋代铜权，通高8.6厘米，上窄下宽的六面体，权腹有"元丰"二字铭文④。

表1-3 北朝至宋金时期六面体权一览表

序号	质地	朝代	制颁年代	制颁机构	主要铭文
1	铜质	北周	569年	不详	权腹有"天和四年""五月二十四日""□造"等铭文。
2	铜质	隋朝	604年	不详	权腹有"仁寿四年""岁在甲子""犍为""部曹伊虔肃察"等铭文。

---

① 湖南省地方志编纂委员会编：《湖南省志·质量技术监督志（1978～2002）》，中国文史出版社，2007年，彩版页。

② 宜阳县地方志史志办公室编：《宜阳县文物志》，中州古籍出版社，2001年，第109页。

③ 丘光明著：《中国古代计量史图鉴》，合肥工业大学出版社，2005年，第120页。

④ 四会市博物馆编：《古邑藏珍：四会市可移动文物图录》，吉林大学出版社，2019年，第218页。

序号	质地	朝代	制颁年代	制颁机构	主要铭文
3	铜质	北宋	1078～1085年	不详	权腹有"元丰新样"铭文。
4	铜质	北宋	1078～1085年	不详	权腹有"元丰"铭文。
5	铜质	金代	1141～1149年	河南府	权腹有"河南府""金""徐""皇统年"等铭文。
6	铜质	金代	1130～1137年	不详	权腹有"阜昌新法"铭文。

从以上所述可知，六面体权的大致发展历程是：萌芽于北朝时期，定型于隋唐时期，发展于宋金时期，鼎盛于蒙元时期。

（三）Bb型和Bc型的来源

Bb型、Bc型和Ba型三种亚型既有共性，也有差别。三者的相同之处是均为六面体；不同之处是，Bb型的腹部上宽下窄，Bc型的腹部上下基本等宽，Ba型的腹部上窄下宽。Ba型最早可追溯至北朝时期，发展演变的轨迹比较清晰；而Bb型和Bc型，目前仅见于蒙元时期，不见于元代以前的其他朝代，因此这两种类型应是元人对Ba型进行加工改造的结果。

（四）Bd型、C型和D型的来源

Bd型的腹部为中间外凸的六面体，既具备了A型的圆腹特征，又具备了其他B型（Ba型、Bb型和Bc型）的六面体特征。因此，Bd型可视为A型和其他B型的结合体。

C型和D型的总体特征同于Bd型。三者的不同之处是：C型的腹部为四面体，D型的腹部为八弧面体，Bd型的腹部为六弧面体。因此，C型和D型应是对Bd型进行再次加工改造的结果。

（五）E型和F型的来源

E型为六棱台体，包括Ea型、Eb型两亚型，数量各1件。F型为扁钟体，数量1件。这两种类型均不见于元代以前的其他朝代，应是元人的创新之作。

二 元代铜权各类型的流传

从流传的角度看，元代铜权各类型，有的在元代就已消亡，如Bc型、Bd型、C型（包括Ca型、Cb型）、D型（包括Da型、Db型）、E型（包括Ea型、Eb型）和F型；有的在元末地方政权和明代早期继续使用，如A型、Ba型和Bb型三种形制。

（一）元末地方政权制颁的铜权

元代末年，农民起义军先后建立了韩宋、大夏等地方政权。这些政权仿照蒙元政府建立了度量衡制度，并制颁了度量衡器。从各类出版物中，我们搜集到4件此类铜权，相关信息如下：

1.山东昌乐朱刘镇出土有一件韩宋铜权，上窄下宽的六面体，权腹有"都府""较勘相同""龙凤六年"等铭文[①]。"龙凤"为元末韩宋政权韩林儿的年号，存12年（1355~1366年）。龙凤六年为1360年。

2.浙江义乌出土有一件韩宋铜权，上窄下宽的六面体，权腹正面和背面均阳铸"龙凤七年"铭文（图1-24）[②]。龙凤七年为1361年。

3.河北师范学院（今河北师范大学）藏有一件大夏铜权，上窄下宽的六面体，权腹正面铭文为"天统"，左侧面铭文为"三年"，右侧面铭文为"三"；背面铭文为"置造"，左侧面铭文为"大□"（图1-25）[③]。"天统"为大夏政权明玉珍的年号，存4年（1363~1366年），天统三年为1365年。

4.北京大学藏有一件韩宋铜权，上窄下宽的六面体，权身正面铭文为"龙凤十二年"，背面铭文为"应天府造"（图1-26）[④]。龙凤十二年为1366年，即至正二十六年。

图1-24　韩宋
龙凤七年铜权
图1-25　大夏
天统三年铜权
图1-26　韩宋
龙凤十二年铜权

① 李学训：《山东昌乐发现龙凤六年铜权》，《考古》1995年第1期。该文中误释"较勘"为"茂勘"。
② 吴高彬主编：《义乌文物精萃》，文物出版社，2003年，第163页。
③ 刘秀凤、陈丽：《元末明玉珍农民政权"天统三年"铜权》，《文物》1992年第7期；戴建兵主编：《学府藏珍：河北师范大学博物馆馆藏文物精品选》，河北美术出版社，2022年，第194页。
④ 国家计量总局主编：《中国古代度量衡图集》，文物出版社，1984年，第162页。

从上述4件铜权不难看出，元末地方政权制颁的铜权均是上窄下宽的六面体，与元代的 Ba 型铜权相同。

（二）明代铜权

明代以后，由于瓷权的广泛使用，铜权的发现相对较少。从公开发表的资料中，我们搜集到13件明代铜权（表1-4），相关信息如下：

1.《清仪阁所藏古器物文》中辑有6件明代铜权，均属明代早期。其中，洪武时期4件，建文时期2件①。

2.广西柳州市博物馆藏有一件明代铜权，圆体，腹部有"洪武六年"铭文（图1-27）②。"洪武"为明太祖朱元璋的年号，存31年（1368～1398年）。洪武六年为1373年。

3.甘肃镇原县博物馆藏有一件明代铜权，上窄下宽的六面体，通高10.9厘米，权腹正面铭文为"洪武贰拾年造"，背面铭文为"□□□提调官"，"官"字之下为一个"押记"（图1-28）③。洪武二十年为1387年。

4.辽宁辽阳博物馆藏有一件明代铜权，上窄下宽的六面体，通高8.8厘米；权腹正面铭文为"洪武"，背面铭文为"二十一年"④。洪武二十一年为1388年。

5.云南省呈贡县（今昆明市呈贡区）出土有一件明代铜权，六棱六面，上部较小；通高5厘米，重60.5克；腹部阳铸"洪武二十七年""官务匠人""杨攸""云南府"等铭文⑤。洪武二十七年为1394年。

6.吉林通化修正博物馆藏有3件明代的铜权。其中，第一件为上窄下宽的六面体，权身有"永乐元年（1403年）""□□府"等铭文；第二件为上窄下宽的六面体，权身有"宣德二年（1427年）""云南府"等铭文；第三件为四棱台体（原资料称为"方锥体"），权腹有"嘉靖二年（1523年）""两广盐运使司"等铭文⑥。

---

① ［清］张廷济著：《清仪阁所藏古器物文》（下册），浙江人民美术出版社，2020年，第544～551页。

② 柳州市地方志编纂委员会编：《柳州市志》，广西人民出版社，2001年，第884页。

③ 王博文主编：《镇原博物馆文物精品图集》，甘肃文化出版社，2015年，第153页。

④ 邢爱文主编：《辽阳博物馆馆藏精品图集》，辽宁大学出版社，2009年，第120页。

⑤ 云南省技术监督局编：《云南省志·卷十·技术监督志》，云南人民出版社，1993年，第95页。

⑥ 邱隆：《修正药业"万权堂博物馆"藏品简介》，《中国计量》2010年第1期。

图1-27　Ⅰ型　　　　图1-28　Ⅱa型　　　　图1-29　Ⅱb型
铜权（序号3）　　　铜权（序号5）　　　铜权拓片（序号2）

上述13件明代铜权中，形制明确的有10件。依据腹部特征的差异，可将其分为Ⅰ型、Ⅱ型和Ⅲ型三种类型：

Ⅰ型，圆体，与元代A型权基本相同，1件，即表1-4序号3（图1-27）。

Ⅱ型，六面体，与元代B型权大致相似，8件，可再细分为Ⅱa型、Ⅱb型两种亚型：Ⅱa型，为上窄下宽的六面体，与元代Ba型权相似，共5件，如表1-4序号5（图1-28）；Ⅱb型，为上宽下窄的六面体，与元代Bb型权相似，共2件，如表1-4序号2（图1-29）；另有1件因图片模糊而不能确定属于何种亚型，即表1-4序号7。

Ⅲ型，四棱台体，1件，即表1-4序号12。

从制颁时间来看，上述10件铜权中，有9件属明代早期（1368～1442年），包括了Ⅰ型、Ⅱa型、Ⅱb型三类型的所有铜权；仅有1件（表1-4序号13）为明代中期（1442～1582年），为四棱台体。由此可见，明代早期铜权的类型主要袭自元代，明代中期以后这些类型就基本不见了[1]。

表1-4　明代铜权一览表

序号	形制	公元纪年	纪年铭文	纪地铭文	资料来源
1	Ⅱb型	1368–1377年	洪武□年	杭州府	《清仪阁所藏古器物文（下册）》，2020年。
2	Ⅱb型	1373年	洪武六年	杭州府	《清仪阁所藏古器物文（下册）》，2020年。

① 明代历史可分为三期：早期为1368～1442年，中期为1442～1582年，晚期为1582～1644年（参见陈梧桐、彭勇著：《明史十讲》，上海古籍出版社，2007年，第3页）。

序号	形制	公元纪年	纪年铭文	纪地铭文	资料来源
3	Ⅰ型	1373年	洪武六年	无	《柳州市志》，2001年。
4	不详	1381年	洪武十四年	杭州府	《清仪阁所藏古器物文（下册）》，2020年。
5	Ⅱa型	1387年	洪武二十年	不详	《镇原博物馆文物精品图集》，2015年。
6	Ⅱa型	1388年	洪武二十一年	无	《辽阳博物馆馆藏精品图集》，2009年。
7	Ⅱ型	1394年	洪武二十七年	云南府	《云南省志·卷十·技术监督志》，1993年。
8	Ⅱa型	1398年	洪武三十一年	云南府	《清仪阁所藏古器物文（下册）》，2020年。
9	不详	1400年	建文二年	湖州府	《清仪阁所藏古器物文（下册）》，2020年。
10	不详	1400年	建文二年	湖州府	《清仪阁所藏古器物文（下册）》，2020年。
11	Ⅱa型	1403年	永乐元年	□□府	《中国计量》2010年第1期
12	Ⅱa型	1427年	宣德二年	云南府	《中国计量》2010年第1期
13	Ⅲ型	1523年	嘉靖二年	无	《中国计量》2010年第1期

第四节　元代铜权各类型的地域分布

探讨元代铜权各类型的地域分布状况及特征问题，一方面要确保铜权的类型明确，另一方面要确保铜权的纪地明确。

一　纪地视角下类型明确之铜权的类别

按照纪地铭文是否明确，可将类型明确的485件元代铜权分为两类：一类纪地明确，共323件；一类纪地不明，共162件（表1-5）。

表1-5　类型明确的元代铜权分类表（单位：件）

纪年＼类型	A型	B型					C型		D型		E型		F型	总计
		Ba	Bb	Bc	Bd	不详	Ca	Cb	Da	Db	Ea	Eb		
纪地明确	115	144	12	9	4	33	1	1	1	0	1	1	1	323
纪地不明	102	30	16	3	3	7	0	0	0	1	0	0	0	162
总计	217	174	28	12	7	40	1	1	1	1	1	1	1	485
		261					2		2		2			

纪地不明的162件铜权，见于A型、B型（包括Ba型、Bb型、Bc型、Bd型）、Db型等几种类型。依据有无纪地铭文和纪地铭文的具体情况，可将其细分为四个小类（表1-6）。

表1-6　类型明确、纪地不明的元代铜权分类表（单位：件）

类型		无纪地铭文	纪地铭文漫漶不清	纪地铭文释读有误	纪地铭文简略	总计	
A型		91件	9件	2件		102件	
B型	Ba型	25件	2件		3件	30件	59件
	Bb型	13件	2件		1件	16件	
	Bc型	3件				3件	
	Bd型	3件				3件	
	不详	7件				7件	
D型	Db型	1件				1件	
总计		143件	13件	2件	4件	162件	

1.无纪地铭文的铜权

此类铜权无纪地铭文，共143件。如标本130，河北康保出土，权腹正面铭文为"至元三十一年"，背面铭文为"官造"，侧面铭文为"卅五"[①]。该权无纪地铭文，不能确定制颁于何地。

2.纪地铭文不可辨识的铜权

此类铜权的纪地铭文因漫漶而不可辨识，共13件。如标本490，辽宁省博物馆藏品，权腹有"泰定元年""较勘相同""□定路造"和"‖（廿）二"等铭文[②]。该权的纪地铭文为"□定路"，首字漫漶不可辨识，不能确定具体的制颁地。

3.纪地铭文释读有误的铜权

此类铜权的纪地铭文与元代行政区划的建置情况不符，共2件，相关信息如下：

标本139，广西来宾县（今来宾市兴宾区）七洞乡出土，权身有"元

①　郑绍宗：《河北出土金元时期铜权的分析与研究》，《文物春秋》2004年第3期。

②　都惜青：《辽宁省博物馆藏元代纪年铜权考析》，《四川文物》2017年第3期。

贞元年""泽州路造（？）""十"等铭文[1]。

标本295，广州博物馆藏品，权腹正面铭文为"江西路（？）"，背面铭文为"大德九年"[2]。

上述2件铜权的"江西路"和"泽州路"为纪地铭文，但元代文献中并没有这两路的建置情况，原资料可能释读有误。

4.纪地铭文简略的铜权

此类铜权因纪地铭文较为简略而不能确定制颁地，共4件。如标本111，济南市博物馆藏品，权腹有"至元廿玖年""午""总管府造"等铭文[3]。又如标本463，《清仪阁所藏古器物文》中所辑，权腹有"总府""天三""至治元年"等铭文[4]。这里的"总府"和"总管府"，均为"××路总管府"的省称。因为"××路"被省略，所以不能确定这些铜权的具体制颁地。

二　元代铜权各类型的地域分布状况

为方便问题的讨论，我们将类型、纪地均明确的元代铜权按照省份揆之表1-7。

表1-7　元代铜权各类型地域分布一览表（单位：件）

行省 \ 类型	A型	B型					C型		D型		E型		F型	总计
		Ba	Bb	Bc	Bd	不详	Ca	Cb	Da	Db	Ea	Eb		
腹里地区	59	106	1	8	3	23						1		201
江浙行省	7	12	11		1	4							1	36
湖广行省	19	7		1		4			1					32
河南行省	15	5				1								21
辽阳行省	3	8												11
陕西行省	7	4												11
江西行省	4	1				1	1	1				1		9

①　广西大百科全书编纂委员会编：《广西大百科全书·历史》（上册），中国大百科全书出版社，2008年，第389页。

②　程存洁：《广州博物馆藏三件元代铜权》，《考古》1995年第10期。

③　李晓峰：《济南市博物馆藏元代铜权介绍》，《文物春秋》1992年第2期。

④　[清]张廷济著：《清仪阁所藏古器物文》（下册），浙江人民美术出版社，2020年，第539页。

类型 行省	A型	B型					C型		D型		E型		F型	总计
		Ba	Bb	Bc	Bd	不详	Ca	Cb	Da	Db	Ea	Eb		
甘肃行省		1												1
四川行省	1													1
云南行省														0
岭北行省														0
总计	115	144	12	9	4	33	1	1	1	0	1	1	1	323
		202					2		1		2			

（一）A型铜权的地域分布

A型权，共115件，涉及的制颁地如下：

1.腹里地区：A型59件，涉及19个制颁地名称：南京（大都的别称，1件）[1]、保定路（6件）、博州路（1件）、大都路（12件）、大都路市令司（3件）、大名路（1件）、东平府（1件）、宣德府的奉圣州（1件）、怀庆路（2件）、济南路（7件）、（上都）留守司（1件）、（中都）市令司（3件）、顺天路（2件）、卫辉路（1件）、益都路（9件）、真定路（4件）、真定路中山府（1件）、中都路（2件）、滦州路（1件）。

2.江浙行省：A型7件，涉及5个制颁地名称：池州路（2件）、杭州路（1件）、宁国路（3件）、太平路（1件）。

3.湖广行省：A型19件，涉及7个制颁地名称：鄂州路（1件）、雷州路（1件）、柳州路（1件）、浏阳州（1件）、全州路（1件）、潭州路（13件）、武昌路（1件）。

4.河南行省：A型15件，涉及5个制颁地名称：汝宁府（2件）、汴梁路（6件）、河南府路（1件）、江陵路（1件）、南京路（3件）、扬州路（2件）。

5.江西行省：A型4件、涉及2个制颁地名称：袁州路（3件）、袁州路萍乡州（1件）。

6.陕西行省：A型7件、涉及4个制颁地名称：安西路（1件）、奉元路（2件）、京兆路（2件）、兴元路（2件）。

7.四川行省：A型1件，涉及1个制颁地名称，即成都路。

---

① 刘铮：《"皇甫权"铭文"南京"地望新考》，《北方文物》2018年第4期。

8.辽阳行省：A型3件，涉及1个制颁地名称，即懿州路。

（二）B型铜权的地域分布

B型权中，202件铜权纪地明确，包括Ba型144件、Bb型12件、Bc型9件、Bd型4件、亚型不详的33件。

1. Ba型权

Ba型权，共144件，涉及的制颁地有：

腹里地区：Ba型106件，涉及22个制颁地名称：（上都）留守司（4件）、上都路总管府（1件）、上都路顺宁府（1件）、真定路中山府（1件）、棣州（1件）、高唐州（1件）、益都路沂州（1件）、益都路峄州（1件）、永平路迁安县（1件）、都府（大都路都总管府的省称，3件）、（大都）市令司（2件）、云需总管府（属上都留守司，2件）、般阳路（4件）、保定路（6件）、大都路（58件）、南京（大都别称①、1件）、济南路（2件）、全宁路（1件）、太原路（1件）、益都路（10件）、永平路（1件）、真定路（3件）。

辽阳行省：Ba型8件，涉及2个制颁地名称：辽阳路懿州（2件）、大宁路（6件）。

河南行省：Ba型5件，涉及3个制颁地名称：汝宁府（1件）、汴梁省（1件）、扬州路（3件）。汴梁为河南江北行省治所。"汴梁省"是元人对"河南江北行省"的俗称。据《庚申外史》载，元末权臣伯颜曾经担任汴梁省的左平章②。

陕西行省：Ba型4件，涉及3个制颁地名称：奉元路（1件）、兴元路（2件）、开成路（1件）。

甘肃行省：Ba型1件，涉及1个制颁地名称，即宁夏路。

湖广行省：Ba型7件，涉及4个制颁地名称：常德路（1件）、衡州路（1件）、静江路（1件）、潭州路（4件）。

江浙行省：Ba型12件，涉及7个制颁地名称：集庆路溧水州（1件）、池州路（2件）、杭州路（1件）、湖州路（1件）、建康路（4件）、庆元路（2件）、信州路（1件）。

江西行省：Ba型1件，涉及1个制颁地名称，即临江路。

---

① 刘铮：《"皇甫权"铭文"南京"地望新考》，《北方文物》2018年第4期。

② ［明］权衡撰：《庚申外史》，《续修四库全书》第423册，上海古籍出版社，2002年，第770页。

2. Bb型权

Bb型权，共12件，涉及的制颁地名称有：

腹里地区：Bb型1件，制颁地为益都路。

江浙行省：Bb型共11件，涉及3个制颁地名称：杭州路（8件）、庆元路（1件）、温州路（2件）。

3. Bc型权

Bc型权，共9件，涉及的制颁地名称有：

腹里地区：Bc型共8件，涉及2个制颁地名称：保定路（7件）、济南路（1件）。

湖广行省：Bc型1件，制颁地为天临路的浏阳县。

4. Bd型权

Bd型权，4件，涉及的制颁地名称有：

腹里地区：Bd型3件，涉及1个制颁地，即益都路。

江浙行省：Bd型1件，涉及温州路的瑞安州。

5. 亚型不详的B型权

此类铜权共33件，涉及的制颁地有：

腹里地区：23件，涉及9个制颁地名称：真定河间宣课所（1件）、（上都）留守司（2件），上都路都总管府（1件）、上都路顺宁府（1件）、保定路（9件）、大都路（7件）、益都路（1件）、真定路（1件）。

河南行省：1件，制颁地为河南府路。

湖广行省：4件，制颁地为潭州路（3件）和澧州路（1件）。

江浙行省：4件，制颁地为建康路（3件）和庆元路（1件）。

江西行省：1件，制颁地为江州路。

（三）其他类型铜权的地域分布

1. C型权

此类权2件，Ca型和Cb型各1件，制颁地均为江西行省的赣州路。

2. D型权

此类权1件，Da型，制颁地为湖广行省的潭州路。

3. E型权

此类权共有2件。其中，Ea型1件，制颁地为江西行省临江路的新渝州；Eb型1件，制颁地为腹里地区的东平路。

4. F型权

此类权1件，制颁地为江浙行省的泉州路。

三 元代各类型铜权的地域分布特征

综上所述，可将元代铜权各类型的地域分布特征概括为以下两个方面：

（一）各类型涉及的省份多寡不一

A型，共115件，涉及腹里、江浙、湖广、河南、辽阳、江西、陕西和四川等8省份。其中，腹里数量最多，共59件，比其他省份的总和（56件）还要多，约占本类型总数（115件）的51.30%；余下省份依次为：湖广行省，19件；河南行省，15件；江浙行省，7件；陕西行省，7件；江西行省，4件；辽阳行省，3件；四川行省，1件。

Ba型，共144件，涉及腹里、江浙、湖广、河南、辽阳、陕西、甘肃、江西等8省份。其中，腹里数量最多，共106件，约是其他行省数量总和（38）的三倍，约占本类型总数（144件）的73.61%；余下省份依次为：江浙行省，12件；辽阳行省，8件；湖广行省，7件；河南行省，5件；陕西行省，4件；甘肃行省，1件；江西行省，1件。

Bb型，共12件，见于腹里地区和江浙行省。其中，江浙行省的数量最多，共11件。

Bc型，共9件，见于腹里和湖广行省。其中，腹里地区的数量最多，共8件，并且主要见于保定路（7件）。

Bd型，共4件，见于腹里地区和江浙行省。其中，腹里地区3件，均见于益都路。

C型，2件，Ca型和Cb型各1件，均见于江西行省。

Da型，1件，见于湖广行省。

E型，2件。其中，Ea型1件，见于江西行省；Eb型1件，见于腹里地区。

F型，1件，见于江浙行省。

（二）各省份包含的类型参差不齐

腹里地区的铜权类型最多，包括A型、Ba型、Bb型、Bc型、Bb型和Eb型六种类型。其中，Ba型数量最多（106件），A型次之（59件），二者约占本地区总数（201件）的82.09%。

江浙行省有A型、Ba型、Bb型、Bd型和F型等五种类型。其中，Ba型的数量最多（12件），Bb型次之（11件），A型再次之（7件），三者约占本省总数（36件）的83.33%。

湖广行省有A型、Ba型、Bc型和Da型四种类型。其中，A型最为常见（19件），Ba型次之（7件），二者约占本省总数（32件）的81.25%。

河南行省有A型、Ba型两种类型。其中，A型数量居多，共15件，约占本省总数（21件）的71.43%。

辽阳行省有A型、Ba型两种类型。其中，Ba型的数量居多，8件，约占本省总数（11件）的72.73%。

陕西行省有A型、Ba型两种类型。其中，A型数量居多，7件，约占本省总数（11件）的63.64%。

江西行省有A型、Ba型、Ca型、Cb型、Ea型五类型。其中，A型的数量最多，4件，约占本省总数（9件）的44.44%。

甘肃行省仅有Ba型，数量仅1件。

四川行省仅有A型，数量仅1件。

总体来看，A型和Ba型是两种普遍流行的形制，各见于8省份。其中，湖广、河南、陕西、江西、四川等省份以A型为主，腹里、江浙、辽阳、甘肃等省份以Ba型为主。

第五节　元代铜权的分期

对元代铜权进行分期研究，首先要了解各类型的年代分布状况；而要弄清这个问题，应对可信的铜权资料进行细致分析。这里的"可信"包括两层含义：一是类型明确，二是纪年明确。所谓"纪年明确"，可大致分为三种情况：一是年号明确，可直接推定到某帝的某个年号；二是年号和年份均明确，可直接推定到某帝的某个年份；三是纪年不明（包括无纪年、纪年铭文不可辨识两种情况），但依据纪地铭文等相关信息可推定到某帝的某个年号。

一　纪年视角下类型明确之铜权的类别

按照纪年是否明确，可将类型明确的485件铜权分为两类：一类纪年明确，共441件；一类纪年不明，共44件（表1-9）。其中，纪年不明的铜权可分为以下五种情况。

表1-9　元代铜权各类型纪年情况分类表（单位：件）

纪年 \ 类型	A型	B型					C型		D型		E型		F型	总计
		Ba	Bb	Bc	Bd	不详	Ca	Cb	Da	Db	Ea	Eb		
纪年明确	197	161	26	12	7	32	1	1	1	1		1	1	441
纪年不明	20	13	2			8					1			44

续表

纪年＼类型	A型	B型					C型		D型		E型		F型	总计
		Ba	Bb	Bc	Bd	不详	Ca	Cb	Da	Db	Ea	Eb		
总计	217	174	28	12	7	40	1	1	1	1	1	1	1	485
		261					2		2		2			

1.无纪年铭文的铜权

此类铜权共21件，无纪年铭文（包括有纪年铭文但漫漶不能辨识的铜权）。如标本668，江西新余市博物馆藏品，权腹正面铭文为"新渝州造"，背面铭文为"元廿一号"[①]。此类铜权依照相关铭文信息可以确定为元代，但不能推定到某帝的某个年号。

2.纪年铭文不可全识的铜权

此类铜权共3件，即标本638、标本639和标本640。如标本639，内蒙古翁牛特旗博物馆藏品，六面体，权腹正面铭文为"至□□□"，背面铭文为"全宁路"[②]。此类铜权纪年铭文中的年号因漫漶不可全识，依照相关铭文信息可以确定为元代，但不能推定到某帝的某个年号。

3.部分干支纪年的铜权

此类铜权共2件，即标本611（纪年铭文为"乙卯年"）和标本612（纪年铭文为"丁丑"）。此类铜权因涉及六十年为一循环的问题，又无其他相关铭文信息，不能推定到某帝的某个年号。

4.部分增刻或改刻纪年的铜权

此类铜权共4件，即标本633、标本634、标本635和标本636。此类铜权因增刻或改刻纪年，致使原刻纪年不能确定，并且缺少其他相关信息，不能推定到某帝的某个年号。

5.部分至元元年至六年铜权

此类铜权共14件，纪年铭文为至元元年至六年，因无其他相关断代信息，不能确定是元世祖的"至元"年号，还是元顺帝的"至元"年号。

二　元代铜权各类型的年代分布

上述类型、纪年均明确的441件铜权，是探讨元代铜权各类型年代

① 章国任:《新渝州造铜权》,《南方文物》2003年第3期。
② 姚情情:《内蒙古翁牛特旗博物馆馆藏元代铜权》,《文物鉴定与鉴赏》2018年第5期。

分布状况的基本材料。元代铜权各类型的年代分布是不均衡的，主要表现在以下两个方面（表1–10）。

表1–10　元代铜权各类型年代分布状况一览表（单位：件）

年代＼形制	A型	B型					C型		D型		E型		F型	总计
		Ba	Bb	Bc	Bd	不详	Ca	Cb	Da	Db	Ea	Eb		
中统前（54年）1206～1259年						1								1
中统一至五年 1260～1264年	3	1												4
至元一至七年 1264～1270年	3													3
至元八至三十一年 1271～1294年	54	19		3		11	1						1	89
元贞一至三年 1295～1297年	3	14		1		1	1							20
大德一至十一年 1297～1307年	60	50	2	2	1	11			1	1		1		129
至大一至四年 1308～1311年	13	2	2	1										18
皇庆一至二年 1312～1313年	7	6	1			1								15
延祐一至七年 1314～1320年	18	17	11	1	1	1								49
至治一至三年 1321～1323年	5	7	2	2	2	1								19
泰定一至五年 1324～1328年	6	5	2		1									14
致和元年（7个月）1328年2～8月	1	1	1											3
天顺元年（1个月）1928年9月														0
天历一至三年 1928～1330年	3	1	1		1									6

形制 年代	A型	B型					C型		D型		E型		F型	总计
		Ba	Bb	Bc	Bd	不详	Ca	Cb	Da	Db	Ea	Eb		
至顺一至四年 1330～1333年	2	4	1											7
元统一至三年 1333～1335年	2	3	1		1	1								8
至元一至六年 1335～1340年	1	6	1											8
至正一至二十八年 1341～1368年	16	25	1	2		4								48
总　计	197	161	26	12	7	32	1	1	1	1	0	1	1	441
		238					2		2		1			

（一）各类型的存续时间参差不齐

A型，197件，最早见于中统元年（如标本6，1260年），最晚见于至正二十二年（标本606，1362年），延续了102年；兴盛于至元八年（1271年）和泰定五年（1328年）之间，涉及除"天顺"以外的15个年号。

Ba型，161件，最早年代为中统元年（标本5，1236年），最晚年代为至正二十四年（标本608，1364年），延续了128年；流行于至元八年（1271年）至泰定五年（1328年）间，涉及除"天顺"以外的15个年号。

Bb型，26件，最早年代为大德五年（标本236，1301年），最晚年代为至正三年（标本566，1343年），延续了43年；兴盛时期大致在大德五年（1301年）至泰定五年（1328年）间，涉及除"中统""至元""元贞""天顺"和"至正"以外的11个年号。

Bc型，12件，最早见于至元二十三年（如标本71，1286年），最晚见于至正四年（如标本573，1344年），延续了59年；流行于至元八年至至治三年（1323年）间，涉及"至元""元贞""大德""至大""至治""至正"等6个年号。

Bd型，7件，最早见于大德七年（标本271，1303年），最晚见于元统年间（标本540，1333～1335年），延续了30余年；流行于至元八年（1271年）至泰定五年（1328年）间，涉及"大德""延祐""至治""泰定""天历"和"元统"6个年号。

Ca型，1件，即标本157，铸造于元贞三年（1297年）。

Cb型，1件，即标本69，铸造于至元二十二年（1285年）。

Da型，1件，即标本259，铸造于大德七年（1303年）。

Db型，1件，即标本234，铸造于大德四年（1300年）。

Eb型，1件，即标本315，铸造于大德十一年（1307年）。

F型，1件，即标本128，铸造于至元三十一年（1294年）。

在上述类型中，A型和Ba型是两种长期流行的类型，但两者之间也经历了一个此消彼长的演化过程。依据图1-30所示，可将这一过程分为三个阶段：第一阶段为中统元年（1260年）到至大四年（1311年），A型最为流行，共136件，远多于Ba型（86件）；第二阶段为皇庆元年（1312年）至天历三年（1330年），A型仍最流行，共40件，但Ba型（37件）与其渐趋均衡；第三阶段为至顺元年（1331年）至至正二十八年（1368年），Ba型反超A型，成为最流行的类型，共38件，多于A型（21件）。

A型和Ba型之所以长期、普遍流行，根本原因在于两者是中书省（或尚书省）及其户部规定的标准式样。如山东茌平县（今山东省聊城市茌平区）出土的至元八年铜权，A型，腹部有"依奉尚书户部造"铭文（标本16）[1]；又如河南固始县出土的至治二年铜权，Ba型，腹部有"依样成造"铭文（标本483）[2]。这些铭文的完整表述应是"依奉尚书省（或中书省）户部的式样成造"。不难看出，A型和Ba型是官定的两种形制。

（二）各年号时期包含的类型多寡不一

"中统前"（1206～1259年），仅有B型（亚型不详）；中统时期，包含A型和Ba型两类；"至元1"时期（至元元年至七年），仅有A型；"至元2"时期（至元八年至三十一年），包含A型、Ba型、Bc型、Cb型、F型等五类；元贞时期（1295～1297年），包含A型、Ba型、Bc型、Ca型等四类；大德时期（1297～1307年），包含A型、Ba型、Bb型、Bc型、Bd型、Da型、Db型、Eb型等八类；至大时期，包含A型、Ba型、Bb型、Bc型等四类；皇庆时期（1312～1313年），包含A型、Ba型、Bb型等三类；延祐时期（1314～1320年），包含A型、Ba型、Bb型、Bc型、Bd

① 刘善沂：《山东茌平郭屯出土一批金元器物》，《考古》1986年8期。

② 詹汉清：《固始发现元代铜权》，《中国文物报》1985年11月20日第2版；詹汉清编：《固蓼文物考古选集》，2009年，第70页。

型等五类；至治时期（1321～1323年），包含A型、Ba型、Bb型、Bc型、Bd型等五类；泰定时期（1323～1328年），包含A型、Ba型、Bb型、Bd型等四类；致和时期（1328年），包含A型、Ba型、Bb型等四类；天历时期（1328～1330年），包含A型、Ba型、Bb型、Bd型等四类；至顺时期（1330～1333年），包含A型、Ba型、Bb型等三类；元统时期（1333～1335年），包含A型、Ba型、Bb型、Bd型等四类；至元时期（1264～1294年），包含A型、Ba型、Bb型等三类；至正时期（1341～1368年），包含A型、Ba型、Bb型、Bc型等四类。

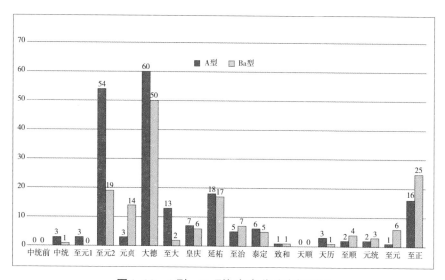

图1-30　A型、Ba型铜权年代分布柱状图

总体来看，1206～1270年，仅有A型、Ba型两种类型；1271～1323年，除了A型、Ba型外，又新出现了Bb型、Bc型、Bd型、Ca型、Cb型、Da型、Db型、Eb型和F型等九种类型，几乎包含了元代铜权的所有类型；1324～1368年，A型、Ba型继续流行，Bb型、Bc型、Bd型继续存在，但Ca型、Cb型、Da型、Db型、Eb型和F型等六种类型已经不见。

三　元代铜权的分期

依据各类型的年代分布状况（表1-10），可将元代铜权分为三期：第一期为元代早期，第二期为元代中期，第三期为元代晚期（表1-11）。

表1-11　元代铜权各期诸类型数量一览表（单位：件）

类型 分期	A型	B型					C型		D型		E型		F型	总计
		Ba	Bb	Bc	Bd	不详	Ca	Cb	Da	Db	Ea	Eb		
第一期	6	1				1								8
第二期	160	115	18	10	4	26	1	1	1	1	0	1	1	339
第三期	31	45	8	2	3	5								94
总计	197	161	26	12	7	32	1	1	1	1	0	1	1	441
		238					2		2		1			

（一）第一期

该期为元代早期，又可称为"大蒙古国时期"，年代范围为1206～1270年，延续了65年，包括"前四汗"时期（元太祖时期、元太宗时期、元定宗时期、元宪宗时期）和元世祖前期（"中统"及"至元"初期）。该期铜权主要具有以下两个特征：

1.类型单一：仅有A型、Ba型两种类型，皆是承袭宋金而来。

2.数量较少：各类型铜权总共8件，约占总数（441件）的1.81%。其中，A型是本期最主要的类型，共6件；B型次之，共2件，1件为Ba型，1件亚型不详。

（二）第二期

此期为元代中期，又可称为"大元早期"，年代范围为1271～1323年，延续了53年；包括元世祖的"至元"中后期、元成宗的"元贞"和"大德"时期、元武宗的"至大"时期、元仁宗的"皇庆"和"延祐"时期、元英宗的"至治"时期。该期铜权的特征主要有以下两个方面：

1.类型多样：共有A型、Ba型、Bb型、Bc型、Bd型、Ca型、Cb型、Da型、Db型、Eb型和F型等十一种类型。其中，A型和Ba型两种类型承自前期；Bb型、Bc型、Bd型、Ca型、Cb型、Da型、Db型、Eb型和F型等九种类型不见于前期，属于本期的新见类型。

2.数量激增：各类型铜权总共339件铜权，约占总数（441件）的76.87%，大约是第一期的42倍。各类型铜权的相关情况如下：

A型是本期最流行的类型，共160件，约占本期总数（339件）的47.20%。Ba型也比较流行，共115件，约占本期总数的33.92%。二者总共275件，约占本期总数的81.12%。

Bb型，18件；Bc型，10件；Bd型，4件。三者总共32件，约占本期总数的9.44%。Ca型、Cb型、Da型、Db型、Eb型和F型等六种类型的数量更少，总共6件，各1件。

（三）第三期

此期为元代晚期，又可称为大元晚期，年代范围为1324～1368年，延续了45年，包括泰定帝的泰定和致和时期、元文宗的天历和至顺时期、元幼主阿速吉八的天顺时期、元顺帝的元统、至元和至正时期。该期铜权主要具有以下两个特征：

1.类型减少：共有A型、Ba型、Bb型、Bc型、Bd型等五种类型。其中，Ba型和A型仍是最流行的类型。第二期出现的Ca型、Cb型、Da型、Db型、Eb型、F型等六种类型，本期已经不见。

2.数量锐减：各类型铜权总共94件铜权，约占总数（441件）的21.32%；与第二期相比，减少了245件，还不到第二期的三分之一。各类型铜权的相关情况如下：

Ba型成为最流行的类型，共45件，约占总数（94件）的47.87%；A型次之，共31件，约占本期总数的32.98%；二者总共76件，约占本期总数的80.85%。Bb型、Bc型、Bd型的数量都不多，共13件，约占本期总数的13.83%。

总体来看，元代铜权三期之特征与元代政治、经济的发展状况密切相关。其中，第一期之现象，与元代早期的连年征战、政局不稳、经济发展缓慢有关；第二期之特征，与元代中期的政治稳定、经济蓬勃发展相关；第三期之状况，则与元代晚期频发的皇室内斗、农民起义、经济衰退有关。

第二章　元代铜权铭文的特征

元代铜权的铭文包括汉文、回鹘蒙文、八思巴文和波斯文四种文字类型。依据各类型的组合情况，可将元代铜权分为四种体例，即汉文铭文铜权、双体铭文铜权、三体铭文铜权和四体铭文铜权。元代铜权铭文可分为纪年铭文、纪地铭文、自重铭文、称重铭文、编号铭文和其他铭文六类。依据前五类铭文的组合情况，可将元代铜权分为十五种体例。

第一节　元代铜权铭文的制作与布局

元代铜权铭文的制作方式主要有铸铭和刻铭两类。元代铜权的铭文，通常会按照内容的不同而进行有序布局。元代铜权铭文的书写，以繁体字为主，以简化字为辅，同时存在着省笔、省字、借字等不规范用字现象。

一　元代铜权铭文的制作方式

元代铜权的铭文在形式上可分为阳文和阴文两类。前者是指凸出权体之铭文，后者是指凹进权体之铭文。

依据铭文制作方式的不同，可将元代铜权的铭文分为铸铭和刻铭两类。这两类铭文均可再细分为两个小类。

所谓铸铭，是指事先在母模或陶范上刻印出需要的文字或符号，然后与铜权一体铸造而成。这种制作方式可再分为阳铸和阴铸两个小类。

阳铸铭文的制作方法大致有两种：一种是在母模上制出需要的阳文，翻印到陶范上就成了阴文，铸成的铜权铭文则又还原成为阳文；一种是在陶范上直接刻划出需要的阴文，铸成的铜权铭文就翻印成了阳文。

阴铸铭文的制作方法也有两种：一种是在母模上刻划出需要的阴文，翻印到陶范上就成了阳文，铸成的铜权铭文则又还原成为阴文；一种是在陶范上制出所需的阳文，铸成的铜权铭文就翻印成了阴文。

相对而言，在陶范上制作铭文的难度较大：一方面需要反书铭文，另一方面容易破坏陶范。因此在母模上制作铭文，是最常见的铭文制作方式。

在母模上制作铭文，阳文一般要通过泥片贴敷法或减底雕刻法来完成，阴文则只需借助刀、锥等工具直接刻划即可。两相比较，后者更为方便快捷。因此，元代铜权上的阴铸铭文要远多于阳铸铭文。

所谓刻铭，是指利用凿、錾、锤、刀、锥等工具在铜权上錾凿或刻划出需要的文字或符号。这种制作方式又可细分为錾刻和划刻两个小类。其中，錾刻是用錾、凿、锤等工具制作铭文，划刻则是用刀、锥等锋利工具制作铭文。

铸铭与刻铭的区别大致有三：从字形特征来看，前者一般比较规整，后者则较为潦草；从笔画特征来看，前者笔画粗壮，首尾粗细基本一致，后者则笔画相对较细，首尾粗细不一，并且屈曲不直；从制作时间来看，前者早于铜权的铸成时间，具有先发性特征；后者则晚于铜权的铸成时间，具有滞后性的特点。

总体来看，铸铭是事先在陶制品（母模或陶范）上制好铭文，再行浇铸。刻铭是直接在铜制品上制作铭文。显而易见，前者比较省时省力。因此，元代铜权上的铸铭要远多于刻铭。

二 元代铜权铭文的布局

元代铜权的铭文见于铜权的腹部、底座、腰部和钮部四处位置，其排列情况则依据铭文内容的不同而进行有序布局。

（一）腹部铭文

元代铜权的铭文一般铸刻于铜权腹部。铭文内容主要包括纪年铭文、纪地铭文、自重铭文、称重铭文和编号铭文等五类。

圆体铜权的腹部，以范线为中心可分为正、背两面。此类铜权铭文布局的一般特征是：纪年铭文居于正面中间，其他类别的铭文位于其左右两侧；纪地铭文位于背面中间，其他类别的铭文位于其左右两侧。如标本496，河南省博物馆（今河南博物院）藏品，圆体，权腹正面中间铭文为"泰定二年正月日造"，背面中间铭文为"河南府路""依尚方户部样"，一侧铭文为"工徐"二字（图2-1）[1]。

六面体铜权的腹部有六面，即正面、背面和四个侧面。此类铜权铭文布局的一般特征是：纪年铭文居于正面，纪地铭文居于背面，其他类

---

[1] 杨国庆：《河南省博物馆藏元纪铭铜权》，《中原文物》1987年第1期。

别的铭文则分布于四个侧面。如标本526，江苏赣榆县（今连云港市赣榆区）城南乡出土，六面体，权腹正面铭文为"至顺三年"，其右侧面铭文为一个"平"字；背面铭文为"益都路造"（图2-2）[①]。

（二）底座铭文

铜权底座一般由座面、立面、底面三部分组成。铭文在这三处位置也有发现，不过数量较少。铭文内容主要有铜权的编号、铜权制作者或所有者的姓名等。

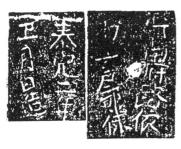
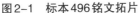

图2-1　标本496铭文拓片　　　　　图2-2　标本526铭文拓片

1.座面铭文

此类铜权铭文仅见1例，即标本43，安徽贵池市（今池州市贵池区）高脊岭乡港西村出土，圆体，喇叭形底座。权身正面阴铸"至元十八年造"，背面阴铸"池州路总管府"，左侧阴刻"天四八"（图2-3）[②]。其中，"至元十八年"和"池州路总管"分别位于铜权腹部的正面和背面，"造"和"府"二字则分别铸刻在座面的对应位置之上。

2.立面铭文

此类铜权铭文铸刻于底座的立面之上，内容主要有铜权制作者或所有者的姓名、铜权的编号等。目前共见5例，相关信息如下：

（1）标本69，吉林通化修正博物馆藏品，四面体，权身正面铭文为"至元廿二年"，背面铭文为"赣州路造"[③]。其中，"至元廿"三字铸于权腹，"二"字铸于权腰，"年"字铸于权座。

（2）标本74，宁夏固原原州区出土，六面体，权腹正面铭文"官造""至元二十三年"，背面铭文"开城路"，底座立面的正面阴刻"陈

① 李克文：《江苏赣榆县出土元代铜权》，《考古》1997年第9期。

② 赵建明：《安徽贵池市发现元代铜权》，《考古》1997年第10期。

③ 邱隆：《修正药业"万权堂博物馆"藏品简介》，《中国计量》2010年第1期；修来富主编：《修来富度量衡藏品选》，2014年，第40页。

大"二字[1]。这里的"陈大",当为铜权铸造者或使用者的姓名。

（3）标本173，辽宁省博物馆藏品，六面体，权体正面铭文为"大德元年"，背面铭文为"太原路造"（图2-4）[2]。其中，"大德元"三字和"太原路"三字分别位于权腹的正面和背面；与之对应，"年"和"造"两字分别刻于底座的正立面和背立面之上。

（4）标本583，《清仪阁所藏古器物文》中辑录，六面体，权腹正面铭文为"至正六年""大都路造"，背面铭文为"三十五斤秤""较勘相同"，侧面有八思巴文，皆阴文；底座立面的正面刻有"三号"二字[3]。这里的"三号"为铜权的编号。

（5）标本600，张家口市博物馆藏品，权身正面"至正十三年正月造"，背面"云需总管府较"，侧面"同""三""三十五斤"，底座立面的正面有一个八思巴字，皆阴文。[4]

图2-3　标本43铭文拓片　　图2-4　标本173铭文拓片

3.底面铭文

此类铜权铭文铸刻于底座的底面之上，内容主要有检校用语、编号、衡器作坊的徽号等。目前共见3例，相关信息如下：

（1）标本536，辽宁开原老城镇出土，六面体，权腹正面錾刻"元统三年""懿州成造"等铭文，背面錾刻"三十五斤""天字四十九号"等铭文，底部錾刻"较同"二字（图2-5）[5]。这里的"较同"二字属于检

① 宁夏文物考古研究所等编著：《开城安西王府遗址勘探报告》，科学出版社，2009年，第261～263页。

② 都惜青：《辽宁省博物馆藏元代纪年铜权考析》，《四川文物》2017年第3期。

③ ［清］张廷济著：《清仪阁所藏古器物文》（下册），浙江人民美术出版社，2020年，第542页。

④ 刘建中：《张家口地区博物馆收藏的元代铜权》，《文物春秋》1993年第3期。

⑤ 冯永谦：《辽宁开原老城镇出土的元代铜器和铁器》，载文物编辑委员会编《文物资料丛刊（7）》，文物出版社，1983年，第163～167页。

校用语，为"较勘相同"的省简。

（2）标本555，河南省博物馆（今河南博物院）藏品，圆体，权腹正面铭文为"至正元年""天字平秤"，背面铭文为"怀庆路""安童"，底座底面阴刻一个"师"字（图2-6）[①]。这里的"师"字，当为该权的千字文编号。

（3）标本634，辽宁省博物馆藏品，六面体，权腹正面铭文为"大德六年""大都路造"，背面铭文为"三十五斤秤"，侧面铭文为非汉字文字；权座底面阴刻"皇甫"二字[②]。这里的"皇甫"，为民间衡器作坊的徽号。

（三）腰部铭文

铜权腰部铸刻铭文的现象较为少见，目前仅见2件，即标本69和标本645。如标本645，湖北随州市博物馆藏品，权腹正面阳文"鄂州路"，腰部对应位置铸刻一个阳文"造"字，合为"鄂州路造"；背面阳文"收六"[③]。

（四）钮部铭文

铜权钮部铸刻铭文的情况也比较少见，目前仅见1件，即标本599。该权为北京市文物管理部门藏品，六面体，权腹正面铭文为"至正十二年正月造"，左侧面铭文为"三十五斤"；背面铭文为"云需总管府较"，右侧面錾刻一个"卅"形符号；权钮顶端铸有一个八思巴文（图2-7）[④]。

总体来看，元代铜权铭文一般铸刻于铜权的腹部。其中，纪年铭文和纪地铭文一般见于铜权的正面和背面，其他类别的铭文一般见于铜权的侧面。

这里需要说明的是，元代铜权的铭文一般是从右至左、由上而下顺读。

图2-5　标本536
底部拓片

图2-6　标本555
底部拓片

图2-7　标本599钮
部拓片

① 杨国庆：《河南省博物馆藏元纪铭铜权》，《中原文物》1987年第1期。

② 都惜青：《馆藏元代大都路铜权及相关问题研究》，载辽宁省博物馆编《辽宁省博物馆馆刊（2012）》，辽海出版社，2013年，第245～258页。

③ 王世振：《随州市发现元代铜权》，《江汉考古》1990年第1期；随州市博物馆编：《随州出土文物精粹》，文物出版社，2015年，第158页。

④ 高桂云、张先得：《记北京发现的元代铜权》，《文物》1987年第11期。

三　元代铜权铭文的书写方式

元代铜权铭文的书写方式是丰富多样的，总体特征是：以繁体字为主，以简化字为辅，同时存在着省笔、省字、借字等不规范用字现象。

（一）简化字

元代铜权铭文中，简化字较为常见。如贰拾、叁拾等常写作"卄""卅"。其中的"卄"字，有时简化为"廿"或"‖"。又如"上"和"下"，常常简化为"丄"和"丅"。

如标本64，《小校经阁金石文字》所辑，六面体，权腹正面铭文为"真定路""至元‖二年"，背面铭文为"官造"，一侧面铭文为"丅八"（图2-8）[①]。这里的"‖"和"丅"，分别是"廿"和"下"的简化字。

又如标本519，北京市文物管理部门征集，圆体，权身正面铭文为"上二""天曆叁年""皇甫"，背面铭文为"大都路较同""弍拾伍斤"（图2-9）[②]。其中，"叁""拾""伍"等字为繁体字，而"弍"则为当时的简化字。

图2-8　标本64铭文拓片　　　　　图2-9　标本519铭文拓片

（二）省笔

元代铜权铭文中亦见省略笔画的现象。如标本466，深圳市博物馆藏品，六面体，权腹正面铭文为"至治元年""官造"，背面铭文为"保定路""较勘相同"，侧面铭文为"土七"[③]。这里的"至"字省作"𡈼"、

---

①　[清]刘体智主编：《小校经阁金石文字（引得本）》（四），台湾大通书局，1979年，第2343页。

②　高桂云、张先得：《记北京发现的元代铜权》，《文物》1987年第11期。

③　蔡明：《深圳博物馆藏元代铜权及相关问题探讨》，《文博》2012年第2期。

"保"字省为"𠆌"、"定"字省为"㝎"。

又如标本 624，辽宁省博物馆藏品，六面体，权腹有"至元三年""较勘相同"等铭文，皆阴文（图 2-10）[①]。其中，"较勘相同"中的"较"省去一笔，写作"![]"形。

（三）省字

元代铜权铭文中的省字现象较为常见，主要表现在制颁机构名称、编号方式和检校用语三个方面。

1.制颁机构

元代铜权制颁机构的完整表述——"××路总管府"，常被省作"××路""××路总府""总管府"或"总府"。

如标本 367，辽宁大连新金县出土，六面体，权腹正面铭文为"皇庆元年"，右侧为八思巴文；背面铭文为"总管府造"，其右侧面有一个"千"字（图 2-11）[②]。这里的"总管府"，即是"××路总管府"的省写。

图 2-10 标本 624 铭文拓片　　　图 2-11 标本 367 铭文拓片

2.编号方式

元代铜权完整的编号方式是"×字×十×号"，如标本 536 的编号为"天字四十九号"[③]。但是，这种完整的编号方式比较少见，大多数铜权通常把编号中的"字""十""号"等字省略。

如标本 13，河北围场出土，圆体，权腹正面铭文为"至元七年"；

---

① 都惜青：《辽宁省博物馆藏元代纪年铜权考析》，《四川文物》2017 年第 3 期。

② 徐明纲：《大连地区出土元代铜、铁权》，《考古》1987 年第 11 期。

③ 冯永谦：《辽宁开原老城镇出土的元代铜器和铁器》，载文物编辑委员会编《文物资料丛刊（7）》，文物出版社，1983 年，第 163～167 页。

背面铭文为"市令司发",左侧面铭文为"下三"(图2–12)[①]。这里的"下三",为"下字三号"的省写。

3.检校用语

元代铜权的检校用语——"较勘相同",常被省作"较勘同""较勘""较同""同"等。

如标本433,辽宁大连旅顺口区出土,六面体,权腹正面铭文为"较同",右侧面为一个"九"字;背面铭文为"延祐五年"(图2–13)[②]。这里的"较同",即是"较勘相同"的省写。

(四)借字

元代铜权铭文中也存在借字现象。如标本111,济南市博物馆藏品,六面体,权腹正面阴刻"至元廿玖年",右侧阴刻一个"午"字,背面阴刻"总官府造"(图2–14)[③]。这里的"官"字,显然是"管"的借字。

总体来看,元代铜权铭文的书写基本上遵循着省时省力的原则,繁体字和简化字均比较常见;字数能省则省,笔画能省则省,借字一般比原字简洁。当然,"省笔字"和"借字"中的一部分可能是错别字,这应与工匠的文化水平不高有关。

图2-12 标本13
铭文拓片

图2-13 标本433
铭文拓片

图2-14 标本111
铭文拓片

四 元代铜权铭文的增刻和改刻

"增刻铭文"或"改刻铭文"的情况共有14例。所谓"增刻铭文",

① 郑绍宗:《河北出土金元时期铜权的分析与研究》,《文物春秋》2004年第3期。

② 徐明纲:《大连地区出土元代铜、铁权》,《考古》1987年第11期。

③ 李晓峰:《济南市博物馆藏元代铜权介绍》,《文物春秋》1999年第2期。

是指在铜权上未铸刻铭文的部位新刻铭文。所谓"改刻铭文",是指在铜权上已铸刻铭文的部位新刻铭文。

(一)增刻铭文

增刻的铭文主要有三类:一是纪年铭文,二是纪地铭文,三是编号铭文。

1.增刻纪年铭文

此类铭文仅有1例,即标本44,江苏溧水县(今南京溧水区)文化部门藏品,圆体,权腹刻"至元十八年造",旁边又刻"至大元年造"[①]。其中,"至元十八年"(1281年)为原刻铭文,"至大元年"(1308年)为增刻铭文。

2.增刻纪地铭文

此类铭文仅有1例,即标本662,江苏镇江市博物馆藏品,权腹有"扬州路""建康路造""水三"等铭文[②]。其中,"建康路"下有一个"造"字。因此,"建康路"应为原刻铭文,"扬州路"当是增刻铭文。

3.增刻编号铭文

此类铭文共有5例,即标本17、标本175、标本318、标本479和标本653(表2-1)。

表2-1 增刻编号铭文的铜权一览表

序号	标本号	铭文	编号铭文
1	17	权腹正面阴铸"至元八年"和一个"地"字,背面阴铸"博州路造",其右侧线刻一"天"字。	"天""地"
2	175	权腹正面"大德元年十二月日造",背面"保定路较勘相同",侧面"十六、六四"。	"十六""六四"
3	318	权腹正面"大德十一年上一号",背面"大都路较同二十五斤",侧面"皇"。	"上一号""皇"
4	479	权腹正面"至治二年""李明德造",其右侧为"太字",其左侧为"四二号";背面"台州路总府""提调官较同",其右侧为一"月"字,其左侧有两字不可辨识。	"太字四二号""月"
5	653	权腹正面"顺宁府官";背面"较勘相同",其左侧面"十七号",右侧面"十□"。	"十七号""十□"

① 吴大林:《江苏溧水县收集到的元代铜权》,《文博通讯》1983年第6期。

② 丘光明编著:《中国历代度量衡考》,科学出版社,1992年,第477页,《元代铜权一览表》序号66。

如标本175，河北沽源出土，六面体，权腹正面铭文为"大德元年十二月□日造"，背面铭文为"保定路""较勘相同"，侧面铭文为"十六""六四"①。此处的"十六"和"六四"均为编号铭文，二者中当有一个属于增刻铭文。

（二）改刻铭文

从现有资料看，改刻铭文的方式主要有两种：一种方式是直接在原刻铭文上进行改刻，另一种方式是先磨去原刻铭文再进行改刻。改刻的铭文主要包括纪年铭文和编号铭文两种。

1.改刻纪年铭文

此类铭文共见6例，即标本208、标本298、标本322、标本633、标本634和标本636（表2-2）。

表2-2 改刻纪年铭文的铜权一览表

序号	标本号	纪年	原刻铭文	改刻铭文
1	208	权身正面阴刻"建康路造"；背面阴刻"大德三年"，后又改刻为"延祐三年"。	大德三年	延祐三年
2	298	权腹刻"大德九年"，后在其上改刻为"延祐六年"。	大德九年	延祐六年
3	322	权腹正面铭文为为"大德七年""大都路造"。这里的"七"字显然是磨平原铸年号数字后又錾刻上的。	大德元年至大德六年	大德七年
4	633	权腹正面阴刻"至□□年"，背面阴刻"益都路造"，右侧阴刻"平一"。其中，"至□□年"的第二字和第三字经过了改刻。第二字为"元"或"治"，第三字为"元"或"四"。	前至元四年或至治元年	至治元年或后至元元年
5	634	权腹正面铭文为"大德六年""大都路造"，这里的"大德六年"系原刻年号上改刻而成。	至元二十一年至元贞三年	大德六年
6	636	权腹有"泰定五年""奉元路""官造"等铭文。这里的"泰定五"，是刮掉了原来年号另刻上去的。	皇庆元年至至治三年	泰定五年

如标本322，天津武清县（今武清区）出土，六面体，权腹正面铭文为"大德七年""大都路造"，背面铭文为"二十五斤秤"和八思巴

---

① 郑绍宗：《河北出土金元时期铜权的分析与研究》，《文物春秋》2004年第3期。

文"一斤锤"，其他四面铭文为非汉字文字。其中，"大德七年"的"七"字，显然是磨平原铸年号数字后又錾刻上的[1]。

又如标本633，陕西扶风城关公社（今城关镇）出土，六面体，权腹有"泰定五年""奉元路""官造"等铭文（图2-15）。其中，"泰定五"三字，是刮掉了原来纪年另刻上去的[2]。

2.改刻编号铭文

此类铭文仅1例，即标本494，辽宁省博物馆藏品，六面体，权腹正面铭文为"泰定二年""大宁路□"，右侧面铭文为"冀家造"，左侧面铭文为"地字卅三号"；背面铭文为"二十五斤""较勘相同"，左右两个侧面分别为两个押记符号（图2-16）[3]。其中，"地字卅三号"是在原刻铭文"天字□□号"上直接改刻而成的。

（三）增刻铭文与改刻铭文并存

此类铭文同时存在增刻和改刻两种情况，仅1例，即标本635。该权为河南开封师院（今河南大学）藏品，六面体，权腹正面阴刻"益都路"；背面阴刻"元统元年"，左侧阴刻"至元三年"（图2-17）[4]。通过核验该铜权铭文拓片，发现"元统元年"是在原刻纪年上直接改刻的。由于改刻和经久漫漶，原刻纪年已不可辨。因此，该权实际上存在着三个纪年铭文：一为原刻纪年；二为改刻纪年，即元统三年；三为增刻纪年，即至元三年。

元代铜权铭文的增刻和改刻，当与元代度量衡管理制度密切相关，是政府行为，不是个人行为。

《元典章》中载："委本路管民达鲁花赤、长官……常切关防较勘（度量衡），毋令似前作弊抵换。"[5]这句话是说，各路达鲁花赤、长官要经常对本路的度量衡进行检校，以防止不合法式度量衡的铸造和流通。由此可知，增刻或改刻纪年铭文的现象，应是度量衡管理机构对于年过久远之度量衡要进行定期或不定期的抽查，经检校合格后，再增刻或改

① 刘幼铮：《介绍天津发现的一批古代铜、铁权》，载文物编辑委员会编《文物资料丛刊（8）》，文物出版社，1983年，第113～115页。
② 左忠诚：《陕西渭南、扶风出土元至元九年和泰定五年铜权》，《文物》1977年第2期。
③ 都惜青：《辽宁省博物馆藏元代纪年铜权考析》，《四川文物》2017年第3期。
④ 黄明兰：《开封师院收购到元代益都路铜权一件》，《文物》1959年第12期。
⑤ 陈高华等点校：《元典章》卷五十七《刑部卷之十九》，中华书局等，2011年，第1940～1943页。

刻新的纪年铭文，以示符合标准，而后才能继续流通使用。

从现有资料来看，元代的度量衡一般由"路总管府"进行统一管理。增刻纪地铭文的现象，当是某路的度量衡管理机构要对流通到本路的他路之权进行重新校（较）勘，经检校合格后，再增刻本路的名称，以便在本路流通使用。

图2-15　标本636　　　　图2-16　标本494　　　　图2-17　标本635
　　铭文拓片　　　　　　　　铭文拓片　　　　　　　　铭文拓片

蒙元政府对铜权进行编号的目的是登记造册，防伪杜奸。增刻或改刻编号铭文的现象，应是某路的编号铜权遗失或损坏数量较多，导致本路的原编号系统出现了混乱。在这种情况下，度量衡管理部门不得不对铜权重新编号，以方便监督和管理。

第二节　元代铜权铭文的文字类型

元代铜权铭文中，除汉字之外，还包含多种非汉字的文字类型，这是目前学界比较普遍的认识。那么，这些非汉字的文字类型究竟有几种，又分别是什么文字？这些非汉字文字的含义又是什么？针对这些问题，目前已有不少学者进行了探讨。

一　元代铜权铭文的文字类型

对于元代铜权铭文的文字类型问题，学界曾进行了激烈地探讨，但众说纷纭，莫衷一是。

刘东瑞是最早探讨这一问题的学者。1979年，他在《铸有四种不同文字的元代二斤铜秤锤》一文中认为，元代铜权铭文的文字类型有四种，即汉文、回鹘蒙文、八思巴文和波斯文[①]。

---

① 刘东瑞：《铸有四种不同文字的元代二斤铜秤锤》，《历史教学》1979年第6期。

1983年，刘幼铮在《介绍天津发现的一批古代铜、铁权》一文中，对两件"大德七年"铜权的铭文进行了释读。他认为元代铜权铭文的文字类型有四种，即汉文、八思巴文、回鹘式蒙古文和察合台文①。不难看出，他所说的四种类型与刘东瑞的认识稍有区别。

但是，刘幼铮的认识是比较含混的。1986年，他发表《元代衡器衡制略考》，修正了《介绍天津发现的一批古代铜、铁权》中的认识，认同刘东瑞的"四种类型说"；但他又提出了"五种类型说"，即汉文、八思巴文、回鹘式蒙文、察合台文（老维吾尔文）、波斯文；同时，他将该文表一中的一件"皇庆二年"铜权铭文的文字类型认定为两种，即汉文和契丹文②。按照这种认识，元代铜权铭文中应当存在着汉文、八思巴文、回鹘蒙文、波斯文、察哈台文和契丹文等六种文字类型。

1998年，黄时鉴《元代四体铭文铜权的考释》表达了与刘东瑞相同的看法，即元代铜权铭文包含汉文、回鹘体蒙文、八思巴文和波斯文四种文字类型③。

2007年，董永强《元代铜权上的回鹘式蒙古文铭文续考》基本赞同刘东瑞和黄时鉴的"四种类型说"④。

2013年，王大方、张文芳提出了另一种"五种类型说"。他们认为元代铜权铭文的文字类型有汉文、八思巴文、畏吾字蒙古文、波斯文、亦思替非古阿拉伯文五种⑤。

2019年，林志国《元代四体铭文铜权上的八思巴文识读》支持黄时鉴的观点，并对部分元代铜权铭文中的八思巴文做了比较详细地释读⑥。

上述诸家所言的"回鹘蒙文""回鹘体蒙文""回鹘式蒙文"和"畏吾字蒙古文"，实际上是同一种文字，只是文字表述不同而已。因此，综合上述诸家的认识，元代铜权铭文有汉文、八思巴文、回鹘蒙文、波斯

---

① 刘幼铮：《介绍天津发现的一批古代铜、铁权》，载文物编辑委员会编《文物资料丛刊（8）》，文物出版社，1983年，第113页。

② 刘幼铮：《元代衡器衡制略考》，载元史研究会编《元史论丛（第三辑）》，中华书局，1986年，第175页。

③ 黄时鉴：《元代四体铭文铜权的考释——以识读波斯文铭文为主》，载叶亦良编《伊朗学在中国论文集（第二集）》，北京大学出版社，1998年，第41~47页。

④ 董永强：《元代铜权上的回鹘式蒙古文铭文续考》，《西北大学学报（哲学社会科学版）》2007年第3期。

⑤ 王大方、张文芳编著：《草原金石录》，文物出版社，2013年，第234页。

⑥ 林志国：《元代四体铭文铜权上的八思巴文识读》，《中国计量》2019年第3期。

文、察合台文、亦思替非文和契丹文七种文字类型。其中，元代铜权铭文中包含汉文、八思巴文、回鹘蒙文和波斯文四种文字，是各家的共识，毋需再议。但是，元代铜权铭文中究竟有没有契丹文、察合台文和亦思替非文三种文字呢？

（一）契丹文

对于元代铜权铭文中是否有契丹文这一问题，我们可以通过重新考察《元代衡器衡制略考》中的"皇庆二年"铜权来获得答案。

"皇庆二年"铜权，即标本387，原载于《河北省出土文物选集》，又见于郑绍宗《河北出土金元时期铜权的分析与研究》一文。这件铜权1958年发现于河北雄县，六面体，权腹正面铭文为"皇庆二年"，其左侧面铭文为"匠人□□"；背面铭文为"□□路"和一个""形符号，其左侧面为一个"三"字（图2-18）[①]。这里的""，就是刘幼铮所认为的契丹文。实际上，这一符号在"路"字之下，只是一个押记，并非文字，应是"□□路总管府"对该权进行检校后所留下的标记（详见本书第七章第二节）。

图2-18 "皇庆二年"铜权铭文拓片

（二）察合台文

对于元代铜权铭文中是否有察合台文这一问题，黄时鉴是持否定态度的。他从察合台文流行时间、实物资料等方面提出了两点看法[②]：其一，察合台文的流行，"至早发生在1338年阿里成为察合台汗以后，而且多半是发生在1348年秃忽鲁帖木儿即汗位以后"，"不可能设想，在这种情况下1303年大都路在造铜权时会铸上察合台文"；其二，四体铭文铜权的出现不晚于1295年，而此时的察合台汗国与元朝正处于敌对状态，

① 河北省博物馆、文物管理处编：《河北省出土文物选集》，文物出版社，1980年，第233页；郑绍宗：《河北出土金元时期铜权的分析与研究》，《文物春秋》2004年第3期。

② 黄时鉴：《元代四体铭文铜权的考释——以识读波斯文铭文为主》，载叶亦良编《伊朗学在中国论文集（第二集）》，北京大学出版社，1998年，第41～47页。

显然在这种状态下，大都路在制作铜权时不可能会铸上察合台文。

相对于刘幼铮《元代衡器衡制略考》一文，黄时鉴《元代四体铭文铜权的考释》一文论证得更为合理，论据也更为充分，故被大多数学者所信从。

（三）亦思替非文

对于亦思替非文的性质和归属问题，学界争议颇大。目前主要有两种不同的认识。韩儒林认为，所谓亦思替非文字，可能就是波斯文[1]。刘迎胜则认为，亦思替非文字不可能是波斯文，而应是阿拉伯文[2]。

中国学者关于亦思替非文的争论，引起了国外学者的关注。1993年，伊朗学者穆扎法尔·巴赫提亚尔认为，亦斯替非的本意是获取应有之权利，或向某人取得应得之物，作为一个专有名词，其意为财产税务的核算与管理。他还说，亦思替非文类似于缩写符号或象形文字，只表意而不标音，通常用于国家文书，且有特定的写法与规则。国王及政府有关财务税收的诏书、清算单据、税务文书等都用这种符号书写[3]。

至此可以明确，亦思替非文并非一种文字，而是一种用于财务记账的特殊符号。蒙元政府在铜权上铸刻铭文，目的就是向广大民众昭告衡器的可信性和公平性。亦思替非文仅为极少数人所熟悉，不被普通民众所掌握，无法达到昭告众人的目的。因此，元代铜权铭文中并无亦思替非文。

综上所述，元代铜权铭文中仅有汉文、回鹘蒙文、八思巴文和波斯文四种文字类型，而不存在所谓的契丹文、察合台文和亦思替非文。

二　回鹘蒙文、八思巴文和波斯文

回鹘蒙文和八思巴文为蒙元帝国的新创文字。其中，八思巴文已随时间的流逝而淡出了人们的视野；回鹘蒙文虽然仍在蒙古国和中国内蒙古自治区使用，但对大多数人来说并不熟悉。波斯文是外来文字，对我们来说更加陌生。下面就对这三种文字的发展演变情况做一简介。

（一）回鹘蒙文

蒙古族在建立蒙古汗国之前，只有本族的语言，没有自己的文字。

---

[1]　韩儒林：《所谓"亦思替非文字"是什么文字》，《考古》1981年第1期。

[2]　刘迎胜：《唐元时代中国的伊朗语文与波斯语文教育》，《新疆大学学报》1991年第1期。

[3]　［伊朗］穆扎法尔·巴赫提亚尔：《"亦思替非"考》，载叶亦良编《伊朗学在中国论文集》，北京大学出版社，1993年，第44～50页。

宋人徐霆曾说："霆尝考之，鞑人本无字书。"①在这种情况下，蒙古族通常用汉文和畏吾尔文来表达本族的语言。元世祖忽必烈在至元六年（1269年）颁布的诏书中也说："我国家肇基朔方，俗尚简古，未遑制作，凡施用文字，因用汉楷及畏吾字，以达本朝之言。"②

为了改变这种现状，元太祖铁木真在立国前夕就开始着手创建本民族的文字。1204年，成吉思汗征服了乃蛮部，俘虏了乃蛮部首领太阳汗的师傅塔塔统阿。塔塔统阿是畏兀人，深通畏兀文，为太阳汗掌管国印和钱谷。成吉思汗从他那里了解到印信和文字的作用，于是令其"教太子诸王以畏兀字书国言"③。这里的"国言"，就是用畏兀字拼写的蒙古语，亦即学者所谓的"回鹘蒙文"。宋人彭大雅在描述这种文字时说："其事书之以木杖，惊蛇屈蚓，如天书符篆，如曲谱五凡工尺，回回字殆兄弟也。"④

回鹘蒙文创建后，蒙古统治者大力推广。元人程钜夫说："太祖时，国字未立，凡诏诰典祀，军国期会，皆用辉和尔（畏吾尔）书"⑤。直到今天，这种文字仍是蒙古国和中国内蒙古自治区的一种通行文字。

（二）八思巴文

八思巴文是蒙元帝国创制的第二种文字。中统元年（1260年）忽必烈即位后，尊奉藏传佛教萨迦派的第五祖八思巴为国师，并授予玉印，令其创制蒙古新字。

大约经历了十年的时间，蒙古新字创制成功。至元六年（1269年）二月己丑，元世祖忽必烈"诏以新制蒙古字颁行天下"⑥。《元史·释老传》中在描述这种新字时说："其字仅千余，其母凡四十有一。其相关纽而成字者，则有韵关之法，其以二合三合四合而成字者，则有语韵之法；而大要则以谐声为宗也。"⑦这种文字便是"八思巴文"。

---

① ［宋］彭大雅撰、徐霆疏证：《黑鞑事略》，《续修四库全书》第423册，上海古籍出版社，2002年，第535页。

② ［明］宋濂等撰：《元史》卷二百二《释老传》，中华书局，1976年，第4518页。

③ ［明］宋濂等撰：《元史》卷一百二十四《塔塔统阿传》，中华书局，1976年，第3048页。

④ ［宋］彭大雅撰、徐霆疏证：《黑鞑事略》，《续修四库全书》第423册，上海古籍出版社，2002年，第535页。

⑤ ［元］程钜夫：《雪楼集》卷七《武都忠简王神道碑》，《景印文渊阁四库全书》第1202册，台湾商务印书馆，1986年影印本，第79页。

⑥ ［明］宋濂等撰：《元史》卷六《世祖三》，中华书局，1976年，第121页。

⑦ ［明］宋濂等撰：《元史》卷二百二《释老传》，中华书局，1976年，第4518页。

　　至于创制缘由，忽必烈在至元六年的诏书中作了明确地阐述："考诸辽、金，以及遐方诸国，例各有字，今文治浸兴，而字书有阙，于一代制度，实为未备。故特命国师八思巴创为蒙古新字，译写一切文字，期于顺言达事而已。自今以往，凡有玺书颁降者，并用蒙古新字，仍各以其国字副之。"[①]

　　为了推行八思巴文，蒙元政府随即采取了一系列的措施：

　　首先，改"新字"为"国字"。至元七年（1270年），蒙古新字改称为蒙古国字。至元八年（1271年）又规定，"今后不得将蒙古字道作新字"[②]。

　　其次，设专职人员和专门机构教授蒙古国字。至元七年四月壬午，"设诸路蒙古字学教授"[③]。至元八年正月，忽必烈"诏立京师蒙古国子学，教习诸生，于随朝蒙古、汉人百官及怯薛歹官员，选子弟俊秀者入学，然未有员数。以《通鉴节要》用蒙古语言译写教之，俟生员习学成效，出题试问，观其所对精通者，量授官职"[④]。

　　再次，规定凡诏书、公文、印符等皆用国字。在祝文方面，至元七年十月癸酉，"敕宗庙祭祀祝文，书以国字"[⑤]。在敕命方面，至元十年正月戊午，"敕自今并以国字书宣命"[⑥]。在虎符方面，至元十五年七月丁亥，诏"虎符旧用畏吾字，今易以国字"[⑦]。在公文方面，至元二十一年五月，忽必烈敕命中书省，"奏目及文册，皆不许用畏吾字，其宣命、扎付并用蒙古书"[⑧]。在印章方面，规定，"一品衙门用三台金印；二品三品用二台银印；其余大小衙门印，虽大小不同，皆用铜；其印文皆用八思麻帝师所制蒙古字书"[⑨]。

　　经过大力推广，八思巴文逐渐成为元朝的又一种通行文字。但是，随着蒙元帝国的覆亡，这种文字很快被废弃了。

① ［明］宋濂等撰：《元史》卷二百二《释老传》，中华书局，1976年，第4518页。
② 陈高华等点校：《元典章》卷三十一《礼部卷之四》，中华书局等，2011年，第1082页。
③ ［明］宋濂等撰：《元史》卷七《世祖四》，中华书局，1976年，第129页。
④ ［明］宋濂等撰：《元史》卷八十一《选举一》，中华书局，1976年，第2027页。
⑤ ［明］宋濂等撰：《元史》卷七《世祖四》，中华书局，1976年，第131页。
⑥ ［明］宋濂等撰：《元史》卷八《世祖五》，中华书局，1976年，第147页。
⑦ ［明］宋濂等撰：《元史》卷十《世祖七》，中华书局，1976年，第203页。
⑧ ［明］宋濂等撰：《元史》卷十三《世祖十》，中华书局，1976年，第266页。
⑨ ［明］叶子奇撰：《草木子》卷三下《杂制篇》，中华书局，1959年，第62页。

（三）波斯文

蒙元何时开始使用波斯文，文献中并无明确记载。推测当是1229年成吉思汗大规模西征之后，随着大批阿拉伯人、波斯人、突厥人东迁入华，才开始使用的。这些东迁的阿拉伯人、波斯人和突厥人在元代文献中被称为"回回人"，为色目人的一部分。他们在蒙元帝国或做工、或从军、或经商、或做官，并开始定居下来。

由于长期在蒙元帝国生活，"回回人"逐渐获得了正式身份，由外来侨民变成了帝国臣民。元太宗窝阔台六年（1234年），规定"不论达达回回、契丹、女直、汉儿人等，……于随处附籍，便系皇帝民户，应当随处差发"①，"回回人"从此被正式编入了元朝户籍。元宪宗蒙哥二年（1252年）实施的"壬子籍户"和至元八年（1271年）颁布的"户口条画"②，进一步明确了占籍的回回人为"回回户"。

回回人不仅被蒙元帝国接纳认可，而且被赋予较高的政治地位。他们中有不少人在蒙元帝国为官，有的还被委以重任。个中缘由，元人许有壬说得十分清楚，"我元始征西北诸国，而西域最先内附，故其国人柄用尤多"③。

元世祖至元二年（1265年）二月甲子，更是作出明文规定："以蒙古人充各路达鲁花赤，汉人充总管，回回人充同知，永为定制"④。

随着回回人地位的提升，波斯文也被普遍推广。具体表现是设置了回回国子学和回回国子监。至元二十六年（1289年）八月，置回回国子学，以传波斯文为主，兼授亦思替非文。延祐元年（1314年）四月，又置回回国子监，设监官，作为管理回回国子学的上级机构。泰定二年（1325年）正月，"以近岁公卿大夫子弟与夫凡民之子入学者众，其学官及生员五十余人，已给饮膳者二十七人外，助教一人、生员二十四人廪膳，并令给之。学之建置在于国都，凡百司庶府所设译史，皆从本学取以充焉"⑤。

回回国子学的设立，为蒙元帝国培养了一批专门人才。他们多在政

---

① 方龄贵校注：《通制条格校注》卷二《户令·户例》，中华书局，2001年，第19页。

② 方龄贵校注：《通制条格校注》卷二《户令·户例》，中华书局，2001年，第11～26页。

③ ［元］许有壬撰：《至正集》卷五十三《碑志十·西域使者哈只哈心碑》，《元人文集珍本丛刊（七）》，新文丰出版公司，1985年，第251页。

④ ［明］宋濂等撰：《元史》卷六《世祖三》，中华书局，1959年，第106页。

⑤ ［明］宋濂等撰：《元史》卷八十一《选举一》，中华书局，1959年，第2028～2029页。

府重要部门任职，担任回回椽史、回回译史、回回令史等职，既推动了蒙元帝国的兴盛发达，又促进了中西文化的交流和发展。

总体来看，元代铜权铭文中多种文字类型的存在，不仅适应了蒙元帝国各民族经济文化交流的需要，而且有助于各民族之间的融合和共同发展，同时也有利于蒙元帝国经济的繁荣和社会的稳定。

第三节　元代铜权铭文的文字体例

所谓文字体例，是指元代铜权铭文中汉文、八思巴文、回鹘蒙文、波斯文等四种文字类型之间的组合情况。

一　元代铜权的文字体例

依据文字体例是否明确，可将元代铜权分为两类：一是文字体例明确的铜权，共657件；二是文字体例不明的铜权，共15件（由于原资料叙述模糊或未提供清晰照片或铭文经久漫漶，而不能完全辨认文字类型，不能确定属于何种文字体例）。其中，第一类是我们探讨文字体例问题的基本材料。

依据各文字类型的组合情况，可将元代铜权分为四类，即汉文铭文铜权、双体铭文铜权、三体铭文铜权和四体铭文铜权（表2-3）。

表2-3　元代铜权铭文文字体例一览表

序号	名称	文字类型	数量	分布
1	汉文铭文铜权	汉文	591件	分布范围最广，见于蒙元帝国疆域内的大部分省份和地区。
2	双体铭文铜权	汉文、八思巴文	18件	中书省益都路2件；江浙行省扬州路3件，杭州路2件，湖州路2件，庆元路2件，信州路1件；无铸造机构的2件；仅有"总管府"铭文但不能确定是何路的有3件；"□川路"1件。
3	三体铭文铜权	汉文、回鹘蒙文、波斯文	2件	留守司（上都留守司）2件。
4	四体铭文铜权	汉文、八思巴文、回鹘蒙文、波斯文	46件	大都路46件（其中包含市令司的2件）。
总计			657件	

（一）汉文铭文铜权

汉文铭文铜权，是指铭文中仅有汉文一种文字类型的铜权。如标本26，河南省文物研究所（今河南省文物考古研究院）藏品，圆体，权腹正面阴刻"至元八年"，背面阴刻"南京路造"，侧面阴刻"寸七"[①]。这件铜权的所有铭文均为汉文（图2-19）。

此类铜权的特点大致有二：一是数量多，共591件，约占总数（672件）的87.95%；二是分布广，不仅见于腹里地区，而且见于江浙、河南、辽阳、湖广、四川、甘肃、江西和陕西等8行省。

（二）双体铭文铜权

双体铭文铜权，是指铭文中包含汉文和八思巴文两种文字类型的铜权。如标本338，浙江安吉县博物馆藏品，六面体，权腹正面阳文"至大元年"，两侧面阴刻八思巴文；背面阴文"杭州路"，左侧面阳文"十号"，右侧面阳文"人字"[②]。这件铜权的铭文包含汉文、八思巴文两种文字类型（图2-20）。

图2-19　标本26铭文拓片

图2-20　标本338铭文拓片

此类铜权的特点有二：一是数量不多，共18件，仅占铜权总数（672件）的2.68%左右；二是分布地域狭小，主要见于河南行省、江浙行省和腹里地区。具体来看，18件铜权中，有6件不能确定具体的制颁机构，2件无纪地铭文，3件纪地铭文为"总管府"，1件纪地铭文为"□川路"；余下12件中，腹里地区益都路2件，河南行省扬州路3件，江浙行省杭州路2件、湖州路2件、庆元路2件、信州路1件。

（三）三体铭文铜权

"三体铭文铜权"，是指铭文中包含汉文、回鹘蒙文、波斯文等三种

① 姜涛、李秀萍：《"元代铜权"略考》，《中原文物》1985年第3期。
② 安吉县博物馆：《浙江安吉县发现元代铜权》，《文物》1982年第4期。

文字类型的铜权。如标本408，河北围场出土，权腹正面（E面）铭文为"延祐二年、留守司造"，右侧面（F面）为回鹘蒙文，左侧面（D面）为波斯文；背面（B面）铭文为"三十五斤秤、官、火五"，右侧面（C面）为波斯文，左侧面（A面）为回鹘蒙文[①]。不难看出，这件铜权铭文中包含了汉文、波斯文、回鹘蒙文三种文字（图2-21）。

图2-21　标本408铭文拓片

　　此类铜权的特点有二：一是数量极少，仅2件（标本407、标本408）；二是分布地域更为狭小，涉及的制颁机构仅有1个，即（上都）留守司。

　　（四）四体铭文铜权

　　四体铭文铜权，是指铭文中包含汉文、八思巴文、回鹘蒙文、波斯文四种文字类型的铜权。

　　此类铜权的特点有二：一是数量不多，共46件，约占总数（672件）的6.85%。二是分布地域不广，涉及的制颁机构有2个，一为大都路总管府，一为置于大都的市令司。

　　这里需要说明的是，有的学者在发表铜权资料时，仅辨识了汉文铭文，未识别其他文字类型的铭文；而且原资料中未提供图片或提供的图片不够清晰，以至于我们无法对每件铜权进行一一确认。鉴于这些因素，我们对上述各类别的统计和分析是粗略的。

　　二　四体铭文铜权的特征

　　在上述四类铜权中，"四体铭文铜权"最具特色，是众多学者探讨的一个热门话题。但是，相关讨论仍存在着诸多问题和不足。下面就对其相关问题作详细探讨。

---

　　① 郑绍宗：《河北出土金元时期铜权的分析与研究》，《文物春秋》2004年第3期。

（一）四体铭文的含义

对于四体铭文铜权各种文字类型的含义，已有不少学者进行了释读与考证，诸家的观点基本上是一致的。这里以内蒙古博物院收藏的"元贞元年"铜权（标本142）①为例加以说明（图2-22）。

图2-22 "元贞元年"四体铭文铜权（标本142）

对于这件铜权的铭文内容，刘东瑞的释读是：正面（B面）为"元贞元年""大都路造"，背面（E面）为"三十五斤秤"和八思巴文"斤半锤"，其余四面分别为回鹘蒙文和波斯文"三十五斤秤"和"斤半锤"②。不难看出，刘先生对"其他四面"铭文的释读较为含混，既没有说明哪些铭文为回鹘蒙文、哪些铭文为八思巴文、哪些铭文是波斯文，也没有说明哪些铭文为"三十五斤秤"、哪些铭文为"斤半锤"。

黄时鉴对这件铜权的铭文做了比较详细的释读。他认为，A、F两个侧面的文字为回鹘蒙文，两行文字连读，意为"衡三十五"；B面（正面）为汉文"元贞元年""大都路造"；C、D两个侧面的文字为波斯文，两行文字连读，意为"重三十五斤"；E面（背面）铭文两行，右侧竖行为汉文"三十五斤秤"，左侧竖行为八思巴文，意为"斤半锤"③。

相对而言，黄时鉴熟悉多种文字，对铜权铭文的考释比较详尽，目前学界多认可其说。

2007年，董永强对四体铭文铜权A面回鹘蒙文的首字"ᠪ"进行了

---

① 内蒙古自治区文物工作队编：《内蒙古出土文物选集》，文物出版社，1963年，第117页；《内蒙古自治区志·技术监督志》编纂委员会编：《内蒙古自治区志·技术监督志》，方志出版社，2004年，第517页。

② 刘东瑞：《铸有四种不同文字的元代二斤铜秤锤》，《历史教学》1979年第6期。

③ 黄时鉴：《元代四体铭文铜权的考释——以识读波斯文铭文为主》，叶亦良编《伊朗学在中国论文集（第二集）》，北京大学出版社，1998年，第41～47页。

细致地解读与分析。他认为该词转写成拉丁字母为"batnan（batna）"或"patnan（patna）"，汉文译作"巴特满"或"帕特曼"，原意为"秤"，后演变为重量单位①。如董永强释读不误的话，则该权之回鹘蒙文含义应为"秤三十五"，而非"衡三十五"，但是二者含义并无大的不同。

2019年，林志国《元代四体铭文铜权上的八思巴文识读》专门对铜权铭文的八思巴文进行了释读，纠正了以往释读中的一些错误②。

（二）四体铭文铜权的特征

四体铭文铜权为元代独创，主要具有以下几个显著特征：

1.制颁地均为大都路

四体铭文铜权，共46件。其中，44件为大都路总管府制颁，2件为"市令司"制颁（标本110和标本122）。由于"市令司"仅置于大都，这两件铜权也可视为大都路制颁。

2.年代与大都路置废基本同步

大都路置于至元二十一年（1284年），废于至正二十八年（1368年），存续80余年。四体铭文铜权的最早年代是至元二十一年（标本56），最晚年代为至正四年（标本567），历时约60年，二者基本同步。

3.形制均为上窄下宽的六面体

大都路总管府制颁的铜权有A型（圆体）和Ba型（上窄下宽的六面体）两类。四体铭文铜权均属于Ba型。

黄时鉴曾经认为："四体铭文铜权的形制是适应四体铭文的铸造而设计出来的。"③因为Ba型出现于南北朝时期，宋金时期已经比较常见，并非始于蒙元时期，所以我们认为，在诸多铜权形制中，Ba型更适应四体铭文的需要，从而被广泛使用。

4.铭文布局基本统一

四体铭文铜权的铭文布局基本上是固定的。其中，正面铭文为"年号×年""大都路造"，背面铭文为"×××斤秤"和八思巴文（自身重量），两个侧面为回鹘蒙文（最大称重数），两个侧面为波斯文（最大称重数）。

---

① 董永强：《元代铜权上的回鹘式蒙古文铭文考》，《西北大学学报（哲学社会科学版）》，2007年第3期。

② 林志国：《元代四体铭文铜权上的八思巴文识读》，《中国计量》2019年第3期。

③ 黄时鉴：《元代四体铭文铜权的考释——以识读波斯文铭文为主》，载叶亦良编《伊朗学在中国论文集》（第二集），北京大学出版社，1998年，第46页。

5.底座通常装饰缠枝纹

四体铭文铜权底座的六个立面上，通常铸刻有缠枝纹，起到了装饰作用。缠枝纹又称为忍冬纹、缠枝花或万寿藤，是我国一种传统的装饰纹样。其结构连绵不断，寓意着生命的生生不息[1]。

（三）四体铭文铜权的意义

四体铭文铜权造型端庄、纹饰精美、铭文规整，是元代铜权的标准式样，具有重要意义。

1.适应了多民族的不同需求

蒙元帝国主要由蒙古人、色目人、汉人、南人四类人组成。其中，蒙古人主要使用回鹘蒙文，汉人、南人主要使用汉文，色目人主要以波斯文为通行文字。八思巴文则是蒙元创制的大一统文字，供各族人民共同使用。因此，四体铭文铜权适应了蒙元帝国内不同民族的需求，有利于各民族的融合和共同发展。

2.体现了大一统的统治理念

八思巴文和汉文一般铸刻于铜权的正面和背面两个大面，即体现了蒙元帝国以蒙古族为主导、以汉族人为主体的政治格局，也体现了蒙元帝国统治者以汉法为治国基本方略的发展理念。

3.彰显了元大都的繁荣昌盛

元大都不仅是14世纪中国的政治、经济和文化中心，而且是当时的国际性大都市。《马可波罗行纪》中载："外国巨价异物及百物输入此城者，世界诸城无能与比，……百物输入之众，有如川流之不息。仅丝一项，每日入城者计有千车。"[2]大都商业之盛，由此可见一斑。

4.推动了元代衡器的一体化

元大都作为商业贸易的兴盛之所、各色人等的辐辏之地，四体铭文铜权势必以其端庄精致的造型、整齐划一的形制、定量的砝重和称重为各地衡器的制作提供了标准式样，不仅有利于度量衡的统一，而且有利于各民族之间的经济文化交流、民族融合和共同发展。

第四节　元代铜权铭文的类别与体例

元代铜权铭文的内容是丰富多样的。按照具体内容的不同，可将其

---

① 吕变庭著：《〈营造法式〉五彩遍装祥瑞意象研究》，中国社会科学出版社，2011年，第119页。
② ［法］沙海昂（注），冯承钧（译）：《马可波罗行纪》，商务印书馆，2015年，第215页。

分为六大类。铭文体例是各类铭文的组合情况。铭文内容的丰富性，决定了铭文体例的多样性。

一　元代铜权铭文的内容

按照具体内容的不同，可将元代铜权的铭文分为六类，即纪年铭文、纪地铭文、自重铭文、称重铭文、编号铭文和其他铭文（表2–4）。

（一）纪年铭文

纪年是元代铜权的常见铭文。《附表》中纪年铜权有640件，约占总数（672件）的95.24%。

纪年方式多样，既有年号纪年，又有干支纪年，也有干支和年号结合在一起的复合纪年。

（二）纪地铭文

纪地铭文也是元代铜权的常见铭文。《附表》中纪地铭文铜权有436件，约占总数的64.88%。

纪地铭文的内容十分广泛，既有中央政府机构，也有各级地方政府机构，亦有专门性的政府机构。

（三）编号铭文

编号铭文在元代铜权铭文中也较为常见。《附表》中编号铭文铜权有215件，约占总数的31.99%。

编号方式也呈多样性特征，有的是数字编号，有的是千字文文字编号，也有的是千字文文字和数字相结合的复合编号。

（四）自重铭文

自重铭文是表明铜权自身重量的铭文。这类铜权共35件，约占总数的5.21%。

从文字类型来看，自重铭文包括八思巴文和汉文两类。其中，以八思巴文书写的自重铭文可分为"一斤锤""斤半锤"和"二斤锤"三种，以汉文书写的自重铭文可分为"斤三两锤"和"斤九两锤"两种。

表2–4　元代铜权铭文内容分类一览表

类别	名称	内涵	数量	百分比
I	纪年铭文	表明铜权的铸造年代	640件	95.24%
II	纪地铭文	表明铜权的铸造、颁发或检定机构，或铸造地	436件	64.88%
III	编号铭文	表明铜权的编号	215件	31.99%

类别	名称	内涵	数量	百分比
IV	自重铭文	表明铜权的自身重量	35件	5.21%
V	称重铭文	表明铜权的最大称重数	109件	16.22%
VI	其他铭文	表明铜权铸造者、铜权所有者、铜权质量、铜权性质等方面的信息	约200件	29.76%

（五）称重铭文

称重铭文是表明铜权最大称重数的铭文。此类铜权共109件，约占总数的16.22%。称重铭文包括"一十五斤""一十六斤""二十斤""二十三斤""二十五斤""二十六斤""三十五斤""四十五斤"和"五十五斤"等九类。其中，"二十五斤"和"三十五斤"最为常见。

（六）其他铭文

除上述几类铭文外，还有一些涉及铜权的制作者、铜权的检校者、铜权的所有者、铜权的性质、铜权的质量等方面的铭文。这类铭文的内容十分丰富，而且较为庞杂，我们将其统称为其他铭文。

二　元代铜权铭文的体例

所谓铭文体例，是指各类铭文的组合情况。在元代铜权六类铭文中，由于其他铭文涉及的内容较为繁杂，我们在讨论铭文体例问题，暂将其排除在外。

（一）铭文体例的类别

依据纪年、纪地、编号、自重和称重五类铭文的组合情况，可将672件铜权的铭文体例分为以下15类（表2-5）。

这里需要说明的是，《附表》中部分铜权的铭文是记录不全的。出现这一情况的原因大致有三：一是铭文漫漶不清，无法全识；二是发表者仅录部分铭文；三是发表者仅录汉文铭文，未译录非汉文铭文。由于这种情况并不多见，这里暂忽略不计。

I类：纪年

此类体例仅包括纪年一类铭文，共149件。如标本432，湖南城步县出土，圆体，权身正面阴铸"延祐"，背面阴铸"五年"，合为"延祐五年"[1]。

---

[1]　魏人栋：《湖南城步苗族自治县出土元代铜权》，《考古》1987年第11期。

Ⅱ类：纪年+编号

此类体例包含纪年、编号两类铭文，共80件。如标本49，浙江省博物馆藏品，圆体，权腹铭文为"至元十九年造""十一"①。

Ⅲ类：纪年+称重

此类体例包含纪年、称重两类铭文，仅2件，即标本562和标本598。如标本562，《小校经阁金石文字》中辑录，权腹有"至正二年""二十五斤"等铭文②。

Ⅳ类：纪年+编号+称重

此类体例包含纪地、编号、称重三类铭文，仅3件，即标本307、标本591和标本592。如标本307，安徽舒城三沟乡（今桃溪镇）出土，圆体，权腹正面为"计五十五斤""大德十年造"等铭文；背面铭文为"廿五号"③。

Ⅴ类：纪地

此类体例仅有纪地一类铭文，共20件。如标本656，《小校经阁金石文字》中辑录，权腹正面"江州"，背面"路造"，皆阴文④。

Ⅵ类：纪地+编号

此类体例包含纪地、编号两类铭文，共8件。如标本645，湖北随州浙河镇出土，圆体，权腹正面铸阳文"鄂州路造"，背面铸阳文"收六"⑤。

Ⅶ类：纪地+称重

此类体例包括纪地、称重两类铭文，仅有2件，即标本646和标本651。如标本651，河北张家口地区（今张家口市）博物馆藏品，六面体，权腹正面铭文为"顺宁府官"，右侧面一个"丝"字形符号；背面铭文为"较勘相同"，右侧铭文为"十六斤"⑥。

---

① 浙江省博物馆编：《浙江博物馆典藏大系：越地范金》，浙江古籍出版社，2009年，第110页。

② ［清］刘体智主编：《小校经阁金石文字（引得本）》（四），台湾大通书局，1979年，第2356页。

③ 宋志发：《安徽舒城县出土元大德年间铜权》，《考古》1988年第6期。

④ ［清］刘体智主编：《小校经阁金石文字（引得本）》（四），台湾大通书局，1979年，第2340页。

⑤ 王世振：《随州市发现元代铜权》，《江汉考古》1990年第1期。

⑥ 刘建中：《张家口地区博物馆收藏的元代铜权》，《文物春秋》1993年第3期。

Ⅷ类：纪地+编号+称重

此类体例包括纪地、编号、称重三类铭文，仅1件，即标本647，河北承德县岔沟乡出土，圆体，权腹正面阴刻"大都路""较同""一十五斤"，背面阴刻"上二号"[①]。

Ⅸ类：纪年+纪地

此类体例包含纪年、纪地两类铭文，共192件。如标本232，河南省博物馆（今河南博物院）藏品，圆体，权腹正面铭文为"大德四年"，背面铭文为"滦州路造"[②]。

Ⅹ类：纪年+纪地+编号

此类体例包含纪年、纪地、编号三类铭文，共111件。如标本43，安徽贵池市（今池州市贵池区）高脊岭乡港西村出土，圆体，权身正面铭文为"至元十八年造"，背面铭文为"池州路总管府"，左侧镌刻阴文"天四八"[③]。

Ⅺ类：纪年+纪地+称重

此类体例包含纪年、纪地、称重三类铭文，共37件。如标本581，《草原金石录》中辑录，权腹正面铭文"至正六年""三十五斤"，背面铭文"上都留守司""官较同"，皆阴文[④]。

Ⅻ类：纪年+纪地+自重

此类体例包含纪年、纪地、自重三类铭文，仅1件，即标本462，宁夏镇原县博物馆藏品，圆体，权腹阴刻"至治元年""奉元路""官造""斤九两"等铭文[⑤]。

Ⅷ类：纪年+纪地+编号+称重

此类体例包含纪年、纪地、编号、称重四类铭文，共30件。如标本578，浙江湖州市博物馆藏品，六面体，权身正面阳铸"湖州路""至正五年造""二十五斤秤"，其右侧为"□字卅号"，背面铸有两行八思巴文[⑥]。

ⅩⅣ类：纪年+纪地+自重+称重

---

① 刘朴：《河北承德县发现元代窖藏》，《考古》1995年第3期。

② 杨国庆：《河南省博物馆藏元纪铭铜权》，《中原文物》1987年第1期。

③ 赵建明：《安徽贵池市发现元代铜权》，《考古》1997年第10期。

④ 王大方、张文芳编著：《草原金石录》，文物出版社，2013年，第236页。

⑤ 王博文：《元代铜权》，《陇东报》2017年2月18日第三版。

⑥ 湖州市博物馆编：《湖州市博物馆藏品集》，西泠印社，1999年，第89页。

此类体例包含纪年、纪地、自重、称重四类铭文，共35件。如标本141，河北围场发现，权腹正面铭文有"元贞元年""大都路造"；背面铭文有"一十六斤秤"和八思八文"斤半锤"；其余四面分别铸有波斯文和回鹘蒙文"一十六斤秤"[①]。

XV类：自重

此类体例仅包括称重一类铭文，仅1件，即标本641，天津市文物管理部门藏品，六面体，权身字迹漫漶，仅识背面八思巴文"一斤锤"和右侧面回鹘蒙文"秤石（砣）"[②]。这种情况是铭文漫漶不清造成的。

表2-5　元代铜权铭文体例一览表

序号	铭文体例	铭文类别组合情况	数量	百分比
1	I	纪年	149件	22.17%
2	II	纪年＋编号	80件	11.90%
3	III	纪年＋称重	2件	0.30%
4	IV	纪年＋编号＋称重	3件	0.45%
5	V	纪地	20件	2.98%
6	VI	纪地＋编号	8件	1.20%
7	VII	纪地＋称重	2件	0.30%
8	VIII	纪地＋编号＋称重	1件	0.15%
9	IX	纪年＋纪地	192件	28.57%
10	X	纪年＋纪地＋编号	111件	16.52%
11	XI	纪年＋纪地＋称重	37件	5.51%
12	XII	纪年＋纪地＋自重	1件	0.15%
13	VIII	纪年＋纪地＋编号＋称重	30件	4.46%
14	XIV	纪年＋纪地＋自重＋称重	35件	5.21%
15	XV	自重	1件	0.15%
总计			672件	100%

① 彭立平：《河北围场县发现元代铜权》，《考古》1998年第7期。

② 刘幼铮：《介绍天津发现的一批古代铜、铁权》，载文物编辑委员会编《文物资料丛刊（8）》，1983年，第118页。

在上述15类铭文体例中，Ⅸ类（纪年＋纪地）最为常见，共192件，约占总数的28.57%；Ⅰ类（纪年）和Ⅹ类（纪年＋纪地＋编号）次之，分别为149件和111件，分别约占总数的22.17%和16.52%；Ⅱ类（纪年＋编号）和Ⅺ类（纪年＋纪地＋称重）再次之，分别为80件和37件，分别约占总数的11.90%和5.51%；ⅩⅣ类（纪年＋纪地＋自重＋称重）、Ⅷ类（纪年＋纪地＋编号＋称重）和Ⅴ类（纪地）较少，分别为35件、30件、20件；Ⅲ类（纪年＋称重）、Ⅳ类（纪年＋编号＋称重）、Ⅶ类（纪地＋称重）、Ⅷ类（纪地＋编号＋称重）、Ⅻ类（纪年＋纪地＋自重）和ⅩⅤ类（自重）数量均不多，属于偶见现象。

综上所述，元代铜权的铭文体例具有两个显著特点：一，纪年铭文和纪地铭文是两种最基本的要素。在各类铭文体例中，包含纪年铭文的有10类，即Ⅰ类、Ⅱ类、Ⅲ类、Ⅳ类、Ⅸ类、Ⅹ类、Ⅺ类、Ⅻ类、Ⅷ类、ⅩⅣ类等，共640件铜权，约占总数的95.24%；包含纪地铭文的也有10类，即Ⅴ类、Ⅵ类、Ⅶ类、Ⅷ类、Ⅸ类、Ⅹ类、Ⅺ类、Ⅻ类、Ⅷ类、ⅩⅣ类等，共437件铜权，约占总数的65.03%。二，"纪年＋纪地"是最基本的组合方式。在各类铭文体例中，同时包含纪年和纪地铭文的有6类，即Ⅸ类、Ⅹ类、Ⅺ类、Ⅻ类、Ⅷ类、ⅩⅣ类，共406件铜权，约占总数的60.42%。

总之，从元代铜权铭文内容的丰富性来看，元代不仅建立了较为完备的度量衡管理体系，而且确立了较为完善的度量衡管理制度，同时也制定了较为齐全的度量衡管理措施。但是，从元代铜权文字体例和铭文体例的多样性来看，元代的度量衡并未实现真正意义上的统一。

第三章　元代铜权的纪年铭文

纪年铭文是元代铜权铭文中最主要的类别之一。元代铜权的纪年铭文具有三个显著特点：一是年代跨度长，二是涉及年号多，三是纪年方式多样。

从年代跨度看，元代铜权年代最早者为元太宗丙申年（如标本1，1236年），最晚者为至正二十四年（标本608，1364年），前后延续了近130年，涉及元代的大部分年份。

从年号的角度看，元代铜权涉及除"天顺"以外的15个年号（元代共16个年号）。"致和"年号虽然存在不到7个月（1328年2月~7月），但也有铜权制颁。唯有"天顺"年号，因存在不到1个月（1328年9月），而无铜权发现。个中缘由大致有二：一是存在时间短，尚未来得及制颁铜权；二是制颁的铜权数量较少，未能流传于世。

从纪年方式看，元代铜权的纪年既有年号纪年，也有干支纪年，亦有干支和年号相结合的复合纪年。

第一节　元代铜权的纪年方式

按照有无纪年铭文，可将元代铜权分为两大类：一是纪年铜权，共640件；一是无纪年的铜权（包括因漫漶无法识别出纪年铭文的铜权），共32件。

元代铜权的纪年铭文主要包括年号、干支、年份、月份和日期五类内容。依据纪年铭文诸内容的组合情况，可将元代铜权的纪年方式分为三大类，即年号纪年、干支纪年、干支和年号相结合的复合纪年。其中，年号纪年又可细分为若干个小类（表3-1）。

一　年号纪年

年号纪年是元代铜权最常见的纪年方式。依据铭文构成情况的不同，可将其分为六个小类。

表3-1　元代铜权纪年方式分类表

序号	纪年方式		数量		百分比（%）	
1	年号纪年	年号	16件	630件	2.5%	98.44%
		年号+"年"字	4件		0.63%	
		年号+年份	598件		93.44%	
		年号+年份+月份	7件		1.09%	
		年号+年份+月份+"日"	4件		0.63%	
		年号+年份+月份+日期	1件		0.16%	
2	干支纪年	干支	7件		1.09%	
3	复合纪年	干支+年号+年份	3件		0.47%	
总计			640件		100%	

（一）年号

此类纪年方式仅有年号而无其他纪年铭文，共16件，约占纪年铜权
（640件）的2.5%。

如标本325，湖北江陵沙岗镇出土，圆体，权腹正面铭文为"大
德"，背面铭文为"江陵路造"（图3-1）[①]。该权的纪年铭文仅有"大德"
年号。

（二）年号+"年"字

此类纪年方式的特点是：年号之后有一个"年"字，但二者之间并
无具体的年份；共4件，约占纪年铜权的0.63%。

如标本617，河南博物院藏品，圆体，权腹正面铭文为"至元年"，
背面铭文为"卫辉路"，侧面铭文为一个"天"字（图3-2）[②]。该权的纪
年铭文"至元年"，为"年号+'年'"的纪年方式。

（三）年号+年份

此类纪年方式的特点是：年号之后有具体年份；共598件，约占纪
年铜权的93.44%，是最常见的纪年方式。

如标本20，北京市文物管理部门征集，圆体，权腹正面铭文为"至

① 严烽:《江陵发现元代铜秤砣》,《江汉考古》1992年第3期。

② 刘东亚:《新发现的三件金、元权》,《中原文物》1986年第4期；杨国庆:《河南省博
物馆藏元纪铭铜权》,《中原文物》1987年第1期。

图3-1　标本325摹本

图3-2　标本617铭文拓片

元八年"，背面铭文为"中都路造"（图3-3）[①]。该权纪年铭文"至元八年"，为"年号+年份"的纪年方式。

（四）年号+年份+月份

此类纪年方式的特点是：既有年号，也有年份和月份；共7件，约占纪年铜权的1.09%。

如标本599，北京市文物管理部门征集，六面体，权腹正面铭文为"至正十二年正月造"，其左侧面铭文为"三十五斤"；背面铭文为"云需总管府较"，其右侧面铭文为"廿（廿）八"；权钮顶端有八思巴文[②]。该权的纪年铭文"至正十二年正月"，为"年号+年份+月份"的纪年方式。

（五）年号+年份+月份+"日"

此类纪年方式特点是：既有年号、年份、月份，也有一个"日"字，但"日"字之前并无具体的日期；共4件，约占纪年铜权的0.63%。

如标本174，北京市文物管理部门拣选，六面体，权腹正面铭文为"大德元年十二月日造"，其左侧面铭文为一个"王"字；背面铭文为"保定路""较勘相同"（图3-4）[③]。该权纪年铭文"大德元年十二月日"，为"年号+年份+月份+'日'"的纪年方式。

---

① 高桂云、张先得：《记北京发现的元代铜权》，《文物》1987年第11期。
② 高桂云、张先得：《记北京发现的元代铜权》，《文物》1987年第11期。
③ 高桂云、张先得：《记北京发现的元代铜权》，《文物》1987年第11期。

图3-3　标本20铭文拓片

图3-4　标本174铭文拓片

（六）年号+年份+月份+日期

此类纪年形式特点是：既有年号、年份、月份，也有具体的日期，是最完备的纪年方式，仅1件，约占纪年铜权的0.16%。

如标本605，北京市文物管理部门征集，六面体，权腹正面铭文为"至正十八年二月十五造"，背面铭文为"都府""较同""一十五斤"，右侧刻一个"李"字①。这里的"至正十八年二月十五"，为"年号+年份+月份+日期"的纪年方式。

二　干支纪年

此类铜权采用天干地支方式纪年，数量较少，共7件，约占纪年铜权的1.09%。

如标本1，济南市博物馆藏品，圆鼓形，权腹正面铭文为"丙申年造"，右侧阳铸一个粗体的"火"字，背面铭文为"东平路宣课所"（图3-5）②。该权纪年铭文"丙申年"，为干支纪年方式。

三　复合纪年

此类采用干支和年号相结合的方式进行纪年，具体表述方式为"干支+年号+年份"。此类纪年数量较少，仅3件，约占纪年铜权的0.47%。

如标本247，浙江岱山出土，六面体；权腹正面铸阳文"壬寅大德六年"，其左右两个侧面上刻有八思巴文；背面铸阳文"庆元路总管府"，

---

① 高桂云、张先得：《记北京发现的元代铜权》，《文物》1987年第11期。

② 李晓峰：《济南市博物馆藏元代铜权介绍》，《文物春秋》1999年第2期。

其左侧面竖刻阴文"人字一号"（图3-6）[1]。这里的"壬寅大德六年"，为"干支+年号+年份"的纪年方式。

图3-5　标本1铭文拓片　　图3-6　标本247铭文拓片

总体来看，上述三类纪年方式在铜权数量、年代分布和地域分布等方面各具特点（表3-2）：

年号纪年铜权最为常见，共630件，约占纪年铜权（640件）的98.44%。从年代分布看，此类铜权见于除"天顺"以外的15个年号和大部分年份；从地域分布看，此类铜权见于蒙元疆域内的大部分省份。

干支纪年铜权发现不多，仅7件，约占纪年铜权的1.09%。从年代分布看，此类铜权主要见于大蒙古国时期，大元时期发现较少；从地域分布看，此类铜权主要见于腹里地区，江浙行省的庆元路亦有发现。

复合纪年铜权的数量最少，仅3件，约占纪年铜权的0.47%。从年代分布看，此类铜权仅见于大德六年和大德九年两个年份；从地域分布看，此类铜权仅见于江浙行省的庆元路。

表3-2　元代铜权三类纪年方式相关情况统计表

序号	纪年方式	数量	标本	年代分布	地域分布
1	年号纪年	630件	标本5、标本6、标本7、标本8等。	元代的大部分年号和年份。	见于蒙元帝国疆域内的大部分省份和地区
2	干支纪年	7件	标本1、标本2、标本3、标本4、标本450、标本611和标本612。	大蒙古国时期4件，大元时期2件，年代不详1件。	主要见于腹里，亦见于江浙行省（标本450）
3	复合纪年	3件	标本246、标本247和标本305。	大德六年2件，大德九年1件。	仅见于江浙行省的庆元路

---

① 陈金生、王和平：《浙江岱山县发现元大德六年铜权》，《文物》1979年第12期。

第二节　元代铜权的年代推定

《附表》辑录的672件铜权，按照年代推定情况的不同，可大致分为四类：①无纪年的铜权（包括因漫漶而无法识别纪年铭文的铜权）；②年号与年份皆明确的铜权；③年号明确但年份不明的铜权；④纪年模糊的铜权。其中，每一类又可细分为若干个小类（表3-3）。

一　无纪年的铜权

无纪年的铜权，是指无纪年铭文或纪年铭文因漫漶而未能识别的铜权。这类铜权共32件，其制颁年代可以通过纪地铭文等相关信息来推定，但仅能推定为元代，不能推知具体的年号和年份。按照推定依据的不同，可将其细分为两个小类：

表3-3　元代铜权年代推定情况分类一览表

序号	类　别			数量总计（件）	
①	无纪年的铜权			32	
②	年号与年份皆明确的铜权		A.可以直接推定具体年份的铜权	559	577
		B.可以间接推定具体年份的铜权	Ba.部分干支纪年的铜权	5	
			Bb.部分至元元年至六年铜权	10	18
			Bc.增刻纪年铭文铜权	1	
			Bd.部分改刻纪年铭文的铜权	2	
③	年号明确但年份不明的铜权	A.部分年号纪年的铜权		18	33
		B.部分年号可辨、年份不可辨的铜权		14	
		C.部分改刻纪年的铜权		1	
④	纪年模糊的铜权	A.部分年号纪年的铜权（至元年号）		4	30
		B.纪年铭文不可全识的铜权	Ba.年号不可辨、年份可辨的铜权	2	
			Bb.年号可辨、年份不可辨的铜权	1	5
			Bc.年号不可全辨、年份不可辨的铜权	1	
			Bd.年号不可全辨、年份可辨的铜权	1	
		C.部分干支纪年的铜权		2	
		D.部分至元元年至六年铜权		15	
		E.部分改刻纪年的铜权		3	
		F.增刻和改刻纪年铭文的铜权		1	
总计				672	

（一）可依据纪地铭文推定年代的铜权

此类铜权共31件，可以通过纪地铭文来推定大致年代，但不能推知具体的年号和年份。

如标本667，今河南博物院藏品，圆体，权腹正面铭文为"怀庆路"，背面铭文为"申忠造"，侧面铭文为"天十"①。对于这件铜权的年代，我们可以通过纪地铭文"怀庆路"的历史沿革来推定。

"怀庆路"，元延祐六年（1319年）改"怀孟路"置②。明洪武元年（1368年）十月，改"怀庆路"为"怀庆府"③。由此可知，标本667的制作年代为1319～1368年。

（二）可依据其他信息推定年代的铜权

此类铜权仅1件，纪年铭文和纪地铭文因漫漶皆不可辨识。其大致年代可以依据相关铭文特征来推定，但不能推知具体的年号和年份。

如标本641，天津市文物管理部门征集，六面体，权身磨蚀严重，字迹漫漶不清，仅识背面中部八思巴文"一斤锤"和右侧回鹘式蒙文"秤石（砣）"④。对于这件铜权的年代，我们可以通过其铭文特征来推定。

元代铜权中，像这类铸刻八思巴文"一斤锤"、回鹘蒙文"秤石（砣）"等铭文的铜权，均是四体铭文铜权；而这类铜权均制颁于大都路，所以大都路的置废时间可以视作该权的制作年代，即1284～1368年。

二　年号与年份皆明确的铜权

年号与年份皆明确的铜权，是指依据纪年铭文等相关信息能够推知具体年号和年份的铜权，共577件。按照推定依据的不同，可将其分为两个小类：一是能够直接推定具体年号和年份的铜权，一是可以间接推定具体年号和年份的铜权。

（一）能够直接推定年号和年份的铜权

此类铜权的纪年方式为"年号＋年份"，具体年份可以直接通过纪年铭文来推定，共559件。

---

① 杨国庆：《河南省博物馆藏元纪铭铜权》，《中原文物》1987年第1期。

② ［明］宋濂等撰：《元史》卷五十八《地理一》，中华书局，1976年，第1362页。

③ ［清］张廷玉等撰：《明史》卷四十二《地理三》，中华书局，1974年，第989页。

④ 刘幼铮：《介绍天津发现的一批古代铜、铁权》，载文物编辑委员会编《文物资料丛刊（8）》，文物出版社，1983年，第113～116页。

如标本317，山东临沂市博物馆藏品，六面体，权身正面铭文为"大德十一年"，背面铭文为"益都路"，右侧面铭文为"大一"①。该权的具体年份一望便知，即大德十一年（1307年）。

（二）可以间接推定年号和年份的铜权

此类铜权需要结合纪年铭文和其他相关铭文信息（一般为纪地铭文）才能推定具体年份。这类铜权可分为以下几个小类：

1.部分干支纪年铜权

此类铜权共5件，涉及60年为一个甲子循环的问题，可依据干支纪年和其他铭文信息推定具体年份（表3-4）。

表3-4　部分干支纪年铜权一览表

序号	标本号	纪年	铸颁机构	主要铭文	推定年代
1	1	丙申年	东平路宣课所	"丙申年""东平路宣课所"	1236年
2	2	丙申年	东平路宣课所	"丙申年""东平路宣课所"	1236年
3	3	丙申年	真定河间宣课所	"丙申年""真定河间宣课所"	1236年
4	4	丁酉年	真定河间宣课所	"丁酉年""真定河间宣课所"	1237年
5	450	庚申年	庆元路	"庚申年""庆元路"	1320年

如标本450，韩国新安外海域出水，六面体，权身正面铭文为"庚申年"，背面铭文为"庆元路"②。

"庆元路"，宋为庆元府。元至元十三年（1276年），改置宣慰司。至元十四年（1277年），改为庆元路总管府③。明太祖吴元年（1367年）十二月，改为明州府。洪武十四年（1381年）二月，改为宁波府④。

蒙元时期，"庚申年"有二：一为1260年（中统元年），一为1320年（延祐七年）。由"庆元路"的历史沿革可知，"庚申年"应该是1320年，为该权的制作年代。

同理，表3-4中其他4件铜权的具体制作年份，可依据纪年铭文（丙申年、丁酉年）和纪地铭文（东平路宣课所、真定河间宣课所）的历史

① 冯沂：《山东临沂市发现五件元代铜权》，《文物》1986年第4期。
② 沈琼华主编：《大元帆影——韩国新安沉船出水文物精华》，文物出版社，2012年，第34~35页。
③ ［明］宋濂等撰：《元史》卷六十二《地理五》，中华书局，1976年，第1496页。
④ ［清］张廷玉等撰：《明史》卷四十四《地理五》，中华书局，1974年，第1108页。

沿革情况来推定（参见第四章附考二）。

2.部分至元元年至六年铜权

至元元年至六年铜权，涉及元代两个"至元"年号的问题。"前至元"为元世祖忽必烈的年号，存续31年（1264～1294年）；"后至元"为元顺帝妥欢帖睦尔的年号，存续6年（1335～1340年）。其中，一部分铜权可依据纪地铭文等相关信息可以推知具体的制作年份，另一部分铜权因无其他相关断代信息，则不能确定是"前至元"还是"后至元"。这里讨论的是第一种情况。

此类铜权共10件，可以通过纪年铭文和纪地铭文推知铜权的具体制作年份（表3-5）。

如标本550，辽宁北票市文物管理所征集，六面体，权腹正面铭文为"至元陆年""大宁路"，一侧面铭文为"□家造"，一侧面铭文为"天十一"[1]。该权的具体铸造年份，可以通过纪年铭文和纪地铭文来推定。

元代"至元六年"有二：一是1269年（前至元六年），一是1340年（后至元六年）。

"大宁路"，元初为北京路总管府。至元七年（1270年），改为大宁路。二十五年（1288年），改为武平路[2]。二十九年（1292年）九月，复为大宁路[3]。明洪武十三年（1380年），改为大宁府，寻废。二十八年（1395年）八月，置大宁卫[4]。由大宁路的历史沿革不难看出，标本534铭文中的"至元"应为"后至元"。"至元六年"为1340年。

同样，表3-5中其他9件铜权的具体制作年份，也可通过其纪年铭文和纪地铭文来推定。

表3-5 部分至元元年至六年铜权一览表

序号	标本号	纪年铭文	纪地铭文	铭文主要内容	推定年代
1	541	后至元元年	保定路	"至元二年""保定路""千四""官造""较勘相同"等。	1335年
2	542	后至元二年	大都路	"至元二年""大都路""三十五斤秤"等，另有少数民族文字。	1336年

① 陈金梅：《北票市文管所收藏的6件元代铜权》，《辽海文物学刊》1997年第2期。
② ［明］宋濂等撰：《元史》卷五十九《地理二》，中华书局，1976年，第1397页。
③ ［元］孛兰肹等著，赵万里校辑：《元一统志》，中华书局，1966年，第191页。
④ ［清］张廷玉等撰：《明史》卷四十《地理一》，中华书局，1974年，第906页。

序号	标本号	纪年铭文	纪地铭文	铭文主要内容	推定年代
3	543	后至元二年	般阳路	"至元二年""般阳路总管府""较勘相同""三"等。	1336年
4	544	后至元二年	大都路	"至元二年""大都路"。	1336年
5	545	后至元三年	杭州路	"至元三年""杭州路"。	1337年
6	546	后至元四年	保定路	"至元四年""保定路"。	1338年
7	547	后至元五年	汴梁省	"至元五年造""汴梁省下通行官秤"。	1339年
8	548	后至元五年	潭州路	"至元五年""潭州路造"。	1339年
9	549	后至元六年	大宁路	"至元六年""大宁路""二十五斤""□家造"等。	1340年
10	550	后至元六年	大宁路	"至元六年""大宁路""天十一""□家造"等。	1340年

3.增刻纪年铭文的铜权

此类铜权的纪年铭文有二，一为原刻纪年，一为增刻纪年，两者位于铜权的不同位置。一般情况下，依据铜权铭文的布局特征和纪年铭文的早晚，可以推知何者为原刻纪年，何者为增刻纪年。原刻纪年即是铜权的制作年代。

此类铜权仅1件，即标本44，江苏溧水县（今南京市溧水区）文博部门藏品，圆体，权腹刻"至元十八年造"，旁边又刻"至大元年造"①。依据该权的铭文布局特征和纪年铭文早晚可知，"至元十八年"为原刻纪年，"至大元年"为增刻纪年，故该权的制作年代为至元十八年（1281年）。

4.部分改刻纪年铭文的铜权

此类铜权的纪年铭文有两个：一为原刻纪年，一为改刻纪年。后者是直接在原刻铭文上改刻而成。有的原刻铭文能够辨识，有的原刻铭文则不能辨识。这里讨论的是第一种情况，共2件铜权（表3-6）。

如标本208，江苏溧水县（今南京市溧水区）博物馆藏品，六面体，权身正面铭文为"建康路造"，其左侧面铭文为"成六号"；背面铭文为"大德三年"，后又改刻为"延祐三年"②。不难看出，"大德三年"为原刻

---

① 吴大林：《江苏溧水县收集到的元代铜权》，《文博通讯》1983年第6期。

② 吴大林：《江苏溧水县收集到的元代铜权》，《文博通讯》1983年第6期；溧水县文化局编：《溧水文物精粹》，东南大学出版社，2009年，第158页。

表3-6 部分改刻纪年铭文的铜权

序号	标本号	铭文内容	改刻铭文	原刻铭文	推定年代
1	208	权身正面"建康路造";背面"大德三年",后又改刻为"延祐三年"。	延祐三年	大德三年	1299年
2	298	权腹刻"大德九年",后在其上改刻为"延祐六年"。	延祐六年	大德九年	1305年

纪年,"延祐三年"为改刻纪年,故该权应制作于大德三年(1299年)。

又如标本298,江苏溧水县(今南京市溧水区)文博部门藏品,圆体,权腹刻"大德九年""收四"等铭文,后在其上改刻为"延祐六年"[①]。可以看出,"大德九年"为原刻纪年,"延祐六年"为改刻纪年,故该权应制作于大德九年(1305年)。

三 年号明确但年份不明的铜权

此类铜权可依据相关铭文信息推定到某帝的某个年号,但不能推知具体的年份。这类铜权可细分为三个小类:一是部分年号纪年铜权,二是部分纪年铭文不可全识的铜权,三是部分改刻纪年铭文的铜权。

(一)部分年号纪年铜权

此类铜权共18件,仅有年号而无其他纪年铭文,其制作年代只能推定到某帝的某个年号,而不能推定到具体的年份(表3-7)。

表3-7 部分年号纪年铜权一览表

序号	标本号	纪年铭文	铸造机构	推定年代	推定依据
1	325	大德	江陵路	1297～1307年	
2	326	大德	赣州路	1297～1307年	
3	327	大德	无	1297～1307年	
4	329	大德年	池州路	1297～1307年	
5	330	大德	无	1297～1307年	大德存11年,1297～1307年
6	332	大德	无	1297～1307年	
7	333	大德	无	1297～1307年	
8	334	大德年	无	1297～1307年	

① 吴大林:《江苏溧水县收集到的元代铜权》,《文博通讯》1983年第6期。

序号	标本号	纪年铭文	铸造机构	推定年代	推定依据
9	363	至大	赣州路	1308~1311年	至大存4年，1308~1311年
10	365	至大	保定路	1308~1311年	
11	366	至大	应天府?	1308~1311年	
12	389	皇庆年	济南路	1312~1313年	皇庆存2年，1312~1313年
13	390	皇庆	无	1312~1313年	
14	454	延祐	无	1314~1320年	延祐存7年，1314~1320年
15	455	延祐	无	1314~1320年	
16	456	延祐	无	1314~1320年	
17	487	至治	无	1321~1323年	至治存3年，1321~1323年
18	539	元统	无	1333~1335年	元统存3年，1333~1335年

如标本326，江西赣州马扎巷出土，形制不详，权腹正面铭文为"大德"，背面铭文为"赣州路造"[①]。该权纪年铭文"大德"（1297~1307年），即是该权的制作年代。

（二）部分年号可辨但年份不可辨的铜权

此类铜权因铭文漫漶，仅可辨别年号，而不能识别年份。这类铜权只能推定到某帝的某个年号，而不能推知具体的年份，共14件（表3-8）。

如标本364，内蒙古赤峰市松山州古城采集，六面体，权腹六面均阴铸文字。正面铭文为"至大□年""大都路造"，其右侧面铭文为"天三"；背面铭文为"皇甫"和一竖行少数民族文字；其他三面也为少数民族文字[②]。

"至大"年号共存在4年，即1308~1311年。"至大□年"应为至大元年至四年，所以标本359的年代只能推定为1308~1311年。

再如标本610，《古泉山馆金石文编》中辑录，六面体，权腹正面铭文为"至正□□年"，背面铭文为"澧州路"[③]。

"至正□□年"，应为至正十一年至二十八年（1351~1368年）。明

---

① 陈之勉：《江西赣州出土元代铜权》，《南方文物》1996年第2期。

② 张松柏、任学军：《辽金松山州遗址调查》，《内蒙古文物考古》1986年第1期。

③ ［清］瞿中溶撰：《古泉山馆金石文编残稿》，新文丰出版公司，1979年，第1712页。

太祖朱元璋甲辰年（1364年），改澧州路为澧州府①。因此，标本597的制作年代为1351～1364年。

表3-8 部分年号可辨但年份不可辨的铜权一览表

序号	标本号	纪年铭文	铸造机构	推定年代	推定依据
1	134	至元廿□年	无	1284～1292年	至元廿□年，应为至元二十一年（1284年）和至元二十九年（1292年）之间。
2	135	至元□十□年	大都路	1284～1292年或1294年	至元□十□年，应为至元二十一年（1284年）～至元二十九年（1292年）或至元三十一年（1294年）。
3	136	至元□十一年	无	1274年或1284年	至元□十一年，不能确定是至元十一年，还是至元二十一年。
4	159	元贞□年	大都路	1295～1297年	元贞□年，应为元贞元年（1295年）和元贞三年（1297年）之间。
5	323	大德□年	大都路	1297～1306年	大德□年，应为大德元年（1297年）和大德十年（1306年）之间。
6	324	大德□年	大都路	1297～1306年	
7	328	大德□年	无	1297～1306年	
8	331	大德□年	大都路	1297～1306年	
9	364	至大□年	大都路	1308～1311年	至大□年，应为至大元年（1308年）和至大四年（1311年）之间。
10	457	延祐□年	无	1314～1320年	延祐□年，应为延祐元年（1314年）和延祐六年（1320年）之间。
11	530	至顺□年	无	1330～1333年	至顺□年，应为至顺元年（1330年）和至顺四年（1333年）之间。
12	540	元统□年	无	1333～1335年	元统□年，应为元统元年（1333年）和元统三年（1335年）之间。
13	609	至正□年	无	1341～1350年	至正□年，应为至正元年（1341年）和至正十年（1350年）之间。
14	610	至正□□年	澧州路	1351～1364年	至正□□年，应为至正十一年（1351年）和至正二十八年（1368年）之间；至正二十四年（1364年），朱元璋改澧州路为澧州府。

① ［清］张廷玉等撰：《明史》卷四十四《地理五》，中华书局，1974年，第1080页。

（三）部分改刻纪年铭文的铜权

此类铜权仅改刻年份，年号清晰可辨，其制作年代可以推定到某帝的某个年号之内，仅1件，即标本322。该权出土于天津市武清县（今武清区），六面体，权腹正面铭文为"大德七年""大都路造"，背面铭文为"二十五斤秤"和八思巴文"一斤锤"，其他四面铭文均为非汉字文字。其中，"大德七年"的"七"字显系磨平原铸年号数字后又錾刻上的①。由于仅改了年份，故该权应制作于大德元年至六年，即1297～1302年。

四　纪年模糊的铜权

纪年模糊的铜权，是指能够推定大致制作年代但不能推知具体年号和年份的铜权。这类铜权可细分为六个小类：部分年号纪年铜权、部分纪年铭文不可全识的铜权、部分干支纪年铜权、部分至元元年至六年铜权、部分改刻纪年铭文的铜权、增刻纪年与改刻纪年共存的铜权。

（一）部分年号纪年铜权

此类铜权共4件，纪年铭文为"至元"或"至元年"。由于此类铜权涉及两个"至元"年号的问题，又无其他可资断代的信息，因此只能推知大致制作年代，但不能推定具体的年号和年份（表3-9）。

表3-9　部分年号纪年铜权一览表

序号	标本号	纪年铭文	铸造机构	推定年代	推定依据
1	615	至元	无	1264～1294年 或1335～1340年	至元存31年， 1264～1294年； 后至元存6年， 1335～1340年
2	616	至元	无		
3	617	至元年	济南路		
4	618	至元	临江路	1277～1294年 或1335～1340年	

如标本616，辽宁省博物馆藏品，圆体，权腹铸刻"至元"二字②。蒙元时期，至元年号使用两次：一为元世祖所用，存31年（1264～1294年）；二为元顺帝所用，存6年（1335～1340年）。因此，该权的年代只能大致推定为1264～1294年或1335～1340年。

---

① 刘幼铮：《介绍天津发现的一批古代铜、铁权》，载文物编辑委员会编《文物资料丛刊（8）》，文物出版社，1983年，第113～115页。

② 都惜青：《辽宁省博物馆藏元代纪年铜权考析》，《四川文物》2017年第3期。

（二）部分"纪年铭文不可全识的铜权"

此类铜权的纪年方式为"年号＋年份"，因铭文漫漶不可全识，一般无法推定具体的年号和年份。此类铜权共5件，可以细分为以下四个小类（表3–10）：

1. 年号不可辨、年份可辨的铜权

此类铜权的年号不可辨，仅有年份和其他铭文信息可资断代，共2件。

如标本637，天津历史博物馆（今天津博物馆）藏品，形制不详，权腹有"□□六年""大都路""三十五斤秤"等铭文①。

元代存在6年以上的年号共有5个：至元31年（1264～1294年）、大德11年（1297～1307年）、延祐7年（1314～1320年）、后至元6年（1335～1340年）、至正28年（1341～1368年）。

"大都路"设置于至元二十一年（1284年），故该权的年代不可能是至元六年（1269年），只能是大德六年（1302年）、延祐六年（1319年）、后至元六年（1340年）和至正六年（1346）中的某一年。

再如标本638，河北邢台市博物馆藏品，权腹正面铭文为"大都路""较同"和"三十五斤"，背面铭文为"□□二年""河十三"②。

蒙元时期，存在2年以上的年号有中统、至元、元贞、大德、至大、皇庆、至治、延祐、泰定、天历、至顺、元统、后至元、至正等14个。"大都路"存在于1284～1368年，故可将"中统"和"至元"两个年号排除。由此可知，标本624的制作年代当为"元贞"以后12个年号中某个年号的第二年。

2. 年号可辨、年份不可辨的铜权

此类铜权年份漫漶不可辨，仅有年号可资断代，而且涉及两个"至元"年号的问题。因此，此类铜权只能推定大致的制作年代，而不能推知具体的年号和年份。

此类铜权仅1件，即标本632，辽宁省博物馆藏品，圆体，权腹有"至元""□年"等铭文③。

---

① 丘光明编著：《中国历代度量衡考》，科学出版社，1992年，第476页，《元代铜权一览表》序号247。

② 李淑芹：《邢台市馆藏元代铜权及相关问题探讨》，《邢台职业技术学院学报》2015年第2期。

③ 都惜青：《辽宁省博物馆藏元代纪年铜权考析》，《四川文物》2017年第3期。

"至元□年"中的"至元"，涉及两个"至元"年号的问题，故该权的制作年代可推定为1264～1394年或1335～1340年。

3.年号、年份均不可辨的铜权

此类铜权的年号和年份因漫漶不清而均不能辨识，仅可凭借纪地铭文的历史沿革情况来断代，无法推知具体年号和具体年份。

此类铜权仅1件，即标本639，内蒙古翁牛特旗博物馆藏品，六面体，权腹的正面铭文为"至□□□"，背面铭文为"全宁路"①。

该权铭文"至□□□"的前二字应为年号。有元一代，"至"字开头的年号有至元（1264～1294年）、至大（1308～1311年）、至治（1321～1323年）、至顺（1330～1331年）、后至元（1335～1340年）、至正（1340～1368年）等6个。

"全宁路"，大德元年（1297年）二月，升全州为全宁府②。大德七年（1304年）十一月辛未，升全宁府为全宁路③。明初废，洪武二十二年（1389年）置卫。永乐元年（1403年）废④。

由全宁路的历史沿革可知，"至□"年号不可能是前至元，只能是至大、至治、至顺、后至元、至正等5个年号中的某一个。因此，该权的制作年代当为1308～1311年、1321～1323年、1330～1331年、1335～1340年或1341～1368年。

4.年号不可全辨但年份可辨的铜权

此类铜权的年号不可全辨、年份可辨，仅可凭借纪地铭文的历史沿革状况来断代，但无法推知具体的年号和年份。

此类铜权仅1件，即标本640，山东莒南县博物馆藏品，权腹正面铭文为"至□元年"，侧面铭文为一个"平"字，背面铭文为"般阳路总管府"⑤。这里的"至□"年号，当为至元、至大、至治、至顺、后至元、至正等6个年号中的某一个。

般阳路，或称般阳府路。元至元二年（1265年），改淄州路为淄莱

① 姚情情：《内蒙古翁牛特旗博物馆馆藏元代铜权》，《文物鉴定与鉴赏》2018年第5期。
② ［明］宋濂等撰：《元史》卷十九《成宗二》，中华书局，1976年，第409页。
③ ［明］宋濂等撰：《元史》卷二十一《成宗四》，中华书局，1976年，第456页。
④ ［清］张廷玉等撰：《明史》卷四十《地理一》，中华书局，1974年，第906页。
⑤ 莒南县博物馆编：《莒南县博物馆青铜器选粹》，上海古籍出版社，2019年，第182～183页。

路。至元二十四年（1287年），改淄莱路为般阳路，直隶中书省[①]。明太祖吴元年（1367年），改为淄川州。吴二年（1368年）七月，州废[②]。

由般阳路的历史沿革可知，标本626的制作年代当为至大、至治、至顺、后至元、至正等5个年号中某一年号的元年，即1308年、1321年、1330年、1335年和1341年中的某一年。

表3-10 部分纪年铭文不可全识的铜权一览表

序号	标本号	纪年铭文	铸造机构	推定年代	推定依据
1	637	□□六年	大都路	大德六年、延祐六年、后至元六年和至正六年中的某一年。	"大都路"的存在时间为1284～1368年。
2	638	□□二年	大都路	大德及其以后的12个年号中，某个年号的第二年。	
3	632	至元□年	无	1264～1394年或1335～1340年	至元为1264～1394年；后至元为1335～1340年。
4	639	至□□□	全宁路	至大、至治、至顺、后至元、至正中的某个年号。	"全宁路"的存在时间为1304～1368年。
5	640	至□元年	般阳路	至大、至治、至顺、后至元、至正中某个年号的元年。	"般阳路"的存在时间为1287～1367年。

（三）部分干支纪年铜权

在干支纪年铜权中，一部分仅有干支纪年铭文，而无其他可资断代的铭文信息。此类铜权只能推定大致的制作年代，而不能推知具体的年号和年份，共2件（表3-11）。

表3-11 部分干支纪年铜权一览表

序号	标本号	纪年	铸颁机构	推定年代	推定依据
1	611	乙卯年	真定路	1255或1315年	见本节
2	612	丁丑	保定路	1277或1337年	见本节

如标本611，《小校经阁金石文字》中辑录，六面体，权腹正面铭文为"乙卯年"，其右侧面铭文为"日字一号"，其左侧面为一个"记"字；背面铭文为"真定路"，其右侧面为一个"赵"字，其左侧面为一个

---

① ［明］宋濂等撰：《元史》卷五十八《地理一》，中华书局，1976年，第1373页。
② ［清］张廷玉等撰：《明史》卷四十一《地理二》，中华书局，1974年，第938页。

"新"字和一个押记①。

元代"乙卯年"有二：一为1255年，一为1315年，故标本598的制作年代当为二者中的某一年。

又如标本612，河北承德出土，六面体，权腹正面铭文为"保定路"，背面铭文为"官造"，侧面铭文为"丁丑"②。

元代"丁丑年"有三：一为1217年，一为1277年，一为1337年。保定路，本清苑县，唐隶鄚州。宋升为保州。金改为顺天军。元太宗十一年（1251年），升为顺天路，置总管府。至元十二年（1275年），改为保定路③。由保定路的历史沿革可知，标本599的制作年代当是1277年或1337年。

（四）部分至元元年至六年铜权

至元元年至六年铜权中，有一部分仅有纪年铭文，而无其他相关铭文信息可资断代。此类铜权只能推定大致制作年代，而不能确定具体年号和年份，共有15件（表3-12）。

如标本613，河北怀来发现，六面体，权腹正面铭文为"至元元年"，背面铭文为"官造"④。

元代"至元元年"有二：一为1264年，一为1335年。由于无其他相关铭文信息可资断代，该权的年代只能推定为1264年或1335年。

（五）部分改刻纪年铭文的铜权

此类铜权的纪年方式为"年号"＋"年份"，年号、年份均为改刻，原刻年号、年份已不可辨识。因此，此类铜权的具体年号和年份已无法推知，共3件（表3-13）

1.标本633，济南市博物馆藏品，六面体，权腹正面铭文为"至□□年"，背面铭文为"益都路造"，右侧铭文为"平一"⑤。

该权纪年铭文"至□□年"的第二字和第三字都经过了改刻。经辨认，第二字为"元"或"治"，第三字为"元"或"四"，因此该铜的纪年铭文应该为"至元元年""至元四年""至治元年"或"至治四年"。因

---

① ［清］刘体智主编：《小校经阁金石文字（引得本）》（四），台湾大通书局，1979年，第2341页。

② 郑绍宗：《河北出土金元时期铜权的分析与研究》，《文物春秋》2004年第3期。

③ ［明］宋濂等撰：《元史》卷五十八《地理一》，中华书局，1976年，第1354页。

④ 郑绍宗：《河北出土金元时期铜权的分析与研究》，《文物春秋》2004年第3期。

⑤ 李晓峰：《济南市博物馆藏元代铜权介绍》，《文物春秋》1999年第2期。

表3-12　部分至元元年至六年铜权一览表

序号	标本号	纪年铭文	铸造机构	推定年代	推定依据
1	613	至元元年	无	1264或1335年	至元年号存31年，至元元年至六年为1264~1269年；后至元年号存6年，后至元元年至六年为1335~1339年；益都路，元太祖二十一年（1226年），改益都府为益都路，直隶中书省；明朝洪武元年（1368年），改益都路为青州府。
2	614	至元元年	无	1264或1335年	
3	619	至元二年	无	1265或1336年	
4	620	至元二年	无	1265或1336年	
5	621	至元二年	无	1265或1336年	
6	622	至元二年	无	1265或1336年	
7	623	至元三年	无	1266或1337年	
8	624	至元三年	无	1266或1337年	
9	625	至元三年	无	1266或1337年	
10	626	至元三年	无	1266或1337年	
11	627	至元四年	无	1267或1338年	
12	628	至元四年	无	1267或1338年	
13	629	至元五年	无	1268或1339年	
14	630	至元五年	益都路	1268或1339年	
15	631	至元五年	益都路	1268或1339年	

表3-13　部分改刻纪年铭文的铜权一览表

序号	标本号	纪年	改刻铭文	原刻铭文	推定年代
1	633	权腹正面阴刻"至□□年"，背面阴刻"益都路造"，右侧阴刻"平一"。其中，"至□□年"的第二字和第三字经过了改刻。第二字为"元"或"治"，第三字为"元"或"四"。	至治元年或后至元元年	前至元四年或至治元年	1267年或1335年
2	634	权腹正面为"大德六年大都路造"，大德六年系在原刻年号上改刻而成。	大德六年	至元二十年~元贞三年	1284~1297年
3	636	权腹有"泰定五年""奉元路官造"等铭文，"泰定五"三字是刮掉了原来年号另刻上去的。	泰定五年	皇庆元年~至治三年	1312~1323年

"至治"年号仅存3年（1321~1323年），故"至治四年"可以排除。因第二字和第三字都经过了改刻，若"至元元年"为原刻纪年，则"至元

四年"或"至治元年"必不是改刻纪年，反之亦然，故"至元元年"也可排除。由于元代"至元"年号有二，在"至元四年"和"至治元年"中，无法判断何者为原刻纪年。若"至元四年"（前至元四年）为原刻纪年，"至治元年"为改刻纪年，则该权制作于1267年。若"至治元年"为原刻纪年，"至元四年"（后至元四年，1338年）为改刻年号，则该权制作于1321年。

2. 标本634，辽宁省博物馆藏品，六面体，权腹正面铭文为"大德六年""大都路造"，背面铭文为"三十五斤秤"，其余四面为非汉字文字；底部刻划"皇甫"二字；大德六年系在原刻年号上改刻而成[①]。

该权纪年铭文"大德六年"的前三字是在原刻纪年上直接改刻的。原刻纪年不可辨识，但年号当是中统、至元或元贞，不应是"大德"；否则，不应改刻"大德"年号。因为大都路设置于至元二十一年（1284年），所以该权应制作于至元二十一年至元贞三年，即1284~1297年。

3. 标本636，陕西扶风城关公社（今城关镇）出土，六面体，权腹有"泰定五年""奉元路""官造"等铭文。其中，"泰定五"三字是刮掉了原来年号另刻上去的，在这行字左侧还有阳刻押记（图3-7）[②]。

该权纪年铭文"泰定五年"的前三字是在原刻纪年上直接改刻的。原刻纪年已经不可辨识，但年号当在泰定之前，否则毋需改刻。泰定之前的年号有中统、至元、元贞、大德、至大、皇庆、延祐、至治等九个。

"奉元路"，皇庆元年（1312年）改"安西路"所置。因此，该权的制作年代应在皇庆元年至至治三年，即1312~1323年。

（六）增刻纪年与改刻纪年并存的铜权

此类铜权仅1件，同时存在增刻纪年铭文和改刻纪年铭文两种现象。其纪年铭文有三：一为原刻纪年，一为改刻纪年，一为增刻纪年。

标本635，河南开封师院（今河南大学）藏品，六面体，权腹正面阴刻铭文"益都路"，背面阴刻铭文"元统元年"，其左侧面阴刻铭文"至元三年"（图3-8）[③]。

按照元代铜权铭文布局的一般特征，背面铭文为纪地铭文，正面铭

---

① 都惜青：《馆藏元代大都路铜权及相关问题研究》，载辽宁省博物馆编《辽宁省博物馆馆刊（2012）》，辽海出版社，2013年，第245~258页。

② 左忠诚、罗西章：《陕西渭南、扶风出土至元九年和泰定五年铜权》，《文物》1977年第2期。

③ 黄明兰：《开封师院收购到元代益都路铜权一件》，《文物参考资料》1959年第12期。

文当为原刻纪年。从该权的铭文拓片来看，背面铭文"元统元年"是在
已有纪年上改刻而成的。那么该权的纪年铭文应有三个：一为原刻纪年，
已漫漶不可辨识；一是改刻纪年，为"元统元年"（1333年）；另一个是
增刻纪年，为"至元三年"（1267年或1337年）。

由于原刻纪年不可详考，纪地铭文"益都路"又无法提供可资断代
的信息，因此该权的年代无法确知，增刻纪年与改刻纪年孰先孰后亦不
可详。

图3-7　标本636铭文拓片　　　　图3-8　标本635铭文拓片

第三节　元代铜权的年代分布

探讨元代铜权的年代分布状况，应以年代明确的元代铜权为基础。
这里的"年代明确"包括两种情况：一是年号和年份皆明确的铜权，共
577件；二是年号明确、年份不明的铜权，共33件；二者总共610件
（表3-14）。

表3-14　年代明确的元代铜权一览表

序号	类　别		数量总计	
1	年号、年份皆明确的铜权	①可以直接推定具体年份的铜权	559件	577件
		②可以间接推定具体年份的铜权	18件	
2	年号明确、年份不明的铜权	①年号纪年的铜权	18件	610件
		②年号可辨、年份不可辨的铜权	14件	33件
		③改刻纪年铭文的铜权	1件	

一　元代铜权的年代分布状况

为方便问题的讨论，我们以年号为单位来探讨元代铜权的分布状况，

并将相关信息揆之表3-15。

从表3-15和图3-9可以看出，元代铜权数量的年代分布具有两个特征：

1. 从年份的角度看（表3-15），"中统前"（1206～1259年）、中统、"至元1"（1264～1270年）三个时期，存在连续多年未见铜权的情况；从"至元2"（1271～1294年）开始，这一状况发生了变化，未见铜权的年份开始减少；从元贞时期一直到至治时期，则无未见铜权的年份；泰定以后，未见铜权的年份又开始出现，并在至正时期再次出现了连续多年未见铜权的情况。

2. 从年号的视角看，各时期铜权的年均数差别较大：

中统前（1206～1259年），共54年，铜权4件，年均约0.07件。

中统时期（1260年5月～1264年），共5年，铜权6件，年均1.2件。

"至元1"时期（至元元年至七年，1264～1270年），共7年，铜权4件，年均0.57件。

"至元2"时期（至元八年至三十一年，1271～1294年），共24年，铜权122件，年均约5.08件。

元贞时期（1295～1297年2月），共3年，铜权23件，年均约7.67件。

大德时期（1297～1307年），共11年，铜权175件，年均15.91件。

至大时期（1308～1311年），共4年，铜权32件，年均8件。

皇庆时期（1312～1313年），共2年，铜权24件，年均12件。

延祐时期（1314～1320年），共7年，铜权67件，年均约9.57件。

至治时期（1321～1323年），共3年，铜权30件，年均10件。

泰定时期（1324～1328年），共5年，铜权19件，年均3.8件。

致和时期（1328年2～8月），约7个月，按1年计，铜权3件，年均3件。

天顺时期（1328年9月），约1个月，未发现铜权。

天历时期（1328～1330年），共3年，铜权11件，年均约3.67件。

至顺时期（1330～1333年），共4年，铜权10件，年均2.5件。

元统时期（1333～1335年），共3年，铜权10件，年均3.33件。

至元时期（1335～1340年），共6年，铜权10件，年均约1.67件。

至正时期（1341～1368年），共28年，铜权60件，年均2.14件。

总体来看，1206～1368年，总计163年，共610件铜权，总年均数约为3.74件。对比可知（图3-9），"中统前""中统"和"至元1"三个时

表3-15　元代铜权年代分布一览表（单位：件）

年份＼年号	中统以前	中统	至元1-7	至元8-31	元贞	大德	至大	皇庆	延祐	至治	泰定	致和	天顺	天历	至顺	元统	至元	至正	总计
元年		5	0		16	27	17	16	12	20	6	3	0	1	2	0	1	5	
二年		1	0		4	16	5	6	9	6	4			5	2	2	3	8	
三年		0	0		2	14	2		12	3	6			5	2	6	1	3	
四年		0	0			19	4		7		3				3		1	11	
五年		0	0			9			6		0						2	3	
六年			0			12			13								2	7	
七年			4			23			4									2	
八年				15		12												1	
九年				5		14												0	
十年				1		9												5	
十一年				1		7												2	
十二年				0														2	
十三年				1														2	
十四年				0														1	
十五年				0														0	
十六年				3														0	
十七年				1														0	

续表

年号 / 年份	中统以前	中统	至元1-7	至元8-31	元贞	大德	至大	皇庆	延祐	至治	泰定	致和	天顺	天历	至顺	元统	至元	至正	总计
十八年				6														3	
十九年				2														0	
二十年				3														0	
廿一年				8														0	
廿二年				10														1	
廿三年				21														1	
廿四年				4														1	
廿五年				7														0	
廿六年				1														0	
廿七年				1														0	
廿八年				3														0	
廿九年				15															
三十年				4															
卅一年				7															
不详	4	0	0	3	1	13	4	2	4	1	0	0	0	0	1	2	0	2	
合计	4	6	4	122	23	175	32	24	67	30	19	3	0	11	10	10	10	60	610
年数	54	5	7	24	3	11	4	2	7	3	5	1	1	3	4	3	6	28	163
年均	0.07	1.2	0.57	5.08	7.67	15.91	8	12	9.57	10	3.8	3	0	3.67	2.5	3.33	1.67	2.14	3.74

期的年均数均低于总年均数，"至元2"、元贞、大德、至大、皇庆、延祐、至治和泰定七个时期的年均数均高于总年均数；天顺、天历、至顺、元统、至元和至正六个时期的年均数均低于总年均数。

二　元代铜权的发展演变

依据表3–15和图3–9反映出的信息，可将元代铜权的发展历程分为三个时期，即"肇始期""兴盛期"和"衰落期"（表3–16）。

（一）元代铜权的肇始期

此期为元代铜权发展的缓慢时期，始于成吉思汗建立大蒙古国（1206年），终于"大元"建立的前夕（1270年），前后跨度65年，大致经历了"前四汗时期"（1206～1259年）、元世祖中统时期（1260～1264年）和至元早期（1264～1270年）。

此期铜权的总体特征有二：一是铜权数量较少，共14件，约占总数（610件）的2.30%，年均数量约为0.22件，远低于总年均数量（3.74件）；二是年代分布不平衡，14件铜权集中制颁于窝阔台八年（1236年）、窝阔台九年（1237年）、中统元年（1260年）、中统二年（1261年）和至元七年（1270年）五个年份，其他年份目前尚无铜权发现。

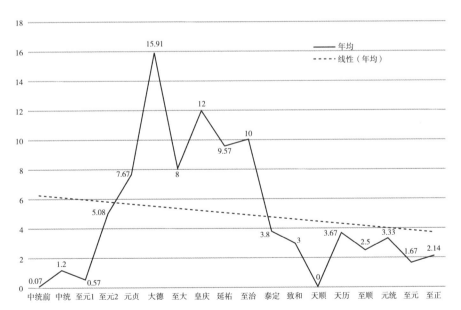

图3–9　元代铜权年代分布折线图（各年号年均数量）

说明："中统前"为1206～1259年，"至元1"指至元元年至七年，"至元2"指至元八年至三十一年。

（二）元代铜权的兴盛期

此期为元代铜权发展的鼎盛时期，始于至元八年（1271年）改国号为"大元"，终于至治三年（1323年），时间跨度为53年。其中，包括了五位帝王统治时期，涉及七个年号，依次是：元世祖忽必烈的"至元"中晚期（1271～1294年），元成宗铁穆耳的"元贞"（1295～1297年）和"大德"（1297～1307年），元武宗海山的"至大"（1308～1311年），元仁宗爱育黎拔力八达的"皇庆"（1312～1313年）和"延祐"（1314～1320年），元英宗硕德八剌的"至治"（1321～1323年）。

此期铜权的总体特征有二：一是铜权数量急剧增加，共473件，约占总数（610件）的77.54%，约是肇始期的33.79倍；年均数量约8.92件，大致是肇始期的40.55倍，远高于总年均数量（3.74件）。二是基本上每年均有铜权制颁，仅至元十二年（1275年）、至元十四年（1277年）、至元十五年（1278年）三个年份尚无铜权发现。

表3-16　元代铜权发展演变一览表

期别	时间范围	铜权数量	年均数量	百分比
肇始期	1206～1270，共计65年	14件	0.22件	2.32%
兴盛期	1271～1323，共计53年	473件	8.92件	77.54%
衰落期	1324～1368，共计45年	123件	2.73件	20.16%
总计	1206～1368，共计163年	610件	3.74件	100%

（三）元代铜权的衰落期

此期为元代铜权发展的低迷期，始于泰定元年（1324年），终于至正二十八年（1368年），前后经历了45年。其中，包括四位帝王统治时期，涉及八个年号，依次是：泰定帝也孙铁木儿的"泰定"（1324～1328年）和"致和"（1328年），元文宗图帖睦尔的"天历"（1328～1330年）和"至顺"（1330～1333年），元幼主阿速吉八的"天顺"（1328年9月，仅1个月），元顺帝妥欢帖睦尔的"元统"（1333～1335年）、"后至元"（1335～1340年）和"至正"（1341～1368年）。

此期铜权的总体特征有二：一是铜权数量锐减，共123件，约占总数（610件）的20.16%，大约是兴盛期（473件）的26%；年均数量2.73件，大致是兴盛期的30.61%，低于总年均数量（3.74件）。二是未制颁铜权的年份增多，甚至出现了连续多年未发现铜权的情况（见于"至正"的中晚期）。

　　总体来看，本节基于年代分布状况对元代铜权所进行的分期，与第一章第五节中基于形制对元代铜权所做的分期是基本一致的。

第四章　元代铜权的纪地铭文

元代铜权铭文中，经常见到制作机构、颁发机构、检校机构、制作地等四类铭文。这些铭文均直接或间接地反映了铜权制作地的信息，因此可将其统称为纪地铭文。

第一节　元代纪地铜权的类别

《附表》672件铜权，按照有无纪地铭文，可大致分为两类：一是有纪地铭文的铜权，共436件；一是无纪地铭文的铜权，共236件。其中，有纪地铭文的铜权可简称为纪地铜权。依据纪地铭文具体情况的不同，可将其细分为四小类：Ⅰ.纪地铭文漫漶的铜权，Ⅱ.纪地铭文简略的铜权，Ⅲ.纪地铭文误读的铜权，Ⅳ.纪地铭文明确的铜权（表4-1）。

表4-1　元代纪地铜权分类一览表

序号	类别		数量		
Ⅰ	纪地铭文漫漶的铜权	ⅠA.不能确定是何"府"	1件	16件	436件
		ⅠB.不能确定是何"路"	14件		
		ⅠC.不能确定是何级机构	1件		
Ⅱ	纪地铭文简略的铜权		8件		
Ⅲ	纪地铭文误读的铜权		4件		
Ⅳ	纪地铭文明确的铜权		408件		

一　纪地铭文漫漶的铜权（Ⅰ类）

此类铜权共16件，纪地铭文漫漶不可全识，不能确定制颁机构的名称。具体来看，此类铜权可分为以下三种情况：

（一）不能确定是何"府"的铜权（ⅠA类）

此类铜权仅1件，可以确定是某"府"制颁的，但不能确定是何"府"，更不能确定是"直隶府"还是"路属府"。如标本184，西安市文物保护考古所藏品，圆体，权腹有"大德元年""□□府□"等铭文①。
这里的"□□府"，因漫漶不清而不能确定是何"府"。

（二）不能确定是何"路"的铜权（ⅠB类）

此类铜权共14件，可以确定是某"路"制颁的，但不能确定是
何"路"。如标本423，广西百色右江民族博物馆藏品，六面体，权腹
正面铭文为"延祐三年"，背面铭文为"□江路造"，一侧面铭文为"人
三"②。这里的"□江路"，因漫漶不清而不能确定是何"路"。

（三）不能确定是何机构的铜权（ⅠC类）

此类铜权仅1件，因纪地铭文漫漶严重，无法识别是何机构制颁。
如标本428，《台州金石志》中辑录，权腹正面铭文为"延祐四年""□
宁□造"，背面铭文为"较勘□□""二十五斤"③。此处的"□宁□"，因
漫漶不清而无法确定是何机构。

二　纪地铭文简略的铜权（Ⅱ类）

此类铜权共8件，纪地铭文为"总府"或"总管府"。"总府"或
"总管府"均是"××路总管府"的省称。

如标本15，河北张家口小宏城遗址出土，形制不详，权腹有"至元
八年""总府"等铭文④。

又如标本111，山东济南市博物馆藏品，六面体，权腹正面铭文为"至
元廿玖年"，右侧铭文为一个"午"字，背面铭文为"总官（管）府造"⑤。

这两件铜权铭文中的"总府"和"总管府"，均是"××路总管府"
的省称，因过于简略而不能确定路总管府的具体名称。

三　纪地铭文误读的铜权（Ⅲ类）

此类铜权共4件，纪地铭文与元代行政机构的建置情况不符，当是

---

① 西安市文物保护考古所编著：《西安文物精华：青铜器》，世界图书出版西安公司，
2005年，第169页。

② 麻晓荣：《青铜遗韵——右江民族博物馆藏出水青铜器选介》，《文化学刊》2019年第
6期。

③ 王舟瑶撰：《台州金石志》，新文丰出版公司，1986年，第281页。

④ 河北省文物研究所"河北北部辽金元城址调查勘测与保护"课题组：《张家口地区辽
金元时期城址勘察报告》，载河北省文物研究所编《河北省考古文集（四）》，科学出
版社，2011年，第239页。

⑤ 李晓峰：《济南市博物馆藏元代铜权介绍》，《文物春秋》1999年第2期。

原资料释读有误。由于原资料未提供图片（照片和拓片）或提供的图片不够清晰，已无法确定制颁机构的具体名称。相关信息如下：

1. 标本 139，广西来宾县（今来宾市兴宾区）七洞乡出土，圆体，权身有"元贞元年""泽州路造""十"等铭文[①]。

元代有"泽州"而无"泽州路"，故"泽州路"与元代行政建置不符，当释读有误。

2. 标本 295，广州博物馆藏品，权腹正面阴铸"江西路"，背面阴铸"大德九年"[②]。

宋代江南西路，简称"江西路"[③]。有元一代，并无"江西路"之建置，故标本 295 铭文中的"江西路"当是误释。

3. 标本 366，中国历史博物馆（今中国国家博物馆）藏品，形制不详，权腹有"至大""应天府"等铭文[④]。

"应天府"，宋初为昇州，宋仁宗时升为建康军，宋高宗时又改为建康府。元至元十四年（1277年），升为建康路。天历二年（1329年），又改为集庆路，属江浙行省[⑤]。明太祖丙申年（1356年）三月，改为应天府[⑥]。从历史沿革看，元至大年间（1308~1311年），应天府尚未设置，故标本 366 的纪地铭文"应天府"当是误释。

4. 标本 379，中国历史博物馆（今中国国家博物馆）藏品，形制不详，权腹有"皇庆元年""武阳路造"等铭文[⑦]。

有元一代，并无"武阳路"之行政建置，故标本 379 的纪地铭文"武阳路"当为误释。

四　纪地铭文明确的铜权（IV类）

此类铜权共 408 件，纪地铭文明确，涉及的铸颁机构名称均与当时

① 广西大百科全书编纂委员会编：《广西大百科全书·历史》（上册），中国大百科全书出版社，2008年，第389页。

② 程存洁：《广州博物馆藏三件元代铜权》，《考古》1995年第10期。

③ ［元］脱脱等撰：《宋史》卷八十八《地理四》，中华书局，1977年，第2186页。

④ 丘光明编著：《中国历代度量衡考》，科学出版社，1992年，第474页，《元代铜权一览表》序号150。

⑤ ［明］宋濂等撰：《元史》卷六十二《地理五》，中华书局，1976年，第1501页。

⑥ ［清］张廷玉等撰：《明史》卷四十《地理一》，中华书局，1974年，第910页。

⑦ 丘光明编著：《中国历代度量衡考》，科学出版社，1992年，第475页，《元代铜权一览表》序号156。

的行政建置相符。

如标本43，安徽贵池市（今池州市贵池区）高脊岭乡出土，圆体，权身正面铭文为"至元十八年造"，背面铭文为"池州路总管府"，左侧铭文为"天四八"①。

"池州路"，唐宋时为池州。元至元十四年（1277年）升为路，隶属于江浙行省②。明太祖辛丑年（1361年），改为九华府，不久又改为池州府③。标本43铸造于至元十八年（1278年），符合当时的行政建置。

上述第四类408件铜权，纪地铭文明确，是我们探讨元代铜权涉及行政区划和元代铜权地域分布等问题的基本材料。

第二节　元代铜权与行政区划

纪地明确的元代铜权，可大致分为两类：一是直接涉及行政区划的铜权，二是间接涉及行政区划的铜权。其中，前者主要由地方各级政府制颁，直接涉及省、路、府、州、县五级行政区划；后者主要由留守司、市令司、云需总管府等专门机构制颁，间接涉及上都路、大都路等行政区划（表4-2）。

表4-2　元代铜权所涉及行政区划一览表

行政区划的类别与名称			行政区划的数量	铜权数量	
地方行政区划	行省	汴梁省（河南行省）	1处	1件	380件
	路	大都路（包括都府3件）、上都路、河南府路、汴梁路、真定路、潭州路、杭州路、中都路、滦州路等	59处	351件	
	直隶府	东平府、汝宁府、平凉府	3处	5件	
	直隶州	高唐州	1处	1件	
	路属府	顺宁府、中山府	2处	4件	
	路属州	沂州、峄州、懿州、棣州、无为州、瑞安州、平阳州、溧水州、萍乡州、新喻州、浏阳州	11处	13件	
	府属州	奉圣州	1处	1件	
	县	迁安县、曲阳县、宁海县、浏阳县	4处	4件	

（81处合计）

① 赵建明：《安徽贵池市发现元代铜权》，《考古》1997年第10期。
② ［明］宋濂等撰：《元史》卷六十二《地理五》，中华书局，1976年，第1502页。
③ ［清］张廷玉等撰：《明史》卷四十《地理一》，中华书局，1974年，第926页。

续表

行政区划的类别与名称		行政区划的数量		铜权数量	
专门机构	东平路宣课所	1处	5处	2件	26件
	真定河间宣课所	1处		2件	
	市令司或大都路市令司	1处		10件	
	留守司或上都留守司	1处		10件	
	云需总管府	1处		2件	
其他	南京	1处		2件	
总计		87处		408件	

一　地方行政区划

元代地方行政区划主要有省、路、府、州、县五级。其中，"府"可分为两类：一类直隶于省部（或行省、宣尉司、巩昌总帅府），可称之为"直隶府"；一类隶属于"路"，可称之为"属府"或"路属府"。"州"的情况与"府"稍有不同，可分为三类：一类直隶于省部（或行省、宣尉司、巩昌总帅府），可称之为"直隶州"；一类隶属于路，可称之为"路属州"；一类隶属于路下之府，可称之为"府属州"。

鉴于"府"和"州"均存在着类别差异，这里将元代的地方行政区划分作以下八类分别进行讨论，即行省、路、直隶府、直隶州、路属府、路属州、府属州、县。

（一）行省

《附表》中有1件铜权为河南行省所制颁，即标本547。该权为陕西西安市文物保护考古所藏品，六面体，权腹阳铸"至元五年造""汴梁省下通行官秤"等铭文①。这里的"汴梁省"，为"河南行省（河南江北行省）"的省称，因治于汴梁，故称之。

（二）路

《附表》中有351件铜权为59路所制颁。这些路，有的属于腹里，有的属于行省：

腹里地区，铜权铭文涉及18路，分别是中都路、大都路、上都路、

① 西安市文物保护考古所编著：《西安文物精华：青铜器》，世界图书出版西安公司，2005年，第169页。

永平路、顺天路、保定路、真定路、大名路、怀庆路、卫辉路、东平路、博州路、益都路、济南路、般阳（府）路、太原路、全宁路、滦州路。

辽阳行省，铜权铭文涉及2路，分别是懿州路、大宁路。

河南行省，铜权铭文涉及5路，分别是南京路、汴梁路、河南府路、扬州路、江陵路。

陕西行省，铜权铭文涉及5路，分别是京兆路、安西路、奉元路、兴元路、开城路。

甘肃行省，铜权铭文涉及1路，即宁夏（府）路。

四川行省，铜权铭文涉及1路，即成都路。

江浙行省，铜权铭文涉及12路，分别是杭州路、湖州路、建德路、庆元路、温州路、台州路、宁国路、建康路、太平路、池州路、泉州路、信州路。

江西行省，铜权铭文涉及5路，分别是吉安路、袁州路、临江路、江州路、赣州路。

湖广行省，铜权铭文涉及10路，分别是鄂州路、武昌路、澧州路、潭州路、衡州路、全州路、静江路、柳州路、雷州路、常德路。

在上述59路中，有五组路存在着历史沿革关系，即中都路和大都路，京兆路、安西路和奉元路，顺天路和保定路，鄂州路和武昌路，南京路和汴梁路。

1.中都路和大都路

大都路，唐幽州范阳郡。辽改燕京。金迁都，为大兴府。元太祖十年（1206年），克燕，为燕京路，总管大兴府。太宗七年（1235年），置版籍。至元元年（1264年），改名中都，其大兴府仍旧；四年（1267年），始于中都之东北置今城而迁都焉；九年（1273年），改大都；十九年（1283年），置留守司。二十一年（1285年），置大都路总管府[1]。明洪武元年（1368年）八月，改为北平府，十月属山东行省；洪武二年三月改属北平；洪武三年四月建燕王府。永乐元年（1403年）正月升为北京，改北平府为顺天府[2]。

2.安西路、京兆路和奉元路

安西路，唐初为雍州，后改关内道，又改京兆府，又以京城为西京，又曰中京，又改上都。宋金时期沿置。元中统三年（1262年），立陕西

---

① ［明］宋濂等撰：《元史》卷五十八《地理一》，中华书局，1976年，第1347页。

② ［清］张廷玉等撰：《明史》卷四十《地理一》，中华书局，1974年，第884页。

四川行省，治京兆。至元十六年（1279年），改京兆为安西路总管府；二十三年（1286年），四川置行省，改此省为陕西等处行中书省。大德元年（1297年），移云南行台于此，为陕西行台。皇庆元年（1312年），改安西路为奉元路①。明洪武二年（1369年）三月，改奉元路为西安府②。

3. 顺天路和保定路

保定路，本清苑县，唐隶鄚州。宋升保州。金改顺天军。元太宗十三年（1241年），升顺天路，置总管府。至元十二年（1275年），改为保定路③。明洪武元年（1368年）九月，改为保定府④。

4. 鄂州路和武昌路

鄂州路，唐初为鄂州，又改江夏郡，又升武昌军。宋为荆湖北路。元至元十一年（1274年），立荆湖等路行中书省，并本道安抚司。十四年（1277年），立湖北宣慰司，改安抚司为鄂州路总管府，并鄂州行省入潭州行省；十八年（1281年），迁潭州行省于鄂州，移宣慰司于潭州；十九年（1282年），随省处例罢宣慰司，本路隶行省。大德五年（1301年），改鄂州路为武昌路⑤。明太祖甲辰年（1364年）二月，改武昌路为武昌府⑥。

5. 南京路和汴梁路

南京路，唐置汴州总管府。石晋为开封府。宋为东京，建都于此。金初曰汴京；贞元元年（1153年），更号南京（路）。宣宗南迁，都焉；金亡，归附于元。元沿置为南京（路）。至元九年（1272年），废延州，以所领延津、阳武二县归属南京路。至元二十五年（1288年），改南京路为汴梁路⑦。明洪武元年（1368年）五月，改汴梁路为开封府⑧。

这里还需要交代一下都府问题。《附表》中有3件铜权（标本603、标本604和标本605）涉及"都府"一词。这里的"都府"，指的是"大都路都总管府"（详见本章附考一）。

---

① ［明］宋濂等撰：《元史》卷六十《地理三》，中华书局，1976年，第1423页。
② ［清］张廷玉等撰：《明史》卷四十二《地理三》，中华书局，1974年，第994页。
③ ［明］宋濂等撰：《元史》卷五十八《地理一》，中华书局，1976年，第1354页。
④ ［清］张廷玉等撰：《明史》卷四十《地理一》，中华书局，1974年，第888页。
⑤ ［明］宋濂等撰：《元史》卷六十三《地理六》，中华书局，1976年，第1523～1524页。
⑥ ［清］张廷玉等撰：《明史》卷四十四《地理五》，中华书局，1974年，第1072页。
⑦ ［元］脱脱等撰：《金史》卷二十五《地理中》，中华书局，1975年，第587页；［明］宋濂等撰：《元史》卷五十九《地理二》，中华书局，1975年，第1401页。
⑧ ［清］张廷玉等撰：《明史》卷四十二《地理三》，中华书局，1974年，第978页。

（三）直隶府

《附表》中有5件铜权涉及3处"直隶府"，即东平府（标本16）、汝宁府（标本179、标本219和标本453）和平凉府（标本201），其历史沿革情况如下：

1.东平府

宋金时期为东平府。元太祖十五年（1220年），以严实行台东平。严实死后，其子严忠济继任东平路管军万户总管，行总管府事。至元五年（1268年），以东平为散府；至元九年（1272年），改为下路总管府①。从历史沿革看，东平府直隶于中书省，存续4年左右。

2.汝宁府

元初为蔡州，隶汴梁路。至元三十年（1293年），升为汝宁府，直隶于河南行省②。

3.平凉府

唐为马监，隶于原州。宋为泾原路，升平凉军。金立平凉府。元初沿置，隶于巩昌总帅府③。

（四）直隶州

《附表》中有1件铜权涉及1处"直隶州"，即高唐州（标本429），其历史沿革情况如下：

高唐州，唐为县，属博州。宋、金因之。元初隶东平，至元七年（1270年）升为州，直隶于中书省④。

（五）路属府

《附表》中有4件铜权涉及顺宁府（标本651和标本653）、中山府（标本268和标本431）等2处"路属府"，其历史沿革情况如下：

1.顺宁府

元初为宣宁府。太宗七年（1235年），改山西东路总管府。中统四年（1263年），改宣德府，隶上都路。至元三年（1337年），以地震改为顺宁府，隶于中书省上都路⑤。

2.中山府

金为中山府。元初因之。旧领祁、完二州，太宗十一年，

---

①　[明]宋濂等撰：《元史》卷五十八《地理一》，中华书局，1976年，第1365页。

②　[明]宋濂等撰：《元史》卷五十九《地理二》，中华书局，1976年，第1405～1406页。

③　[明]宋濂等撰：《元史》卷六十《地理三》，中华书局，1976年，第1429～1430页。

④　[明]宋濂等撰：《元史》卷五十八《地理一》，中华书局，1976年，第1369页。

⑤　[明]宋濂等撰：《元史》卷五十八《地理一》，中华书局，1976年，第1350页。

割二州隶顺天府，后为散府，隶于中书省真定路[1]。

（六）路属州

《附表》中有13件铜权涉及棣州（标本607）、平阳州（标本522）、溧水州（标本417）、萍乡州（标本261）、瑞安州（标本397）、新渝（喻）州（标本668）、沂州（标本398）、峄州（标本108和标本302）、懿州（标本533和标本536）、无为州（标本227）、浏阳州（标本187）等11处"路属州"，其历史沿革情况如下：

1.棣州，唐置棣州。宋金因之。元初滨、棣自为一道，中统三年（1260年），改置滨棣路安抚司。至元二年（1265年），与滨州俱隶济南路[2]。

2.平阳州，唐为平阳县。宋因之。元元贞元年（1295年），升为州，为江浙行省温州路所辖[3]。

3.溧水州，唐以来皆为县。元元贞元年（1295年），升为州，属江浙行省集庆路[4]。

4.萍乡州，本为县。元元贞元年（1295年），升为州，隶属于江西行省的袁州路[5]。

5.瑞安州，唐时为瑞安县，宋因之。元元贞元年（1295）升州，隶江浙行省温州路[6]。

6.新渝（喻）州，唐以来为县。元元贞元年（1295年）改为新渝（喻）州，属江西行省临江路[7]。

7.沂州，唐初改沂州为琅邪郡，后仍为沂州。宋属京东东路。金属山东东路。元属中书省益都路[8]。

8.峄州，唐置鄫州，又改兰陵县为承县，后州废，以县属沂州。宋仍旧。金改为兰陵县，于县置峄州。元初以峄州隶益都路，至元二年（1265年），省兰陵入本州[9]。

9.懿州，元初设懿州路。元至元六年（1269年）十二月设东京总管府

① ［明］宋濂等撰：《元史》卷五十八《地理一》，中华书局，1976年，第1357页。
② ［明］宋濂等撰：《元史》卷五十八《地理一》，中华书局，1976年，第1373页。
③ ［明］宋濂等撰：《元史》卷六十二《地理五》，中华书局，1976年，第1498页。
④ ［明］宋濂等撰：《元史》卷六十二《地理五》，中华书局，1976年，第1502页。
⑤ ［明］宋濂等撰：《元史》卷六十二《地理五》，中华书局，1976年，第1510页。
⑥ ［明］宋濂等撰：《元史》卷六十二《地理五》，中华书局，1976年，第1498页。
⑦ ［明］宋濂等撰：《元史》卷六十二《地理五》，中华书局，1976年，第1511页。
⑧ ［明］宋濂等撰：《元史》卷五十八《地理一》，中华书局，1976年，第1372页。
⑨ ［明］宋濂等撰：《元史》卷五十八《地理一》，中华书局，1976年，第1372页。

（即辽阳路），将懿州路降为东京支郡。皇庆二年（1313年）十月，懿州隶属于辽阳行省。至正二年（1242年）正月，复升懿州为路，仍属辽阳行省①。

10. 无为州，唐初隶光州。宋始以城口镇置无为军。元至元十四年（1277年），升为路。二十八年（1281年），降为州，隶属于河南行省庐州路②。

11. 浏阳州，唐宋皆为县。元元贞元年（1295年），升为州；隶属于湖广行省天临路③。

（七）府属州

《附表》中有1件铜权涉及"府属州"，即奉圣州（标本530），其历史沿革情况如下：

奉圣州，唐为新州。辽改奉圣州。金为德兴府。元初因之。旧领永兴、缙山、怀来、矾山四县。至元二年，省矾山入永兴。三年，省缙山入怀来，仍改为奉圣州，隶宣德府。五年，复置缙山。延祐三年，以缙山、怀来隶大都。后至元三年，因地震改为保安州。领永兴一县④。

（八）县

《附表》中有4件铜权涉及曲阳县（标本354）、浏阳县（标本145）、迁安县（标本558）和宁海县（标本465），其历史沿革情况如下：

1. 曲阳县，古恒州地，唐为曲阳县。宋属中山府。金因之。元初改恒州，立元帅府，割阜平、灵寿、行唐、庆都、唐县以隶之。逮移镇归德，还隶中山府，复为曲阳县，后隶属于保定⑤。

2. 浏阳县，唐宋皆为县。元元贞元年（1295年），升为州，隶属于湖广行省天临路⑥。

3. 迁安县，至元二年（1265年），并入卢龙县，后复置，隶属于中书省永平路⑦。明仍为迁安县，隶属永平府⑧。

4. 宁海县，元至元十四年（1277年），置台州路总管府，宁海县为其辖下四县之一⑨。

---

① 薛磊著：《元代东北统治研究》，社会科学文献出版社，2012年，第146～148页。
② ［明］宋濂等撰：《元史》卷五十九《地理二》，中华书局，1976年，第1411～1412页。
③ ［明］宋濂等撰：《元史》卷六十三《地理六》，中华书局，1976年，第1528页。
④ ［明］宋濂等撰：《元史》卷五十八《地理一》，中华书局，1976年，第1351页。
⑤ ［明］宋濂等撰：《元史》卷五十八《地理一》，中华书局，1976年，第1354页。
⑥ ［明］宋濂等撰：《元史》卷六十三《地理六》，中华书局，1976年，第1528页。
⑦ ［明］宋濂等撰：《元史》卷五十八《地理一》，中华书局，1976年，第1353页。
⑧ ［清］张廷玉等撰：《明史》卷四十《地理一》，中华书局，1974年，第900页。
⑨ ［明］宋濂等撰：《元史》卷六十三《地理六》，中华书局，1976年，第1498～1499页。

二　专门机构

元代铜权涉及的专门机构主要有宣课所、（上都）留守司、市令司和云需总管府等。

（一）宣课所

《附表》中有4件铜权涉及"东平路宣课所"（标本1和标本2）和"真定河间宣课所"（标本3和标本4）这2处专门政府机构。

"宣课所"，又称"课税所"或"征收课税所"，是大蒙古国时期征收和转运赋税的专门机构，置于元太宗窝阔台二年（1230年），罢于元世祖忽必烈至元初年（详见本章附考二）。

（二）市令司

《附表》中有10件铜权涉及"市令司"。这一机构是设置于燕京（后改中都，又改大都）的市场管理机构，主要有"平抑物价""察度量权衡之违式""百货之估直"等职能①（详见本章附考三）。

（三）（上都）留守司

《附表》中有5件铜权涉及"留守司"，另有5件铜权涉及上都留守司。"留守司"为"上都留守司"之省简，其品秩同于大都留守司，兼本路都总管府，并治民事，又领诸仓库之事（详见本章附考四）。

（四）云需总管府

《附表》中有2件铜权（标本599和标本600）涉及"云需总管府"。这一机构隶属于上都留守司，置于元仁宗延祐二年（1315年），品秩为正三品，掌守护察罕脑儿行宫，及行营供办之事②。

三　南京

《附表》中有2件铜权（标本7和标本459）涉及"南京"。这里的"南京"，实是元大都之别称③。

这里需要说明的是，在纪地明确的408件铜权中，有12件铜权兼有两类纪地铭文，相关信息如下：

1.标本92、标本93、标本94、标本126、标本135等5件铜权，"大都路"与"市令司"同铭。

---

① ［元］脱脱等撰：《金史》卷五十七《百官三》，中华书局，1975年，第1316页。

② ［明］宋濂等撰：《元史》卷九十《百官六》，中华书局，1976年，第2300页。

③ 刘铮：《"皇甫权"铭文"南京"地望新考》，《北方文物》2018年第4期。

2.标本459，"大都路"与"南京"同铭。

3.标本109和标本302，"益都路"与"峄州"同铭。

4.标本398，"益都路"与"沂州"同铭。

5.标本261，"袁州路"与"萍乡州"同铭。

6.标本354，"保定路"与"曲阳县"同铭。

7.标本268，"真定路"与"中山府"同铭。

上述12件铜权，为避免重复，我们在进行统计时将其计入低一级行政区划。

总体来看，元代铜权所涉及的行政区划，具有两个显著特征：一是地方行政区划的数量最多，共82处，约占总数（88处）的93.18%；制颁的铜权最多，共380件，约占总数（408件）的93.14%。二是在各级行政区划中，"路"的数量最多，共59处，约占总数（82处）的71.95%；制颁的铜权也最多，共351件，约占总数（380件）的92.37%。这一情况说明，"路"在度量衡的制颁方面处于主体地位，基本上全部承担了本路所需度量衡的制作和供应。

第三节　元代铜权的地域分布

为方便问题的讨论，这里将元代分为两个阶段：第一阶段是大蒙古国前期，即"前四汗"时期，起止时间为1206～1259年，共54年；第二阶段是大蒙古国末期（1260～1270年）和"大元"时期（1271～1368年），起止时间大致为1260～1368年，共109年。

纪地明确的408件铜权中，涉及"东平路宣课所"的有2件（标本1和标本2），涉及"真定河间宣课所"的有2件（标本3和标本4），均属于大蒙古国的前期，不仅数量较少，而且地域分布有限，本节暂不将其纳入讨论范围。余下的404件，是我们探讨元代铜权地域分布状况的基本材料。

有元一代，除了中书省直辖的腹里地区和宣政院管理的吐蕃地区以外，蒙元政府在广阔的疆域内先后设置了岭北、辽阳、河南、陕西、四川、甘肃、云南、江浙、江西、湖广、征东等11处行中书省。

一　元代铜权的地域分布状况

元代铜权除涉及腹里地区外，还涉及辽阳、河南、陕西、四川、甘肃、江浙、江西、湖广等8处行省（图4-1和表4-3）。

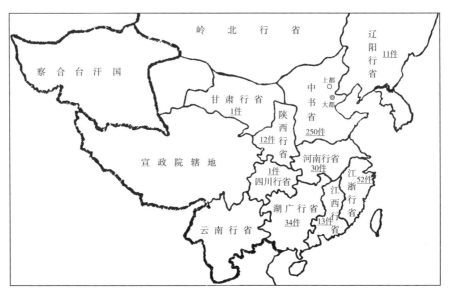

图4-1　元代铜权地域分布示意图

表4-3　元代铜权地域分布一览表（单位：件）

省名 及铜权数	路府州名 及铜权数	路属府州名 及铜权数	府属州名 及铜权数	县名及 铜权数	其他机构名 及铜权数	数量总计	
腹里地区	中都路/2； 大都路/89； 都府/3				市令司/5；大 都路市令司/5； 南京/2	106	250
	上都路/2	（宣德府） 顺宁府/2	奉圣州/1		留守司/5；上 都留守司/5； 云需总管府/2	17	
	永平路/1			迁安县/1		2	
	顺天路/2 保定路/39			保定路 曲阳县/1		42	
	真定路/13	中山府/2				15	
	大名路/1					1	
	怀庆路/2					2	
	卫辉路/1					1	
	东平路/1					1	
	博州路/1					1	

省名及铜权数	路府州名及铜权数	路属府州名及铜权数	府属州名及铜权数	县名及铜权数	其他机构名及铜权数	数量总计	
腹里地区	益都路/35	沂州/1 峄州/2				38	250
	济南路/14	棣州/1				15	
	般阳路/4					4	
	太原路/1					1	
	全宁路/1					1	
	滦州路/1					1	
	东平府/1					1	
	高唐州/1					1	
辽阳行省	（辽阳路）	懿州/2				2	11
	懿州路/3					3	
	大宁路/6					6	
河南行省/1	南京路/3 汴梁路/9					12	30
	河南府路/4					4	
	（庐州路）	无为州/1				1	
	扬州路/8					8	
	江陵路/1					1	
	汝宁府/3					3	
陕西行省	京兆路/2 安西路/1 奉元路/3					6	12
	兴元路/4					4	
	开城路/1					1	
	平凉府/1					1	
甘肃行省	宁夏路/1					1	1
四川行省	成都路/1					1	1

省名及铜权数	路府州名及铜权数	路属府州名及铜权数	府属州名及铜权数	县名及铜权数	其他机构名及铜权数	数量总计	
江浙行省	杭州路/16					16	52
	湖州路/2					2	
	建德路/1					1	
	庆元路/6					6	
	温州路/2	瑞安州/1，平阳州/1				4	
	台州路/1			宁海县/1		2	
	宁国路/5					5	
	建康路/8	溧水州/1				9	
	太平路/1					1	
	池州路/4					4	
	泉州路/1					1	
	信州路/1					1	
江西行省	吉安路/1					1	13
	袁州路/3	萍乡州/1				4	
	临江路/2	新渝州/1				3	
	江州路/1					1	
	赣州路/4					4	
湖广行省	鄂州路/1 武昌路/1					2	34
	澧州路/1					1	
	潭州路/23	浏阳州/1		浏阳县/1		25	
	衡州路/1					1	
	全州路/1					1	
	静江路/1					1	
	柳州路/1					1	
	雷州路/1					1	
	常德路/1					1	

续表

省名及铜权数		路府州名及铜权数	路属府州名及铜权数	府属州名及铜权数	县名及铜权数	其他机构名及铜权数	数量总计
总计	行省1处/1件	路59处/351件；直隶府3处/5件；直隶州1处/1件。	路属府2处/4件；路属州11处/13件。	府属州1处/1件。	县4处/4件。	专门机构3处/22件；铸造地1处/2件。	404件

（一）腹里地区

腹里地区，共250件铜权，涉及的行政区划有七类，即路、直隶府、直隶州、路属州、路属府、府属州和县。

1.路，18处，分别是：大都路、都府、中都路、上都路、永平路、顺天路、保定路、真定路、大名路、怀庆路、卫辉路、东平路、博州路、益都路、济南路、般阳府路、太原路和滦州路。其中，中都路和大都路、顺天路和保定路两组路总管府存在着历史沿革关系。这里需要说明的是，"都府"指的是大都路都总管府，"都府"铭文铜权归入大都路。

2.直隶府，1处，即东平府。

3.直隶州，1处，即高唐州。

4.路属府，2处，即顺宁府（隶属于上都路）、中山府（隶属于真定路）。

5.路属州，3处，即沂州（隶属于益都路）、峄州（隶属于益都路）、棣州（隶属于济南路）。

6.府属州，1处，即奉圣州（隶属于上都路的宣德府）

7.县，2处，即迁安县（隶属于永平路）、曲阳县（隶属于保定路）。

8.市令司，为设置于大都路的市场管理机构。市令司制颁的铜权可归于大都路。

9.云需总管府，隶属于上都留守司。云需总管府制颁的铜权可归属于上都路。

10.上都留守司，兼管上都路都总管府的事务，（上都）留守司制颁的铜权可归属于上都路。

11.南京，大都的别称，属于大都路的管辖范围，因此南京（大都）制颁的铜权可归属于大都路。

12.都府，大都路都总管府的省称。都府制颁的铜权可归属于大都路。

从腹里的情况来看，各类行政区划制颁的铜权共250件。其中，大都路、保定路、益都路、上都路、济南路和真定路等六路最多，共233件，约占本区总数（250件）的93.2%。

大都路为元朝首都大都所在地，制颁的铜权有106件，约占腹里地区总数的42.4%。其中包括了2件"中都路"铭文铜权、3件"都府"铭文铜权、10件"（大都路）市令司"铭文铜权和2件"南京"铭文铜权。

保定路为京畿重地、京师门户，制颁的铜权共42件，其中包括了2件"顺天路"铭文铜权和1件"曲阳县"铭文铜权。

益都路曾为山东东西道宣慰使司治所所在地，制颁的铜权共38件，其中包括了1件"沂州"铭文铜权和2件"峄州"铭文铜权。

上都路为元代陪都——上都所在地，制颁的铜权共17件，其中包括了2件"顺宁府"铭文铜权、10件"（上都）留守司"铭文铜权、1件"奉圣州"铭文铜权和2件"云需总管府"铭文铜权。

济南路曾为山东东西道宣慰使司治所所在地，制颁的铜权共15件，其中包括了"棣州"铭文铜权。

真定路为燕南道宣慰使司治所所在地，制颁的铜权共15件，其中包括了2件"中山府"铭文铜权。

（二）辽阳行省

辽阳行省，共11件铜权，涉及的行政区划有两类，即"路"和"路属州"。

1.路，3处，即懿州路、大宁路、全宁路。

2.路属州，1处，即懿州。

在上述机构中，大宁路制颁的铜权最多，其曾为辽东道宣慰使司治所所在地。

（三）河南行省

河南行省，共30件铜权，涉及的行政区划有"行省""路""直隶府""路属州"四类。

1.行省，1处，即河南行省。

2.路，5处，即南京路、汴梁路、河南府路、扬州路和江陵路。

3.直隶府，1处，即汝宁府。

4.路属州，1处，即无为州，隶属于庐州路。

在诸路中，汴梁路（包括南京路）制颁的铜权最多，共12件；扬州路次之，共8件。汴梁路为河南行省治所所在地，扬州路为淮东道宣慰使司治所所在地。

（四）陕西行省

陕西行省，共12件铜权，涉及的行政区划有"路"和"直隶府"两类。

1.路，5处，分别是京兆路、安西路、奉元路、兴元路、开城路。

2.直隶府，1处，为平凉府，隶属于巩昌等处总帅府。

在诸路中，奉元路为陕西行省省府的所在地，制颁的铜权最多，共5件，其中包括了"京兆路"铭文铜权和"安西路"铭文铜权。

（五）甘肃行省

甘肃行省，元代铜权涉及的机构仅有"路"一类。路1处，即宁夏路；铸颁的铜权仅1件。

（六）四川行省

四川行省，元代铜权涉及的机构仅有"路"一类。路1处，即成都路；铸颁的铜权仅1件。

（七）江浙行省

江浙行省，共52件铜权，涉及的行政区划有"路""路属州"和"县"三类。

1.路，12处，分别是杭州路、湖州路、建德路、庆元路、温州路、台州路、宁国路、建康路、太平路、池州路、泉州路、信州路。

2.直隶州，3处，分别为：瑞安州（隶属于温州路）、平阳州（隶属于温州路）、溧水州（隶属于建康路）；

3.县，1处，即宁海县，隶属于台州路。

在诸路中，杭州路制颁的铜权最多，共16件；建康路次之，共8件（包括1件溧水州铭文铜权）。杭州路为江浙行省省府所在地，建康路为江东道宣慰使司治所所在地。

（八）江西行省

江西行省，共13件铜权，涉及的行政区划有"路"和"路属州"两类。

1.路，5处，分别是吉安路、袁州路、临江路、江州路、赣州路。

2.路属州，2处，分别是萍乡州（隶袁州路）、新渝州（隶临江路）。

（九）湖广行省

湖广行省，共34件铜权，涉及的行政区划有"路""路属州"和"县"三类。

1.路，10处，分别是鄂州路、武昌路、澧州路、潭州路、衡州路、全州路、静江路、柳州路、雷州路、常德路。

2.路属州，1处，即浏阳州，隶属于潭州路。

3.县，1处，即浏阳县，隶属于潭州路。

在诸路中，潭州路制颁的铜权最多，共25件，其中包括1件"浏阳州"铭文铜权和"浏阳县"铭文铜权。

二 元代铜权的地域分布特征

综合图4-1和表4-3来看，元代铜权在地域分布上具有以下三个特点：

（一）区域间不均衡

依照图4-1所示，可将蒙元全境大致分为东、西两大区域。其中，东区包括腹里、辽阳、河南、江浙、江西和湖广等省份，共390件铜权，约占总数（404件）的96.53%；西区包括岭北、陕西、四川、云南和宁夏等省份，共14件铜权，仅占总数的3.47%。

（二）省份间不平衡

从各省份来看，元代铜权集中分布在腹里、江浙、湖广、河南四省份。其中，腹里地区共250件，约占总数（404件）的61.88%；江浙行省共52件，约占总数的12.87%；湖广行省共34件，约占总数的7.92%；河南行省共30件，约占总数的7.43%；上述四省总共366件，占据了总数的90.59%；而其他几个省份总共38件，仅占总数的9.41%。

（三）省份内不平衡

从单一省份来看，元代铜权一般集中在省府治所或宣慰司治所所在路份。如河南行省治所所在地汴梁路，共12件（包括南京路的3件），约占河南行省总数（30件）的40%。如山东东路宣慰司治所所在地益都路，共35件，约占腹里总数（250件）的14%。

总体来看，元代铜权地域分布的不均衡性与元代经济发展的区域性休戚相关。蒙元帝国东部皆为沿海省份，不仅水陆交通便利，而且对外贸易兴盛，属于相对发达地区。尤其是腹里地区和江浙行省，前者为元代首都——大都所在地，后者曾经是南宋首都——杭州所在地，经济基础都比较好，发展速度也比较快，分别是南方和北方的经济中心。省府治所或宣慰司治所所在的路份，往往是一省或一道之经济中心。

附考一　元代铜权铭文"都府"考

《附表》中有3件铜权涉及"都府"这一名称，相关信息如下：

1. 标本603，北京市文物研究所藏品，六面体，权腹正面阴刻铭文"至正十八年"和"都府造"，背面阴刻铭文"都府造"和"同二十五斤"[①]。

2. 标本604，北京市文物研究所藏品，六面体，权腹正面阴刻铭文"至正十八年"和"都府造"，背面阴刻铭文"都府造"和"同十五斤"[②]。

3. 标本605，北京市文物管理部门在本地拣选，六面体，权腹正面铭文为"至正十八年二月十五造"，背面铭文为"都府""较同"和"一十五斤"，右侧镌一个"李"字[③]。

对于上述铜权铭文中"都府"之含义，目前仅有高桂云、张先得两位学者进行了探讨。他们在谈及上述第三件铜权时认为，"都府"应为"大都路都总管府"的简称[④]。从相关资料反映的情况来看，这个认识基本不误，但有失偏颇。这里依据相关文献记载，对此做一申论。

"都府"一词，最早见于唐代，其含义大致有二：一是指都会、都邑等"汇聚之处"；二是指"节度使"。白居易《郑絪可吏部尚书制》载："国之都府，半在东周。"这里的"都府"指的是"都会"。洪迈《容斋三笔》载："唐世于诸道置按察使，后改为采访处置使，治于所部之大郡。既又改为观察，其有戎旅之地，即置节度使。……兵甲、财赋、民俗之事，无所不领，谓之都府。权势不胜其重，能生杀人。"[⑤]这里的"都府"则指的是"节度使"。

五代、两宋继续沿用"都府"一词，含义与唐代大致相同。但是到了元代，"都府"之含义就变得较为宽泛了，凡"都万户府""都总帅

[①] 王燕玲：《北京市文物研究所藏元代铜权》，《北京文博》2006年第4期。

[②] 王燕玲：《北京市文物研究所藏元代铜权》，《北京文博》2006年第4期。

[③] 高桂云、张先得：《记北京发现的元代铜权》，《文物》1987年第11期。

[④] 高桂云、张先得：《记北京发现的元代铜权》，《文物》1987年第11期。

[⑤] ［宋］洪迈撰，孔凡礼点校：《容斋三笔》卷七《唐观察使》，中华书局，2005年，第509页。

府""都漕运万户府""都财赋府""投下都总管府""大都路都总管府"
等，皆有被称为"都府"之例。

一 "都府"为"都万户府"的省称

《元史·百官志》中记载："圮都哥万户府，初隶都府七千户翼，延
祐三年（1316年）枢密院奏，改立万户府。"①该文献置于"山东河北
蒙古军大都督府"条下。此"大都督府"的历史沿革情况如下：至元
二十一年（1284年），罢统军司都元帅府，立蒙古军都万户府。大德七
年（1303年），改为山东河北蒙古军都万户府。延祐五年（1318年）罢。
天历二年（1329年），改立山东河北蒙古军大都督府②。不难看出，这里
所谓的"都府"，指的是"山东河北蒙古军都万户府"。

《元史·兵志》中载，天历二年（1329）二月，枢密院臣言："今岁
车驾行幸，臣等议于河南、山东两都府内，起遣未差军士一千三名，以
备扈从。"③《元史·顺帝纪》中载，至正七年（1347年）十一月戊午，元
顺帝"命河南、山东都府发兵讨湖广洞蛮"④。这两条文献中的"河南都
府"和"山东都府"，分别指的是"河南淮北蒙古军都万户府"和"山东
河北蒙古军都万户府"（或称"山东河北蒙古军大都督府"）。

《元史·顺帝纪》中载，至正十二年（1352年）九月己卯，"监察御
史及河南分御史台、行枢密院、河南廉访司、巩昌总帅府、陕西都府、
义兵万户府等官，交章言御史大夫也先帖木儿出征河南功绩"⑤。此处的
"陕西都府"，指的是"陕西蒙古军都万户府"⑥。

《元史·选举志》中载，皇庆元年（1312年），枢密院议："各处都
府并总管高丽、女直、汉军万户府及临清万户府秩三品……"⑦又载："汉
军万户府并所辖万户府及奥鲁府司吏，……再历万户府或都府、奥鲁府
提控案牍两任，于万户府知事内用。各处都府令史，……于各万户府知

① ［明］宋濂等撰：《元史》卷八十六《百官二》，中华书局，1976年，第2173页。
② ［明］宋濂等撰：《元史》卷八十六《百官二》，中华书局，1976年，第2171～2172页。
③ ［明］宋濂等撰：《元史》卷九十九《兵二》，中华书局，1976年，第2534页。
④ ［明］宋濂等撰：《元史》卷四十一《顺帝四》，中华书局，1976年，第879页。
⑤ ［明］宋濂等撰：《元史》卷四十二《顺帝五》，中华书局，1976年，第902页。
⑥ 李治安认为，陕西蒙古军都万户府和四川蒙古军都万户府，实是同一个蒙古军都万户府在不同时段的称呼（详见李治安：《元陕西四川蒙古军都万户府考》，《历史研究》2010年第1期）。
⑦ ［明］宋濂等撰：《元史》卷八十三《选举三》，中华书局，1976年，第2088页。

事内迁用。"①这两条文献中的"都府"，泛指各处"都万户府"或"大都督府"②。

二　"都府"为"巩昌等处便宜都总帅府"的省称

《元史·汪良臣传》中载，汪良臣，年十六七即从兄汪德臣出征，每战辄当前锋，以功擢裨帅，兼便宜都府参议。癸丑岁（1253年），由于汪德臣的推荐，为巩昌帅。领所部兵屯田白水，蜀边寨不敢复出钞略③。此处的"都府"，指的是"巩昌等处便宜都总帅府"。

巩昌等处便宜都总帅府是置于甘肃东南部地区的军民机构，隶属于陕西行省，其性质类似于兼领都元帅府的宣慰司。

三　"都府"为"都漕运万户府"的省称

元人《大元海运记》中载："皇庆元年（1312年）五月，海道都府承奉江浙行省扎付，为庆绍千户所官集众讲究得，庆元地居东南，既于本处装讫粮米，再入刘家港取齐，多有沙险去处。"又载："延祐三年（1316年）正月，海道都府据庆元绍兴所申，绍兴路三江陡门至下盖山一带，沙浅一百余里，名铁板沙。"④这两条文献中的"都府"指的是"都漕运万户府"，"海道都府"即"海道都漕运万户府"。

四　"都府"为"都财赋府"的省称

明代王祎《元故弘文辅道粹德真人王公碑》中载："先是杭之九宫观财用出纳隶都财赋府。及是太后（答已）有旨，都府勿有所与。"⑤这里的"都财赋府"与"都府"前后对应，说明"都府"是"都财赋府"的省称。元代都财赋府有二，即江淮等处都财赋府和江浙等处都财赋府。据吴小红考证，这条文献中的"都财赋府"，指的是"江浙等处都

①　［明］宋濂等撰：《元史》卷八十三《选举三》，中华书局，1976年，第2088～2089页。

②　赵伯陶认为，这里的"各处都府"指的是"各路总管府"（参见赵伯陶注《七史选举志校注》，武汉大学出版社，2015年，第524页）。

③　［明］宋濂等撰：《元史》卷一百五十五《汪良臣传》，中华书局，1976年，第3653页。

④　［元］赵世延、揭傒斯等纂修，［清］胡敬辑：《大元海运记》卷上，《续修四库全书》第835册，上海古籍出版社，2002年，第528、517页。

⑤　［明］王祎撰：《王忠文公文集》卷十六《元故弘文辅道粹德真人王公碑》，北京图书馆出版社，2000年，第284～287页。

财赋府"①。

五　"都府"为"投下都总管府"的省称

《元史·察罕传》中载，大德十一年（1307年），元仁宗爱育黎拔力八达（当时为皇太子）对察罕说："'上以故安西王地赐我，置都总管府，卿其领之，慎拣僚属，勿以詹事位高不屑此也。进卿秩资德大夫。'察罕叩头谢曰：'都府之职，敢不恭命，进秩非所敢当。'固辞，改正奉大夫，授以银印。"②这里的"都总管府"与"都府"前后对应，说明"都府"为"都总管府"的省称。该"都总管府"，是在元仁宗爱育黎拔力八达领地内设立的，属于一处"投下都总管府"。

六　"都府"为"大都路都总管府"的省称

《元史·百官志》中记："至正十八年（1358年）三月，东安、漷州、柳林日有警报，京师备御四隅，俱立大都分府。其官吏数，视都府减半。"③元人熊梦祥《析津志》中也载："齐政楼，都城之丽谯也。东，中心阁，大街东去即都府治所。"又说："（昭回坊）前有大十字街，转西大都府巡警二院。直西，则崇仁倒钞库。西，中心阁。"④这两条文献中的"都府"，指的是"大都路都总管府"。

《元典章》记载："今体知各路官司虽承官降式样，终不曾制造完备。……令各路总管府验所辖司县街市民间合用斛斗秤度，照依省部元降样制成造。委本路管民达鲁花赤长官较勘相同，印烙讫，发下各处，公私一体行用。常切关防较勘，毋令似前作弊抵换。"⑤从这条文献可知，诸路总管府，作为管民官之首，承担着本路所需度量衡的制作、颁发和管理。文献记载与实物资料所反映的情况是一致的，即元代铜权一般为诸路总管府制颁。

---

① 吴小红：《南宋御前宫观在元代的变迁——兼论江南几个道派的沉浮》，载李治安、宋涛主编《马可波罗游历过的城市——元代杭州研究文集》，杭州出版社，2012年，第508～536页。
② ［明］宋濂等撰：《元史》卷一百三十七《察罕传》，中华书局，1976年，第3310页。
③ ［明］宋濂等撰：《元史》卷九十二《百官八》，中华书局，1976年，第2332页。
④ ［元］熊梦祥著，北京图书馆善本组辑：《析津志辑佚》，北京古籍出版社，1983年，第108、116页。
⑤ 陈高华等点校：《元典章》卷五十七《刑部卷之十九》，中华书局等，2011年，第1940～1941页。

从性质来看，各处"都万户府"或"大都督府"为军事机构，"都漕运总管府"为专门的漕运机构，"都财赋府"为专门的财赋机构，巩昌等处便宜都总帅府为军政、民政合一的机构，元仁宗爱育黎拔力八达的"投下都总管府""大都路都总管府"为地方行政机构。

"制颁度量衡"，属于民政事务。"都万户府""大都督府""都漕运总管府""都财赋府"等机构因自身性质和职能所限，并不负责度量衡的制颁。巩昌等处便宜都总帅府、爱育黎拔力八达的"投下都总管府"和"大都路都总管府"都因兼管民政而具有制颁度量衡的权力。但是，因为上述三件铜权均发现于北京及其附近地区，所以铜权铭文中的"都府"当是"大都路都总管府"。

这里需要说明的是，山东昌乐也曾出土了一件"都府"铜权。该权为上窄下宽的六面体，通高11厘米，重700克；权腹正面为"都府""较勘相同"等铭文，背面为"龙凤六年"铭文（图4-2）①。"龙凤"为元末地方政权"后宋"韩林儿所使用的年号，存12年（1355~1366年）。这件铜权的发现，一方面说明"韩宋"政权不仅仿照蒙元设立了路级行政区划，而且建立了"××路都总管府"这一地方政府机构；另一方面则说明"都府"并非"大都路都总管府"的专称，而是"××路都总管府"的泛称。

附考二　元代铜权铭文"宣课所"考

《附表》中有4件铜权涉及"东平路宣课所"和"真定河间宣课所"这两个机构名称。相关信息如下：

1.标本1，山东济南市博物馆征集，圆鼓形，权腹正面铭文为"丙申年造"，其右侧为一个"火"字；背面铭文为"东平路宣课所"（图4-3）②。

2.标本2，山东济南市博物馆征集，圆鼓形，权腹正面铭文为"丙申年造"，背面铭文为"东平路宣课所"③。

---

① 李学训：《山东昌乐发现龙凤六年铜权》，《考古》1995年第1期。该文释正面铭文为"都府茂勘相同"。经与拓片核对，所谓"茂"字，实为"较"字；"较勘相同"为元代铜权铭文的常用语，这里改之。
② 李晓峰：《济南市博物馆藏元代铜权介绍》，《文物春秋》1999年第2期。
③ 李晓峰：《济南市博物馆藏元代铜权介绍》，《文物春秋》1999年第2期。

图4-2　龙凤六年铜权拓片　　　　图4-3　标本1铭文拓片

3.标本3，《金石屑》和《畿辅金石志》等文献中辑录，六面体，权腹六面均有铭文，即"丙申年""真定河间宣课所""天□"和一个押记符号①。

4.标本4，《雪堂藏古器物目录》中辑录，形制不详，权腹有"丁酉年""真定河间宣课所"等铭文②。

对于上述铜权铭文中的"宣课所"，学界曾有讨论，目前大致有两种不同的看法。清人翁方纲在谈及他所收藏的"真定河间宣课所铜权"（标本3）时说，真定河间宣课所，即《元史·食货志》中所云的真定河间等路课程所③。李晓峰在谈及济南市博物馆的两件"东平路宣课所铜权"（标本1和标本2）时认为，东平路宣课所，当为东平路下掌管市场税务的官府机构④。

从文献记载来看，李晓峰的认识有违史实，翁方纲的认识比较符合实际。但是，翁氏未有详言"课程所"是一个什么样的机构，又担负着什么样的职责。要弄清这些问题，还需进一步讨论。

大蒙古国建立前后，连年征战，财政收入捉襟见肘，府库空虚，诚如《元史·耶律楚材传》中所言，"太祖之世，岁有事西域，未暇经理中原"⑤，

---

① ［清］鲍昌熙摹：《金石屑》，新文丰出版公司，1979年，第4633～4635页；［清］缪荃孙纂：《畿辅金石志》，新文丰出版公司，1979年，第8405页；中国嘉德国际拍卖有限公司编：《大观——中国书画珍品之夜·古代》，2015年秋季，"清乾隆时期拓本《汉唐虎符鱼符集》"，LOT-1340。

② 罗振玉著：《雪堂藏古器物目录（外五种）》，上海古籍出版社，2013年，第30页。

③ ［清］鲍昌熙摹：《金石屑》，新文丰出版公司，1979年，第4633～4635页；［清］缪荃孙纂：《畿辅金石志》，新文丰出版公司，1979年，第8405页。

④ 李晓峰：《济南市博物馆藏元代铜权介绍》，《文物春秋》1999年第2期。

⑤ ［明］宋濂等撰：《元史》卷一百四十六《耶律楚材传》，中华书局，1976年，第3458页。

"仓廪府库无斗粟尺帛"①。

1215年，大蒙古国攻占金中都后，开始全面实施灭金计划。为了解决军费开支问题，1230年11月，元太宗窝阔台采用耶律楚材的建议，在大蒙古国业已控制的金朝地区设置了燕京、宣德、西京、太原、平阳、真定、东平、北京、平州和济南等十路征收课税所，以掌管各路的赋税征发与转运事务②。

随着大蒙古国控制区域的扩大和行政区划的调整，征收课税所的名称和数量也随之发生变化。1234年，大蒙古国灭亡金朝。随后不久，大蒙古国便在新占领的黄河以南、淮河以北地区，又增设了河南、怀孟和顺德三路征收课税所。

在中原以外的地区，大蒙古国也设置了两个课税所，即"京兆课税所"和"四川课税所"。《元史·马亨传》中载，元宪宗癸丑年（1253年），忽必烈征云南，"留亨为京兆榷课所长官。……亨以宽简治之，不事掊克，莅政五年，民安而课裕"③。《元史·食货志》中载："元初，设（四川）拘榷课税所，分拨灶户五千九百余隶之，从实办课。"④

"征收课税所"，文献中通常简称为"课税所""税课所"或"榷课所"。每所置正、副课税使各一员，多选汉人儒者担任，专掌钱谷之事。

"课税所"又被称为"宣课所"。如姚燧在《河东检察李公墓志铭》中载，李懋时曾被元太宗窝阔台授予太原路宣课所大使，其子李昌爵曾被授予平阳路宣课所副使⑤。不难看出，元代铜权铭文中的"东平路宣课所"实即"东平路课税所"，"真定河间宣课所"实即"真定河间课税所"。

元世祖忽必烈即位以后，"课税所"逐步向"转运司"过渡。中统四年（1263年）正月，忽必烈"改诸路监榷课税所为转运司"⑥。

至元六年（1269年）二月丙申，"罢宣德府税课所，以上都转运司

① ［元］宋子贞撰：《中书令耶律公神道碑》，［元］苏天爵编《元文类》卷五十七，《景印文渊阁四库全书》第1367册，台湾商务印书馆，1986年，第753页。

② ［明］宋濂等撰：《元史》卷二《太宗》，中华书局，1976年，第30页。

③ ［明］宋濂等撰：《元史》卷一百六十三《马亨传》，中华书局，1976年，第3827页。

④ ［明］宋濂等撰：《元史》卷九十四《食货二》，中华书局，1976年，第2390页。

⑤ ［元］姚遂撰：《牧庵集》卷二十八《河东检察李公墓志铭》，中华书局，1985年，第357～359页。

⑥ ［明］宋濂等撰：《元史》卷五《世祖二》，中华书局，1976年，第90页。

兼领。改河南、怀孟、顺德三路税课所为转运司"①。与此相应,课税所的长官也由"课税使"改称为"转运使"。如中统初年,"真定路宣课副使,改课税所长官,升转运使"②。

从以上所述可知,东平路宣课所和真定河间宣课所应设置于1230年,废止于1269年前后。

《元史·地理志》中载,至元五年(1268年),改东平路为东平府③。因此,东平路宣课所的起止年代可限定为1230~1268年。

《元史·食货志》中载,元太宗庚寅年(1230年),始立河间税课所,置盐场。甲午年(1234年),立盐运司。庚子年(1240年),改立提举盐榷所。癸卯年(1242年),改立提举沧清盐课使所。元定宗四年(1249年),改真定、河间等路课程所为提举盐榷沧清盐使所。元宪宗二年(1252年),又改河间课程所为提举沧清深盐使所。元世祖中统元年(1260年),改立宣抚司提领沧清深盐使所。四年(1263年),改沧清深盐提领所为转运司。元世祖至元二年(1266年),改立河间都转运司。十二年(1276年),改立都转运使司。十九年(1283年),罢河间都转运司,改立清、沧盐使司二。二十二年(1286年),复立河间等路都转运盐使司。二十三年(1287年),改立河间都转运司,通办盐酒税课④。从这条文献可以看出,真定河间宣课所的起止年代可限定在1230年至1249年之间。

有元一代,"丙申年"有三:一为1236年(元太宗八年),一为1296年(元贞二年),一为1356年(至正十六年);"丁酉年"亦有三:一为1237年(元太宗九年),一为1297年(元贞三年或大德元年),一为1357年(至正十七年)。

由"东平路宣课所"和"真定河间宣课所"的历史沿革可知,上述的标本1、标本2和标本3铭文中的"丙申年"应是1236年,标本4铭文中的"丁酉年"应是1237年。

① [明]宋濂等撰:《元史》卷六《世祖三》,中华书局,1976年,第121页。
② [元]姚燧撰:《牧庵集》卷二十八《中奉大夫荆湖北道宣慰使赵公墓志铭》,中华书局,1985年,第354~357页。
③ [明]宋濂等撰:《元史》卷五十八《地理一》,中华书局,1976年,第1356页。
④ [明]宋濂等撰:《元史》卷九十四《食货二》,中华书局,1976年,第2387~2388页。

附考三 元代铜权铭文"市令司"考

《附表》中有10件铜权的铭文涉及"市令司"这一机构名称,相关信息如下:

1.标本11,河北崇礼县(今张家口市崇礼区)出土,圆体,权腹正面铭文为"至元七年",背面铭文为"市令司发"(图4-4)[①]。

2.标本12,河北隆化皇姑屯北安州城址采集,圆体,权腹有"至元七年""市令司发"等铭文[②]。

3.标本13,河北围场出土,圆体,权腹正面铭文为"至元七年";背面铭文为"市令司发",其左侧面铭文为"下三"(图4-5)[③]。

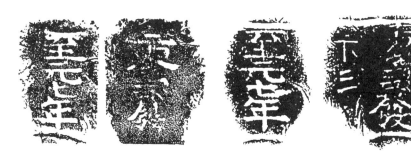

图4-4 标本11铜权铭文拓片　　　　图4-5 标本13铜权铭文拓片

4.标本92,河北涿鹿出土,圆体,权腹正面为"大都路""至元二十四年造"等铭文,背面为"市令司发""二十五斤秤"等铭文[④]。

5.标本93,河北张家口出土,圆体,权腹正面为"大都路""至元二十四年造"等铭文,背面为"市令司发""二十五斤秤"等铭文,侧面铭文为一个"上"字[⑤]。

6.标本94,天津市文物管理部门拣选,形制不详,权身正面为"大都路""至元二十四年造"等铭文,背面为"市令司发""四十五斤秤"

---

① 季占林:《河北崇礼出土元代铜器》,《考古》1994年1期。

② 郑绍宗、孙慧君:《隆化皇姑屯辽北安州及其附近遗迹调查简报》,《文物春秋》1991年第2期。

③ 郑绍宗:《河北出土金元时期铜权的分析与研究》,《文物春秋》2004年第3期。

④ 郑绍宗:《河北出土金元时期铜权的分析与研究》,《文物春秋》2004年第3期。

⑤ 郑绍宗:《河北出土金元时期铜权的分析与研究》,《文物春秋》2004年第3期。

等铭文①。

7.标本110，权身正面铭文为"至元二十九年""市令司□"，背面为汉文"二十五斤秤"和八思巴文"一斤锤"，侧面为波斯文和回鹘蒙文"二十五斤秤"，皆阴文②。

8.标本122，山东新泰市博物馆藏品，六面体，权腹正面铭文为"至元二十九年""市令司造"，背面铭文为"三十五斤秤"和八思巴文"斤半锤"，侧面为回鹘蒙文和波斯文"三十五斤秤"③。

9.标本126，甘肃天水市博物馆藏品，形制不详，权腹有"至元三十年""大都路造""市令司""三十五斤秤"等铭文④。

10.标本135，天津市历史博物馆（今天津博物馆）藏品，形制不详，权腹有"至元□十□年""大都路造""市令司发""二十五斤秤"等铭文⑤。

对于上述铜权铭文中的"市令司"，目前学界尚未有专文讨论。我们拟依据相关资料对其历史沿革、职掌、官设、品秩等问题作初步探讨。

一 元代市令司的来源

市令司是宋金元时期管理市场的专门机构。从文献记载看，这一机构肇置于北宋晚期。《宋会要·职官志》中载，宣和七年（1125年）四月十九日，都省言："今来行遣拘催免行钱，令州县市令司户案掌行，量支食钱。"⑥这条文献是有关宋代市令司的最早记载，说明其肇置时间不晚于1125年⑦。

---

① 刘幼铮：《介绍天津发现的一批古代铜、铁权》，载文物编辑委员会编《文物资料丛刊（8）》，文物出版社，1983年，第113~116页。

② 刘建中：《张家口地区博物馆收藏的元代铜权》，《文物春秋》1993年第3期。

③ 山东省新泰市史志编纂委员会编：《新泰市志》，齐鲁书社，1993年，第743页；新泰市博物馆官网。

④ 丘光明编著：《中国历代度量衡考》，科学出版社，1992年，第473页，《元代铜权一览表》序号57。

⑤ 丘光明编著：《中国历代度量衡考》，科学出版社，1992年，第473页，《元代铜权一览表》序号63。

⑥ ［清］徐松辑，刘琳等校点：《宋会要辑稿·职官二七》，上海古籍出版社，2014年，第3723页。

⑦ 《宋史》在讲述"市令司"时，将其置于"市易"条下，说明"市令司"与王安石变法中的"市易法""市易务"有着密切的联系，而"市易法"颁行于1072年，因此宋代市令司的肇置时间应不早于1072年。参见脱脱等撰：《宋史》卷一百八十六《食货下八·市易》，中华书局，1995年，第4547~4555页。

　　宋代市令司的职能主要有二：一是负责政府采购，二是评估商品价格①。《宋会要·职官志》中载，绍兴十二年（1142年）八月十七日诏："供进皇太后每日常膳并生料，每月实计用羊九十口，及节料、节序添供，每年实计用羊一十八口。令两浙转运司收买赴司，交纳宰供。所有阙少事件等，依例下临安府市令司取索。"②这里的"依例下临安府市令司取索"，说明宋代的市令司具有政府采购的职能。《宋会要·食货志》中亦载，乾道二年（1166年）九月十四日，户部言："契勘左藏东、西库逐年合赐锦袄子官，……今年欲乞并支全匹，入历帮勘，其余零丈赤，依文臣时服条例计价纳钱，牒临安府市令司差行人估价，关报粮审院，于逐官料钱历内除尅施行。"③此处的"市令司差行人估价"，则说明宋代的市令司掌有"评估商品价格"权力。

　　从上引"宣和七年都省政令"可知，宋代的市令司不是特设于"临安府"的专门机构，而是普遍置于州县的常设机构。

　　金代亦置市令司。《金史·百官志》中载，市令司。唯中都置。令一员，正八品。南迁以后，以左、右警巡使兼。丞一员，正九品。掌平物价，察度量权衡之违式、百货之估直。另外设置司吏四人，公使八人④。这条文献明确交代了金代市令司的设置地点、官设、职能和品秩等情况。

　　金太宗完颜晟天会三年（1125年），金军复下燕京，府曰析津，置燕京路领之。贞元元年（1153年）三月二十六日，金海陵王完颜亮正式迁都燕京，改燕京为中都，定名为中都大兴府。元太祖成吉思汗十年（1215年），蒙军攻占中都，旋即复命燕京，设燕京路总管府。从现有资料来看，金代未发现在中都以外的其他地方设置市令司的直接证据⑤。因此，金代燕京市令司的设置时间当不早于1125年、不晚于1215年。

　　不难看出，宋金两朝的市令司主要有两点不同：一是设置地点方面，

---

①　廖寅：《宋金元市令司小考》，《河北师范大学学报（哲学社会科学版）》2017年第1期。

②　［清］徐松辑，刘琳等校点：《宋会要辑稿·职官二一》，上海古籍出版社，2014年，第3612页。原文为"临安府市令司"，校点为"临安府市易司"，不妥，这里仍以原文为准。

③　［清］徐松辑，刘琳等校点：《宋会要辑稿·食货五一》，上海古籍出版社，2014年，第7157页。

④　［元］脱脱等撰：《金史》卷五十三《百官三》，中华书局，1975年，第1316页。

⑤　金代曾在中都以外的东京、太原等地设有"市令"一职，如《金史·张大节传》载张大节曾任东京市令（《金史》卷九十七，第2145页）、金代《英济侯感应记》载高鬶曾任太原府市令（［清］胡聘之撰：《山右石刻丛编》（第四册），山西人民出版社，1988年影印本，第6~9页）等，但不见置"市令司"的记载。

宋代的市令司普遍设于州县，金代的市令司"唯中都置"；二是职能方面，宋代的市令司具有负责政府采购、评估商品价格两项职能；金代的市令司则具有平抑物价、管理度量衡和评估商品价格三项职能。

元代的各项制度大多承袭金朝，诚如清代学者所言，"元制，大约与金同"①，"每府所置之官皆同金"②。元代亦沿袭金朝设置市令司。就现有的资料而言，有元一代亦未发现在中都以外的地方设置市令司的情况。

元世祖至元元年（1264年），下诏改燕京为中都，作为陪都。燕京从此又成为一国之都。至元九年（1272年），又改中都为大都，定为首都。

二　元代市令司的沿革

《元史》中有关"市令司"的文献记载仅有两条。《元史·百官志》中载："至元十四年，改覆实司办验官，兼提举市令司。"③《元史·世祖纪》中载，至元二十六年（1289年）四月丁丑，"升市令司为从五品"④。这些记载虽较为简略，但透露出较为珍贵的信息。其中较为关键的一点就是，市令司与覆实司有着较为密切的关系。

覆实司肇置于金代，主管复核营造材物、工匠价值等事务。《金史·百官志》中载"覆实司"："管勾一员，从七品，隶户、工部，掌覆实营造材物、工匠价直等事。"⑤元代亦沿置覆实司（隶属于大都留守司），其职权大致与金代相同。有关元代"覆实司"的情况，《元史》所载颇为简略，《经世大典》所载则较为详尽，现将原文摘录如下：

> 国初，以安庆佩金符，为覆实司官。至元十四年，改为覆实司办验官，兼提举市令，秩从五品。二十五年，罢。三十一年，复置为提举覆实司，秩如旧。置提举、同提举、副提举、提控案牍、司吏、秤子等。仍减户、工二部司计、司程、主事、令史、译史、

① ［清］嵇璜、曹仁虎等撰：《钦定续文献通考（二）》卷六十二《职官考》，《景印文渊阁四库全书》第627册，台湾商务印书馆，1986年影印本，第679页。
② ［清］嵇璜、曹仁虎等撰：《钦定续通志（三）》卷一百三十四《金元官制下·诸路总管府》，《景印文渊阁四库全书》第394册，台湾商务印书馆，1986年影印本，第227页。
③ ［明］宋濂等撰：《元史》卷九十《百官六》，中华书局，1976年，第2284页。
④ ［明］宋濂等撰：《元史》卷十五《世祖十二》，中华书局，1976年，第322页。
⑤ ［元］脱脱等撰：《金史》卷五十五《百官一》，中华书局，1975年，第1237页。

禀差等员，以其禄廪给。至大德五年，又分大都路都总管府官属任供需事，置供需府。凡和雇、和买、营缮、织造工役、供亿物色，必令覆实司估其直，而供需府给之。至顺二年九月二十一日，罢供需府及提举覆实司，立广谊司以总其务，秩正三品，命中书右丞撒迪领之。①

在这则文献中，有两个时间节点值得注意：一是至元十四年（1277年），覆实司办验官兼领市令司的事务，市令司由此丧失了独立性。二是大德五年（1301年），"凡和雇、和买、营缮、织造工役、供亿物色，必令覆实司估其直"。不难看出，原本属于市令司的"评估商品价格"职能，也最终被覆实司侵夺。从此以后，元代文献和实物资料中再也不见"市令司"之名，因此市令司应于该年被裁撤，或被直接并入了覆实司。

综合文献资料和铜权资料，可将元代市令司的历史沿革情况罗列如下：

元世祖至元元年（1264年），改燕京为中都，成为上都之外的又一处都城。因此，元代市令司的设置时间当不早于该年。

至元七年（1270年），始见市令司颁发度量衡一事。如标本11、标本12和标本13等三件铜权上均刻有"至元七年""市令司发"等铭文。

至元十四年（1277年），覆实司办验官，兼职提举市令司。市令司开始依附于覆实司而存在。

至元二十五年（1288年），罢覆实司，市令司又恢复了独立性，继续发挥作用。

至元二十六年（1289年）四月丁丑，升市令司为从五品。

至元三十年（1293年），市令司仍颁发权衡器，如标本126刻有"至元三十年""市令司"等铭文。

至元三十一年（1294年），复置覆实司，品秩如旧，不过名称变更为"提举覆实司"。

大德五年（1301年），"凡和雇、和买、营缮、织造工役、供亿物色，必令覆实司估其直"，市令司被裁汰或被直接并入覆实司。

综合文献资料和实物资料来看，元代市令司的存在时间不长，起始时间不早于1264年，废罢时间不晚于1301年。

---

① ［元］赵世延等撰，周少川等辑校：《经世大典辑校》（上册），中华书局，2020年，第53～54页。

三　元代市令司的职能

金代市令司的职能是"平物价、察度量权衡之违式、百货之估直"。元代市令司也有大致相同的职权。

元人王恽在弹劾大都市令冯时昇时说："今体察到在都前市令冯时昇，于行铺人户处，取受行钱钞六锭一十一两三钱五分，黄米七石，面一百斤。"①冯时昇之所以能够从"行铺人户处"收取好处，自然是利用其管理市场之便。这从侧面说明，元代的市令司具有管理市场的职能。

元代铜权铭文中的"市令司发"，说明这些铜权是市令司颁发的；其目的则是校验它秤是否符合标准，以便"察度量权衡之违式"，这进而说明元代市令司具有管理"度量权衡"的权力。

元代覆实的办验官之所以"兼提举市令司"，目的是让市令司为其评估商品价格，以协助政府采购所需物品。由此可知，元代市令司也具有"百货之估直"的职能。

四　元代市令司的官设与品秩

由于文献缺载，宋代市令司的官设情况已不可详。按照《金史·百官志》所载，金代市令司的常设官员主要有"市令""市丞""司吏"和"公使"四类。元代市令司的官设，目前仅见"市令"和"市丞"两类，如王恽所弹劾的冯时昇就曾为大都的"市令"，又如《元典章·吏部卷一》中也提到元代的"市令"和"市令司丞"②。

对于元代市令司的品秩，《元典章·吏部卷一》中记载，"市令司"为从五品③；又载，"市令"为正八品，"市令司丞"为从八品④。王恽在弹劾大都市令冯时昇时说"市令系八品职官"⑤。由是可知，元代市令司的品秩有二：一为从五品，一为正八品。

同一机构两等品秩，看似矛盾，这实际上是市令司不同历史阶段的

①　[元]王恽撰：《秋涧集》卷八十八《弹市令冯时昇不公事状》，《景印文渊阁四库全书》第1201册，台湾商务印书馆，1986年，第266页。
②　陈高华等点校：《元典章》卷七《吏部卷一》，中华书局等，2011年，第232页。
③　陈高华等点校：《元典章》卷七《吏部卷一》，中华书局等，2011年，第230~231页。
④　陈高华等点校：《元典章》卷七《吏部卷一》，中华书局等，2011年，第232页。
⑤　[元]王恽撰：《秋涧集》卷八十八《弹市令冯时昇不公事状》，《景印文渊阁四库全书》第1201册，台湾商务印书馆，1986年，第266页。

反映。《元史·世祖纪》中载，至元二十六年（1289年）四月丁丑，升市令司为从五品[①]。因此，元代市令司的品秩大致以1289年为界，以前属于正八品，与金代的市令司一致；以后则为从五品，高于金代的市令司。

综上所述，元代的市令司是沿袭金代而设置于中都（后改大都）的市场管理机构；至元二十六年（1289年）以前的品秩为正八品，以后则改为从五品；其职能主要有三：一是平抑物价、管理市场，二是监督度量衡，三是评估商品价格；其存在时间不长，起始时间不早于1264年，废罢时间不晚于1301年，前后延续时间不到40年（1264～1301年）。

附考四　元代铜权铭文"留守司"考

《附表》中有5件铜权涉及"留守司"这一机构名称，相关信息如下：

1. 标本30，辽宁省博物馆藏品，圆体，权腹有"至元九年""留守司发""号"等铭文[②]。

2. 标本33，中国历史博物馆（今中国国家博物馆）藏品，形制不详，权腹有"至元九年""留守司发"等铭文[③]。

3. 标本407，河北张家口地区（今张家口市）博物馆藏品，六面体，权身正面铭文为"延祐二年""留守司造"；背面铭文为"一十六斤秤""官""木卅六"；其余四面分别阴铸波斯文和回鹘蒙文"一十六斤秤"[④]。

4. 标本408，河北围场出土，六面体，权腹正面为"延祐二年""留守司造"等铭文，背面为"三十五斤秤""官火五"等铭文[⑤]。

5. 标本499，河北承德出土，六面体，权腹正面为"泰定三年""一十六斤"等铭文，背面"留守司""官较同"等铭文[⑥]。

有元一代，"留守司"的设置共有三处：一为"上都留守司"，一为

① ［明］宋濂等撰：《元史》卷十五《世祖十二》，中华书局，1976年，第322页。

② 都惜青：《辽宁省博物馆藏元代纪年铜权考析》，《四川文物》2017年第3期。

③ 丘光明编著：《中国历代度量衡考》，科学出版社，1992年，第472页，《元代铜权一览表》序号23。

④ 刘建中：《张家口地区博物馆收藏的元代铜权》，《文物春秋》1993年第3期。

⑤ 郑绍宗：《河北出土金元时期铜权的分析与研究》，《文物春秋》2004年第3期。

⑥ 郑绍宗：《河北出土金元时期铜权的分析与研究》，《文物春秋》2004年第3期。

"大都留守司",一为"中都留守司"。元代铜权铭文中的"留守司"究为何指,尚需进一步的探讨。

一　上都留守司

元宪宗蒙哥五年(1255年),命忽必烈居于元初的扎剌儿部、兀鲁郡王营幕地,为巨镇。元宪宗六年,忽必烈命刘秉忠相宅于桓州东、滦水北之龙冈。中统元年(1260年),为开平府。中统四年(1264年)五月戊子,以阙庭所在,升开平府为上都。同年,置上都路总管府。至元二年(1265年),置留守司。至元三年(1266年)七月,诏上都路总管府遇车驾巡幸,行留守司事,又给留守司印,车驾还归大都后,总管府恢复旧掌。至元十八年(1281年)二月,"立上都留守司"。至元十九年(1282年),上都路都总管府与留守司合并,称"上都留守司兼本路都总管府"①。

二　大都留守司

至元十九年(1282年),罢宫殿府行工部,始置大都留守司,留守兼本路都总管,并知少府监事。至元二十一年(1284年),别置大都路都总管府,治本路民事,并将少府监归如留守司。皇庆元年(1312年),别置少府监。延祐七年(1320年),罢少府监,复以留守兼监事②。

"大都留守司",秩正二品,掌守卫宫阙都城,调度本路供亿诸务,兼理营缮内府诸邸、都宫原庙、尚方车服、殿庑供帐、内苑花木,及行幸汤沐宴游之所,门禁关钥启闭之事③。

从大都留守司的沿置情况可以看出,1282年至1284年间,大都留守司兼行本路总管府事。1284年以后,大都留守司和大都路总管府的关系则是并存并立、各司其事。

三　中都留守司

大德十一年(1307年)六月,元武宗海山在隆兴路旺兀察都之地建

---

① 〔明〕宋濂等撰:《元史》卷五十八《地理一》,中华书局,1976年,第1349~1350页;《元史》卷九十《百官六》,第2297~2298页。

② 〔明〕宋濂等撰:《元史》卷五十八《地理一》,中华书局,1976年,第1347页;《元史》卷九十《百官六》,第2277页。

③ 〔明〕宋濂等撰:《元史》卷九十《百官六》,中华书局,1976年,第2277页。

立行宫，立宫阙为中都①。至大元年（1308年）七月，旺兀察都行宫建成，元武宗立中都留守司，兼开宁路都总管府②。至大四年（1311年）四月，元仁宗爱育黎拔力八达罢中都留守司，复置隆兴路总管府③。由此可知，"中都留守司"的存续时间仅有两年零十个月左右。

在上述5件"留守司"铜权中，标本30、标本33的纪年均为"至元九年"（1272年）。此时，大都留守司和中都留守司尚未设置，故这两件铜权铭文中的"留守司"为设置于上都的"留守司"。标本407、标本408制颁于"延祐二年"（1315年），标本499制颁于"泰定三年"（1325年），此时的中都留守司已被废止，大都留守司不问"民政"，故这3件铜权铭文中的"留守司"皆是指"上都留守司"。

总体来看，无论是从"留守司"铜权的纪年来看，还是从三处留守司的历史沿革和职权范围来说，元代铜权铭文中所谓的"留守司"，均是指设置于上都的"留守司"。

---

①　[明]宋濂等撰：《元史》卷二十二《武宗一》，中华书局，1976年，第480页。
②　[明]宋濂等撰：《元史》卷二十二《武宗一》，中华书局，1976年，第500页。
③　[明]宋濂等撰：《元史》卷二十四《仁宗一》，中华书局，1976年，第541页。

第五章　元代铜权的自重与称重铭文

自重铭文与称重铭文是元代铜权铭文的两项重要内容。从现有资料看，铸刻自重铭文的铜权，最早可追溯至战国时期，如三晋的"司马禾石铜权"（中国国家博物馆藏）和秦国的"高奴禾石"铜权（陕西历史博物馆藏）[①]；而铸刻称重铭文的铜权，始见于宋金，流行于元代。本章主要对元代铜权自重铭文的类别与特征、元代的斤两制、元代铜权称重铭文的类别与特征、元代杆秤的类别等相关问题作初步探讨。

第一节　元代铜权的自重铭文

自重铭文是表明铜权自身重量的铭文。《附表》672件铜权中，能够识别出铸刻自重铭文的铜权共35件。

一　元代自重铭文铜权的类别

依据自重铭文内容的不同，可将元代铸刻自重铭文的铜权分为"一斤锤""斤半锤""二斤锤""斤三（两锤）"和"斤九两（锤）"五类。其中，前三类是八思巴文的汉译，后两类则是汉文。

（一）"一斤锤"

此类铭文铜权共13件（表5-1），除标本641未辨识出称重铭文外，余下12件铜权的称重铭文可分为三类：

1."一十五斤"，1件，即标本300；

2."一十六斤"，5件，即标本141、标本155、标本245、标本306、标本311；

3."二十五斤"，6件，即标本110、标本137、标本217、标本225、标本239和标本458。

上述三类铜权的"自铭重量"与"最大称重数"的比率分别是（计

---

①　国家计量总局主编：《中国古代度量衡图集》，文物出版社，1981年，第105、112～113页。

算公式：比率＝自铭重量÷最大称重数×100%）：6.67%、6.25%和4%
（保留小数点后两位数字）。

从实测重量看，除3件铜权（标本110、标本141和标本225）残缺、
2件铜权（标本155、标本458）无实测重量外，余下8件铜权的实测重
量范围为580～755克。其中，最小值（标本239，580克）与最大值（标
本217，755克）相差175克。

从纪年铭文看，除1件铜权（标本641）的纪年铭文不能辨识外，余
下的12件铜权中，年代最早的为标本110，制颁于至元二十九年（1292
年）；年代最晚的为标本458，制颁于至治元年（1321年）。

从纪地铭文看，除2件铜权（标本110和标本641）的纪地铭文不能
辨识外，余下的11件铜权均为大都路制颁。

这里需要补充的有三点：一是标本110的自重铭文"一斤锤"，刘建
中曾误读为"斤半锤"[1]；二是标本141的自重铭文"一斤锤"，彭立平曾
误读为"半斤锤"[2]；三是标本300的自重铭文"一斤锤"，刘建中曾误读
为"斤半锤"[3]。

表5-1　元代"一斤锤"铜权一览表

序号	标本号	纪年铭文	纪地铭文	自铭重量	最大称重	铭重与称重的比率	实测重量	备注
1	110	至元二十九年	市令司	一斤锤	二十五斤	4%	残重450克	底座缺失
2	137	元贞元年	大都路	一斤锤	二十五斤	4%	612克	
3	141	元贞元年	大都路	一斤锤	一十六斤	6.25%	残重454克	底座缺失
4	155	元贞二年	大都路	一斤锤	一十六斤	6.25%	不详	
5	217	大德四年	大都路	一斤锤	二十五斤	4%	755克	
6	225	大德四年	大都路	一斤锤	二十五斤	4%	残重425克	底座缺失
7	239	大德五年	大都路	一斤锤	二十五斤	4%	580克	
8	245	大德六年	大都路	一斤锤	一十六斤	6.25%	601克	
9	300	大德九年	大都路	一斤锤	一十五斤	约6.67%	610克	
10	306	大德十年	大都路	一斤锤	一十六斤	6.25%	618克	

[1]　刘建中：《张家口地区博物馆收藏的元代铜权》，《文物春秋》1993年第3期。

[2]　彭立平：《河北围场县发现元代铜权》，《考古》1998年第7期。

[3]　刘建中：《张家口地区博物馆收藏的元代铜权》，《文物春秋》1993年第3期。

序号	标本号	纪年铭文	纪地铭文	自铭重量	最大称重	铭重与称重的比率	实测重量	备注
11	311	大德十年	大都路	一斤锤	一十六斤	6.25%	616克	
12	458	至治元年	大都路	一斤锤	二十五斤	4%	不详	
13	641	不详	不详	一斤锤	不详	无法计算	609克	

（二）"斤三两"锤

此类铭文铜权仅1件，即标本468。该权发现于河北容城，六面体，重725克；权腹正面铭文为"至治元年""二十三斤""官造"，背面铭文为"保定路""较勘相同"，侧面铭文为"斤三"①。这里的"斤三"，应是"斤三两"的省简，属于自重铭文，其与最大称重数（23斤）的比率为5.16%。

（三）"斤半锤"

此类铭文铜权共12件（表5-2），其称重铭文主要有两类：

1."二十五斤"，1件，即标本209。

2."三十五斤"，11件，标本122等。

上述12件铜权的自铭重量"斤半锤"，与最大称重数的比率分别是6%和4.29%。

从实测重量来看，除1件铜权（标本210）无实测重量、1件铜权（标本209）残缺外，余下10件铜权的实测重量范围为878.4~950克。其中，最小值（标本142）与最大值（标本156）相差71.6克。从纪年铭文看，12件铜权中，年代最早的为标本122，制颁于至元二十九年（1292年）；年代最晚的为标本292，制颁于大德九年（1305年）。从纪地铭文看，14件铜权均制颁于大都路。

表5-2　元代"斤半锤"铜权一览表

序号	标本号	纪年铭文	纪地铭文	自铭重量	最大称重	铭重与称重的比率	实测重量	备注
1	122	至元二十九年	大都路	斤半锤	三十五斤	4.29%	912.3克	
2	138	元贞元年	大都路	斤半锤	三十五斤	4.29%	936克	

① 郑绍宗：《河北出土金元时期铜权的分析与研究》，《文物春秋》2004年第3期。

序号	标本号	纪年铭文	纪地铭文	自铭重量	最大称重	铭重与称重的比率	实测重量	备注
3	142	元贞元年	大都路	斤半锤	三十五斤	4.29%	878.4克	
4	146	元贞元年	大都路	斤半锤	三十五斤	4.29%	933克	
5	147	元贞元年	大都路	斤半锤	三十五斤	4.29%	890克	
6	156	元贞二年	大都路	斤半锤	三十五斤	4.29%	950克	
7	209	大德三年	大都路	斤半锤	二十五斤	6%	残重725克	底座有残
8	210	大德三年	大都路	斤半锤	三十五斤	4.29%	不详	
9	269	大德七年	大都路	斤半锤	三十五斤	4.29%	883克	
10	280	大德八年	大都路	斤半锤	三十五斤	4.29%	923克	
11	283	大德八年	大都路	斤半锤	三十五斤	4.29%	900克	
12	292	大德九年	大都路	斤半锤	三十五斤	4.29%	903克	

这里需要说明的是，标本209的自重铭文"斤半锤"，刘幼铮曾误读为"十四两锤"[1]。

（四）"斤九两"锤

此类铭文铜权仅2件，即标本382和标本462（表5-3）。"斤九两"为二十五两。

从纪年铭文来看，标本382制颁于皇庆元年（1312年），标本462制颁于至治元年（1321年）。从纪地铭文来看，二者均制颁于陕西行省的奉元路。从实测重量来看，二者比较接近，仅相差了25克。

表5-3 元代"斤九两"铜权一览表

序号	标本号	纪年铭文	纪地铭文	自铭重量	最大称重	铭重与称重的比率	实测重量
1	382	皇庆元年	奉元路	斤九两	不详	无法计算	900克
2	462	至治元年	奉元路	斤九两	不详	无法计算	925克

① 刘幼铮：《元代衡器衡制略考》，载元史研究会编《元史论丛》（第三辑），中华书局，1986年，第177页，《表5-1》编号2。

（五）"二斤锤"

此类铭文铜权仅3件，即标本123、标本288和标本323（表5-4）。其共同特征是：最大称重数均为"五十五斤"，自铭重量与最大称重数的比率皆为3.64%，均制颁于大都路。

从纪年铭文来看，年代最早的为标本123，制颁于至元三十年（1293）；年代最晚的为标本288，制颁于大德八年（1304年）。

从实测重量来看，最重者为标本288，实测重量1275克；最轻者为标本123，实测重量1229克；二者相差48克。

表5-4　元代"二斤锤"铜权一览表

序号	标本号	纪年铭文	纪地铭文	自铭重量	最大称重	铭重与称重的比率	实测重量
1	123	至元三十年	大都路	二斤锤	五十五斤	3.64%	1229克
2	288	大德八年	大都路	二斤锤	五十五斤	3.64%	1275克
3	323	大德□年	大都路	二斤锤	五十五斤	3.64%	1260克

此外，标本238、标本266、标本299和标本322等4件铜权的八思巴文，字体结构特征基本一致，应属于某一类自重铭文，但尚不能辨识。从结构和形态来看，这类"八思巴文"与上述八思巴文"一斤锤""斤半锤"和"二斤锤"均不相同，具体含义尚待进一步考察（表5-5）。

表5-5　元代"自重铭文"待考的铜权一览表

序号	标本号	纪年铭文	纪地铭文	自铭重量	最大称重	铭重与称重的比率	实测重量
1	238	大德五年	大都路	待考	三十五斤	无法计算	750克
2	266	大德七年	大都路	待考	二十五斤	无法计算	760克
3	299	大德九年	大都路	待考	一十五斤	无法计算	770克
4	322	大德□年	大都路	待考	二十五斤	无法计算	775克

上述4件铜权的共同特征是：均制颁于大德年间，皆属于大都路，实测重量比较接近。其中，最小值（750克）与最大值（775克）仅相差了25克，最大称重数有"一十五斤""二十五斤"和"三十五斤"三种。

这里需要说明的有两点：一是标本266和标本299的自重铭文，刘建中曾误读为"一斤锤"[①]；二是标本322的自重铭文，刘幼铮曾误读为"一斤锤"[②]。

二　元代自重铭文铜权的特征

与提系杆秤配套使用的自重铭文铜权，学界通常称之为"定量砣"。北宋景德年间（1004~1007年），刘承珪创制了戥秤，对砣重、杆长、最大称量及分度值都做了明确规定[③]，这为元代杆秤开始向定量砣的方向发展提供了技术保障。

依据表5-6，可将元代定量砣的特点归纳为以下六个方面：

表5-6　元代自重铭文铜权类别一览表

序号	自重铭文	数量	形制	称重铭文	实测重量范围	地域分布	年代分布
1	一斤锤	13件	B型	一十五斤 一十六斤 二十五斤	580~775克	不详1件，市令司1件，大都路11件。	至元二十九年（1292年）~至治元年（1321年）
2	斤三两	1件	B型	无	725克	保定路1件	至治元年（1321年）
3	斤半锤	12件	B型	二十五斤 三十五斤	725~950克	大都路12件	元贞元年（1295年）~大德九年（1305年）
4	斤九两	2件	A型	无	900~925克	奉元路2件	皇庆元年（1312年）~至治元年（1321年）
5	二斤锤	3件	B型	五十五斤	1229~1275克	大都路3件	大德八年（1304年）

（一）数量较少

《附表》672件铜权中，定量砣的数量较少，仅35件，约占总数的5.21%。事实上，自东汉末杆秤创制以来的1800余年，民间所使用的杆秤均未达到一律都配备定量砣的水平。造成这一情况的主要原因是：杆

---

① 刘建中：《张家口地区博物馆收藏的元代铜权》，《文物春秋》1993年第3期。

② 刘幼铮：《元代衡器衡制略考》，载元史研究会编《元史论丛》（第三辑），中华书局，1986年，第177页，《表5-1》编号2。

③ ［元］脱脱等撰：《宋史》卷六十八《律历一》，中华书局，1977年，第1495~1497页。

秤需求量大，使用范围广，在对称量精度要求并不太高的情况下，非定量砣已经能够满足生活、生产中的各种需要。

（二）形制单一

从形制来看，35件自铭重量的铜权可分为两类：一类为B型，即六面体铜权，共33件，均为Ba型；一类为A型，即圆体铜权，仅2件，即标本382和标本461。

（三）地域分布集中

从纪地铭文看，35件自铭重量的铜权中，1件因漫漶而未能辨识纪地铭文（标本641），1件为保定路（标本468），2件为奉元路（标本382和标本462），余下31件均制颁于大都路（包括市令司制颁的2件，即标本110和标本122）。

（四）年代分布集中

从纪年铭文看，35件自铭重量的铜权中，1件（标本641）因漫漶而未能辨识纪年铭文，3件制颁于元世祖至元末年，8件制颁于元贞年间，19件制颁于大德时期，1件制颁于皇庆元年，3件制颁于至治元年。总体来看，时间范围为至元二十九年到至治元年（1292～1321年）。

（五）同一类定量砣的最大称重数不同

从称重铭文看，同一类定量砣的最大称重数是不同的，可以有多个。如"一斤锤"的最大称重数有"一十五斤""一十六斤"和"二十五斤"三种（表5-1）。又如"斤半锤"的最大称重数有"二十五斤"和"三十五斤"两种（表5-3）。出现这一现象的原因是较为复杂的。这是因为在制作杆秤的实际操作中，秤砣的实际重量、提纽的位置、秤杆的粗细、秤杆的长短、秤钩或秤盘的轻重等，都是影响杆秤最大量程的重要因素。

（六）同一类定量砣的实测重量差别较大

从实测重量看，同一类定量砣的实测重量不同，有时误差很大。如表5-1中，13件"一斤锤"的实测重量范围为580～755克，最小值与最大值相差了175克。又如表5-2中，12件"斤半锤"的实测重量范围为878.4～950克，最小值与最大值相差了71.6克。造成这一现象的主要原因是：定量砣的制作有一定的难度，较难达到定量的要求。

《中华人民共和国杆秤检定规程》中规定：25～500克秤，砣重与最大称重的比值为15%；2～100斤秤，砣重与最大称重的比值为5%；100～200斤秤，砣重与最大称重的比值为3.5%；200～300斤秤，砣重与最大称重的比值为3%；300～400斤秤，砣重与最大称重的比值为2%①。其中，2～100斤秤为日常所用，比较常见。元代这类称量范围的杆秤，砣重与最大称重数的比值仅有半数在4%和6%之间，说明元代的杆秤制造技术还不够成熟，尚待进一步完善与发展。但是，杆秤之"定量砣"的出现，表明古代杆秤的发展进入了一个新阶段，是中国权衡发展史上的一个重要里程碑。

三　元代的斤制

讨论元代铜权的自铭重量，无法绕过元代的"斤制"问题。所谓"斤制"，又称为"斤两制"，是指"斤"和"两"两种计重单位的对应关系，即"一斤"等于多少"两"的问题。

宋元之际的"斤制"是多样的。《法算取用本末》《续古今考》等宋元文献中有一些零星的记载。

宋代杨辉《法算取用本末》载："足秤一百二十六斤，问为省秤多少？答曰：一百五十七斤半。"又载："足秤二百三十二斤，问展省秤多少？答曰：二百九十斤。""足秤八斤，即是十斤省秤"②。

元代方回《续古今考》载："有定秤二百文铜钱重，有二百二十钱秤。民间买卖行用，鱼肉二百钱秤，薪炭粗物二百二十钱秤。官司省秤十六两，计一百六十钱重。民间金、银、珠宝、香药细色，并用省秤。"③

对于上述两段材料中的相关词语，郭正忠已有比较详细的解读："定秤"为"足秤"之误；"铜钱"为"唐代铜钱"；"二百二十钱秤"，为"加斤"，指斤制为"二十二两"的秤；"二百钱秤"为"足斤"，指斤制为"二十两"的秤；"省秤"为"一百六十钱重"，指斤制为"十六两"的秤④。

不难看出，宋末元初大致存在着三种"斤制"，即"二十二两

① 国家技术监督局计量司量传处编：《中华人民共和国国家计量检定规程汇编：质量（一）·杆秤检定规程》，中国计量出版社，1990年，第55页。

② ［宋］杨辉编集：《法算取用本末》，中华书局，1985年，第14、88页。

③ ［宋］魏了翁撰，［元］方回续：《古今考·续古今考》卷十九《附论唐度量衡·近代尺斗秤》，《景印文渊阁四库全书》第853册，台湾商务印书馆，1986年影印本，第388页。

④ 郭正忠著：《三至十四世纪中国的权衡度量》，中国社会科学出版社，1993年，第111～116页。

制""二十两制"和"十六两制"。进入大元时期以后，"斤制"则发生了重大变革。《续古今考》中载："今大元更革……秤只用十六两秤。"[1]不过，这只是官方的通行标准。广大民间并不一定完全遵循这一规定。

总体来看，"大元更革"标志着元代的"斤制"初步从多元走向了统一，是古代度量衡制度发展历程中的一个重要里程碑。

第二节　元代铜权的称重铭文

称重铭文是表明铜权所配杆秤最大称重数的铭文。《附表》所录672件铜权中，能够辨别出铸刻称重铭文的铜权共109件，约占总数的16.22%。其中，106件铜权的称重铭文清晰可辨，可以确定最大称重数，是探讨相关问题的基本材料；余下的3件，即标本331、标本551和标本576，因称重铭文漫漶不清而无法确定最大称重数。

一　元代称重铭文铜权的类别

从表述方式看，元代铜权的称重铭文可分为四类：一是"×十×斤秤"，如标本177的称重铭文为"五十五斤秤"；二是"×十×斤"，如标本357的称重铭文是"一十五斤"；三是"重×十×斤"，如标本608的称重铭文为"重廿五斤"；四是"计×十×斤"，如标本307的称重铭文为"计五十五斤"。其中，第一类是最为常见的表述方式。

按照称重铭文具体内容的不同，可将元代铜权的最大称重数分为九类，即"一十五斤""一十六斤""二十斤""二十三斤""二十五斤""二十六斤""三十五斤""四十五斤"和"五十五斤"。

（一）"一十五斤"

此类铜权共8件（表5-7）。除1件铜权（标本357）无实测重量、1件铜权（标本647）残缺外，余下6件铜权的实测重量范围为374～770克。其中，最小值（标本604）与最大值（标本299）相差了396克。

从地域分布看，此类铜权除1件（标本598）无纪地铭文外，余下的7件均制颁于大都路。其中，标本604和标本605的纪地铭文"都府"为大都路都总管府的省称（详见第四章附考一）。

---

① ［宋］魏了翁撰，［元］方回续：《古今考·续古今考》卷十九《附论唐度量衡·近代尺斗秤》，《景印文渊阁四库全书》第853册，台湾商务印书馆，1986年影印本，第388页。

从纪年铭文看，此类铜权除1件（标本6407）无纪年铭文外，其他7件铜权中，标本299的年代最早，制颁于大德九年（1305年）；标本604和标本605年代最晚，制颁于至正十八年（1358年）。

表5-7 "一十五斤秤"铜权一览表

序号	标本号	纪年铭文	纪地铭文	最大称重	实测重量	备注
1	299	大德九年	大都路	一十五斤	770克	
2	300	大德九年	大都路	一十五斤	610克	
3	336	至大元年	大都路	一十五斤	590克	
4	357	至大三年	大都路	一十五斤	不详	
5	598	至正十二年	无	一十五斤	670克	
6	604	至正十八年	都府	一十五斤	374克	
7	605	至正十八年	都府	一十五斤	510.5克	
8	647	无	大都路	一十五斤	残重220克	底座残缺

（二）"一十六斤"

此类铜权共10件（表5-8）。除1件（标本141）残缺不全外，余下9件的实测重量范围为515～640克。其中，最小值（标本534）与最大值

表5-8 "一十六斤秤"铜权一览表

序号	标本号	纪年铭文	纪地铭文	最大称重	实测重量	备注
1	141	元贞元年	大都路	一十六斤	残重454克	底座缺失
2	155	元贞二年	大都路	一十六斤	不详	
3	176	大德元年	大都路	一十六斤	615克	
4	245	大德六年	大都路	一十六斤	601克	
5	306	大德十年	大都路	一十六斤	618克	
6	311	大德十年	大都路	一十六斤	616克	
7	407	延祐二年	留守司	一十六斤	640克	
8	499	泰定三年	留守司	一十六斤	565克	
9	534	元统三年	上都留守司	一十六斤	515克	
10	651	无	顺宁府	一十六斤	540克	

（标本407）相差了125克。

此类铜权的地域分布状况是：大都路6件、上都路4件（包括上都留守司的3件和顺宁府的1件）。

从纪年铭文来看，此类铜权除1件（标本651）无纪年铭文外，余下9件铜权中，标本141的年代最早，制颁于元贞元年（1295年）；标本534的年代最晚，制颁于元统三年（1335年）。

（三）"二十斤"

此类铜权仅1件，即标本354，《小校经阁金石文字》中辑录，形制不明，权腹有"至大二年""官造""二十斤""保定路曲阳县"和"地字七"等铭文，无实测重量[①]。

（四）"二十三斤"

此类铜权仅1件，即标本468，河北省文管会藏，上窄下宽的六面体，权腹正面铭文为"至治元年""二十三斤""官造"，背面铭文为"保定路""较勘相同"，侧面铭文为"斤三"[②]。这里的"斤三"，当是称重铭文"斤三两"的省称。

（五）"二十五斤"

此类铜权共41件（表5-9）。其中，标本203、标本361等10件铜权无实测重量，标本93、标本110等6件铜权残缺不全，余下25件铜权的实测重量范围为450～800克。其中，最小值（标本587）与最大值（标本159）相差350克。

此类铜权中，除3件铜权（标本562、标本591和标本592）无纪地铭文、1件铜权（标本428）的纪地铭文漫漶不清外，余下37件铜权的地域分布状况是：大都路（包括"都府"1件、"市令司"1件）25件，上都留守司1件，大宁路4件，湖州路2件，懿州路3件，懿州1件，永平路1件。

从纪年铭文看，此类铜权除1件（标本646）无纪年铭文外，余下40件铜权中，标本56的年代最早，制颁于至元二十一年（1284年）；标本608的年代最晚，制颁于至正二十四年（1364年）。

---

① ［清］刘体智主编：《小校经阁金石文字（引得本）》（四），台湾大通书局，1979年，第2348页。

② 马自树主编：《中国文物定级图典（三级品）》，上海辞书出版社，2001年，第318页；郑绍宗：《河北出土金元时期铜权的分析与研究》，《文物春秋》2004年第3期。

表5-9 "二十五斤秤"铜权一览表

序号	标本号	纪年铭文	纪地铭文	最大称重数	实测重量	备注
1	56	至元二十一年	大都路	二十五斤	720克	
2	92	至元二十四年	大都路市令司	二十五斤	785克	
3	93	至元二十四年	大都路市令司	二十五斤	残重755克	权钮缺失
4	110	至元二十九年	市令司	二十五斤	残重450克	底座缺失
5	135	至元□十□年	大都路市令司	二十五斤	625克	
6	137	元贞元年	大都路	二十五斤	612克	
7	159	元贞□年	大都路	二十五斤	800克	
8	169	大德元年	大都路	二十五斤	600克	
9	203	大德三年	大都路	二十五斤	不详	
10	209	大德三年	大都路	二十五斤	残重725克	底部有残
11	217	大德四年	大都路	二十五斤	755克	
12	225	大德四年	大都路	二十五斤	残重425克	底座缺失
13	239	大德五年	大都路	二十五斤	580克	
14	266	大德七年	大都路	二十五斤	760克	
15	291	大德八年	大宁路	二十五斤	560克	
16	301	大德九年	大都路	二十五斤	785克	
17	318	大德十一年	大都路	二十五斤	705克	
18	322	大德□年	大都路	二十五斤	775克	
19	361	至大四年	大都路	二十五斤	不详	
20	414	延祐三年	大都路	二十五斤	750克	
21	428	延祐四年	□宁□	二十五斤	不详	
22	458	至治元年	大都路	二十五斤	不详	
23	494	泰定二年	大宁路	二十五斤	残重360克	底座缺失
24	519	天历三年	大都路	二十五斤	665.5克	
25	531	元统二年	上都留守司	二十五斤	不详	
26	533	元统三年	懿州	二十五斤	620克	
27	549	后至元六年	大宁路	二十五斤	630克	

序号	标本号	纪年铭文	纪地铭文	最大称重数	实测重量	备注
28	562	至正二年	不详	二十五斤	不详	
29	577	至正四年	大都路	二十五斤	800	
30	578	至正五年	湖州路	二十五斤	不详	
31	580	至正五年	湖州路	二十五斤	634.1克	实重清制17两，合今634.1克。
32	584	至正六年	懿州路	二十五斤	500克	
33	585	至正六年	懿州路	二十五斤	残重590克	表面与底座有残
34	587	至正六年	懿州路	二十五斤	450克	
35	588	至正七年	大都路	二十五斤	707.3克	
36	591	至正十年	不详	二十五斤	不详	
37	592	至正十年	不详	二十五斤	不详	
38	596	至正十一年	大宁路	二十五斤	680克	
39	603	至正十八年	都府	二十五斤	524克	
40	608	至正二十四年	永平路总管府	二十五斤	490克	
41	646	无	大都路	二十五斤	不详	

（六）"二十六斤"

此类铜权仅1件，即标本586。该权出土于河北隆化皇姑屯北安州遗址，六面体，权腹有"上都路都总管府""较同""二六斤""至正十年二月造""一七"等铭文，实测重量为410克[1]。

（七）"三十五斤"

此类铜权共34件（表5-10）。其中，标本210、标本255等5件铜权无实测重量，标本284、标本312等2件铜权残缺不全，余下26件铜权的实测重量范围为545～970克。其中，最小值（标本581）与最大值（标本538）相差425克。

---

[1]　郑绍宗、孙慧君：《隆化皇姑屯辽北安州及其附近遗迹调查简报》，《文物春秋》1991年第2期。

此类铜权的地域分布状况是：大都路（包括市令司2件、南京1件）28件，上都路5件（包括上都路总管府1件、上都留守司的1件、留守司1件、云需总管府的2件），懿州1件。

从纪年铭文看，此类铜权除2件（标本637和标本638）纪年铭文漫漶不清外，余下32件铜权中，标本58的年代最早，制颁于至元二十一年（1284年）；标本600的年代最晚，制颁于至正十三年（1353年）。

表5-10　"三十五斤秤"铜权一览表

序号	标本号	纪年铭文	纪地铭文	最大称重数	实测重量	备注
1	58	至元二十一年	大都路	三十五斤	920克	
2	122	至元二十九年	大都路市令司	三十五斤	912.3克	
3	126	至元三十年	大都路市令司	三十五斤	800克	
4	138	元贞元年	大都路	三十五斤	936克	
5	142	元贞元年	大都路	三十五斤	870克	
6	146	元贞元年	大都路	三十五斤	933克	
7	147	元贞元年	大都路	三十五斤	890克	
8	156	元贞二年	大都路	三十五斤	950克	
9	170	大德元年	大都路	三十五斤	940克	
10	210	大德三年	大都路	三十五斤	不详	
11	238	大德五年	大都路	三十五斤	750克	
12	255	大德六年	大都路	三十五斤	不详	
13	269	大德七年	大都路	三十五斤	883克	
14	280	大德八年	大都路	三十五斤	923克	
15	283	大德八年	大都路	三十五斤	900克	
16	284	大德八年	大都路	三十五斤	残重895克	钮部缺失
17	292	大德九年	大都路	三十五斤	903克	
18	296	大德九年	大都路	三十五斤	920克	
19	309	大德十年	大都路	三十五斤	600克	
20	312	大德十年	大都路	三十五斤	残重625克	钮部缺失
21	403	延祐二年	留守司	三十五斤	565克	

序号	标本号	纪年铭文	纪地铭文	最大称重数	实测重量	备注
22	408	延祐二年	大都路	三十五斤	892克	
23	459	至治元年	大都路南京	三十五斤	900克	
24	536	元统三年	懿州	三十五斤	不详	
25	538	元统三年	大都路	三十五斤	970	
26	542	后至元二年	大都路	三十五斤	不详	
27	581	至正六年	上都留守司	三十五斤	545克	
28	583	至正六年	大都路	三十五斤	不详	
29	594	至正十年	上都路总管府	三十五斤	570克	
30	599	至正十二年	云需总管府	三十五斤	598克	
31	600	至正十三年	云需总管府	三十五斤	590克	
32	634	大德六年	大都路	三十五斤	780克	纪年为改刻
33	637	□□六年	大都路	三十五斤	850克	
34	638	□□二年	大都路	三十五斤	930克	

（八）"四十五斤"

此类铜权共2件，即标本94和标本567（表5-11），实测重量分别为855克和809克，最小值与最大值相差46克。从纪地铭文来看，这2件铜权均制颁于大都路；其中标本94制颁于至元二十四年（1287年），标本567制颁于至正四年（1344年）。

表5-11 "四十五斤秤"铜权一览表

序号	标本号	纪年铭文	纪地铭文	最大称重	实测重量
1	94	至元二十四年	大都路市令司	四十五斤	855克
2	567	至正四年	大都路	四十五斤	809克

（九）"五十五斤"

此类铜权共8件（表5-12），实测重量范围为800～1275克。其中，最小值（标本177）与最大值（标本288）相差475克。

此类铜权中，除1件（标本307）无纪地铭文外，余下7件的地域分布情况是：大都路6件，上都留守司1件。

从纪年铭文看，标本123的年代最早，制颁于至元三十年（1293年）；标本572的年代最晚，制颁于至正四年（1344年）。

表5-12　"五十五斤秤"铜权一览表

序号	标本号	纪年铭文	纪地铭文	最大称重数	实测重量
1	123	至元三十年	大都路	五十五斤	1229克
2	129	至元三十一年	大都路	五十五斤	1260克
3	177	大德元年	大都路	五十五斤	800克
4	288	大德八年	大都路	五十五斤	1275克
5	307	大德十年	不详	五十五斤	960克
6	323	大德□年	大都路	五十五斤	1260克
7	535	元统三年	上都留守司	五十五斤	1110克
8	572	至正四年	大都路	五十五斤	1225克

在上述九类称重铭文铜权中，以"二十五斤"和"三十五斤"最为常见。其中，前者共41件，约占总数（109件）的37.61%；后者共34件，约占总数的31.19%。"一十五斤""一十六斤"和"五十五斤"等三类比较少见，总共26件，约占总数的23.85%。"二十斤""二十三斤""二十六斤"和"四十五斤"等四类的数量则更少，总共5件，仅占总数的4.59%左右，属于偶见秤类。由此可以看出，"二十五斤秤"和"三十五斤秤"是元代社会生活中两种最常用的秤类（表5-13）。

表5-13　元代铜权称重铭文类别一览表

类别	最大称重数	数量	百分比	实测重量范围	年代分布
1	一十五斤	8件	7.34%	374～770克	1305～1358年
2	一十六斤	10件	9.17%	515～640克	1295～1335年
3	二十斤	1件	0.92%	无实测重量	1309年
4	二十三斤	1件	0.92%	725克	1321年
5	二十五斤	41件	37.61%	450～800克	1284～1364年
6	二十六斤	1件	0.92%	410克	1350年
7	三十五斤	34件	31.19%	545～970克	1284～1353年

续表

类别	最大称重数	数量	百分比	实测重量范围	年代分布
8	四十五斤	2件	1.83%	809～855克	1287～1344年
9	五十五斤	8件	7.34%	800～1275克	1293～1344年
10	不可辨识	3件	2.75%		
总计		109件	100%		

二　元代称重铭文铜权的特征

元代的称重铭文铜权，除上述"类别多样"以外，还具有数量较少、地域分布集中、年代分布集、同一类称重铭文铜权的实测重量差别较大等几个特征。

（一）数量较少

《附表》672件铜权中，能辨识出铸刻称重铭文的铜权有109件，仅占总数的16.22%左右。

（二）年代分布集中

从纪年铭文看，109件铜权中，除3件无纪年铭文和3件纪年模糊以外，余下103件铜权集中分布于至元时期（11件）、元贞时期（9件）、大德时期（34件）和至正时期（26件），其他时期相对较少。从年均数量来看，元贞时期（3件）和大德时期（3.09件）最多，年均数量皆在3件以上；其他时期相对较少，年均数量均不超过2件（表5-14）。

表5-14　元代称重铭文铜权的年代分布（单位：件）

年号 ＼ 类别	至元	元贞	大德	至大	皇庆	延祐	至治	泰定	致和	天顺	天历	至顺	元统	至元	至正	不详	总计
一十五斤			2	2											3	1	8
一十六斤		2	4			1		1					1			1	10
二十斤				1													1
二十三斤						1											1
二十五斤	5	2	11	1		2	1	1			1		2	1	13	1	41
二十六斤															1		1
三十五斤	3	5	12			2	1					2	1		5	3	34

年号 类别	至元	元贞	大德	至大	皇庆	延祐	至治	泰定	致和	天顺	天历	至顺	元统	至元	至正	不详	总计
四十五斤	1														1		2
五十五斤	2		4										1		1		8
不可辨识			1												2		3
总计	11	9	34	4	0	5	3	2	0	0	1	0	6	2	26	6	109
年均	0.35	3	3.09	1	0	0.71	1	0.4	0	0	0.33	0	2	0.33	0.93		

（三）地域分布集中

从纪地铭文来看，109件铜权中，除6件（标本307、标本428等）因无纪地铭文或纪地铭文漫漶而无法确定制作地外，余下103件的纪地铭文明确，地域分布状况如下（表5-15）：

1. 腹里地区，90件。大都路77件，包括大都路66件、"都府"2件，"市令司"2件，"大都路市令司"5件，"南京"1件；上都路12件，包括"上都路都总管府"2件、"留守司"3件、"上都留守司"4件、"顺宁

表5-15　元代称重铭文铜权的地域分布

行省或地区名	路名及铜权数	路属府州名及铜权数	县名及铜权数	其他机构名及铜权数	数量总计		
腹里地区	大都路/66件 都府/3件			市令司/2件；大都路市令司/5件；南京/1件	77件	92件	103件
	上都路/2件	顺宁府/1件		留守司/3件；上都留守司/4件；云需总管府/2件	12件		
	永平路/1件				1件		
	保定路/1件		曲阳县/1件		2件		
辽阳行省	（辽阳路）	懿州/2件			2件	9件	
	懿州路/3件				3件		
	大宁路/4件				4件		
江浙行省	湖州路/2件				2件	2件	

府"1件和"云需总管府"2件；永平路1件，保定路1件。

2.辽阳行省，9件。其中，大宁路4件，懿州路3件，辽阳路的懿州2件。

3.江浙行省，2件，均为湖州路。

不难看出，元代称重铭文铜权在地域分布上是较为集中的，仅见于腹里地区、辽阳行省和江浙行省。其中，腹里地区数量最多，共92件，约占总数（109件）的84.40%；辽阳行省次之，共9件，约占总数的8.26%；江浙行省最少，仅2件，约占总数的1.83%。

（四）同一类称重铭文铜权的实测重量差别较大

从实测重量来看，同一类称重铭文铜权的实测重量差别较大。如称重铭文为"五十五斤"的铜权，共8件，实测重量范围为800~1275克，最小值与最大值竟然相差了475克。

元代使用"不合法式"权衡的现象比较常见。《元典章》中载："各路行铺之家行用度尺升斗等秤俱不如法。"又载："本路（吉安路）河岸市井行铺之家，多有私造斛斗秤尺，俱不依法。"[1] 在这种情况下，加强权衡的管理尤为必要，在铜权上铸刻"称重铭文"便是其中的一项重要举措。通过对铜权"称重铭文"与杆秤最大称重数的对勘，可以防止"不合法式"权衡的制作、使用和流通，从而达到防伪杜奸之目的。但是，元代称重铭文铜权数量较少、年代分布集中以及地域分布集中等特点，说明在铜权上铸刻称重铭文并不是普遍的、常态化的做法，这显然不利于元代权衡的规范和统一。

三 "以斤论重"的流行

宋金时期比较流行"以秤论重"。对此，郭正忠已进行了详细考证，观点主要有二：一是宋金时期的柴炭、田产禾稻、橘、栀、草、秸秆、食盐等皆有以秤论重之例；二是论重之秤，宋初以"十五斤秤"为"一秤"，景祐元年（1034年）前后又以"十六斤秤"为"一秤"，金朝与两宋有所不同，自始至终以"一十五斤秤"为"一秤"[2]。

与宋金时期稍有不同，元代的各类物品大多"以斤论重"。《元代画

---

[1] 陈高华等点校：《元典章》卷五十七《刑部卷之十九》，中华书局等，2011年，第1940、1941页。

[2] 郭正忠著：《三至十四世纪中国的权衡度量》，中国社会科学出版社，1993年，第95~100页。

塑记》记录了元代梵像提举司所属匠师从事雕塑、绘画工作的内容及所需材料的名目、数量等信息。在记述所需材料时，多"以斤论重"，而不"以秤论重"。如在叙述普庆寺制作"幡竿"所用材料时说："赤金二百三十七两、水银八十二斤、输石二万五千六百七十二斤、赤铜七十八斤、坠铜十六斤、定铁一百斤、白铁一百六十斤、黄腊八十斤、沥青四百八斤、蛤粉四百斤、矾一百二十斤、铁线十斤、柴三千、木炭八万七千三百斤、水和炭二万八千六百三十五斤、简铁八千六百九十五斤、石材五十八。"[①]

宋金时期官定的秤类较为单一，"以秤论重"较为方便。逮至元代，官定的秤类具有多样性的特点，若仍"以秤论重"，则极为不便，故而导致了"以秤论重"的式微和"以斤论重"的盛行。

第三节 元代杆秤的类别

目前所见的元代铜权，均为杆秤所配用的秤砣。分类方法不同，元代杆秤的类别也不相同。依据最大称重数的不同，可将元代杆秤分为微型杆秤、小型杆秤、中型杆秤和大型杆秤四类；依据提起秤纽方式的不同，可将元代杆秤分为手提式杆秤、肩扛式杆秤和悬挂式杆秤三类；依据提系物品方式和方法的不同，可将元代杆秤分为钩秤和盘秤两类；依据使用主体的不同，可将元代杆秤分为官秤和民秤两类。

一 微型铜权 小型杆秤 中型杆秤和大型杆秤

依据有无实测重量和实测重量具体情况的不同，可将《附表》672件铜权分为两大类：一是有实测重量的铜权，共456件；二是无实测重量的铜权，共216件（表5-15）。

按照测量标准的不同，可将"有实测重量的铜权"再分为两类：一是实测重量为"今制"的铜权，共448件；二是实测重量为"清制"的铜权，共8件，即标本3、标本256、标本293、标本337、标本396、标本426、标本465和标本580。

所谓"今制"，是指用当前通行的称重工具对铜权进行测重，称量的结果通常以"×斤×两"或"×克"表示。《附表》中统一将这类测量

---

① ［元］佚名著：《元代画塑记》，人民美术出版社，1964年，第36页。

结果折算为"克",以方便相关问题的讨论。所谓"清制",是指清人用当时的称重工具对铜权进行测重,称量的结果通常以"×两"或"×两×钱"或"×两×钱×分"表示。由于清代的权衡标准比较混乱,《附表》中为"清制"的实测重量不再折算成今制。在讨论元代的杆秤类别时,暂将这些铜权数据排除在外。

依据具体情况的不同,可将实测重量为"今制"的铜权细分为如下四小类:

(一)保存完整的铜权,共309件;

(二)残缺不全的铜权,共30件;

(三)保存状况不详的铜权,共108件;

(四)实测重量可能有误的铜权,1件,即标本73。该权为浙江舟山市博物馆藏品,圆体,腹有铭文"至元二十三年",高8.3厘米,底径为4.5厘米,重58.5克(?)[①]。从高度和底径来看,该权的实测重量"58.5克"很可能是"585克"之误。

上述第一类309件铜权,保存完整,实测重量明确,是探讨元代杆秤类别的基本材料。

表5-16 元代铜权"实测重量"分类一览表

类别	有实测重量的铜权					无实测重量的铜权	总计
	实测重量为今制的铜权				实测重量为清制的铜权		
数量	448件				8件	216件	672件
	保存完整	残缺不全	保存状况不详	实测测量可能有误			
	309件	30件	108件	1件			
	456件						

由于铜权自身重量与最大称重之间存在着相对稳定的比例关系,从铜权的实测重量可以推知铜权的最大称重数。依据铜权最大称重数的差异,则可以区分出不同的秤类来。

若已知铜权的实测重量,并依据现代杆秤之铜权重量与最大称重数的比率关系(5%),则可大致推定该铜权所配杆秤的最大称重数。计算

---

① 岱山县志编纂委员会编:《岱山县志(1989~2000)》,浙江人民出版社,1994年,第610页。

公式如下：

实测重量（克）÷616克（元代斤重）÷5%=最大称重数（斤）[①]。

这里需要说明的是，由于元代铜权的自铭重量与最大称重数的比率关系并不一定是5%，这种方法推算出的结果是粗略的，但与元代杆秤的实际情况应当比较接近。

从文献记载和表5-16所反映出的最大称重数来看，元代杆秤可大致分为微型杆秤、小型杆秤、中型杆秤和大型杆秤四类。

表5-17　元代铜权实测重量一览表

序号	实测重量范围	数量	折合元代斤重	最大称重数	杆秤类别/数量
1	0～30克	0	0～0.05斤	0～0.97斤	微型杆秤/0件
2	31～100克	1件	0.05～0.16斤	1.01～3.2斤	小型杆秤/28件
3	101～200克	10件	0.16～0.32斤	3.2～6.4斤	
4	201～300克	17件	0.33～0.49斤	6.6～9.8斤	
5	301～400克	33件	0.49～0.65斤	9.8～13.2斤	中型杆秤/277件
6	401～500克	46件	0.65～0.81斤	13.0～16.2斤	
7	501～600克	37件	0.81～0.97斤	16.2～19.4斤	
8	601～700克	41件	0.98～1.14斤	19.6～22.8斤	
9	701～800克	45件	1.14～1.30斤	22.8～26.0斤	
10	801～900克	38件	1.30～1.46斤	26.0～29.2斤	
11	901～1000克	22件	1.46～1.62斤	29.2～32.4斤	
12	1001～2240克	15件	1.63～3.64斤	32.5～72.8斤	
13	3578～20000克	4件	5.81～32.47斤	116.17～649.4斤	大型杆秤/4件
总计		309件			

（一）微型杆秤

微型杆秤，是指最大称重为1斤以下的杆秤，主要指戥秤。北宋早期，刘承珪创制了戥秤。当时的戥秤，主要包括"一钱半秤"和"一两

[①]　元代斤重约为616克，参见本书第八章。现代杆秤之秤砣重量与最大称重的比率为5%，参见国家技术监督局计量司量传处编：《中华人民共和国国家计量检定规程汇编：质量（一）·杆秤检定规程》，中国计量出版社，1990年，第55页。

秤"两类秤型（表5-18）[1]，是中医用于称量药材的主要工具。虽然目前尚未发现元代的戥秤实物，但从其主要用途看，元代存在戥秤是没有什么疑问的。

（二）小型杆秤

小型杆秤，是指最大称重为1～10斤的杆秤，主要包括宋代以来的"一斤秤"和"五斤秤"两类杆秤。此类杆秤主要用于称量金、银、珠宝等分量较小的贵重物品。

如标本173，辽宁省博物馆藏品，六面体，权腹有"大德元年""太原路造"等铭文；实测重量40克[2]。如果加以推算，该权的最大称重数约为1.3斤，当属"一斤秤"的范畴。

又如标本79，河北涿县（今涿州市）出土，六面体，权腹正面铭文为"保定路"和"至元廿三年"，背面铭文为"官造"；重150克[3]。如果加以推算，该权的最大称重数约为4.87斤，当属"五斤秤"的范畴。

表5-18　宋代两类戥秤构件规格一览表

秤型		衡杆长度	衡杆重量	锤重	盘重
一钱半秤	原规格	1.2乐尺	1钱	6分	5分
	折今制	29.43厘米	4克	2.4克	2克
一两秤	原规格	1.4乐尺	1.5钱	6钱	4钱
	折今制	34.335厘米	6克	24克	16克

（三）中型杆秤

中型杆秤，是指最大称重范围为10～100斤的杆秤，主要包括本章第二节中述及的九类杆秤。此类杆秤广泛用于日常市场交易、民间交换、金属冶炼和赋税征收等多个方面。

如标本414，辽宁省博物馆藏品，权腹正面铭文为"延祐三年"和"七二"，背面铭文为"大都路""较同"和"二十五斤"；重750克[4]。如果加以推算，该权所配杆秤的最大称重数约为24.35斤，属于"二十五斤

---

① 郭正忠著：《三至十四世纪中国的权衡度量》，中国社会科学出版社，1993年，67～82页。

② 都惜青：《辽宁省博物馆藏元代纪年铜权考析》，《四川文物》2017年第3期。

③ 郑绍宗：《河北出土金元时期铜权的分析与研究》，《文物春秋》2004年第3期。

④ 都惜青：《辽宁省博物馆藏元代纪年铜权考析》，《四川文物》2017年第3期。

秤"的范畴。

如标本11，河北崇礼县（今张家口市崇礼区）出土，圆体，权腹正面铭文为"至元七年"，背面铭文为"市令司发"，实测重量1015克[①]。如果加以推算，该权所配杆秤的最大称重数为32.95斤，大致属于"三十五斤秤"的范畴。

（四）大型杆秤

大型杆秤，是指最大称重为100斤及以上的杆秤，既包括100斤左右的杆秤，又包括高达600多斤的杆秤。此类杆秤主要用于盐货的交易。

如标本5，《草原金石录》中所辑，六面体，权腹正面铭文为"中统元年"，背面铭文为"以同校秤"；重3578克[②]。如果加以推算，该权所配杆秤的最大称重数约为116.17斤，当属"一百斤秤"的范畴。

如标本436，浙江杭州祖庙巷出土，圆体，权腹铸有"延祐伍年""杭州路""成八十"等铭文；重6300克[③]。如果加以推算，该权所配杆秤的最大称重数约为204.55斤，当属"二百斤秤"的范畴。

如标本50，湖南桃江县洪桥头乡（今水口山乡）出土，圆体，权腹正面阳铸铭文"至元二十年"，背面阳铸铭文"潭州路造"，左侧有一个"皇"字；重10750克[④]。如果加以推算，该权所配杆秤的最大称重数约为349.03斤，当属称量"三百斤"的大秤。

如标本303，浙江杭州中东河丰乐桥出土，圆体，权腹两面均铸"大德九年"和"成三"；重20000克[⑤]。如果加以推算，该权所配杆秤的最大称重数约为649.35斤，当属"六百斤"的大秤。

宋代盐货多以"席"计。"席"是一种包装用具，有大、小制之分。"小席"，每席重116斤左右；"大席"，每席"率重二百二十斤"[⑥]。一次称重一席之重的杆秤可称为"席秤"。

宋代盐货也存在一种袋制。宋代浙盐，每袋重量初为300斤；南宋

---

① 刘朴：《河北承德县发现元代铜权》，《考古》1994年第10期。

② 王大方、张文芳编著：《草原金石录》，文物出版社，2013年，第233页。

③ 姚桂芳：《杭州出土元代大型铜权和鬲式炉》，《中国文物报》1988年4月8日第2版。

④ 张建平：《"至元二十年"铜权及相关的几个问题》，载湖南省博物馆编《湖南省博物馆馆刊（第十辑）》，岳麓书社，2013年，第335~339页。

⑤ 浙江省博物馆编：《浙江省博物馆典藏大系·越地范金》，浙江古籍出版社，2009年，第110~111页。

⑥ ［清］徐松辑、刘琳等校点：《宋会要辑稿·食货三六》，上海古籍出版社，2014年，第6789页。

后期"每百斤加十四斤为袋"[1]，每袋重量增至342斤；不久，又以300斤为一袋。一次称重一袋之重的杆秤可称之为"袋秤"。

元代承袭宋代之制。《元典章·盐课》中载，"行盐地面路府州县"曾经存在一种"盐牙行大秤"[2]。元代盐场所用的"席秤"和"袋秤"，当与宋代相差不大。如标本5所配之杆秤，最大称重数为116斤左右，当是一次称重为一"小席"的"席秤"；标本436所配之杆秤，最大称重数为204斤左右，当是一次称重为一"大席"的"席秤"；标本50所配之杆秤，最大称重数为349斤左右，当是一次称重为一袋的"袋秤"；标本303所配之杆秤，最大称重数为649斤左右，当是一次称重为两袋的"袋秤"。

二 手提式杆秤、肩扛式杆秤和悬挂式杆秤

依据提起杆秤提纽方法的不同，可将元代杆秤分为手提式杆秤、肩扛式杆秤和悬挂式杆秤三类。

（一）手提式杆秤

手提式杆秤，通常用于称量重量较轻的物体，一般由单人操作就能完成称重任务。前述微型杆秤、小型杆秤和中型杆秤皆属于此类杆秤，称重范围大致为0～100斤。

山西洪洞广胜寺水神殿元代壁画中，有一幅《卖鱼图》[3]。图中执秤人正与渔翁进行交易。执秤人右手提秤，左手摆弄秤砣，两眼紧盯秤星。渔翁上着黄衫，下穿白裤，腰带中别一把长柄弯钩，右手提着两条鱼（图5-1）。执秤人所持的杆秤正是手提式杆秤。

图5-1 元代壁画《卖鱼图（局部）》中的杆秤（摹本）[4]

---

① ［清］徐松辑，刘琳等校点：《宋会要辑稿·食货二八》，上海古籍出版社，2014年，第6628页。

② 陈高华等点校：《元典章》卷二十二《户部卷之八》，中华书局等，2011年，第818页。

③ 金维诺主编：《山西洪洞广胜寺水神庙壁画》，河北美术出版社，2001年，第10页。

④ 据沈从文《中国古代服饰研究》图二〇〇改绘。沈从文编著：《中国古代服饰研究》，商务印书馆，2018年，第599页。

（二）肩扛式杆秤

肩扛式杆秤，通常用于称量重量较大的物体，一般由二至三人合作才能完成称重任务。这种杆秤通常为称重100～200斤的大型杆秤，具体操作方法是：两人用肩抬起物体，其中一人看秤；或两人用肩抬起物体，另外一人看秤。

（三）悬挂式杆秤

悬挂式杆秤，是由秤杆、秤砣、秤钩和木架四部分组合而成的大型杆秤。此类杆秤一般用于称量重量较大的物体，如盐袋等，通常需要多人协作才能完成称重任务。

标本50所配杆秤，最大称重数约349斤；标本303所配杆秤，最大称重数约为649斤。这两件秤砣所配的杆秤，就属于悬挂式杆秤。

宋代《政和证类本草·解盐图》中的大型杆秤就属于悬挂式杆秤（图5-2）。此类杆秤的使用方法是：杆秤悬于木架之下；两人将用绳索捆扎好的盐袋挂于秤钩之上；一人在秤尾，右手执秤砣，左手移动秤砣；一人在秤端，右手扶秤杆，观察秤杆是否平齐。

图5-2　宋代《解盐图（局部）》中的杆秤[1]

三　钩秤和盘秤

杆秤构件中，用于提系或盛装物品的配件大致有两类：一是秤钩，一是秤盘。前者用来提系物品，后者用来盛装物品。依据杆秤提起物品之配件的不同，可将元代杆秤分为"钩秤"和"盘秤"两类。

---

① 图片采自邵晓峰著：《中国宋代家具》，东南大学出版社，2019年，第78页，图2-7-14。

（一）钩秤

钩秤可以是中小型杆秤，也可以是大型杆秤。元代钩秤的实物资料尚未见到，图像资料有一幅，即元代《卖鱼图》。图中秤鱼者使用的杆秤正是"钩秤"（图5-1）。宋代《解盐图》中的悬挂式杆秤也属于钩秤的一种（图5-2），元代当与之相差不大。

（二）盘秤

盘秤一般为中小型杆秤。元代盘秤的图像资料尚未见到；实物资料有几例，分别发现于内蒙古呼和浩特市的托克托城遗址和包头市的燕家梁遗址。

内蒙古呼和浩特市托克托城遗址出土了一套元代"盘秤"，有铜权（标本210）和秤盘，秤杆已不存。铜权上铸有汉字、八思巴字、畏吾体蒙古字和波斯字铭文，可辨识出汉字"三十五斤秤""大德三年"和"大都路造"等铭文，八思巴字为汉字"斤半锤"三字。秤盘为圆形，系用熟铜片捶揲而成，直径23厘米，沿内有三个小孔[1]。

内蒙古包头市燕家梁遗址发现了几件元代"盘秤"的配件。其中，该遗址①层下元代窖藏JC8中出土了一套盘秤，有秤杆、铜权和秤盘；②层下元代窖藏JC12中出土了一件秤盘[2]。

四　官秤和民秤

依据使用主体的不同，可将元代杆秤分为官秤和民秤两类。所谓官秤，是官府制定的标准秤，其使用主体通常为各级、各类官府，其用途大致有二：一是用于校验它秤是否符合标准，二是用于赋税征收、盐茶专卖等事务。

《元史·刘正传》中载，大德年间，云南民岁输金银，弊端较多。刘正到任后，"首疏其弊，给官秤，俾土官身诣官输纳，其弊始革"[3]。这里所谓的"官秤"，应是称量金银的小型杆秤。

元代铜权中，也有自铭"官秤"的。如标本615，江西赣州市马扎

---

① 李逸友：《内蒙古托克托城的考古发现》，载文物编辑委员会编《文物资料丛刊（4）》，文物出版社，1981年，第212页。

② 塔垃、张海斌、张红星主编：《包头燕家梁遗址发掘报告》，科学出版社，2010年，第291、298页。

③ ［明］宋濂等撰：《元史》卷一百七十六《刘正传》，中华书局，1976年，第4107～4108页。

巷出土，圆体，权腹正面铸阴文"至元"，背面铸阴文"官秤"，实测重量为200克①。如果从实测重量来推算，该权所配杆秤的最大称重数约为6.49斤，属于称量金银的小型杆秤。

当然，"官秤"并不限于征收金银的小型杆秤，那些用于征收赋税的中型杆秤以及盐茶榷务机构使用的大型杆秤，也应属于"官秤"的范畴。

与"官秤"对应，那些大量通用于市场贸易、民间交换的各类杆秤，属于"民秤"的范畴。

元人诗文中经常见到"私秤"之名。如元人姚守中《牛诉冤》载："尖刀儿割下薄刀儿切，官秤称来私秤上估"②。又如元人杨维桢《盐车重》载："官铊私秤秤不平，秤秤束缚添畸令。"③这里的"私秤"，并不是民间私造的杆秤，而是官府监督制造的杆秤。个中原因大致有四：蒙元政府始终严禁民间私造度量衡，对于违反者则给予严厉的惩罚；从文献内容看，此类杆秤与"官秤"（或"官铊"）对应；从使用主体来看，此类杆秤一般为民众所使用；从适用范围来说，此类杆秤主要用于市场交易和民间交换。因此，这里所谓的"私秤"，严格来说，应是"民秤"。

"官秤"与"民秤"的区别是显而易见的。具体来讲，主要表现在以下四个方面：一是使用主体不同，前者通常为官府所用，后者一般为民众所用。二是用途不同，前者主要用于国家的赋税征收，后者主要用于市场交易和民间交换。三是精确度不同，前者精确度较高，称量结果较为一致；后者精确度不高，称量结果往往参差不齐。四是单位量值不同，前者的单位量值往往高于后者；若对同一物品进行称量，前者称量的结果一般要低于后者，这是封建统治者对被统治者进行经济剥削的一种惯用手法。

总体来看，元代秤类的多样性，不仅满足了不同人群、不同量程、不同物品的需求，而且适应了货币铸造、民间交换、市场交易、赋税征收、对外贸易等不同场合的需要，是我国古代杆秤趋向多元化的具体体现，从而开启了杆秤发展的新阶段。

① 陈之勉：《江西赣州出土元代铜权》，《南方文物》1996年第2期。
② 隋树森编：《全元散曲》（上册），中华书局，1964年，第321页。
③ ［元］杨维桢著，邹志方点校：《杨维桢诗集》，浙江古籍出版社，1994年，第65页。

第六章　元代铜权的编号铭文

元代铜权上除了纪年、纪地、自重、称重等铭文类别以外，还有一类编号铭文。这类铭文不仅是讨论元代编号方式的宝贵资料，而且是探索元代权衡管理措施的重要材料。

在铜权上铸刻编号的做法，最早见于宋金时期，目前共有三例：一是北宋"嘉祐元年铜权"，现藏于中国国家博物馆，上面刻有"黄字号"，属千字文编号[①]；二是金代"天德二年铜权"，现藏于甘肃平凉市博物馆，上面刻有一个"卅"字，属数字编号[②]；三是金代"大定十五年铜权"，藏于北京市文物管理处，上面刻有"典字号"，为千字文编号[③]。

第一节　元代铜权的编号方式

《附表》672件铜权中，能够识别出铸刻编号铭文的铜权有215件，约占总数的31.99%。依据编号铭文具体情况的不同，可将其分为以下四类：

1.编号铭文漫漶不可全识而无法确定属于何类编号方式的铜权，共6件，即标本30、标本45、标本145、标本357、标本549和标本578。

如标本30，辽宁省博物馆藏品，权腹有"至元九年""留守司发"和"□号"等铭文[④]。此处的"□号"为编号，因"号"前的文字不可辨识，故无法确定具体的编号方式。

2.编号铭文的内涵多样而不易确定属于何类编号方式的铜权，1件，即标本231。该权为中国国家博物馆藏品，权腹有"大德四年造"和"辰八"等铭文[⑤]。这里的"辰八"，为铜权编号。由于"辰"既是地支文

---

① 国家计量总局等主编：《中国古代度量衡图集》，文物出版社，1984年，第157页。

② 政协甘肃省平凉市崆峒区委员会编：《崆峒金石》，甘肃人民美术出版社，2014年，第46页。

③ 国家计量总局等主编：《中国古代度量衡图集》，文物出版社，1984年，第160页。

④ 都惜青：《辽宁省博物馆藏元代纪年铜权考析》，《四川文物》2017年第3期。

⑤ 丘光明编著：《中国历代度量衡考》，科学出版社，1992年，第473页，《元代铜权一览表》序号99。

字，又是千字文文字（"辰"为《千字文》第13字），因而不能确定属于何类编号方式。

3.因增刻或改刻致使出现两个编号的铜权，共6件，即标本17、标本175、标本318、标本479、标本494和标本653。其中，有的铜权，两个编号属于同一类编号方式；有的铜权，两个编号则属于不同的编号方式。

如标本175，河北沽源发现，权腹正面铭文为"大德元年十二月日造"，背面铭文为"保定路"和"较勘相同"，侧面铭文为"十六"和"六四"①。此处的"十六"和"六四"皆为编号铭文，均属于纯数字的编号方式。

又如标本318，河北赤城发现，圆体，权腹正面铭文为"大德十一年"和"上一号"，背面铭文为"大都路""较同"和"二十五斤"，侧面铭文为一个"皇"字②。这里的"上一号"和"皇"均是编号铭文。其中，"上一'号'"属于"单个千字文文字＋数字＋'号'"的编号方式，"皇"属于"单个千字文文字"的编号方式。

4.编号方式明确的铜权，共202件。此类是探讨元代铜权编号相关问题的基本材料（为便于讨论，以下简称此类铜权为"编号铜权"）。

依据编号内容构成情况的不同，可将215件铜权的编号方式分为八类，即"单个千字文文字""数字""单个千字文文字＋数字""两个千字文文字""天干文字＋数字""地支文字""地支文字＋数字"和"其他汉字＋数字"。其中，"数字"和"千字文文字＋数字"两类编号方式均可细分为若干个小类（表6-1）。

表6-1 元代铜权编号方式一览表

类别	编号形式		数量	百分比
一	单个千字文文字编号		44件	20.47%
二	数字编号	1.纯数字	60件	64件	29.77%
		2.数字＋"号"	4件		
三	单个千字文文字＋数字编号	1.单个千字文文字＋字＋数字＋号	9件	85件	39.53%
		2.单个千字文文字＋数字＋号	3件		
		3.单个千字文文字＋数字	71件		
		4.单个千字文文字＋字＋数字	2件		

① 郑绍宗：《河北出土金元时期铜权的分析与研究》，《文物春秋》2004年第3期。
② 郑绍宗：《河北出土金元时期铜权的分析与研究》，《文物春秋》2004年第3期。

续表

类别	编号形式		数量	百分比
四	两个千字文文字编号		4件	1.86%
五	天干文字+数字编号		1件	0.47%
六	地支文字编号		1件	0.47%
七	地支文字+数字编号		1件	0.47%
八	其他文字+数字编号		2件	0.93%
九	编号方式不明	1.编号铭文漫漶不可全识	6件	
		2.编号铭文内涵多样	1件	13件　6.05%
		3.增刻或改刻的编号铭文	6件	
总计			215件	100%

一 单个千字文文字编号

此类是以"单个千字文文字"的方式进行编号，共44件，约占编号铜权（215件）的20.47%。

此类编号的完整表述方式为"千字文文字+'字'+'号'"。其中，"字"和"号"两字通常被省略，而只用千字文文字来表述。

如标本278，河南省博物馆（今河南博物院）藏品，圆体，权腹正面铭文为"大德七年"和"至造"，右侧为一个"上"字（图6-1）[①]。"上"，为《千字文》第329字，表明该权编号为"上字号"。

又如标本559，河北平泉县博物馆（今平泉市博物馆）藏品，六面体，权身正面铭文为"至正二年"；背面铭文为"益都路造"，其右侧面铸刻一个"中"字（图6-2）[②]。这里的"中"，为《千字文》第683字，表明该权编号为"中字号"。

此类编号方式涉及的千字文共23个，分别是（以汉语拼音为序）："成"（标本244等）、"大"（标本285）、"地"（标本172）、"工"（标本18等）、"公"（标本358）、"和"（标本165）、"荒"（标本98）、"皇"（标本50）、"火"（标本1）、"甲"（标本419）、"千"（标本168等）、"人"（标本560等）、"日"（标本495）、"上（丄）"（标本93等）、"师"（标本555）、"天"（标本193等）、"西"（标本21）、"下（丅）"（标本24等）、"玄（元）"（标本362等）、"云"（标本16）、"之"（标本72）、"中"（标

---

① 李克文：《江苏赣榆县出土元代铜权》，《考古》1997年第9期。

② 张翠荣：《平泉县博物馆藏元代铜权》，《文物春秋》2007年第5期。

图6-1　标本278铭文拓片　　　图6-2　标本559铭文拓片

本559）、"左"（标本402）等。

二　数字编号

此类是以"数字"的方式进行编号，共64件，约占编号铜权总数（215件）的29.77%。此类编号的完整表述为"数字"＋"号"，其中的"号"字常常被省略，而仅用"数字"来表述。因此，可将此类编号方式细分为两个小类：一是"数字"类，一是"数字＋'号'"类。

（一）数字类

此类是以纯数字的方式进行编号，其后的"号"字被省略，共60件，约占总数（215件）的27.91%。

如标本442，山东莒南县团林镇出土，圆体，权身一侧竖向阴刻汉字两行："十三""延祐六年"；另一侧竖向阴刻汉字"益都路"（图6-3）[①]。此处的"十三"，表明该权编号为"十三号"。

（二）数字＋"号"类

此类是以"数字＋'号'"的方式进行编号，共4件。如标本583，《清仪阁所藏古器物文》中所辑，六面体，权腹正面铭文为"至正六年"和"大都路造"；背面铭文为"三十五斤秤"和"较勘相同"；其他几面为非汉字铭文；权座正面铭文为"三号"（图6-4）[②]。此处的"三号"为铜权编号，属于"数字＋号"的编号方式。

综观元代铜权的数字编号不难发现，大小不同的数字，在表述方式上存在着一定的差别。具体来看，可分为以下三种情况：

1.1～19的数字，通常表述为一、二……十八、十九。其中，11～19

---

① 常玉英：《山东莒南发现元代铜权》，《文物》2002年第12期。

② ［清］张廷济著：《清仪阁所藏古器物文》（下册），浙江人民美术出版社，2020年，第542页。

图6-3 标本434铭文拓片　　图6-4 标本572铭文拓片

中的"十位数"通常表述为"十",而不说"一十"。

2.20～39的数字,表述方式有两种:一种为完整表述;一种为替代表述,即"二十""三十"常用"廿""卅"代替。

如标本608,河北承德县文管所征集,六面体,权腹正面铭文为"至正廿四年"和"重廿五斤",左侧铭文为"三十一";背面铭文为"永平路总管府",其左侧面铭文为"官造"[①]。这里的编号铭文"三十一",就属于"完整表述"。

又如标本431,北京西绦胡同元代居住遗址出土,六面体,权腹正面铭文为"官","官"字左下角有一押记符号,其左侧面铭文为"延祐五年";背面铭文为"中山府"和"较勘相同";其左侧面铭文为"廿五"[②]。这里的编号铭文"廿(廿)五",就属于"替代表述"。

3.40以上的数字,表述方式亦有两种:一种是"完整表述";一种为"省略表述",即通常省略十位数和个位数中间的"十"字。

如标本90,福建连江筱埕镇定海湾出水,圆体,权腹正面铭文为"至元廿三年造",背面铭文为"八十四"[③]。这里的编号铭文"八十四",就属于"完整表述"。

又如标本290,广州博物馆藏品,圆体,权腹正面阴铸蒙文,背面

① 刘朴:《河北承德县发现元代铜权》,《考古》1994年第10期。
② 中国科学院考古研究所等:《北京西绦胡同和后桃园的元代居住遗址》,《考古》1973年第5期。
③ 连江县博物馆编:《连江县文物志》,2006年,第126页;《丝路帆远》编委会编:《丝路帆远——福建与海上丝绸之路》,福建教育出版社,2017年,第150页。

阴铸"大德八年"，左侧阴铸"六一"①。这里的编号铭文"六一"，应是"六十一"的省写，属于"省略表述"。

三　单个千字文文字+数字编号

此类是把千字文文字和数字结合在一起进行编号的方式，发现数量最多，是最常见的编号形式，共85件，约占编号铜权总数（215件）的39.53%。依据文字表述方式的不同，可将此类编号方式再细分为四个小类。

（一）单个千字文文字+"字"+数字+"号"

此类编号的表述方式为"千字文文字+'字'+数字+'号'"，共9件。

如标本338，浙江安吉县博物馆藏品，六面体，权腹正面铭文为"至大元年"，两侧面为八思巴文；背面铭文为"杭州路"，左侧面铭文为"十号"，右侧面铭文为"人字"（图6-5）②。此处的"人字十号"即为该权的编号，属于单个千字文文字+"字"+数字+"号"的编号方式。

又如标本533，辽宁省博物馆藏品，六面体，权腹有"元统三年""懿州成造""二十五斤"和"玄字十号"等铭文（图6-6）③。此处的"玄"通"元"，"玄（元）字十号"即为该权的编号。

（二）单个千字文文字+数字

此类以"单个千字文文字+数字"的形式进行编号，是最常见的编号方式，共71件。

如标本451，山东临沂市博物馆藏品，圆体，权腹正面铭文为"延祐七年"，背面铭文为"较勘□□"，后二字因锈蚀难以辨认，右侧面铭文为"一十"（图6-7）④。"一"，为《千字文》第123字。"一十"为铜权编号，即"一字十号"。

又如标本550，辽宁北票市文管所征集，六面体，权腹正面铭文为"至元陆年""大宁路"，一侧面铭文为"□家造"，一侧面铭文为"天十一"（图6-8）⑤。此处的"天十一"为铜权编号，其完整表述应为"天

①　程存洁:《广州博物馆藏三件元代铜权》,《考古》1995年第10期。

②　安吉县博物馆:《浙江安吉县发现元代铜权》,《文物》1982年第4期。

③　都惜青:《辽宁省博物馆藏元代纪年铜权考析》,《四川文物》2017年第3期。

④　马玺伦:《山东沂水发现元代铜权》,《文物》1986年第4期。

⑤　陈金梅:《北票市文管所收藏的6件元代铜权》,《辽海文物学刊》1997年第2期。

图6-5　标本338　　　图6-6　标本533　　　图6-7　标本451
铭文拓片　　　　　　铭文拓片　　　　　　铭文拓片

字十一号"。

（三）单个千字文文字+"字"+数字

此类以"单个千字文文字+'字'+数字"的形式进行编号，仅2件。

如标本223，《清仪阁所藏古器物文》中辑录，六面体，权腹正面铭文为"大德四年造"，背面铭文为"地字五十九"[①]。此处的"地字五十九"为编号铭文，其完整表述应是"地字五十九号"。

如标本354，《小校经阁金石文字》中所辑，六面体，权腹正面铭文为"至大二年""官造""二十斤"；背面铭文为"保定路曲阳县"，右侧铭文为"地字七"，左侧铭文为"匠人中山张"（图6-9）[②]。此处的"地字七"为编号铭文，其完整表述应是"地字七号"。

图6-8　标本550铭文拓片　　　图6-9　标本354铭文拓片

（四）单个千字文文字+数字+"号"

此类以"单个千字文文字+数字+'号'"的形式进行编号，共3件。

如标本580，《（道光）武康县志》中辑录，权腹有"湖州路""至正

---

① ［清］张廷济著：《清仪阁所藏古器物文》（下册），浙江人民美术出版社，2020年，第528页。

② ［清］刘体智主编：《小校经阁金石文字（引得本）》（四），台湾大通书局，1979年，第2348页。

五年造""二十五斤秤"和"月九十四号"等铭文①。此处的"月九十四号"为编号铭文，其完整表述应是"月字九十四号"。

在上述4类编号方式中，第一种编号方式（单个千字文文字+"字"+数字+"号"）为"完整形态"；其他三种编号形式，或省略"字"或省略"号"或省略"字"和"号"，皆为"简略形态"。

四　两个千字文文字编号

此类用两个千字文文字进行编号，目前仅发现4件，相关信息如下：

标本25，《小校经阁金石文字》中所辑，圆体，权腹正面铭文"至元八年"，背面铭文为"中都路造""大世"②。这里的"大"和"世"分别为《千字文》第150字和第513字。

标本108，《山左金石志》中所辑，形制不详，权腹正面铭文为"至元二十玖年"，其右侧有"上巾"二字；背面铭文为"益都路崞州造"③。这里的"上""巾"分别为《千字文》第329字和第830字。

标本302，江苏无锡锡山区文物管理部门征集，六面体，权腹正面阴刻"大德九年"，其左侧面阴刻"中平"，背面阴刻"益都路崞州造"④。这里的"中""平"分别为《千字文》第683字和第111字。

标本437，浙江安吉县博物馆藏品，形制为上宽下窄的六面体，权腹铸刻"延祐六年"和"成人"等铭文（图6-10）⑤。这里"成""人"分别为《千字文》第27字和第79字。

五　天干文字+数字编号

此类以天干文字+数字的形式进行编号。"天干"文字包括甲、乙、丙、丁、戊、己、庚、辛、壬、癸等十个文字。

此类编号铜权仅1件，即标本489。该权为《两浙金石志》中所辑，权腹正面铭文为"泰定元年"，背面铭文为"壬七"⑥。"壬七"中的

① ［清］疏筤等纂修：《（道光）武康县志》卷十六《艺文志下·金石》，成文出版社有限公司，1982年，第1001页。
② ［清］刘体智主编：《小校经阁金石文字（引得本）》（四），台湾大通书局，1979年，第2342页。
③ ［清］毕沅辑：《山左金石志》，新文丰出版公司影印，1982年，第14383页。
④ 中国人民政协无锡市锡山区委员会编：《锡山名器》，凤凰出版社，2009年，第81页。
⑤ 王卫锋：《安吉县博物馆藏元代铜权及相关问题》，《东方博物》2017年第3期。
⑥ ［清］阮元撰：《两浙金石志》，江苏古籍出版社，1998年，第410页。

"壬",为天干第9字,"七"为数字,说明该权的编号为"壬字七号"。

六 地支文字编号

此类以纯地支文字的形式进行编号,仅1件。"地支"文字包括子、丑、寅、卯、辰、巳、午、未、申、酉、戌、亥等十二个文字。

如标本111,济南市博物馆藏品,六面体,权腹正面铭文为"至元廿玖年",一侧面铭文"午",背面铭文为"总管府造"①。这里的"午"为地支第7字,属于铜权的编号。

七 地支文字+数字编号

此类以"地支文字+数字"的形式进行编号,仅1件,即标本621。该权藏于黑龙江汤原县文化部门,形制为上宽下窄的六面体,权身正面阳铸"至元二年",背面铸有"戌六"二字②。"戌六"中的"戌",为地支第11字;"六"为数字,说明该权的编号为"戌字六号"。

八 其他汉字+数字编号

此类以千字文、天干、地支以外的汉字+数字的形式进行编号,数量较少,共3件,相关信息如下:

标本96,江苏江阴林场出土,圆体,权腹正面铭文为"至元廿五年",其左侧铭文为"付廿四"③。

标本479,《台州金石志》中所辑,权腹正面铭文为"至治二年"和"李明德造",其右侧为"太字",其左侧为"四二号";背面铭文为"台州路总府""提调官"和"较同",其右侧为一个"月"字,其左侧有两字不可辨识④。

标本573,天津市文物管理部门征集,六面体,权腹正面錾刻"保定路"和"较勘相同"等铭文,其右侧面錾刻"山三";背面錾刻"至正四年"和"官造"等铭文(图6-10)⑤。

---

① 李晓峰:《济南市博物馆藏元代铜权介绍》,《文物春秋》1999年第2期。

② 汤原县地方志编纂委员会编:《汤原县志》,黑龙江人民出版社,1992年,第779页。

③ 林嘉华:《江阴发现元初铜权》,《考古》1986年第9期。

④ 王舟瑶撰:《台州金石志》,新文丰出版公司,1986年,第280~282页。

⑤ 刘幼铮:《介绍天津发现的一批古代铜、铁权》,载文物编辑委员会编《文物资料丛刊(8)》,文物出版社,1983年,第113~116页。

图6-10　标本573铭文图片　　图6-11　标本562铭文拓片

上述3件铜权铭文中的"付廿四""太字四二号""山三"等，应是铜权编号。但是，"付""山""太"等字既非千字文文字，亦非天干或地支文字。因此，元代铜权当存在着另外的编号形式。对于这种尚不明确的编号方式，我们暂将其表述为"其他汉字＋数字"。

总体来看，在上述八类编号方式中，第四类（单个千字文文字＋数字）最为常见，其次为第一类（单个千字文文字）和第二类（数字），第三类（两个千字文文字）和第八类（其他汉字＋数字）较为少见，第五类（天干文字＋数字）、第六类（地支文字）和第七类（地支文字＋数字）则为偶见。

第二节　元代铜权编号的相关问题

元代铜权的编号方式，有的是沿袭前代而来，有的则是元人的独创。在"千字文文字＋数字"的编号方式中，"千字文文字"应是"区域代码"，"数字"应是"制颁铜权的顺序号"。蒙元政府对铜权进行编号的目的是加强权衡的管理，防止私造权衡的制作和流通。

一　元代铜权编号方式的来源

从现有资料看，"数字""天干文字＋数字""地支文字""地支文字＋数字"等四类编号方式由来已久。

湖南长沙岳麓书院所藏的秦代简牍上有"数字""天干"和"天干＋数字"三种编号方式[①]。陕西西安出土的秦代兵器上既有"数字""天干"和"地支"等编号方式，又有天干、地支、数字三者相结合的编号方式

---

① 陈松长：《岳麓秦简中的令文模式初论》，《上海师范大学学报（哲学社会科学版）》2017年第6期。

（如"子壬五""子乙六"等）①。其中，"天干＋地支＋数字"编号，相对于"天干＋数字"和"地支＋数字"两种编号而言，是一种更加复杂的编号方式，表明后两种编号出现的时间应当更早。

《千字文》为南朝周兴嗣所创。这篇旷世奇文通篇用韵、辞藻华丽、气势磅礴；文以四字一句，共二百五十句，总计千字；因为"字无重复，且众人习熟，易于检觅"（现代版《千字文》中有个别重复字，乃汉字简化所致），所以"科场号舍、文卷及民间质库计簿，皆以其字编次为识"②。

唐代高僧智升首创"千字文文字"的编号方式。他在《开元释教录略出》一书中，不仅标明了佛典之部类、译人、纸数，而且注有千字文次序③。此后，以"千字文"为要素的编号方式便流传开来，并在宋金元时期达到了高峰，凡文书、档案、书画、纸币、官印、铜权等皆有以"千字文"进行编号的实例。

从现有资料看，"千字文文字＋数字"的编号方式最早见于宋金时期。在北宋晚期，宣和内府所藏的书画就已经开始使用这种编号方式了④。金代晚期的官印，也有用这种方式进行编号的。如黑龙江阿城县出土的一方"勾当公事印"，上有"至宁元年（1213年）""龙字号二"等款识⑤。入元之后，这种编号方式就较为常见了。

"两个千字文文字"的编号方式，可追溯至南宋时期。《宋会要·选举志》中载，科考试卷的封弥撰号，通常用三个字组成一个字号，"字号皆用千字文"⑥。如绍兴二十七年（1157年）三月殿试，宋高宗赵构将"任贤辉"字号的试卷定为第一⑦。这里的"任贤辉"，即是状元王十朋殿

---

① 王学理著：《秦俑专题研究》，三秦出版社，1994年，第402页。

② ［清］陆以湉撰：《冷庐杂识》，中华书局，1994年，第387页。

③ ［唐］智升撰：《开元释教录略出》，新文丰出版公司，1987年。对于《开元释教录略出》的作者，目前尚存争议。学界一般认为是唐代高僧智升；方广锠持反对意见，认为另有他人（参见方广锠著：《中国写本大藏经研究》，上海古籍出版社，2006年，第403～416页）。本书暂从前说。

④ 李万康：《中国古代书画编号考》，《荣宝斋》2012年第9期。

⑤ 黑龙江省文物考古工作队编：《黑龙江古代官印集》，黑龙江人民出版社，1981年，第78页。

⑥ ［清］徐松辑，刘琳等校点：《宋会要辑稿·选举五》，上海古籍出版社，2014年，第5352页。

⑦ ［清］徐松辑，刘琳等校点：《宋会要辑稿·选举八》，上海古籍出版社，2014年，第5413页。

试卷的字号。其中，"任"为《千字文》第927字；"贤"为《千字文》第204字；"辉"同"晖"，为《千字文》第850字。

二　千字文+数字编号的含义

"千字文文字+数字"的编号方式，是元代铜权编号中最主要的编号方式。对于其含义，学界曾有讨论。

刘弘、晏德宗两位学者认为，"千字文文字"为铸造批次编号，"数字"为铸造数量编号[①]。

郑绍宗认为，"千字文文字"可能表明历年铸造铜权的次数和编号，像甲、乙、丙、丁一样，按字排比；"数字"为铸发铜权的顺序号，即权一、权二、权三……[②]。

王燕玲对上述认识表示赞同。她认为，"千字文文字"为铸造批次的编号，"数字"为铸造数量的编号[③]。

不难看出，诸家观点基本上是一致的。但是，从铜权资料所反映出的情况来看，上述认识尚有进一步讨论的必要。这里以"杭州路总管府"制作的7件铜权为例进行讨论（表6-2）。

1.标本338，浙江安吉县博物馆藏品，六面体，权腹正面铭文为"至大元年"，两侧面有蒙文；背面铭文为"杭州路"，左侧面有"十号"，右侧面有"人字"[④]。这里的"人字十号"，为铜权编号。

2.标本415，《清仪阁所藏古器物文》中辑录，六面体，权腹正面铭文为"延祐三年"和"日六"，背面铭文为"杭州路"[⑤]。这里的"日六"，为铜权编号。

3.标本427，《清仪阁所藏古器物文》中辑录，六面体，权腹正面铭文为"延祐四年"；背面铭文为"杭州路"，其右侧面为一"尺"字，右侧面为一"六"字[⑥]。这里的"尺六"，为铜权编号。

---

① 刘弘、晏德宗：《元代铜权小议》，《故宫文物月刊》第10卷第11期（总第119期），1993年。

② 郑绍宗：《河北出土金元时期铜权的分析与研究》，《文物春秋》2004年第3期。

③ 王燕玲：《北京市文物研究所藏元代铜权》，《北京文博文丛》2006年第4期。

④ 安吉县博物馆：《浙江安吉县发现元代铜权》，《文物》1982年第4期。

⑤ ［清］张廷济著：《清仪阁所藏古器物文》（下册），浙江人民美术出版社，2020年，第535页。

⑥ ［清］张廷济著：《清仪阁所藏古器物文》（下册），浙江人民美术出版社，2020年，第536～537页。

4.标本430，《小校经阁金石文字》中所辑，形制不详，权腹正面铭文为"延祐肆年"；背面铭文为"杭州路"，左侧一个"人"字，右侧"三十九"[1]。这里的"人三十九"，为铜权编号。

5.标本436，浙江杭州祖庙巷出土，圆体，权腹铸有"延祐伍年""杭州路""成八十"等铭文[2]。这里的"成八十"，为铜权编号。

6.标本440，《清仪阁所藏古器物文》中辑录，六面体，权腹正面铭文为"延祐六年"，其右侧面铭文为一个"人"字，左侧面铭文为一个"一"字；背面铭文为"杭州路"[3]。这里的"人一"，为铜权编号。

7.标本498，浙江余杭舟枕出土，六面体，权腹正面铭文为"泰定三年"；背面铭文为"杭州路"，其左侧铭文为"成"，其右侧面铭文为"十"[4]。这里的"成十"，为铜权编号。

按照刘弘、晏德宗等人的说法，铜权编号中千字文文字的先后顺序应与铜权制颁时间的先后顺序相对应，编号中的数字也应依铜权制颁时间的先后顺序而递增。但是，实际情况并非如此。为便于讨论，我们将上述7件杭州路所制颁的铜权揆之表6-2。从该表可以看出，元代杭州路的编号铜权具有以下两个特征：

表6-2　元代杭州路编号铜权一览表

序号	标本号	形制	公元纪年	纪年铭文	纪地铭文	编号铭文	备注
1	338	Bb	1308年	至大元年	杭州路	人字十号	人，《千字文》第79字
2	415	Bb	1316年	延祐三年	杭州路	日六	日，《千字文》第9字
3	427	Ba	1317年	延祐四年	杭州路	尺六	尺，《千字文》第233字
4	430	不详	1317年	延祐四年	杭州路	人三十九	
5	436	A	1318年	延祐五年	杭州路	成八十	成，《千字文》第27字
6	440	Bb	1319年	延祐六年	杭州路	人一	
7	498	Bb	1326年	泰定三年	杭州路	成十	

[1] ［清］刘体智主编：《小校经阁金石文字（引得本）》（四），台湾大通书局，1979年，第2351页。

[2] 姚桂芳：《杭州出土元代大型铜权和鬲式炉》，《中国文物报》1988年4月8日第2版。

[3] ［清］张廷济著：《清仪阁所藏古器物文》（下册），浙江人民美术出版社，2020年，第538页。

[4] 陆文宝编：《南湖文物》，西泠印社，2009年，第230页。

1.千字文文字的顺序与铜权制颁的早晚并不对应

表6-2中，7件铜权共涉及千字文文字4个。这4字在《千字文》中的顺序依次为："日"，《千字文》第9字；"成"，《千字文》第27字；"人"，《千字文》第79字；"尺"，《千字文》第233字。

上述4字若以铜权铸造时间顺序进行排列，则依次为："人"（标本338，至大元年，1308年）、"日"（标本415，延祐三年，1316年）、"尺"（标本427，延祐四年，1317年）、"成"（标本436，延祐五年，1318年）。这一现象说明"千字文"并不是制作铜权的次数或批次。我们推测，其应是区域代码。

诸路总管府均辖有若干个府、州、县。铜权铭文中的千字文分别代表了不同的府、州、县。似乎只有这样，才能合理解释千字文文字顺序与铜权制颁时间顺序不对应的现象。当然，这还需要更多的资料予以证实。

2.数字的顺序并未随着铜权制颁时间的先后而递增

"人"字编号的铜权共有3件。若以数字编号的大小排序，依次为："人一"（标本440）、"人字十号"（标本338）、"人三十九"（标本430）。若以铜权的制颁时间排序，依次为："人字十号"（至大元年，1308年）、"人三十九"（延祐四年，1317年）、"人一"（延祐六年，1319年）。

上述两件"成"字编号的铜权也存在类似情况。若以数字编号的大小排序，依次为："成十"（标本499）、"成八十"（标本436）。若以铜权的制颁时间排序，则依次为："成八十"（延祐五年，1318年）、"成十"（泰定三年，1326年）。不难看出，数字顺序并未随着铜权制颁时间的先后而递增。这种现象应与铜权损坏或遗失有关。换句话说，很可能是"人一""成十"编号的两件铜权已经遗失或损坏，杭州路总管府又重新制颁了同一编号的铜权（分别为标本440和标本498）以作补充。

总之，编号铭文中的千字文文字不大可能是制颁铜权的批次，而更可能是区域代码。如果这种推测不误的话，那么"千字文文字"+"数字"的编号方式可理解为"区域代码"+"制颁铜权的顺序号"。

三 元代铜权编号的特征

总体来看，元代铜权的编号具有三个较为显著特征：上述"编号方式的多样性"为其一，其二是"比例小"，其三是"随意性"。

（一）比例小

所谓"比例小"，是指元代编号铜权的数量较少。《附表》中元代铜权共672件，编号铜权仅有215件，约占总数的31.99%。这一情况说明，对铜权进行编号并不是普遍做法，不是蒙元全国性的统一举措，而是各级地方政府（主要是路总管府，因其掌控着本路铜权的制颁权和管理权）区域性的自主行为。

（二）随意性

所谓"随意性"，是指制颁机构对铜权进行编号的做法较为随意，并无规律可循。这里以"路"为例，将相关情况归纳如下（表6-3）：

表6-3　元代铜权编号的复杂性

序号	标本号	形制	公元纪年	纪年铭文	纪地铭文	编号铭文
1	37	Ba-上窄下宽的六面体	1276年	至元十三年	济南路	千三
2	98	Ba-上窄下宽的六面体	1288年	至元廿五年	济南路	荒
3	102	A-圆体	1388年	至元廿五年	济南路	十
4	50	A-圆体	1283年	至元二十年	潭州路	皇
5	62	A-圆体	1285年	至元二十二年	潭州路	六
6	66	六面体	1285年	至元二十二年	潭州路	上十
7	79	Ba-上窄下宽的六面体	1284年	至元廿三年	保定路	无编号
8	570	B-六面体	1344年	至正四年	保定路	Ⅱ（廿）八
9	571	Bc-上下等宽的六面体	1344年	至正四年	保定路	千

1.同一路份的铜权，有的编号，有的则不编号。如保定路制颁的3件铜权，标本570和标本571均有编号，标本79则无编号。

2.同一路份的铜权，编号方式可能多样。如济南路制颁的3件铜权，包含了"单个千字文文字+数字"（标本37的编号为"千三"）、"千字文"（标本98的编号为"荒"）、"数字"（标本102的编号为"十"）等3种编号方式。

3.同一路份和年份的铜权，编号方式也可能不同。如62和标本66，均为潭州路总管府于至元二十二年（1285年）制颁，但编号方式不同：前者的编号为"六"，属于"数字"编号；后者的编号为"上十"，属于"千字文文字+数字"编号。

4.同一路份和类型的铜权，编号方式可能有别。如标本50和标本62，均为潭州路制颁，皆是圆体，而编号方式不同：前者的编号为"皇"，属于"单个千字文文字"编号；后者的编号为"六"，属于"数字"编号。

5.同一路份、年份和类型的铜权，编号方式也可能不同。如标本570
和标本571，均为保定路于至正四年（1344年）制颁，皆为六面体，编
号方式却不同：前者的编号为"Ⅱ（廿）八"，属于"数字"编号；后者
的编号为"千"，属于"单个千字文文字"编号。

有元一代，私造权衡的现象较为常见，这在《元典章》中有较多的
记载，如"各路行铺之家行用度尺升斗等秤俱不如法"；又如"本路（吉
安路）河岸市井行铺之家，多有私造斛斗秤尺，俱不依法"①。在这种情
形下，加强权衡的管理势在必行，对铜权进行编号便是其中的一项重要
举措。通过对编号的登记造册以及定期（或不定期）查验可以有效防止
私造权衡的流通和使用，从而达到平抑物价和稳定市场的目的。但是，
编号铜权比例小、编号方式多样性以及编号的随意性，反映出各级地方
政府并没有把编号这项举措真正落到实处，大多流于形式，这不仅延缓
了元代权衡标准的一体化进程，而且在很大程度上改变了蒙元政府对铜
权进行编号的初衷。

---

① 陈高华等点校：《元典章》卷五十七《刑部卷之十九》，中华书局等，2011年，第
1940~1941页。

第七章　元代铜权的其他铭文

元代铜权铭文中，除了纪年、纪地、自重、称重、编号等内容以外，还有铜权的制作者、铜权的制作作坊、铜权的使用者、铜权的检校者、铜权的性质、铜权的质量等相关信息。由于这些信息较为庞杂，我们将其统称为其他铭文。按照表达方式的不同，可将其分为两类：一是文字类铭文；二是押记类铭文，或称符号类铭文。

第一节　文字类铭文

元代铜权其他铭文中，文字类铭文（主要是汉文铭文）包含的内容十分丰富。依据具体内容或内涵的不同，可将其分为十三类，即铜权的制作者、铜权的性质、铜权的制作作坊、铜权的检校标记、铜权的检校者、铜权的所有者或使用者、铜权依照样器仿造、铜权的质量、铜权所配杆秤高度精准、铜权所配杆秤公平公正、铜权所配杆秤的适用范围、铜权所配杆秤的使用主体、铜权的管理者等。

一　铜权的制作者

此类铭文包含了铜权制作者的身份、籍贯、姓名（或姓氏）、技术水平等多个方面的内容和信息。依据具体内容及其组合情况的不同，可将其细分为如下七个小类。

（一）制作者的身份

此类铭文的表述方式为"匠"，表明了铜权制作者的身份。如标本564，河北唐县出土，圆体，权腹正面铭文为"至正三年""较勘相同"，背面铭文为一个"匠"字，侧面铭文为一个"五"字[①]。此处的"匠"字，表明铜权制作者的身份为"匠人"。

---

　①　郑绍宗：《河北出土金元时期铜权的分析与研究》，《文物春秋》2004年第3期。

（二）制作者的身份和姓氏

此类铭文的表述方式为"'工'+姓氏"，表明了铜权制作者的身份和姓氏。如标本496，河南省博物馆（今河南博物院）藏品，权身正面铭文为"泰定二年正月日造"，背面铭文为"河南府路""依尚方户部样"，侧面铭文为"工徐"二字①。"工徐"中的"工"，表明了铜权制作者的身份为"工匠"；"徐"，则是铜权铸造者的姓氏。

（三）制作者的身份和姓名

此类铭文的表述方式为"'匠人'+姓名"，表明了铜权制作者的身份和姓名。如标本263，《清仪阁所藏古器物文》中辑录，权身有"大德七年""较勘相同""匠人李成""真定路"等铭文②。这里的"匠人"，表明了铜权制作者的身份；"李成"，则是铜权制作者的姓名。

（四）制作者的身份、籍贯和姓氏

此类铭文的表述方式为"'匠人'+籍贯+姓氏"，表明了铜权制作者的身份、籍贯和姓氏。如标本354，《清仪阁所藏古器物文》中辑录，六面体，权身有"至大二年""官造""二十斤""保定路曲阳县""地字七""匠人中山张"等铭文③。这里的"匠人"，表明了铜权铸造者的身份；"中山"，当为"中山府"之省简（隶属真定路）④，应是铜权制作者的籍贯；"张"，则是铜权制作者的姓氏。

（五）制作者的姓名

此类铭文的表述方式为"姓名+'造'"，表明了铜权制作者的姓名。如标本465铭文中的"李明道造"、标本479铭文中的"李明德造"、标本663铭文中的"裴一造"和标本667铭文中的"申忠造"等。这些铜权铭文中的"李明道""李明道""裴一"和"申忠"，均是铜权制作者的姓名。

（六）制作者的姓氏

此类铭文仅有姓氏，为铜权制作者的姓氏。如标本352，河北井陉出土，权腹正面铭文为"真定路"，左侧面铭文为"至大二年""较勘相

---

① 刘东亚：《新发现的三件金、元权》，《中原文物》1986年第4期。
② ［清］张廷济著：《清仪阁所藏古器物文》（下册），浙江人民美术出版社，2020年，第529页。
③ ［清］刘体智主编：《小校经阁金文字（引得本）》（四），台湾大通书局，1979年，第2348页。
④ ［明］宋濂等撰：《元史》卷五十八《地理一》，中华书局，1976年，第1357页。

同"，背面的一侧面有凸出之"崔"字①。这里的"崔"为铸铭，与权身一体铸成，应是铜权制作者的姓氏。

（七）制作者的技术水平

此类铭文的表述方式为"金字号称匠"，表明了铜权制作者高超的技术水平。如标本377，河南新密大隗乡（今大隗镇）出土，六面体，权腹正面为"皇庆元年""官造"等铭文，背面为"曹二家""河南府路""金字号称匠"等铭文②。这里的"金字号称匠"，表明铜权制作者具有高超的技术水平。

二　铜权的性质

此类铭文表明了铜权的性质，其表述方式可分为两类：一类是"××路（府、州、县）造"，一类是"官（造）"。其中，前一类铭文中的"造"字常被省略，而为"××路（府、州、县）。

如标本77，河北张家口地区（今张家口市）博物馆藏品，六面体，权身正面铭文为"保定路""至元廿三年"；背面铭文为"官造"，左侧面为一个"工"字③。

又如标本104，湖南津市涔澹农场出土，圆体，权腹正面铭文为"至元二十七年"，背面铭文为"潭州路造"④。

再如标本408，河北围场出土，六面体，权腹正面铭文为"延祐二年""留守司造"，背面铭文为"三十五斤秤""官""火五"⑤。

上述三件铜权铭文中的"官造""潭州路造""官"，皆表明了铜权的官方性质。

三　铜权的制作作坊

元代的商品经济较为发达，对衡器的需求量比较大。在官营衡器作坊不能满足需要的情况下，官府通常会指定一些民间衡器作坊代为制作。

---

① 《井陉县志》编纂委员会编：《井陉县志（1985～2004）》，新华出版社，2006年，第1105页。
② 郑州历史文化丛书编纂委员会编：《郑州市文物志》，河南人民出版社，1999年，第409页。
③ 刘建中：《张家口地区博物馆收藏的元代铜权》，《文物春秋》1993年第3期。
④ 常德市地方志编纂委员会等编：《常德市文物志（1988～2010）》，方志出版社，2014年，第244页。
⑤ 郑绍宗：《河北出土金元时期铜权的分析与研究》，《文物春秋》2004年第3期。

这些官定的民间衡器作坊，为了表示对铜权的质量负责，同时为了宣传自己的产品，往往将自己作坊的名称或徽号标记于衡器之上，以便扩大商品的影响。

从现有的铜权资料看，官府指定的民间衡器作坊主要有五个，即"皇甫作坊""冀家作坊""刘家作坊""曹二家作坊"和"胜字号作坊"。

1.皇甫作坊

如标本519，北京市文物管理部门拣选，权身正面铭文为"上二""天历叁年""皇甫"等铭文，背面铭文为"大都路较同""式拾伍斤"等铭文[1]。这里"皇甫"与"大都路"同铭，说明"皇甫"应是大都路总管府指定的民间衡器作坊[2]。

2.冀家作坊

如标本596，辽宁省博物馆藏品，六面体，权腹有"至正十一年""大宁路造""冀家造""天十六""二十五斤""较勘相同"等铭文[3]。这里的"冀家"与"大名路"同铭，说明"冀家"为大宁路总管府指定的民间衡器作坊。

3.刘家作坊

如标本168，山东邹城出土，圆体，权腹正面铭文为"大德元年"；背面铭文为"刘家造"，其右侧有一个"千"字[4]。

有元一代，严禁私造铜权，对违禁行为的处罚十分严厉。若是私权，私造者通常不会在铜权上自署名号。因此，这里的"刘家"，应为某处官府指定的民间衡器作坊。

4.曹二家作坊

如标本377，河南新密大隗乡（今大隗镇）出土，六面体，权腹正面为"皇庆元年""官造"等铭文，背面为"曹二家""河南府路""金字号称匠"等铭文[5]。这里的"曹二家"与"河南府路"同铭，说明"曹二家"为河南府路总管府指定的民间衡器作坊。

---

① 高桂云、张先得：《记北京发现的元代铜权》，《文物》1987年第11期。

② 刘铮：《"皇甫权"铭文"南京"地望新考》，《北方文物》2018年第4期。

③ 都惜青：《辽宁省博物馆藏元代纪年铜权考析》，《四川文物》2017年第3期。

④ 程明：《山东邹城市出土元代铜权》，《考古》1996年第6期。

⑤ 郑州历史文化丛书编纂委员会编：《郑州市文物志》，河南人民出版社，1999年，第409页。

5.胜字号作坊

如标本198和标本199，均为《小校经阁金石文字》中辑录，形制皆是六面体，铭文内容一致，权腹正面铭文为"大德二年"，背面铭文为一个"胜"字[①]。这里的"胜"字属于阳文，与权身一体铸成，应是某处官府指定的某个衡器作坊的徽号。

从性质来讲，上述铜权仍属于"官造"的范畴。如标本377，"曹二家"与"官造"同铭。这里的"曹二家"，是河南府路指定的衡器作坊，其所制作的铜权仍錾刻"官造"一词，说明了这件铜权的官方性质。

四　铜权的检校标记

此类铜权铭文的表述方式主要有"以同校秤""比较相同""较勘相同""较勘同""同""较勘""较"等几种。

元代度量衡管理制度规定，衡器只有经过官府检校并印烙标记之后，才能流通使用[②]。

如标本5，《草原金石录》中辑录，权腹正面铭文为"中统元年"，背面铭文为"以同校秤"[③]。这里的"校秤"，指的是标准衡器。"以同校秤"，意为"与标准衡器相同"，是官方检定合格后留下的标记。

又如标本451，山东临沂市博物馆藏品，权腹正面铭文为"延祐七年"，背面铭文为"较勘相同"，右侧面铭文为"一十"[④]。这里的"较勘相同"，是铜权与标准器相符合的固定用语，大致意思是"经过校对勘正，与标准器相同，可以流通使用"。

五　铜权的检校者

此类铭文为铜权检校者所留下的标记，表明了检校者的官职或身份。此类铜权仅1件，即标本655，《小校经阁金石文字》中辑录，权腹正面铭文为"汴梁路""达鲁花赤"，背面铭文为"依省成造""较勘相同"[⑤]。

---

① ［清］刘体智主编：《小校经阁金石文字（引得本）》（四），台湾大通书局，1979年，第2346页。

② 陈高华等点校：《元典章》卷五十七《刑部卷之十九》，中华书局等，2011年，第1940~1943页。

③ 王大方、张文芳编著：《草原金石录》，文物出版社，2013年，第233页。

④ 冯沂：《山东临沂市发现五件元代铜权》，《文物》1986年第4期。

⑤ ［清］刘体智主编：《小校经阁金石文字（引得本）》（四），台湾大通书局，1979年，第2340页。

"达鲁花赤"，蒙古语，意为"掌印者"，是蒙元时期的一种官职名称，一般由蒙古人或色目人担任。蒙元各级地方政府，通常设有达鲁花赤一职，掌握地方行政和军事实权，是地方各级政府的最高长官。中央政府的某些部门，也设有达鲁花赤一职。

《元典章》中记载，各路总管府所辖州县、街市、民间所使用的斛斗秤度，要由本路达鲁花赤或庶政长官检校并印烙相关标记之后，才能发放给所属机构和所辖府州县使用①。依据这条规定，各路达鲁花赤或庶政长官是本处度量衡的检校者。因此，标本648铭文中的"达鲁花赤"，应是汴梁路总管府的达鲁花赤所留下的检校标志。

六　铜权的所有者或使用者

此类铭文的表述方式为"姓氏"或"姓名"，应是铜权所有者或使用者留下的标记。

如标本81，发现于河北唐县，六面体，权腹正面铭文为"保定路""至元廿三年"，背面铭文为"官造"，侧面铭文为一个"刘"字②。此处的"刘"，应是铜权所有者或使用者的姓氏。

又如标本74，宁夏固原原州区出土，权腹正面铭文为"官造""至元二十三年"，背面铭文为"开成路"，底座正面铭文为"陈大"③。此处的"陈大"，当是铜权所有者或使用者的姓名。

七　铜权依照样器仿造

《元典章》记载，各路总管府所辖州县、街市、民间使用的斛斗秤度，要按照省部颁降的法定样式制造④。这条文献谈及的就是度量衡的仿造问题。这在铜权铭文中有着明确的体现。

标本16，山东茌平县（今聊城市茌平区）出土，圆体，权身正面铭文为"至元八年""云"，背面铭文为"东平府依奉尚书户部造"⑤。

---

① 陈高华等点校：《元典章》卷五十七《刑部卷之十九》，中华书局等，2011年，第1940～1943页。
② 郑绍宗：《河北出土金元时期铜权的分析与研究》，《文物春秋》2004年第3期。
③ 宁夏文物考古研究所等编：《开城安西王府遗址勘探报告》，科学出版社，2009年，第263页。
④ 陈高华等点校：《元典章》卷五十七《刑部卷之十九》，中华书局等，2011年，第1940～1943页。
⑤ 刘善沂：《山东茌平耶屯出土一批金元器物》，《考古》1986年第8期。

标本438，山东掖县（今莱州市）出土，圆体，权身正面铭文为"延祐六年"，其右侧铭文为"千五"；背面铭文为"较勘相同""依样成造"①。

标本483，河南固始陈集乡（今陈集镇）出土，六面体，权身正面铭文为"至治二年""较勘相同"，其右侧面铭文为一个"平"字；背面阳铸八思巴文，其左侧面铭文为"官□□□"，右侧面铭文为"依样成造"②。

标本496，河南省博物馆（今河南博物院）藏品，圆体，权身正面铭文为"泰定二年正月日造"，背面铭文为"河南府路依尚方户部样"，侧面刻有"工徐"二字③。

标本655，《小校经阁金石文字》中辑录，圆体，权腹正面铭文为"汴梁路""达鲁花赤"，背面铭文为"依省成造""较勘相同"④。

上述五件铜权中的"依样成造""依省成造""依奉尚书户部造"和"依尚方户部样"，均是"依奉尚书省（或中书省）户部样式成造"的省简，是地方各级官府依照尚书省（或中书省）颁降的样式进行仿造而留下的标记。

八 铜权的质量

此类铭文的文字表述为"至造"，表明铜权经过精心打造、质量上乘，仅2例，相关信息如下：

标本278，河南省博物馆（今河南博物院）藏品，圆体，权腹正面为"大德七年""至造"等铭文，侧面铭文为一个"上"字（图7-1）⑤。

标本561，《小校经阁金石文字》中辑录，圆体，权腹正面铭文为"至正二年""至造"，背面铭文为"汴梁路总管府"（图7-2）⑥。

---

① 崔天勇：《山东掖县出土元代铜权》，《考古》1991年第4期。
② 詹汉清编：《固蓼文物考古选集》，2009年，第70页。
③ 杨国庆：《河南省博物馆藏元纪铭铜权》，《中原文物》1987年第1期。
④ ［清］刘体智主编：《小校经阁金石文字（引得本）》（四），台湾大通书局，1979年，第2340页。
⑤ 杨国庆：《河南省博物馆藏元纪铭铜权》，《中原文物》1987年第1期。
⑥ ［清］刘体智主编：《小校经阁金石文字（引得本）》（四），台湾大通书局，1979年，第2356页。

图7-1　标本278铭文拓片　　　　图7-2　标本550铭文拓片

上述2件铜权铭文中的"至造"一词，含义不太明了；但依据相关文献记载，可考其大意。

《新唐书·许敬宗传》载："（许）敬宗营第华僭，至造连楼，使诸妓走马其上，纵酒奏乐自娱。嬖其婢，因以继室，假姓虞。"[①]《鄂国金陀续编》载："夫人夫踏车，于江流上下往来，极为快利。船两边有护车板，不见其车，但见船行如龙，观者以为神异。乃渐增广车数，至造二十至二十三车大船，能载战士二、三百人。"[②]综合这两条文献的内容来看，所谓"至造"，当为"精心制作"之意。

九　铜权所配杆秤高度精准

此类铭文的文字表述有"金字秤""天字平称"等，共2例。相关信息如下：

标本443，山东济南市博物馆藏品，六面体，权腹有"延祐六年""般阳路造"和"金字秤"等铭文，另有一个押记符号，皆阴文[③]。

标本555，河南省博物馆（今河南博物院）藏品，圆体，权腹正面铭文为"至正元年""天字平秤"，背面铭文为"怀庆路""安童"，权座底面上铸有一个"师"字[④]。

上述2件铜权铭文中的"天字平秤"和"金字秤"，表明铜权及其所配杆秤高度精准，值得信赖。

① ［宋］宋祁等撰：《新唐书》卷二百二十三（上）《许敬宗传》，中华书局，1975年，第6338页。

② ［宋］岳珂编，王曾瑜校注：《鄂国金佗粹编续编校注》，中华书局，1989年，第1568页。

③ 李晓峰：《济南市博物馆藏元代铜权介绍》，《文物春秋》1999年第2期。

④ 杨国庆：《河南省博物馆藏元纪铭铜权》，《中原文物》1987年第1期。

十 铜权所配杆秤公平公正

此类铭文的文字表述有"两平""公平"等，共见3例。相关信息如下：

标本256，《光绪黎平府志》中所辑，权身有"大德六年""两平"和"官秤"等铭文[①]。

标本334，陕西安康出土，权腹有"大德年"和"两平"等铭文[②]。

标本456，吉林通化修正博物馆藏品，六面体，权腹正面铭文为"延祐"，右侧面铭文为"匠人"，左侧面铭文为"公平"；背面铭文为"官秤"，右侧面铭文为"张□□"，左侧面铭文不可辨识[③]。

上述3件铜权铭文中的"两平"和"公平"，表明了铜权及所配杆秤的公平公正。

十一 铜权所配杆秤的适用范围

此类铭文的文字表述为"官里公同"，表明了铜权及其所配杆秤的适用范围。这里的"官"和"里"对应，"官"泛指各类、各级政府机构；"里"为元代的一种乡村组织名称，泛指广大乡村。

标本282，山东高唐城关镇胡庄村出土，圆体，权身正面铭文为"大德八年"，背面铭文为"官里公同"[④]。

《元典章》中记载，各路度量衡器的制颁，需要"本路管民达鲁花赤长官较勘相同，印烙讫，发下各处，公私一体行用"[⑤]。所谓"官里公同"，当与"公私一体行用"同义。

十二 铜权所配杆秤的使用主体

此类铭文的表述方式为"官秤"，表明了铜权及所配杆秤的使用主体为各级、各类官府。

---

① ［清］陈瑜纂：《黎平金石志》，新文丰出版公司，1986年，第218页。
② 徐信印主编：《安康文物名胜》，三秦出版社，1992年，第58页。
③ 修来富主编：《修来富度量衡藏品选》，2014年，第41页。
④ 淮生、贺进：《高唐县胡庄村发现铜权》，载陈昆麟、竞放编《文博论集（第一辑）》，山东省出版总社聊城分社，1990年，第410~411页。
⑤ 陈高华等点校：《元典章》卷五十七《刑部卷之十九》，中华书局等，2011年，第1940~1943页。

标本256，《黎平金石志》中辑录，权身有"大德六年""两平""官秤"等铭文[①]。

标本456，吉林通化修正博物馆藏品，六面体，权腹正面铭文为"延祐"，右侧面铭文为"匠人"，左侧面铭文为"公平"；背面铭文为"官秤"，右侧面铭文为"张□□"，左侧面铭文不可辨识，皆阳文[②]。

标本547，西安市文物保护考古所藏品，六面体，权腹阳铸"至元五年造""汴梁省下通行""官秤"等铭文[③]。

标本615，江西赣州马扎巷出土，圆体，权腹正面铭文为"至元"，背面铭文为"官秤"，皆阴文[④]。

上述4件铜权铭文中的"官秤"，为各级、各类官府使用的公平秤，其用途大致有二：一是赋税征收，二是盐茶专卖。

十三 铜权的管理者

此类铭文为"提调官"或"提调正官"，是铜权制作、流通过程中的管理者，共见3例，相关信息如下：

标本218，内蒙古明博草原文化博物馆藏品，六面体，权腹正面铭文为"大德四年造"，背面铭文为"提调官"，皆阳文[⑤]。

标本441，浙江温州市博物馆藏品，六面体，权腹正面阳铸铭文"温州路总管府"，左面阴铸铭文"提调正官"，右面阴铸铭文"较勘"；背面阳铸铭文"延祐六年造"[⑥]。

标本479，《台州金石志》中辑录，权腹正面为"至治二年""李明德造""太字四二号"等铭文，背面为"台州路总府""提调官""较同""月"等铭文[⑦]。

上述3件铜权铭文中的"提调官"和"提调正官"，是铜权制作和流通过程中的管理者。元代官吏分为"正官""首领官"和"吏员"三大系

---

① ［清］陈瑜纂：《黎平金石志》，新文丰出版公司，1986年，第218页。

② 修来富主编：《修来富度量衡藏品选》，2014年，第41页。

③ 西安市文物保护考古所编著：《西安文物精华：青铜器》，世界图书出版公司，2005年，第169页。

④ 陈之勉：《江西赣州出土元代铜权》，《南方文物》1996年第2期。

⑤ 王大方、张文芳编著：《草原金石录》，文物出版社，2013年，第233页。

⑥ 金柏东等编著：《温州名胜古迹》，作家出版社，1998年，第262页。

⑦ 王舟瑶撰：《台州金石志》，新文丰出版公司，1986年，第280～281页。

统。其中，"正官"兼职管领某一事务或某一机构，可称之为"提调官"，也可称之为"提调正官"。首领官或吏员兼职负责某一事务或某一机构，只能称为"提调官"，而不能称为"提调正官"①。

此外，还有个别铜权铭文的含义不详，主要原因有二：一是铭文经久漫漶，已经不能辨识；二是原资料未提供铭文图片或提供的图片不够清晰，无法辨识。此类铜权共有5件，相关信息如下：

标本51，江西瑞昌出土，形制不详，权腹有"至□角天""元十""至元二十年"等铭文②。

标本119，上海博物馆藏品，形制不详，权腹有"至元廿九""铜作"等铭文③。

标本136，安徽省繁昌县博物馆藏品，权腹有"至元十一年（或至元二十一年）""权皿"等铭文④。

标本386，江西省鹰潭市博物馆藏品，圆体，权腹正面铭文为"大德"，背面铭文为"权析"⑤。

标本381，辽宁朝阳出土，六面体，权腹有"大宁路造""皇庆元年""异之""天字七十一号""二十五斤"和"较勘相同"等铭文⑥。

以上5件铜权铭文中的"至□角天""权皿""铜作""权析""异之"等词语含义不明，尚需进一步的考证。

由上所述不难看出，元代铜权"其他铭文"的内容较为庞杂，既涉及铜权制作、检校、流通和使用过程中的制作者、所有者、检校者、管理者之个人信息（如姓名、姓氏、身份、籍贯、官职等），又涉及铜权的性质、铜权的质量、铜权及所配杆秤的公平公正、铜权及所配杆秤的使用主体、铜权及所配杆秤的适用范围等方面的信息，同时涉及元代度量衡的颁降、仿造、检校等管理制度和措施，反映了元代铜权铭文的丰富性、多样性和复杂性等特点。

---

① 潘洁著：《黑水城出土钱粮文书专题研究》，宁夏人民出版社，2013年，第5~7页。

② 刘礼纯：《瑞昌县出土元代铜权》，《南方文物》1983年第2期。

③ 丘光明编著：《中国历代度量衡考》，科学出版社，1992年，第473页，《元代铜权一览表》序号52。

④ 崔炜：《繁昌县出土元代"至元"铜权浅析》，《视界观》2019年第4期。

⑤ 鹰潭市博物馆编：《鹰潭市博物馆文物藏品》，江西美术出版社，2014年，第189页。

⑥ 朝阳博物馆：《辽宁朝阳博物馆收藏的元代窖藏器物》，《文物》2013年第5期。

第二节　押记类铭文

元代铜权其他铭文中，除了文字类铭文以外，亦见一些非文字铭文。这些非文字铭文是元人留下的防伪标记，亦即押记，这里暂称其为押记类铭文或符号类铭文。

一　元代铜权的押记符号

《附表》672件铜权中，能辨识出铸刻押记符号的铜权共19件，约占总数的2.83%。相关信息如下：

1.标本3，《金石屑》中辑录，六面体，权腹六面均有铭文，从右至左依次为："丙申年""真定""河间""宣课""所""天□"和一个押记，皆阴文（图7-3）[1]。其中，押记在"所"字的正下方。

2.标本27，河南省博物馆（今河南博物院）藏品，圆体，权腹正面铭文为"至元八年"，背面铭文为"南京路造"，一侧刻有"扌"形押记，皆阴文（图7-4）[2]。

3.标本83，《小校经阁金石文字》中辑录，圆体，权腹正面铭文为"至元二十三年"，背面铭文为"真定路"，"路"字正下方有一押记（图7-5）[3]。

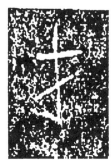

图7-3　标本3押记　　图7-4　标本27押记　　图7-5　标本83押记

① ［清］鲍昌熙摹：《金石屑》，新文丰出版公司，1979年，第4633～4635页；中国嘉德国际拍卖有限公司编：《大观——中国书画珍品之夜·古代》，2015年秋，"清乾隆时期拓本《汉唐虎符鱼符集》"，LOT-1340。

② 杨国庆：《河南省博物馆藏元纪铭铜权》，《中原文物》1987年第1期。

③ ［清］刘体智主编：《小校经阁金石文字（引得本）》（四），台湾大通书局，1979年，第2343页。

4.标本143，《清仪阁所藏古器物文》中辑录，权腹正面铭文为"元贞元年"；背面铭文为"扬州路"和八思巴文，左侧面有一个押记符合，皆阴文（图7-6）[①]。

5.标本166，河北盐山庆云镇出土，圆体，权腹正面铭文为"大德元年"，右侧刻一"刂"形符号，背面铭文为"益都官造"，皆阴文[②]。

6.标本263，《清仪阁所藏古器物文》中辑录，权身有"大德柒年""较勘相同""匠人李成""真定路"等铭文；"路"字正下方有一押记符号（图7-7）[③]。

7.标本346，河南省博物馆（今河南博物院）藏品，圆体，权腹正面铭文为"至大元年"，其右侧刻一个"丕"字形阴文押记（图7-8）[④]。

8.标本387，发现于河北雄县，六面体，权腹正面铭文为"皇庆二年"，背面铭文为"□□路"，"路"字正下方刻一押记，一侧面为一个"三"字，另一侧面铭文为"匠人□□"（图7-9）[⑤]。

9.标本431，北京西绦胡同元代居住遗址出土，六面体，权腹正面铭文为"官"，"官"字下方有两个押记符号，其左侧面铭文为"延祐五年"；背面铭文为"中山府""较勘相同"，其左侧面铭文为"廿（廿）五"（图7-10）[⑥]。

图7-6　标本143押记　　　图7-7　标本263押记　　　

图7-8　标本346押记

①　[清] 张廷济著：《清仪阁所藏古器物文》（下册），浙江人民美术出版社，2020年，第527页。

②　李刚、李超峰：《河北盐山发现元代铜权》，《考古》1992年第1期。

③　[清] 张廷济著：《清仪阁所藏古器物文》（下册），浙江人民美术出版社，2020年，第529页。

④　杨国庆：《河南省博物馆藏元纪铭铜权》，《中原文物》1987年第1期。

⑤　河北省博物馆、文物管理处编：《河北省出土文物选集》，文物出版社，1980年，第233页；郑绍宗：《河北出土金元时期铜权的分析与研究》，《文物春秋》2004年第3期。

⑥　中国科学院考古研究所等：《北京西绦胡同和后桃园的元代居住遗址》，《考古》1973年第5期。

10.标本443，山东省济南市博物馆藏品，六面体，权腹正面铭文为"延祐六年"，其右侧刻一押记符号，背面铭文为"般阳路造"，其右侧刻"金字秤"（图7-11）[①]。

图7-9　标本　　　图7-10　标本431押记　　　图7-11　标本443押记
387押记

11.标本457，吉林通化修正博物馆藏品，六面体，权腹正面铭文为"延祐□年二月□□"，其右侧面铭文为"较勘相同"，其左侧面"匠人□"；背面一个押记，其右侧面铭文为"真定路"，其左侧面铭文为"总管府"，皆阴文（图7-12）[②]。

12.标本485，辽宁省博物馆藏品，圆体，权腹正面铭文为"至治叁年""较勘相同"，背面铭文为"真定路"，"路"字的正下方有一个"云"字形押记（图7-13）[③]。

13.标本494，辽宁省博物馆藏品，六面体，权腹有"泰定二年""大宁路□""较勘相同""二十五斤""冀家造"等铭文；编号初为"天字□号"，后改为"地字卅三号"；背面的两个侧面各有两个阴文押记（图7-14）[④]。

14.标本549，河北围场县文管所征集，六面体，权腹正面铭文为"至元陆年""大宁路造"；背面铭文为"二十五斤""较勘相同"，其左右两侧面各有两个阴刻的押记符号；其余四面亦阴铸有铭文，仅两面可识别："天□□号"和"□家造"（图7-15）[⑤]。

---

①　李晓峰：《济南市博物馆藏元代铜权介绍》，《文物春秋》1999年第2期。

②　修来富主编：《修来富度量衡藏品选》，2014年，第41页。

③　都惜青：《辽宁省博物馆藏元代纪年铜权考析》，《四川文物》2017年第3期。

④　都惜青：《辽宁省博物馆藏元代纪年铜权考析》，《四川文物》2017年第3期。

⑤　彭立平：《河北围场县发现元代铜权》，《考古》1998年第7期。

图7-12　标本　　图7-13　标本　　　图7-14　标本494押记
457押记　　　485押记

15. 标本564，发现于河北唐县，圆体，权腹正面铭文为"至正三年""较勘相同"，两竖行铭文中间的下部有一个押记；背面铭文为一个"匠"字，侧面铭文为一个"五"字[1]。

16. 标本596，辽宁省博物馆藏品，六面体，权腹有"至正十一年""大宁路造""冀家造""天十六""二十五斤"和"较勘相同"等铭文，两侧面各有一个阳文花押（图7-16）[2]。

17. 标本598，辽宁省博物馆藏品，六面体，权腹正面铭文为"至正十二年""□□□□"；背面铭文为"一十五斤""较勘相同"，其左右两侧面各有一个阳文花押（图7-17）[3]。

图7-15　标本549押记　　图7-16　标本596押记　　图7-17　标本598押记

18. 标本636，陕西扶风出土，六面体，权腹有"泰定五年""奉元路官造"等铭文。其中，"泰定五"三字是刮掉了原来年号另刻上去的，在这行字左侧还有一个阳刻的押记符号（图7-18）[4]。

---

① 郑绍宗：《河北出土金元时期铜权的分析与研究》，《文物春秋》2004年第3期。

② 都惜青：《辽宁省博物馆藏元代纪年铜权考析》，《四川文物》2017年第3期。

③ 都惜青：《辽宁省博物馆藏元代纪年铜权考析》，《四川文物》2017年第3期。

④ 左忠诚、罗西章：《陕西渭南、扶风出土元至元九年和泰定五年铜权》，《文物》1977年第2期。

19.标本651，河北承德出土，六面体，权腹正面铭文为"顺宁府官"，其右侧面铸有一个"丝"字形符号；背面铭文为"较勘相同"，其右侧铭文为"十六斤"（图7-19）[①]。

图7-18　标本636押记　　图7-19　标本651押记

二　元代铜权押记符号的类别

押记，又称"花书""花押""署押""押字"，是一种精心设计的私密文字或符号，其用途主要有二：一是取信于人，一是防伪杜奸。

押记肇始于魏晋南北朝时期，发展于隋唐，兴盛于宋元，衰落于明清。其使用群体比较广泛，既有帝王将相，又有文人骚客，亦有黎民百姓。其应用领域也十分广泛，凡政治、经济、军事、文化、社会生活等多个领域，均可看到它的身影。

押记常见于官方文书、民间契约、往来书信、书画作品、货币（包括铜钱、交钞、银锭等）、金银器、符牌、度量衡器、漆器、瓷器等不同类别、不同质地的物品之上。

按照具体用途的不同，可将元代铜权的押记符号分为三类：

1.铜权制颁机构的标记

此类押记是制颁机构特意铸刻的官方标志。目的有二：一是防伪，二是表明符合国家标准、可以流通使用。其特征大致有二：一是多为铸铭，与铜权一体铸成；二是与制颁机构铭文的位置关系较为密切。

标本3，押记位于"真定河间宣课所"的"所"字之下，应是真定

---

①　刘建中：《张家口地区博物馆收藏的元代铜权》，《文物春秋》1993年第3期。

河间宣课所的官方押记。

标本83，押记位于"真定路"之"路"字正下方，应是真定路的官方押记。

标本263，押记位于"真定路"之"路"字正下方，应是真定路的官方押记。

标本387，押记位于"□□路"之"路"字正下方，应是□□路的官方押记。

标本431的两个押记位于"官"字的正下方，应是官方留下的标记。

标本457的押记单独位于铜权的背面，其左右两侧面铭文分别为"真定路"和"总管府"，因此该押记应是真定路的官方标记。

标本485的押记位于"真定路"的"路"字正下方，应是真定路的官方押记。

标本564的押记位于"至正三年"和"较勘相同"两竖行铭文中间，应是某处官府留下的的标记。

标本636，押记为阳文，当与铜权一体铸成，应是奉元路的官方押记。

标本651，"丝"字形押记位于"顺宁府官"的右侧，应是"顺宁府"的官方押记。

2.铜权检校者或检校机构的标记

此类押记为检校者或检校机构留下的标志，目的是表明铜权符合要求、可以流通使用。

如标本143，押记符号位于背面的右侧面，笔画较细，刻划而成，当是扬州路总管府检校者留下的标记。

3.铜权制作者或制作作坊的标记

元代铜权中，有一类属于官督民造，即官方指定民间作坊代为制作的铜权。为了防止假冒，民间作坊的制作者往往会在铜权上刻下押记符号。

如标本494，"冀家"所造，背面的左右两侧面各有两个阴文押记，笔画粗壮，当与铜权一体铸成，应是"冀家"作坊或"冀家"工匠铸刻的标记。

又如标本596，"冀家"所造，背面的左、右两侧面各有一个阳文押记，系与铜权一体铸成，应是"冀家"作坊或"冀家"工匠铸刻的标记。

总体来看，元代铜权铭文中的押记符号，有的属于制颁机构留下的标记，有的是制作者或制作作坊（包括官营手工业作坊和民营手工业作坊）留下的标记，表示本人或本作坊对所制作的衡器负责，具有"物勒工名"的用意；有的则为检校者或检校机构留下的符号，表明对本人或本机构对所检校过的衡器负责。但无论是属于何类押记符号，目的都是为了取信于人、防伪杜奸。

第八章　元代的权衡单位量值

目前所见的元代文献和实物资料显示，大蒙古国时期和大元时期的权衡单位量值是有所差别的。基于这些资料，本章拟对这两个时期的权衡单位量值问题分别进行讨论。

第一节　先行研究及存在问题

元代的权衡单位量值是多少？长期以来，由于文献缺载而实物资料又较为有限，鲜有学者讨论这一问题。

20世纪30年代末，中国近代计量学的奠基人——吴承洛首次对中国古代度量衡及其制度问题进行了一次通盘考察。他在谈及元代度量衡及其制度时说："元代度量衡，籍无纪载，其所用之器，必一仍宋代之旧。而元代度量衡制度，即谓为宋制，自无不可。"[①]面对当时极为有限的文献和实物资料，这显然只是一个权宜之说。

19世纪90年代末，清人吴大澂以十枚轮廓完好的开元通宝钱，推得唐代一两重"湘平"一两四分、合"库平"一两[②]。以此为据，吴承洛推得唐代两重为37.30公分（克）、斤重为596.82公分（克）。基于"五代至明合唐制"的认识，他将元代斤重也厘定为596.82公分（克）[③]。此后，在相当长的一段时间里，吴承洛所推定的元代斤重被奉为圭臬，并被广泛传抄引用。

不可否认的是，吴承洛首开元代权衡单位量值研究的先河，其筚路蓝缕之功自然不可抹杀。但是，他的推论存在着两个明显的缺陷：一是他将唐代衡重"夸张成中国唐以后千余年间历代衡重的标准规格，从而放弃了宋元明历朝历代衡重的具体研究"；二是他"过分相信开元钱币的

---

① 吴承洛著：《中国度量衡史》，上海三联书店，2014年，第242页。
② ［清］吴大澂撰：《权衡度量实验考》，艺文印书馆，1974年，第79页。
③ 吴承洛著：《中国度量衡史》，上海三联书店，2014年，第43、74页。

标准化程度，却忽略了它铸造的复杂情况"①。

事实证明，吴大澂所推算的唐代衡重并不可靠。因此，吴承洛据此推定的元代权衡单位量值也不足为信。

新中国成立以后，陕西西安、铜川等地陆续出土了几批唐代金银器。依据这些材料，李问渠、胡戟、卢建国、刘向群等学者对唐代的权衡单位量值重新进行了考订。

1957年，李问渠在《弥足珍贵的天宝遗物》一文中，通过对西安大明宫遗址出土4件银锭的分析，认为"唐时京城的五十两，折合今市秤六十七两"②。新中国之初，"市秤"每两重约31.25克。如果以今制进行折算，唐代两重约为41.875克，斤重约为670克。

1972年，陕西省博物馆和文管会的学者在《西安南郊何家村发现唐代窖藏文物》一文中，通过对西安何家村出土金银器的研究，推得唐代两重为42.798克，斤重为684.768克③。

1980年，胡戟在《唐代度量衡和亩里制度》一文中，根据西安何家村、铜川陈炉两地出土金银器的数据以及他对开元钱的实测，认为"唐一斤可试定为680克，一两为42.5克"④。

1981年，卢建国在《铜川市陈炉出土唐代银器》一文中，通过对铜川陈炉1980年出土银盘的分析，认为唐代一两重量合今40.5克⑤。如果加以折算的话，唐代一斤重量合今648克。

1981年，刘向群、李国珍在《西安发现唐代税商银铤》一文中，依据西安发现的两件唐代税商银铤，通过实测得知唐代每两重量为42克左右，折合每斤重量约为672克⑥。

不难看出，上述诸家所推定的唐代每两重量为40～43克，折合每斤重量为640～688克。

----

① 郭正忠著：《三至十四世纪中国的权衡度量》，中国社会科学出版社，1993年，第149页。

② 李问渠：《弥足珍贵的天宝遗物——西安市郊发现杨国忠进贡银铤》，《文物参考资料》1957年第4期。

③ 陕西省博物馆革委会写作小组等：《西安南郊何家村发现唐代窖藏文物》，《文物》1972年第1期。

④ 胡戟：《唐代度量衡和亩里制度》，《西北大学学报（哲学社会科学版）》1980年第4期。

⑤ 卢建国：《铜川市陈炉出土唐代银器》，《考古与文物》1981年第1期。

⑥ 刘向群、李国珍：《西安发现唐代税商银铤》，《考古与文物》1981年第1期。

1981年，邱隆在《衡重单位制的演变》一文中认为，唐宋金元时期的衡重，大都为一两40克①。如果据此加以折算，元代斤重约为640克左右。显而易见，邱隆之说是对吴承洛"五代至明合唐制"的继承，仍然忽视了唐宋金元四个时期权衡单位量值的差异性。

这里需要说明的是，唐代有"大秤"和"小秤"之分②。上述诸家所讨论的唐代权衡单位量值均为"大秤"的标准。

20世纪80年代以来，随着元代铜权、银锭（或称"银铤"）等实物资料的不断发现和日益丰富，元代的权衡单位量值问题再次进入了学者们的视野，并一度成为讨论的热点问题。以刘幼铮、丘光明为代表的一批学者开始以元代的实物资料来探讨元代的权衡问题，从而开启了元代权衡单位量值研究的新篇章。

1986年，刘幼铮在《元代衡器衡制略考》一文中，以10件元代铜权（表8–1）和13件"元代银锭"（表8–2）为依据，并以11件"宋代银锭"和2件宋代铜权（铜则）为参考，对元代的斤重进行了一个粗略地估计，认为"640克上下这个数据可能性较大"③。

表8–1　《元代衡器衡制略考》采信的元代铜权

原文序号	纪年铭文	纪地铭文	砣重	最大称重	实测重量	折合斤重	备注
1	元贞元年	大都路	斤半锤	35斤秤	878.44克	585.7克	标本142
2	大德三年	大都路	14两锤	25斤秤	728克	832克	标本209
5	大德七年	大都路	1斤锤	25斤秤	775克	775克	标本322
6	大德七年	大都路	斤半锤	35斤秤	883克	588.7克	标本269

---

① 邱隆：《衡重单位制的演变（下）》，《中国财贸报》1981年9月12日。

② 唐代"大秤"与"小秤"主要有两点不同：一是单位量值不同，大秤一两约为小秤三两；二是适用范围不同，大秤为官私通常日用，小秤则主要用于"合汤药"等特殊场合。这在《唐六典》《通典》等文献中均有明确的记载。《唐六典》中载："凡权衡以秬黍中者百黍之重为铢，二十四铢为两，三两为大两，十六两为斤……调钟律，测晷景，合汤药，及冠冕之制则用之，内外官司悉用大者。"（参见［唐］李林甫等撰，陈仲夫点校：《唐六典》卷三《金部郎中员外郎》，中华书局，1992年，第81页）《通典》中记："调钟律，测晷景，合汤药及冠冕制，用小升、小两，自余公私用大升、大两。"（参见［唐］杜佑撰，王文锦等点校：《通典》卷六《食货六》，中华书局，1988年，第108页）

③ 刘幼铮：《元代衡器衡制略考》，载元史研究会编《元史论丛》（第三辑），中华书局，1986年，第172～180页。

续表

原文序号	纪年铭文	纪地铭文	砣重	最大称重	实测重量	折合斤重	备注
7	大德八年	大都路	2斤秤	55斤秤	1275克	637.5克	标本288
8	不详	不详	1斤锤	25斤秤?	609克	609克	标本641
27	至元二十四年	大都路	斤半锤?	45斤秤	855克	570克	标本94
30	延祐二年	大都路	斤半锤?	35斤秤	892克	594.7克	标本409
31	至元□十□年	大都路	1斤锤?	25斤秤	625克	625克	标本135
32	□□六年	大都路	斤半锤?	35斤秤	850克	566.7克	标本637

表8-2 《元代衡器衡制略考》采信的"元代银锭"

原文序号	出土地点	自铭重量	实测重量	折合斤重
1	江苏句容	至元十四年、伍拾两、平准	1896克	606.72克
2	天津武清	杨琼、伍拾两	2005克	641.6克
3	天津武清	肆拾玖两玖钱、行人石勇	2008克	643.85克
4	天津武清	肆拾玖两□钱、行人□佐	1997克	约645.5克
5	天津武清	秤子刘政、肆拾玖两叁钱	2002克	649.7克
6	天津武清	行人陈珪、肆拾玖两	1970克	643.3克
7	天津武清	平阳路、课税所、伍拾两	1974克	631.68克
8	河北平泉	伍拾两三分	2000克	638.68克
9	河北怀来	肆拾玖两玖分又壹分	2000克	641.02克
10	内蒙古	肆拾玖两陆钱	1973克	636.4克
11	内蒙古	肆拾玖两伍钱	1986克	640.6克
12	内蒙古	伍拾两	1962克	628.8克
13	辽宁朝阳	至元十四年、伍拾肆两	1690.3克	500.9克

1992年，丘光明在《中国历代度量衡考》一书中认为："迄今我们未搜集到元代的砝码，定量秤砣误差又比较大。要推算元代权衡的单位量值，不能不借助于铸（刻）有自重铭文的银铤（银锭）。"在刘幼铮13件"元代银锭"的基础上，她又搜集到5件"元代银锭"（表8-3序号14～18）。以此18件"元代银锭"（表8-3）为据，她推得元代斤重为630克。她又说："根据目前仅有的资料，所推算元代一斤的单位量值不一定

表8-3 《中国历代度量衡考》采信的"元代银锭"

原文序号	出土地点	铭文主要内容	实测重量	折合斤重	备注
1	江苏句容	至元十四年、伍拾两、平准	1899克	606.72克	1956年出土
2	江苏句容	至元十四年、伍拾两	1897克	607克	1957年出土
3	江苏句容	至元十四年、伍拾两	1896克	607克	1957年出土
4	黑龙江阿城	沂州和买、五十两	1958克	627克	
5	天津武清	伍拾两	1974克	632克	
6	天津武清	平阳路、课税所、伍拾两	1944克	622克	
7	天津武清	伍拾两	2005克	642克	
8	天津武清	行人陈珪、肆拾玖两	1970克	631.7克	
9	天津武清	肆拾玖两□钱、行人□佐	1997克	645.5克	
10	天津武清	秤子刘政、肆拾玖两叁钱	2002克	649.7克	
11	河北平泉	伍拾两三分	2000克	638.68克	
12	河北怀来	肆拾玖两玖分又壹分	2000克	641.02克	
13	辽宁朝阳	至元十四年、伍拾肆两	1690.3	500.9克	
14	甘肃庆阳	伍拾两贰钱、行人秤库李元	1957克	624克	
15	河北怀来	肆拾玖两玖分又壹分	2000克	640克	
16	内蒙古	肆拾玖两陆钱	1986克	636.4克	
17	内蒙古	伍拾两	1962克	628.8克	
18	内蒙古	肆拾玖两陆钱	1973克	636.4克	

能准确地反映其实际值,而从传承关系来看,元代沿用的正是前朝(宋金)旧制。"因此,"元代每斤的名义值暂时仍厘定为633克为宜"[1]。

1994年,吴慧在《宋元的度量衡》一文中,通过对5件元代铜权(表8-4)和11件"元代银锭"(表8-5)的分析,认为元代的权衡单位量值"大体上有它的地区性:南方一斤约为六〇〇克,可能是承南宋的市斤而来;北方一斤约为六四〇克,是北宋末情况的延续"[2]。

---

① 丘光明编著:《中国历代度量衡考》,科学出版社,1992年,第470~471页。

② 吴慧:《宋元的度量衡》,《中国社会经济史研究》1994年第1期。

表8-4 《宋元的度量衡》所采信的元代铜权

序号	公元纪年	纪年铭文	铸造机构	砣重	称重	折合斤重	备注
1	1295	元贞元年	大都路造	斤半锤	三十五斤秤	585.6克	标本142
2	1299	大德三年	大都路造	十四两锤	二十五斤秤	832克	标本209
3	1303	大德七年	大都路造	一斤锤	二十五斤秤	775克	标本322
4	1303	大德七年	大都路造	斤半锤	三十五斤秤	588.7克	标本269
5	1304	大德八年	大都路造	二斤锤	三十五斤	637.5克	标本288

表8-5 《宋元的度量衡》采信的"元代银锭"

序号	出土地点	自铭重量	实测重量	折合每斤重量
1	江苏句容出土	伍拾两	1896克	606.72克
2	天津武清出土	伍拾两（二枚）	2005克、1974克	641.8克
3	天津武清出土	的肆拾玖两九钱	2008克	643.85克
4	天津武清出土	肆拾玖两叁钱	2008克	649.7克
5	天津武清出土	肆拾玖两	1970克	643.3克
6	河北平泉出土	伍拾两叁分	2000克	638.68克
7	河北怀来出土	肆拾玖两玖分又一分	2000克	641.02克
8	内蒙古科右中旗出土	肆拾玖两陆钱	1973克	636.4克
9	内蒙古科右中旗出土	肆拾玖两陆钱	1986克	640.6克
10	内蒙古科右中旗出土	伍拾两	1962克	628.8克

2001年，丘光明、邱隆、杨平等计量专家在《中国科学技术史·度量衡卷》一书中，通过对8件元代铜权（表8-6）的分析，得出元代的每斤重量约为608克；通过对5件元代银锭（表8-7）的分析，又推得元代的每斤重量约为611克。两组量值平均，则每斤重量约为609.5克。据此，他们将元代的斤重厘定为610克[①]。

2002年，丘光明在《计量史》一书中，以8件元代铜权和6件元代银锭为据，来推算元代的权衡单位量值。其中，采信的8件铜权，与

---

① 丘光明、邱隆、杨平著：《中国科学技术史·度量衡卷》，科学出版社，2001年，第399～402页。

表8-6 《中国科学技术史·度量衡卷》采信的元代铜权

原表序号	纪年	铸造机构	砝重	称重	实测重量	折合斤重	备注
1	大德十年	大都路	一斤	一十六斤	616克	616克	标本311
2	不详	□□路	一斤	二十五斤	609克	609克	标本641
3	大德七年	大都路	一斤半	三十五斤	883克	589克	标本269
4	元贞元年	大都路	一斤半	三十五斤	878克	585克	标本142
5	大德八年	大都路	一斤半	三十五斤	900克	600克	标本283
6	元贞元年	大都路	一斤半	三十五斤	933克	622克	标本146
7	大德八年	大都路	二斤	五十五斤	1275克	637.5克	标本288
8	大德七年	大都路	一斤	二十五斤	775克	775克	标本322

表8-7 《中国科学技术史·度量衡卷》采信的元代银锭

原文序号	出土地点	标重	实测重量	折合斤重	备注
1	江苏句容	至元十四年、伍拾两、平准	1899克	607.7克	1956年出土
2	江苏句容	至元十四年、伍拾两	1897克	607克	1957年出土
3	江苏句容	至元十四年、伍拾两	1896克	607克	
4	辽宁朝阳	至元十四年、伍拾肆两	1690克	501克	
5	天津武清	平阳路、课税所、伍拾两	1974克	623克	

表8-8 《计量史》采信的元代银锭

序号	出土地点	标重	实测重量	折合斤重	原文序号	备注
1	天津武清	平阳路、课税所、伍拾两	1974克	632克	42	
2	江苏句容	至元十四年、伍拾两、平准	1896克	607克	43	1956年出土
3	江苏句容	至元十四年、伍拾两、平准	1899克	608克	44	
4	江苏句容	至元十四年、伍拾两	1897克	607克	45	1957年出土
5	江苏句容	至元十四年、伍拾两	1896克	607克	46	
6	辽宁朝阳	至元十四年、伍拾肆两	1690克	501克	47	

《中国科学技术史·度量衡卷》中相同（表8-6）；采信的6件银锭中，有5件与《中国科学技术史·度量衡卷》中相同，另外1件为新搜集的（表8-8序号2）。但她这次认为，"元代与宋（金）似不同，但差距并不太

大"。因此，她又将元代的一斤之重再次厘定为640克①。

2013年，蔡明在《元代铜权的初步研究》一文中，通过对18件元代铜权的分析，推得元代斤重约为607.2克②。

不难看出，上述诸家对元代斤重的考订，由于所据资料有别，得出的结论也不尽相同。大致来说，诸家主要有596.82克、640克、633克、610克、607.2克等5种不同的认识（表8-9）。其中，最小值为596.82克，最大值为640克，二者相差了40余克。

不可否认的是，上述诸家对元代权衡单位量值的探讨给人启发较多。但是，上述研究在指导思想、资料使用等方面还存在着诸多的问题和不足。具体表现在以下几个方面：

1.指导思想方面，一些学者仍然没能摆脱"五代至明合唐制"的束缚，仍以静止的观点看待问题，抹杀了唐至宋元时期700余年权衡单位量值的发展演变，否认了唐宋元不同时期权衡单位量值的区别和差异。

表8-9 各家推定的元代权衡单位量值一览表

序号	学者姓名	提出时间	所据实物材料	每斤重量	观点出处
1	吴承洛	1937年	唐代铜钱	596.82克	吴承洛：《中国度量衡史》，上海三联书店，2014年。
2	邱隆	1981年	唐代器物	640克	邱隆：《衡重单位制的演变（下）》，《中国财贸报》1981年9月12日。
3	刘幼铮	1986年	元代铜权、银锭	640克上下	刘幼铮：《元代衡器衡制略考》，《元史论丛》第三辑，中华书局，1986年。
4	丘光明	1992年	元代银锭	633克	丘光明：《中国历代度量衡考》，科学出版社，1992年。
5	吴慧	1994年	元代铜权、银锭	640克	吴慧：《宋元的度量衡》，《中国社会经济史研究》1994年第1期。
6	丘光明	2001年	元代铜权、银锭	610克	丘光明等：《中国科学技术史·度量衡卷》，科学出版社，2001年。
7	丘光明	2002年	元代铜权、银锭	640克	丘光明：《计量史》，河南教育出版社，2002年。
8	蔡明	2013年	元代铜权	607.2克	蔡明：《元代铜权的初步研究》，《考古》2013年第6期。

① 丘光明著：《中国物理学史大系：计量史》，湖南教育出版社，2002年，第488～494页。
② 蔡明：《元代铜权的初步研究》，《考古》2013年第6期。

2.采信的实物资料，年代多不可靠。诸家采信的实物资料大多无确切纪年，常把宋金之物误作为元代之物，常把大蒙古国之物与大元之物混同在一起。如《中国历代度量衡考》中所采信的18件元代银锭中，除5件银锭（原资料《元代银锭折合每斤量值表》中序号1、序号2、序号3、序号13等4件刻有元代纪年铭文，序号6可推定为大蒙古国时期）可确定为元代外，余下的13件银锭均无法推定为元代[①]。

1999年，黄成在《宋、金、元银锭断代和铭文辨析》一文中指出，无纪年银锭的铭文特征是区别宋、金、元三代银锭的重要依据，其行人姓名、称量方式、税制内容、金银铺名、银锭成色及花押符号，无不带着时代信息[②]。从他对宋、金、元三个时期银锭的对比分析来看，《中国历代度量衡考》中所采信的13件无纪年银锭，由于自重铭文大多精确到"钱"，属于金代的可能性较大。

3.采信的实物资料，信息多不可信。如《元代衡器衡制略考》一文中（以下简称为《略考》），相关数据舛误较多。具体情况如下：（1）《略考》文中，将表一序号30、序号31、序号32误写为序号25、序号26、序号27；（2）《略考》文中，将表一序号2的自铭重量"斤半锤"误释为"14两锤"，而且没考虑该铜权的实测重量728克为残重；（3）《略考》文中，将表一序号5的自铭重量（不可辨识）误释为"一斤锤"；（4）《略考》文中，表一序号8的称重铭文无法辨识，所谓"25斤秤"是推定的；（5）《略考》文中，表一序号27、序号30、序号31、序号32均无自重铭文，所谓"斤半锤"或"1斤锤"也是推定的。

鉴于先贤时哲在探讨元代权衡单位量值过程中存在的诸多问题，同时为了确保推定的结果比较准确地反映元代的实际情况，我们认为在探讨这个问题时应注意以下几点：

1.指导思想方面，要彻底摆脱"五代至明合唐制"的思想束缚。对于唐宋元明四个时期的度量衡及其制度问题，既应看到它们的共性和联系，也应看到它们的区别和差异。

2.探讨元代的权衡单位量值问题，应以元代自铭重量的实物资料为基础。因此，采信的实物资料应具备四个基本条件：一是保存完整，二是年代明确（实物资料应有明确的纪年铭文，若无明确纪年，但依据相

---

① 丘光明编著：《中国历代度量衡考》，科学出版社，1992年，第481页。

② 黄成：《宋、金、元银锭断代和铭文辨析》，《浙江大学学报（人文社会科学版）》1999年第2期。

关铭文信息可以推定实物的年代），三是自铭重量明确，四是实测重量明确。这四个条件密不可分、缺一不可，只有全部符合这些条件的实物资料，方可作为推定元代权衡单位量值的根本依据。

3.相关文献资料和实物资料显示，大蒙古国与大元两个时期的权衡单位量值是不同的，因此应将二者分开讨论。这不仅有助于我们深入了解元代不同历史时期权衡单位量值的继承性和差异性，而且有助于我们深入探讨元代权衡单位量值发展演变的趋势和规律。

第二节　大蒙古国时期的权衡单位量值

元代分为大蒙古国（1206～1270年）和大元（1271～1368年）两个前后相继的时期。因此，若要研究元代的权衡单位量值，首先要探讨大蒙古国时期的权衡单位量值问题。

一　大蒙古国时期的权衡单位量值

目前可资探讨大蒙古国时期权衡单位量值的实物资料仅有银锭一类。从公开发表的各类资料中，我们搜集到11件大蒙古国时期的银锭，包括9件"平阳路银锭"、1件"太原路银锭"和1件"东平路银锭"。这些银锭的相关信息如下（表8-10）：

1971年，天津武清县（今武清区）出土了1件大蒙古国时期的银锭，现藏于天津博物馆。该银锭为束腰形，长14.5厘米，宽8.7厘米，重1974克；正面砸印"平阳路""伍拾两""张海"等铭文，并錾刻"课税所"三字；背面阴刻"平阳"两个大字[1]。

1987年，山西省人民银行从回收的杂银中拣选出1件大蒙古国时期的银锭，现藏于中国钱币博物馆。该银锭长15厘米，重1975.5克（实测重量依《山西发现金元时代的银锭》一文所记）；正面顶部横书"太原路"，直书"宣课官""库使副""刘""覃""库子侯□""五十两""匠人□""共盈库□文"等铭文；背面竖行凿刻"太原"两个大字[2]。此处的

---

[1]　纪烈敏、云希正：《武清县出土的金元时代银锭》，《天津文物简讯》第7期，1977年12月。

[2]　王重山、阎鸿禧等：《山西发现金元时代的银锭》，《中国钱币》1988年第3期；山西省钱币学会编：《中国山西历代货币》，山西人民出版社，1989年，第88页；王雪阳：《中国钱币博物馆藏元代太原路银锭》，载中国钱币学会、内蒙古钱币学会编《东北亚地区历史货币与人民币跨境流通学术研讨会专集》，2008年，第29～30页。

"宣课官",应指太原路宣课所的官员。

2003年秋,北京华辰拍卖会拍卖了1件大蒙古国时期的银锭。该银锭长14.7厘米,重1980克;正面有"平阳路""征收课税所""银五十两""流泉库典李和""银匠郭显""库子程原""石坚□""库官王仲禄""张诚"等铭文;背面无文字①。

2004年秋,中国嘉德拍卖会拍卖了1件大蒙古国时期的银锭。该银锭长14.7、首宽9.2、腰宽6、厚2.2厘米,重1980克;正面有"壬子年""平阳路""征收课税所""宣课银""库子""流泉库""宁天□□"等铭文,背面为"平阳"二字铭文②。

2008年春,中国嘉德拍卖会拍卖了1件大蒙古国时期的银锭。该银锭重2000余克;正面有"平阳路""征收课税所""银五十两""流泉库典李和""银匠郭显""库子程原""石坚□""库官王仲禄""张诚"等铭文;背面无铭文③。

2010年秋,上海泓盛拍卖会拍卖了1件大蒙古国时期的银锭。该银锭重2000克;正面有"平阳路""征收课税所""银五十两""流泉库典李和""银匠郭显""库子程原""石坚□""库官王仲禄""张诚"等铭文;背面无铭文④。

2012年秋,上海崇源拍卖会拍卖了1件大蒙古国时期的银锭。该银锭重1984.2克,正面有"平阳路""征收课税所""银伍拾两""流泉库典李和""银匠郭显""库子程原""石坚□""库官王仲禄""张诚"等铭文;背面无铭文⑤。

2014年秋,北京诚轩拍卖会拍卖了1件大蒙古国时期的银锭。该银锭重1992.9克;正面有"平阳路""征收课税所""五十两""济泉库监

① 北京华辰拍卖有限公司编:《华辰二〇〇三年秋季拍卖会:邮品、钱币》,2003年秋,LOT-1349;李晓萍:《元宝收藏与鉴赏》,浙江大学出版社,2006年,第49页。
② 中国嘉德国际拍卖有限公司编:《中国嘉德2004秋季拍卖会:钱币、铜镜》,2004年秋,第157页,LOT-3940;李晓萍著:《元宝收藏与鉴赏》,浙江大学出版社,2006年,第47页。
③ 中国嘉德国际拍卖有限公司编:《中国嘉德2008春季拍卖会:金银锭》,2008年,第12页,LOT-4796。
④ 上海泓盛拍卖有限公司编:《泓盛2010秋季拍卖会:古币、金银锭、机制币》,2010年,LOT-7359。
⑤ 上海崇源艺术品拍卖有限公司编:《上海崇源2012年秋季暨十周年庆大型艺术品拍卖会:方圆乾坤》,2012年,第11页,LOT-1138。

柴""汾府库官壬谦""王仲禄"等铭文；背面无铭文①。

台湾地区收藏家戴学文藏有1件大蒙古国时期的银锭，长14.7厘米。该银锭重1980克；正面有"平阳路""征收课税所""五十两""济泉库监柴""汾府库官壬谦、王仲禄"等铭文；背面无铭文②。

2018年春，北京诚轩拍卖会拍卖了1件大蒙古国时期的银锭。该银锭重1986克，正面刻有"平阳路""银匠郑显""石坚尧""库官王仲禄""张诚""库子程原""征收课税所""银伍拾两""流泉库典李和"等铭文③。

此外，上海博物馆也藏有1件大蒙古国时期的银锭，13.92厘米。该银锭重1960克；正面刻有"东平路""宣课所""伍拾两""秤子张□""匠人刘全""匠人邵全"等铭文；背面无铭文④。

上述银锭均无确切的纪年，但从"征收课税所"的历史沿革可知，其年代可限定在元太宗窝阔台二年（1230年）至元世祖忽必烈至元六年（1269年）之间，均属于大蒙古国时期（详见本书第四章附考二）。

上述银锭中，有1件银锭的实测重量不明确，为2000余克（中国嘉德2008年春季拍卖会）；余下10件银锭均符合四个条件，是我们探讨大蒙古国时期权衡单位量值的基本材料。

依据自铭重量和实测重量，可以推算出10件银锭的斤重分别为（表8-9）：631.68克、633.6克、633.6克、640克、634.94克、637.37克、633.6克、632.16克、627.2克、635.52克。其中，斤重最大值为640克（表8-9序号4），斤重最小值为627.2克（表8-9序号9），二者相差了12.8克。

为了确保推定的斤重符合大蒙古国时期的实际情况，我们分四步进行推算：第一步，剔除1件最大斤重（表8-9序号4）和1件最小斤重（表8-9序号9），目的是避免推算出的斤重平均值出现过高或过低的情况；第二步，计算出余下8件银锭斤重的总和并求得平均值（表8-12）；第三步，计算出8件银锭斤重的误差率；第四步，选择误差率较小的银

① 北京诚轩拍卖有限公司编：《诚轩2014秋季拍卖会：机制币、古钱、银锭》，2014年，第60页，LOT-2349。

② 李晓萍著：《金银流霞：古代金银货币收藏》，浙江大学出版社，2004年，第51页。

③ 北京诚轩拍卖有限公司编：《诚轩二〇一八春季拍卖会：古钱、银锭》，2018年，第29页，LOT-1945。

④ 上海博物馆青铜器研究部编：《上海博物馆藏钱币·元明清钱币》，上海书画出版社，1994年，第688页；周祥：《上海博物馆新获银锭考——兼论宋元时期银锭的断代》，载上海博物馆编《上海博物馆集刊（第九期）》，上海书画出版社，2002年，第140页。

锭并计算出斤重的平均值。

剔除1件斤重最大值和1件最小值，余下8件银锭的斤重总和为5072.83克，斤重平均值为634.10克，折合两重为39.63克。

依据误差率的计算方法，即（实际值－平均值）÷平均值×100%，可以计算出每件银锭的误差率分别为：-0.38%、-0.08%、-0.08%、-0.13%、0.57%、-0.08%、-0.31%、0.22%。

表8-10　本书采信的大蒙古国时期银锭一览表

序号	名称	自铭重量	实测重量	折合斤重	误差	误差率	来源
1	平阳路银锭	五十两	1974克	631.68克	-2.42	-0.38%	天津武清县出土
2	平阳路银锭	五十两	1980克	633.6克	-0.5	-0.08%	北京华辰2003年秋拍
3	平阳路银锭	五十两	1980克	633.6克	-0.5	-0.08%	中国嘉德2004年秋拍
4	平阳路银锭	五十两	2000克	640克	最大值不计算	最大值不计算	上海泓盛2010年秋拍
5	平阳路银锭	五十两	1984.2克	634.94克	0.84	0.13%	上海崇源2012年秋拍
6	平阳路银锭	五十两	1992.9克	637.73克	3.63	0.57%	北京诚轩2014年秋拍
7	平阳路银锭	五十两	1980克	633.6克	-0.5	0.08%	台湾学者戴学文藏
8	太原路银锭	五十两	1975.5克	632.16克	-1.94	0.31%	中国钱币博物馆藏
9	东平路银锭	五十两	1960克	627.2克	最小值不计算	最小值不计算	上海市博物馆藏
10	平阳路银锭	五十两	1986克	635.52克	1.42	0.22%	北京诚轩2018年春拍

不难看出，上述8件银锭的斤重误差率均比较小，均未超过1%，最大值仅为0.57%，因此毋需再做排除，均可视为推定大蒙古国时期权衡单位量值的基本材料。也就是说，上面所推定的斤重平均值634.10克（折合两重为39.63克），可暂定为大蒙古国时期的权衡单位量值。

大蒙古国与宋、金两朝曾经并立共存过一段时间，经济联系比较密切，贸易往来也较为频繁；三者应当有着大致相同的权衡制度，权衡单位量值也应基本相同。因此，大蒙古国时期权衡单位量值的最终厘定可以宋、金两朝的权衡单位量值为参照。

二　宋代权衡单位量值

对于宋代的权衡单位量值问题，吴承洛、丘光明、郭正忠等诸位先贤时哲已进行了讨论。

吴承洛在"五代至明合唐制"的思想指导下，认为宋代的权衡单位量值与唐代等同，即两重37.30公分（克）、斤重596.82公分（克）[1]。

丘光明通过对两宋时期砝码、银锭等实物资料的细致分析，推定宋代一斤重约634克[2]或约640克[3]。

郭正忠从三个方面对宋代的权衡单位量值进行了细致地考订：首先，各地出土宋衡实物的铭重与今秤实测重量显示，当时官府标准秤衡的一两，大致在39克至40克之间；其次，各地出土大量银锭的铭重、原重与今秤实测重量显示，宋代每两的重量在39克至40克左右者，约占银锭统计数据之总数的绝大多数；再次，从宋人对当时权衡与古代权衡进行比较的记录来看，宋衡一两，恰当今40克左右。因此，"宋代标准官秤一斤，大致相当于今天的640克左右；其一两，则约当今40克左右"[4]。

相对而言，郭正忠对宋代权衡单位量值的探讨，因论据更为充分、论证更为合理而被广大学者所信从。

三　金代权衡单位量值

就目前的资料而言，可资探讨金代权衡单位量值的实物资料主要有砝码和银锭两类。从公开发表的资料中，我们搜集到符合条件的金代砝码1件、银锭50件（表8-11）：

1978年，北京市复兴门外出土了1件金代砝码，鼓形，通高5厘米、面径10厘米、腰径11厘米，实测重量为3962.58克；一面刻"大定十五（年）造""典字号"等铭文，并点刻"尚方署"三字；一面刻"壹百两"三字[5]。"大定十五年"为1175年。

1974年，陕西临潼县相桥公社（今西安临潼区相桥镇）北河村附近出土了31件金代银锭。其中，标明自身重量的完整银锭共有26件。依自重铭文统计，共计1297.15两；实测重量为51810克。以此为据，可以推得

---

① 吴承洛著：《中国度量衡史》，上海三联书店，2014年，第74页。

② 丘光明编著：《中国历代度量衡考》，科学出版社，1991年，第462~465页。

③ 丘光明著：《中国物理学史大系·计量史》，湖南教育出版社，2002年，第458~462页。

④ 郭正忠著：《三至十四世纪中国的权衡度量》，中国社会科学出版社，1993年，第164~181页。

⑤ 鲁琪：《北京市发现金代铜则》，《文物》1979年第9期。

金代的两重约为39.94克（斤重约为639.04克）[①]。

1978年，北京市某建筑工地出土了1件金代银锭，束腰形，长15.7、腰宽5.7、两端各宽9.2、厚2厘米，重2014克；上錾刻"邠州、进奉、正隆二年（1157年）、分、金吾卫上将军、静难军节度使、臣完颜宗垣进上、正旦、银壹铤、重伍拾两"等铭文[②]。

1978年，黑龙江阿城县（今哈尔滨市阿城区）出土了1件金代银锭，束腰形，长149厘米，两端宽87厘米，腰宽6厘米，厚2厘米，重1959克；錾有"腰花银锭""使正""大名府张二郎""花行街西""上京王二郎家""使叵""真花银"等铭文[③]。

1978年，河南西峡重阳乡（今重阳镇）奎岭村出土了3件银锭，其中2件的纪年铭文为金代[④]。第一件，通长13.9厘米，两端宽8.2厘米，腰宽5厘米，厚1.8厘米，重1862克；正面有"解盐使司、泰和六年（1206年）三月十四日、引领阎太、客人王正、中纳银肆拾柒两叁钱足、秤子田政、行人□□、盐判李、又一钱、每两二贯文、六任家记"等铭文。第二件，通长14.5厘米，上宽8.6厘米，下宽8.8厘米，腰宽5.3厘米。背面通长13.9厘米，上宽8.2厘米，下宽7.9厘米，腰宽4.9厘米，厚2.2厘米，重1930克；正面有"解盐使司、大安三年（1211年）二月十二日、引领牛淮朝、客人石顺、中纳银、肆拾玖两柒钱、行人陶实城、秤子魏直、文林、盐判张、每两八十陌钱二贯、宇七、又一钱"等铭文。

1987～1988年，山西省人民银行从回收的杂银中拣选出2件金代银锭。第一件银锭，通长14.2、首尾宽9、厚1.9厘米，重1989.8克；上刻"提举解盐司、大定廿一年、银五十两"等铭文。"大定廿一年"，为1181年。第二件银锭，长15、宽8.9、厚1.9厘米，重1988克；上刻"提举解盐司、大定廿三年（1183年）、银四十九两九钱"等铭文[⑤]。

中国钱币博物馆藏有5件金代银锭。第一件银锭，长14.51、束腰宽5.8厘米，重1987.1克；上刻"解盐司、监纳官、明昌二年五月十一日、五十两"等铭文。第二件银锭，长4.32、束腰宽2.0厘米，重40.2克；上

① 赵康民等：《关于陕西临潼出土的金代税银的几个问题》，《文物》1975年第8期。
② 鲁琪：《北京出土金正隆二年银铤》，《文物》1980年第11期。
③ 《阿城市志》编纂委员会编：《阿城市志（1986～2005）》，黑龙江人民出版社，2008年，第775页。
④ 陈娟：《金代解盐使司银锭浅析》，《中原文物》2006年第2期。
⑤ 王重山、阎鸿禧、祁生：《山西发现金元时代的银锭》，《中国钱币》1988年第3期。

刻"承安宝货、壹两"等铭文。第三件银锭，长4.3、束腰宽1.93厘米，重42.1克；上刻"承安宝货、壹两"等铭文。第四件银锭，长4.74、束腰宽2.03厘米，重60.2克；上刻"承安宝货、壹两半"等铭文。第五件银锭，长15.3厘米，重1962克；上刻"泰和七年、分治使司、四十九两三钱"等铭文[1]。

20世纪80年代，黑龙江先后发现了5件金代的"承安宝货"，自铭重量均为"壹两半"。第一件"承安宝货"，出土于阿城县，藏于阿城县文物管理所，重59.3克；余下四件"承安宝货"，均被中国人民银行黑龙江省分行收购，分别重58.5克、58克、60.5克、59克[2]。

1987年，内蒙古兴和县发现了1件金代"承安宝货"，自铭重量为"壹两半"，长4.8、首宽3、束腰宽2、厚0.5厘米，重60克[3]。

1994年，黑龙江宾县光恩乡长兴村出土了7件金代"承安宝货"，自铭重量均为"壹两半"，实测重量分别为60克、59克、60克、59克、60.5克、59.2克、60克[4]。

上述51件金代砝码、银锭的相关统计数据，可以分为三组进行讨论：

第一组：大定十五年砝码，1件，自铭重量"一百两"，实测重量为3962.58克，折合每两重量约为39.63克、每斤重量约为634.01克。

第二组：陕西西安临潼区出土银锭，共26件，自铭重量的总和为1297.15两，实测重量的总和为51810克，折合两重约为39.94克、斤重约为639.06克。

第三组：北京等地出土和中国钱币博物馆等馆珍藏的银锭，共24件。其中，两重最小值为38.67克、折合斤重618.67克（表8-11序号16），两重最大值为42.1克、折合斤重673.6克（表8-11序号11）；有14件的两重范围为39~40克；有2件的两重范围为38~39克，分别是表8-11中的序号6和序号16；有5件的两重范围为40.01~40.33克，分别是表8-11中的序号3、序号10、序号12、序号17、序号24；有1件的两重超过了42克（表8-11序号11）。

① 中国钱币博物馆编：《中国钱币博物馆藏品选》，文物出版社，2010年，第166~169页。

② 董玉魁、潘振中：《金代银锭承安宝货出土》，《中国钱币》1986年第2期。

③ 郭爱、常金：《内蒙古兴和县发现金代承安宝货壹两半银锭》，载内蒙古自治区钱币学会编《〈内蒙古金融研究〉钱币文集》（第二辑），2003年，第57页。

④ 李伯权、付援民：《宾县出土金"承安宝货"银锭》，《北方文物》1997年第3期。

如果将表8-11序号16（两重最大值）和序号11（两重最小值）排除，可以推知余下22件银锭的两重总和为873.45克，两重平均值约为39.70克，斤重平均值约为635.24克。

总体来看，上述三组数据的两重总和为119.27克，两重平均值约为39.76克，折合斤重约为636.11克。这一统计数据，应当基本符合金代权衡单位量值的实际情况。

表8-11　本书采信的金代银锭一览表

序号	名称	自铭重量	实测重量	折合斤重	折合两重	出土地或藏地
1	大定十五年砝码	一百两	3962.58克	634.01克	39.63克	北京复兴门外
2	陕西临潼出土银锭中的26件	1297.15两	51810克	639.06克	39.94克	陕西临潼
3	正隆二年银锭	五十两	2014克	644.48克	40.28克	北京市
4	大名府银锭	五十两	1950克	624克	39克	黑龙江阿城县
5	泰和六年银锭	肆拾柒两叁钱、又一钱	1862克	628.52克	39.28克	河南西峡县
6	大安三年银锭	肆拾玖两柒钱、又一钱	1930克	620.08克	38.76克	河南西峡县
7	大定廿一年银锭	五十两	1989.8克	636.74克	39.80克	中国钱币博物馆
8	大定廿三年银锭	四十九两九钱	1988克	637.43克	39.84克	山西省人民银行
9	明昌二年银锭	五十两	1987.1克	635.87克	39.74克	中国钱币博物馆
10	承安宝货	壹两	40.2克	643.2克	40.2克	中国钱币博物馆
11	承安宝货	壹两	42.1克	673.6克	42.1克	中国钱币博物馆
12	承安宝货	壹两半	60.2克	642.13克	40.1克	中国钱币博物馆
13	泰和七年银锭	四十九两三钱	1962克	636.76克	39.80克	中国钱币博物馆
14	承安宝货	壹两半	59.3克	632.53克	39.53克	黑龙江省阿城县
15	承安宝货	壹两半	58.5克	624克	39克	黑龙江省人民银行
16	承安宝货	壹两半	58克	618.67克	38.67克	黑龙江省人民银行
17	承安宝货	壹两半	60.5克	645.33克	40.33克	黑龙江省人民银行
18	承安宝货	壹两半	59克	629.33克	39.33克	黑龙江省人民银行
19	承安宝货	壹两半	60克	640克	40克	内蒙古兴和县

序号	名称	自铭重量	实测重量	折合斤重	折合两重	出土地或藏地
20	承安宝货	壹两半	60 克	640 克	40 克	黑龙江省宾县
21	承安宝货	壹两半	59 克	629.33 克	39.33 克	黑龙江省宾县
22	承安宝货	壹两半	60 克	640 克	40 克	黑龙江省宾县
23	承安宝货	壹两半	59 克	629.33 克	39.33 克	黑龙江省宾县
24	承安宝货	壹两半	60.5 克	645.33 克	40.33 克	黑龙江省宾县
25	承安宝货	壹两半	59.2 克	631.47 克	39.47 克	黑龙江省宾县
26	承安宝货	壹两半	60 克	640 克	40 克	黑龙江省宾县

如前所述，宋代每斤重量为 624～640 克（折合每两重量为 39～40 克），金代每斤重量为 635.36 克（折合每两重量约 39.71 克），大蒙古国时期每斤重量为 634.1 克（折合每两重量约 39.63 克）。不难看出，这三个时期的权衡单位量值是比较接近的。综合来看，可将大蒙古国的权衡单位量值厘定为斤重 635 克（折合每两重量约 39.7 克）。

第三节　大元时期的权衡单位量值

就目前的资料而言，可资探讨大元时期权衡单位量值的实物资料有铜权和银锭两类。从公开发表的资料中，我们搜集到 35 件铜权和 26 件银锭。这些资料，是探讨大元时期权衡单位量值的重要材料。

一　大元时期铜权反映的权衡单位量值

《附表》中自铭重量的铜权共 35 件。其中，标本 110、标本 141、标本 209 和标本 225 等 4 件铜权残缺不全；标本 155、标本 210、标本 458 等 3 件铜权无实测重量；标本 238、标本 266、标本 299 和标本 322 等 4 件铜权的自重铭文尚不能识别；余下的 24 件铜权符合四个条件，是探讨大元时期权衡单位量值的基本材料（表 8-12）。

依据自铭重量和实测重量，可以推得 24 件铜权的斤重分别为（保留小数点后两位数字）：608.2 克、614.5 克、612 克、624 克、585.6 克、622 克、593.33 克、633.33 克、580 克、601 克、588.67 克、615.33 克、600 克、637.5 克、602 克、610 克、618 克、616 克、630 克、610.53 克、592 克、609 克、755 克、576 克。其中，最大斤重为 755 克（标本 217）、最

小斤重为576克（标本382），二者相差了179克。

为了确保推定的斤重符合大元时期的实际情况，这里亦分四步进行推算：第一步：剔除1件最大斤重（标本217）和1件最小斤重（标本382）；第二步：计算出余下22件铜权的斤重总和，并求得斤重的平均值（表8-12）；第三步：计算出22件铜权斤重的误差率；第四步：选择误差率较小的一组铜权，并计算出斤重的平均值。

通过推算可知，上述22件大元时期铜权的斤重总和为13402.79克、斤重平均值为609.22克。

通过推算不难发现，元代铜权斤重的误差率是比较大的。其中，标本138、标本142、标本146、标本147、标本156、标本239、标本269、标本288、标本323、标本468等10件铜权的误差率均在2%以上。排除这10件铜权，余下12件铜权的误差率相对较小，均在2%以下，可作为探讨大元时期权衡单位量值的重要依据。

通过计算可知，上述12件铜权的斤重总和为7316.56克，斤重平均值约为609.71克，折合两重为38.12克。

表8-12　本书采信的大元铜权一览表（单位：克）

序号	标本	铸颁机构	自铭重量	实测重量	折合斤重	误差	误差率	备注
1	122	市令司	斤半锤	912.3	608.2	-1.02	-0.17%	
2	123	大都路	二斤锤	1229	614.5	4.83	0.79%	
3	137	大都路	一斤锤	612	612	2.78	0.46%	
4	138	大都路	斤半锤	936	624	14.78	2.43%	
5	142	大都路	斤半锤	878.4	585.6	-23.62	-3.88%	
6	146	大都路	斤半锤	933	622	12.78	2.10%	
7	147	大都路	斤半锤	890	593.33	-15.89	-2.61%	
8	156	大都路	斤半锤	950	633.33	24.11	3.96%	
9	239	大都路	一斤锤	580	580	-29.22	-4.80%	
10	245	大都路	一斤锤	601	601	-8.22	-1.35%	
11	269	大都路	斤半锤	883	588.67	-20.55	-3.37%	
12	280	大都路	斤半锤	923	615.33	6.11	1.00%	
13	283	大都路	斤半锤	900	600	-9.22	-1.51%	
14	288	大都路	二斤锤	1275	637.5	28.28	4.64%	

续表

序号	标本	铸颁机构	自铭重量	实测重量	折合斤重	误差	误差率	备注
15	292	大都路	斤半锤	903	602	-7.22	-1.19%	
16	300	大都路	一斤锤	610	610	0.78	0.13%	
17	306	大都路	一斤锤	618	618	8.78	1.44%	
18	311	大都路	一斤锤	616	616	6.78	1.11%	
19	323	大都路	二斤锤	1260	630	20.78	3.41%	
20	462	奉元路	斤九两	925	592	-17.22	-2.83%	
21	468	保定路	斤三两	725	610.53	1.31	0.22%	
22	641	不详	一斤锤	609	609	-0.22	-0.04%	
23	217	大都路	一斤锤	755	755	不计算	不计算	斤重最大值
24	382	奉元路	一斤九两	900	576	不计算	不计算	斤重最小值

二 大元时期银锭反映的权衡单位量值

从公开发表的资料中，我们搜集到26件银锭。其中，有25件银锭，通过纪年铭文可以断定为大元时期；另外1件银锭（表8–13序号9）虽无纪年铭文，但依据相关铭文信息可以推定为大元时期。这些银锭的相关信息如下：

1956年，江苏句容赤山湖畔出土了2件大元时期的银锭[①]。第一件银锭（表8–13序号1），藏于南京博物院，长14.5厘米，重1899克；正面有"平准""至元十四年""银五十两"等铭文，背面刻有"元宝"两个大字。第二件银锭（表8–13序号2），藏于天津市文管处，长14.5厘米，重1896克，所刻铭文与第一件相同[②]。

[①] 据朱活《古钱》一文记载，1957年，江苏句容赤山湖边亦出土了两件大元时期的银锭。这两件银锭与1956年出土的两件银锭，在出土地点、实测重量、尺寸、铭文等诸多方面均十分相似。这两批4件银锭很可能同一批的2件银锭，只不过朱活把出土时间1956年误记为了1957年。详见倪振逵：《元宝》，《文物参考资料》1957年第5期；朱活：《古钱》，《文物》1983年第4期；朱活著：《古钱小词典》，文物出版社，1995年，第131页；朱活著：《古钱新典》（上册），三秦出版社，1991年，第427页；朱活著：《古钱新典》（下册），三秦出版社，1991年，第302页。

[②] 倪振逵：《元宝》，《文物参考资料》1957年第5期；丘光明著：《中国物理学史大系：计量史》，湖南教育出版社，2002年，第492页。本文中两件银锭的重量，为丘光明于2002年前后实测的数据。

1961年，黑龙江阿城县大岭乡大岭村出土了1件大元时期的银锭（表8-13序号3），藏于黑龙江省博物馆。该银锭长13.2、宽9、厚3厘米，重1900克；正面有"省监销铸官刘珪""扬州""至元十四年""行中书省""库官鲁璧"、"拾成色""重伍拾两""销银官王琪""验银库子吴成""银匠杜元亮""银匠□天祥""铸银□□□"等铭文，背面铸阴文楷书"元宝"二字①。

1971年，辽宁朝阳西大营子公社（今西大营子镇）西涝村出土了1件大元时期的银锭，长10.8厘米，重1690.3克；正面有"扬州""至元十四年""重伍拾肆两"等铭文，背面刻有"元宝"两个大字②。

1977年，吉林农安县三宝公社（今属农安镇）出土了2件大元时期的银锭。第一件银锭，长17.3厘米，重1895克；正面首端横书二行文字："蒙山银课""元字号"，下直书五行文字："提调官瑞州路总管府官""催办官新昌州判官拜住将仕""收银库官刘自明""炉户吴瑞夫""库子周世荣""销银匠易志周""元统三年月日造"。第二件银锭，长15.7厘米，重1904克；正面首端横书二行文字："蒙山银课""天字号"，下直书六行文字："瑞州路总管府提调官""库官丁谅""库子易观文""炉户雷兴吾""销银匠余珍可""至正十年月日造"③。

1986年，上海市文物保管委员会征集到1件大元时期的银锭，藏于上海博物馆。该银锭长14厘米，首尾两端宽9.8、束腰处宽5.8、厚3.5厘米。银锭的一角已被锯下，残重1900克，正面有"行中书省""扬州""至元十三年""五十两""库官孟珪""销银官王琪"等铭文，背面有"元宝"两字④。

1987年，内蒙古敖汉旗南新丘村出土了1件大元时期的银锭，藏于敖汉旗博物馆。该银锭长16.2厘米，重1930克；正面錾刻47字，上端第

① 谭英杰：《阿城出土的扬州元宝》，黑龙江省文物考古工作队编著《黑龙江古代文物》，黑龙江人民出版社，1979年，第114~117页；黑龙江省志文物志编纂委员会编：《黑龙江省志》第五十三卷《文物志》，黑龙江人民出版社，1994年，第330~331页。

② 靳枫毅：《辽宁朝阳西涝村发现元代银锭》，《考古与文物》1983年第5期。

③ 谷潜：《元代蒙山岁课银锭的发现和研究》，《中国钱币》1986年第3期。

④ 石兆麟：《介绍一件元代银元宝》，载上海博物馆集刊编辑委员会编《上海博物馆集刊（第三期）》，上海古籍出版社，1986年，第101页；上海博物馆青铜器研究部编：《上海博物馆藏钱币·元明清钱币》，上海书画出版社，1994年，第686页；周祥：《上海博物馆新获银锭考——兼论宋元时期银锭的断代》，载上海博物馆集刊编辑委员会编《上海博物馆集刊（第九期）》，上海书画出版社，2002年，第139~140页。

一横行为"蒙山课银",第二横行为"元字号",其下竖行刻"瑞州路总管府提调官""收银库官胡文辅""库子刘稚善""炉户雷兴吾""销银匠易志周""至正八年□月□日造"等铭文[①]。

1987年夏,内蒙古敖汉旗太吉和窑村出土了1件大元时期的银锭,藏于敖汉旗博物馆。该银锭的右边和上、下两边已被切掉,只存右边一块。其上所刻的铭文中,有3字完整:"号""至正";靠上边一字应为"银"字,"至正"下边的字应是"十"字。残宽5.7、残高4.7、厚1.8厘米[②]。

1988年,上海市金山区干巷乡(今干巷镇)寒圩村出土了1件大元时期银锭(表8-13序号4),藏于上海市金山区博物馆。该银锭长15.4厘米,重1834克,正面刻有"行中书省""扬州""库官孟珪""销银官王琪""验银库子吴武""至元十四年""重伍拾两""银匠侯君用"等铭文,背面有"元宝"两字[③]。

1988年,《树荫堂收藏元宝千种图录》一书出版。该书中收录有1件大元时期的银锭(表8-13序号5)。该银锭长13.8厘米,重1930克;正面刻有"行中书省""至元十四年""扬州""重伍拾两"等铭文,背面铸阴文楷书"元宝"二字[④]。

1991年3月,云南江川抚仙湖孤山岛出土了4件银锭。其中,一号银锭的正面左上角被切割掉一小块;背面通长13.5厘米,残重1844克;正面刻有"威楚路差开南州""吏目胡德解本州""泰定贰年""差发""拾分银""壹锭""重伍拾两""提调官都事那廪承务""库子李师生""于泰定三年五月□日"等铭文[⑤]。

2000年秋,内蒙古赤峰市元宝山区哈拉木头村出土了1件大元时期的银锭(表8-13序号6),长16厘米,重1956克,正面有"至元五年月日""销铸匠陈德、彭祥""兴国路回买山泽所产炼成""足色白银""伍拾两重""经历牛承事""提调官总管申亚中""达鲁花赤嘉议"

① 王燃主编:《赤峰文物大观》,内蒙古大学出版社,1995年,第136页。
② 敖汉旗博物馆:《敖汉旗发现的元代金银器窖藏》,《内蒙古文物考古》1991年第1期。
③ 孙维昌:《上海市金山县出土元代银锭》,《中国钱币》1992年第4期。
④ 陈鸿彬编著:《树荫堂收藏元宝千种图录》,齐格飞出版社,1988年,彩版14~15页,编号14。
⑤ 洪天福、计光华:《云南江川出土差发银锭》,《内蒙古金融研究》1992年第5期;玉溪地区文管所等:《江川孤山发现四件元代银锭》,《云南文物》,1992年6月,第32期。

等铭文①。

"兴国路"，宋置永兴军，又改兴国军。元至元十四年（1277年），升为兴国路总管府，隶江西行省。至元三十年（1293年），改隶湖广行省②。明太祖甲辰年（至正二十四年、1364年）二月，改为兴国府。洪武九年四月，降为兴国州（1376年）③。

元代"至元"年号有二，一为元世祖所用，存31年（1264～1294年）；一为元顺帝所用，存6年（1335～1340年），学界通常称之为"后至元"。从兴国路的历史沿革来看，该银锭铭文所谓的"至元"，当为"后至元"。后至元五年为1339年。

2003年秋，北京华辰拍卖会拍卖了2件大元时期的银锭。第一件银锭长13.8厘米，重1925克（表8-13序号7），正面有"扬州""行中书省""庚字号""□□销铸官刘瘀""销银官王瑛""银匠侯君用""至元十四年""银匠杜元亮□""库官孟瘀""拾成色""重伍拾两""□银掌事袁业""□银库三宝合□"等铭文，背面铸有"元宝"二字④。第二件银锭长度、重量均不详；正面有"至元五年月日""销铸匠""彭祥""陈德""兴国路""山泽所产炼成""足色白银""伍拾两重""提调官""总管申亚中""达鲁花赤嘉议"等铭文⑤。

2004年春，中国嘉德拍卖会拍卖了1件大元时期的银锭（表8-13序号8），现藏于中国财税博物馆。该银锭长13.8厘米，重1930克，正面有"至元十四年""扬州""行中书省""重伍拾两""库官王仲方""销银官王珪""铸银侯君用""称验银库子侯成"等铭文，背面有"元宝"二字⑥。

---

① 郝凤亮：《至元五年银锭的发现及考释》，载内蒙古自治区钱币学会编《内蒙古金融研究・钱币文集》（第七辑），2006年，第393～394页。

② ［明］宋濂等撰：《元史》卷六十三《地理六》，中华书局，1976年，第1526页。

③ ［清］张廷玉等撰：《明史》卷四十四《地理五》，中华书局，1974年，第1073页。

④ 北京华辰拍卖有限公司编：《华辰二〇〇三年秋季拍卖会：邮品、钱币》，2003年，LOT-1350；李晓萍著：《元宝收藏与鉴赏》，浙江大学出版社，2006年，第46页；孙继亮：《中国财税博物馆藏元代"扬州元宝"考——兼论元代前期白银的使用和流通》，《中国钱币》2015年第6期。

⑤ 北京华辰拍卖有限公司编：《华辰二〇〇三年秋季拍卖会：邮品、钱币》，2003年，LOT-1351；李晓萍著：《元宝收藏与鉴赏》，浙江大学出版社，2006年，第48页。

⑥ 孙继亮：《中国财税博物馆藏元代"扬州元宝"考——兼论元代前期白银的使用和流通》，《中国钱币》2015年第6期。

2010年秋，华夏国际拍卖会拍卖了1件大元时期的银锭，重量不详；正面有"扬州""行中书省""至元十四年""重伍拾两""天字号""省监销铸官刘珪""销银官王琪""银匠侯君用""银匠杜元亮""库官孟珪""拾成色""□银掌事申惟义""□□卫祐之"等铭文；背面有"元宝"二个大字[①]。

2011年春，中国嘉德拍卖会拍卖了1件大元时期的银锭（表8–13序号9），长16.8、首宽12、腰宽6.77厘米，重1961克，正面有"银匠方应龙辨验""兴国路""回买山泽所产炼成""十分足色白银""伍拾两""提调官经历张承事""销铸同知武德"等铭文[②]。从兴国路的历史沿革情况可知，该银锭应铸造于元至元十四年（1277年）和至正二十四年（1364年）之间。

2015年春，中国嘉德拍卖会拍卖了1件大元时期的银锭（表8–13序号10），重量为1930克，正面有铭文"扬州""十成色""省监销铸官刘珪""销银官王琪""称验银库子□□、俞桂""行中书省""秤验""银匠□天祥""银匠杜元亮""十成色""伍拾两重""至元十四年月日""两浙盐课银""重伍拾两""库官杨云""□□用""库子周宏""库官郑九先"；背面铸阴文楷书"元宝"二个大字[③]。

2017年春，中国嘉德拍卖会拍卖了1件大元时期的银锭（表8–13序号11），重量为1926克，正面刻有"扬州""拾成色""省监销铸官刘珪""提领郝""秤验银库子□成""两浙运司盐课""和中白银""银匠许天佑""行中书省""至元十四年月日""广盈库官""副使刘""提领□义""重伍拾两""库官□□""银□□""伍拾两"等铭文；背面阴铸楷书"元宝"二个大字[④]。

2018年春，北京诚轩拍卖会拍卖了2件大元时期的银锭。第一件银锭（表8–13序号12），重1948克，正面有"至顺三年月日""销银匠彭祥、陈德""兴国路""抽分山泽所产炼成""十分白银""伍拾两""提调

① 北京华夏藏珍国际拍卖有限公司编：《华夏国拍2010秋季拍卖会：中国历代钱币》，2010年，第159页，LOT-7215。

② 中国嘉德国际拍卖有限公司编：《中国嘉德2011春季邮品钱币铜镜拍卖会：金银锭》，2011年，第79页，LOT-1530。

③ 中国嘉德国际拍卖有限公司编：《中国嘉德2015春季拍卖会：钱币、金银器》，2015年，第174页，LOT-1318。

④ 中国嘉德国际拍卖有限公司编：《中国嘉德2017春季拍卖会：李伟先旧藏金银锭、金银币、古钱》，2017年，第43页，LOT-7662。

官"等铭文^①。第二件银锭（表8-13序号13），重1942克，正面有"至正三年月日""销银匠彭祥""山泽所产炼成""足色白银""伍拾两重""兴国路""提调官""总管焦嘉议"等铭文^②。

2020年秋，北京诚轩拍卖会拍卖了1件大元时期的银锭（表8-13序号14），重1933.8克，正面戳记："扬州""至元十四年""行中书省""两浙运司盐课""和中白银""拾成色""监铸官员""销银官王琪""秤验银库子吴成""广盈库官""□叁郎""提领进义""银匠杨椿""银匠沈荣""拾成色""副使刘""提领进义""银匠杜元亮""秤验银匠沈元善""伍拾两""十成""库官孟珪""银匠候君用""重伍拾两""重五十两""徐润""库子徐允中"，背面"元宝"两个大字^③。

2021年春，北京诚轩拍卖会拍卖了1件大元时期的银锭（表8-13序号15），重1915.9克，正面有"至元十四年月日""扬州""行中书省""两浙运司盐课""和中白银""拾成色""省监销铸官刘珪""销银官王琪""称验银库子吴成""副使刘""银匠许天祐""广盈库官""提领进义""库子朱遇龙""库官孟珪""银匠侯君用""重伍拾两""伍拾两"等铭文；背面有"元宝"两个大字^④。

中国钱币博物馆藏有1件大元时期的银锭，长14.1厘米，重1921.3克（表8-13序号16），正面有"扬州""至元十四年""行中书省""重五十两""重四十九两九钱"等铭文，背面有"元宝"两个大字^⑤。

内蒙古阿鲁科尔沁旗博物馆藏有1件大元时期的银锭，重量不详；亚腰形，长度不详、首尾两端宽9.8、厚2.5厘米；正面铸刻花纹，正中刻有"至正七年"四字铭文^⑥。

上述26件元代银锭中，有9件银锭的相关信息不全。其中，吉林农安出土的2件，无自重铭文；上海市文物保管委员会收藏的1件，残缺不

① 北京诚轩拍卖有限公司编：《诚轩二〇一八春季拍卖会：古钱、银锭》，2018年，第118页，LOT-2153。
② 北京诚轩拍卖有限公司编：《诚轩二〇一八春季拍卖会：古钱、银锭》，2018年，第119页，LOT-2154。
③ 北京诚轩拍卖有限公司编：《诚轩二〇二〇秋季拍卖会：古钱、银锭》，2020年，第35~37页，LOT-1106。
④ 北京诚轩拍卖有限公司编：《诚轩二〇二一春季拍卖会：古钱、银锭》，2021年，第31~33页，LOT-1073。
⑤ 中国钱币博物馆编：《中国钱币博物馆藏品选》，文物出版社，2010年，第172~173页。
⑥ 高延青主编：《内蒙古珍宝：金银器》，内蒙古大学出版社，2007年，第190页。

表8-13　本书采信的大元银锭一览表（单位：克）

序号	主要铭文	自铭重量	实测重量	折合斤重	误差	误差率	来源
1	平准、至元十四年、银五十两	伍拾两	1899	607.68	-8.48	-1.38%	江苏句容1956年出土
2	平准、至元十四年、银五十两	伍拾两	1896	606.72	-9.44	-1.53%	
3	重五十两、扬州、至元十四年	伍拾两	1900	608	-8.16	-1.32%	黑龙江阿城出土
4	扬州、至元十四年、重伍拾两	伍拾两	1834	586.88	最小值不计算	最小值不计算	上海金山出土
5	至元十四年、扬州、重伍拾两	伍拾两	1930	617.6	1.44	0.23%	《树荫堂收藏元宝千种图录》
6	至元五年、兴国路、伍拾两重	伍拾两	1956	625.92	9.76	1.58%	内蒙古赤峰市元宝山区出土
7	扬州、至元十四年、五十两	伍拾两	1925	616	-0.16	0.03%	北京华辰2003年秋季拍卖会
8	至元十四年、扬州、重伍拾两	伍拾两	1930	617.6	1.44	0.23%	中国财税博物馆
9	兴国路、五十两	伍拾两	1961	627.52	最大值不计算	最大值不计算	中国嘉德2011年春季拍卖会
10	扬州、至元十四年、重伍拾两、重伍拾两重	伍拾两、伍拾两	1930	617.6	1.44	0.23%	中国嘉德2015年春季拍卖会
11	扬州、至元十四年、伍拾两、重伍拾两	伍拾两、伍拾两	1926	616.32	0.16	0.03%	中国嘉德2017年春季拍卖会
12	至元三年、兴国路、五十两	五十两	1948	623.36	7.2	1.17%	北京诚轩2018年春季拍卖会
13	至正三年、兴国路、五十两	五十两	1942	621.44	5.28	0.86%	北京诚轩2018年春季拍卖会
14	至元十四年、扬州、两浙运司盐课、重伍拾两、伍拾两、重五十两	重伍拾两、伍拾两、重五十两	1933.8	618.82	2.66	0.43%	北京诚轩2020年秋季拍卖会
15	至元十四年、扬州、两浙运司盐课、重伍拾两、伍拾两	伍拾两、伍拾两	1915.9	613.09	-3.07	-0.50%	北京诚轩2021年春季拍卖会
16	扬州、至元十四年、重五十两、重四十九两九钱	伍拾两、四十九两九钱	1921.3	616.05	-0.11	0.02%	中国钱币博物馆

全；内蒙古赤峰市敖汉旗南新丘村出土的1件，无自重铭文；云南江川县出土的1件，残缺不全；内蒙古敖汉旗太吉合窑村出土的1件，既残缺不全，又无自重铭文，亦无实测重量；华辰2003年秋季拍卖会拍卖的1件，无实测重量；华夏国际2010年秋季拍卖会拍卖的1件，无实测重量；阿鲁科尔沁旗博物馆收藏的1件，无自铭重量。这些银锭，由于无法推得斤重或两重，故在讨论大元时期权衡单位量值问题时暂予排除。此外还有1件银锭，辽宁朝阳出土，自铭重量为"五十四两"，而实测重量为1690.3克，远低于其他自铭重量为"五十两"的银锭，这里亦予以排除。余下的16件银锭（表8–13）符合四个基本条件，可以作为探讨大元权衡单位量值的基本依据。

这里需要说明的是，表8–13序号16的两个自重铭文：一为"五十两"，一为"四十九两九钱"，二者差别不大，相关数据的推算以后者为准。

依据自铭重量和实测重量，推得16件银锭的斤重分别为：607.68克、606.72克、608克、586.88克、617.6克、625.92克、616克、617.6克、627.52克、617.6克、616.32克、623.36克、621.44克、618.82克、613.09克、616.05克（序号14，以"四十九两九钱"计算）。其中，斤重最大值为627.52克（序号9），斤重最小值为586.88克（序号4），两者相差了40克左右。

为了保证方法的一致性，这里仍按四步进行推算：第一步：排除1件最大斤重（序号9）和1件最小斤重（序号4）；第二步：计算出余下14件银锭的斤重总和，并求得平均值；第三步：计算出14件银锭的斤重误差率；第四步：选择误差率较小的一组斤重，并计算出平均值。

上述14件银锭的斤重总和为8626.2克，推得斤重平均值为616.16克，斤重误差率分别为–1.38%、–1.53%、–1.32%、0.23%、1.58%、0.03%、0.23%、0.23%、0.03%、1.17%、0.86%、0.43%、–0.50%、0.02%。可以看出，这些银锭的斤重误差率均在2%以下，最大值仅为1.58%，因此毋需再做排除，皆可视为探讨大元时期斤重的可靠资料。据此，可暂定大元时期的斤重为616.16克（折合两重约38.51）。

值得注意的是，序号10、序号11、序号15和序号16等四件银锭的自铭重量各有两个，序号14的自铭重量则有三个。其中，序号10、序号11和序号15的两个自铭重量完全相同，均为"伍拾两"；序号14的三个自铭重量完全相同，皆为"伍拾两"；序号16的两个自铭重量则稍有不同：一为"五十两"，一为"四十九两九钱"，二者仅有"一钱"之差。

"多个自铭重量"，说明这五件银锭的重量经过了多次校验；"多个自铭重量相同或差别其微"，表明这五件银锭的重量十分精确。

由上可知，序号10、序号11、序号14、序号15和序号16等五件银锭的斤重分别是617.6克、616.32克、618.82克、613.09克、616.05克，折合两重分别是38.6克、38.52克、38.68克、38.32克、38.50克。不难看出，无论是斤重还是两重，这五件银锭的差别均不是很大。

综合上述银锭反映出的实际情况，可将大元时期的斤重暂定为616克、折合两重38.5克。

可以看出，探讨元代斤重的两类实物资料均比较可信、推算方法相同、结果也真实可靠。但由于所据的实物资料不同，推算的结果也有差别。其中，依据元代铜权推算的斤重为610克（折合两重38.13克），依据元代银锭推算的斤重为616克（折合两重38.5克），二者相差了6克左右，何者更能反映元代权衡单位量值的实际情况呢？我们以银锭为是，因为银锭的误差率较小，而铜权的误差率较大（表8–14）。

在22件铜权中，斤重误差率在2%以上的共有10件，约占总数的45.45%；斤重误差率在2%以下的有12件，约占总数的54.55%；而14件银锭的斤重误差率皆在2%以下。

对于铜权与银锭两类实物资料，我们在推算元代斤重时最终采用的标准是相同的，即选择误差率在2%以下的一组数据（铜权12件、银锭14件）作为基本依据，但二者仍有较为明显的差别。其中，误差率在1%以下的，铜权有7件，约占铜权总数（22件）的31.82%；银锭有9件，约占银锭总数（14件）的64.29%。误差率在1%至2%之间的，铜权有5件，约占铜权总数的22.73%；银锭有5件，约占银锭总数的35.71%。

表8–14　大元铜权与银锭单位量值误差率比较表

类别	误差率	1%以下	1%~2%	2%~3%	3%以上	总计
铜权	件数	7件	5件	4件	6件	22件
	百分比	31.82%	22.73%	18.18%	27.27%	100%
		54.55%				
银锭	件数	9件	5件	0	0	14件
	百分比	64.29%	35.71%	0	0	100%
		100%				

相对而言，误差率越小，推算的数据也就越可靠。可以看出，银锭的误差率是远低于铜权的。那么，分别依据铜权和银锭所推算的斤重，误差率为什么会有显著的差别呢？这应从二者自身特性上去探寻答案。

自铭重量的铜权，学界通常称为"定量砣"。定量砣的误差率一般较高，其原因大致有二：一方面，定量砣的铸造有一定难度，能够完全符合标准的可能性较小；另一方面，定量砣作为杆秤的配件，即使精确度不是很高，但通过调整秤杆的提毫位置、秤星间距等办法，同样可以制出符合标准的杆秤来，因此不需要完全符合标准的定量砣。

相对而言，银锭的误差率一般较低。这是因为银锭不仅是国家税收的价值尺度，而且是流通、储藏和支付的重要手段，同时也是国家经济命脉之所在。自银锭作为货币使用以来，历代政府，对其铸造和流通过程中的每一个环节都要进行严密地监管。

从现有资料看，元代银锭铭文涉及的内容较为庞杂，不仅包括铸造时间、用途、重量、成色，而且包括铸造者（炉户、销银匠）的姓名、监管者的官称（提调官、提调正官、达鲁花赤、总管、经历等）和姓名，亦包括税银催办官的姓名、库房收纳者（收银库官和库子）的姓名。不难看出，蒙元政府对银锭的管理是十分严格的。

鉴于上述因素，依据银锭所推定的斤重616克（折合两重38.5克），可以厘定为大元时期的权衡单位量值。

这里还需要补充的是，元代的衡秤（包括天平），可大致分为"官秤"和"民秤"两类。衡秤的类别不同，其单位量值也有所差异。相对而言，"官秤"的单位量值是统一的、固定的；"民秤"的单位量值则是不确定的，往往会因地域的差异而有所区别。因此，这里所讨论的大元时期权衡单位量值，不是"民秤"的规格，而是"官秤"的标准。

讨论至此，还有两个问题需要澄清，即大蒙古国时期的斤重（635克）与大元时期的斤重（616克）相差了20克左右，这种差别是什么时间产生的、又是怎样产生的呢？

第一个问题，应与蒙元之际度量衡制度的变革有关。

大蒙古国时期，由于连年征战，无暇顾及度量衡及其制度问题，基本上沿袭了宋金旧制。直至大蒙古国的晚期，元世祖忽必烈才于中统二年（1261年）正式颁发权衡[①]，初步建立了统一的度量衡制度。至元十三

---

① ［明］宋濂等撰：《元史》卷四《世祖一》，中华书局，1976年，第74页。

年（1276年）五月，因南宋平定，元世祖忽必烈再定度量[1]，正式确立了统一的度量衡制度。因此，整个蒙元时期权衡单位量值的变化，当始于1276年前后。

第二个问题，当与南宋时期的"市秤"密切相关。

前述诸家所讨论的宋代权衡单位量值，实际上也是宋代"官秤"的标准。南宋时期还存在着一种所谓的"市秤"，其单位量值比当时的"官秤"稍低。

1955年，湖北黄石西塞山出土了一坛宋代银锭，共292件[2]。其中1件为纪年银锭（原始号268），现藏于湖北省博物馆。该银锭长8.7厘米，重461克，正面刻有"连州起、淳祐六年、经制银、赴湖广治所交权司法、蒲四郎记、元"等铭文[3]。不难推断，这批银锭的埋藏时间当在"淳祐六年（1246年）"到"德祐二年（1276年）"这段时间之内[4]。

西塞山出土的这批银锭中，有4件银锭因铭文涉及"市秤"一词而引人注目。第一件银锭，现藏于中国国家博物馆，长14.6厘米，重1950克；弧首束腰形，铭文为"帐前统制官张青、今解到银七千六百两，每锭系市秤五十两重，匠人张焕、扈文炳、宋国宁、何庚"[5]。第二件银锭，现藏于湖北省博物馆，长14.4厘米，重1910克；形制、铭文与第一件基本相同。第三件银锭，现藏于湖北省博物馆，长14.6厘米，重1898克；形制、铭文与第一件基本相同[6]。第四件银锭，现藏于黄石市博物馆，长14.7厘米，重1910克；形制、铭文与第一件基本相同[7]（表8-15）。

① ［明］宋濂等撰：《元史》卷九《世祖六》，中华书局，1976年，第182页。
② 陈上岷：《谈西塞山出土的宋代银锭》，《中国钱币》1985年第3期。
③ 国家文物局主编：《中国文物精华大辞典：金银玉石卷》，上海辞书出版社，1996年，第252页。
④ 胡永炎：《西塞山钱窖考》，载黄石市石灰窑区政协委员会文史资料委员会编《西塞山古文化》，1997年，第135~147页。
⑤ 中国国家博物馆编：《中国国家博物馆馆藏文物研究丛书：钱币卷·宋~清》，上海古籍出版社，2018年，第102~103页。
⑥ 刘家林：《西塞山出土的宋代银锭——谈铭文体现出的铸币特征》，《武汉金融》2001年第11期。
⑦ 胡新生主编：《黄石文物精粹》，湖北人民出版社，2012年，第122页；浙江省博物馆编：《金银同辉——南宋金银货币精华》，文物出版社，2019年，第145页。

表8-15　黄石西塞山出土"市秤"银锭一览表（单位：克）

序号	自铭重量	实测重量	折合两重	折合斤重	误差率	藏地	资料来源
1	五十两	1950	39	624	1.7%	中国国家博物馆	《中国国家博物馆馆藏文物研究丛书：钱币卷·宋—清》，2010年
2	五十两	1910	38.2	611.2	-0.37%	湖北省博物馆	《武汉金融》2001年11期
3	五十两	1898	37.96	607.36	-0.99%	湖北省博物馆	《武汉金融》2001年11期
4	五十两	1910	38.2	611.2	-0.37%	黄石市博物馆	《黄石文物精粹》，2012年

"帐前统制官"，是宋代制置司、安抚司等机构的官职名称，其设置时间大致在宋宁宗嘉定（1208～1224年）之后[1]，因此西塞山"市秤"银锭的铸造年代当在1208年至1276年之间。

从文献记载看，"市秤"之名最早见于北魏，其性质与用途不同于官秤。《魏书·食货志》中载："其京邑二市、天下州镇郡县之市，各置二称（"秤"的异体字），悬于市门，私民所用之称，皆准市称以定轻重。"[2] 不难看出，所谓"市秤"，是指置于京都、州、镇、郡、县等各级市场的标准秤，其主要用途是校正民间的私秤，这与官秤主要用于赋税征收而有所不同。因此，"市秤"大体上应是民秤的一种。

依据自铭重量和实测重量，可以推算出西塞山4件"市秤"银锭的两重分别是39克、38.2克、37.96克、38.2克，进而推得两重的总和为153.36克、两重的平均值为38.34克。

依据误差率的推算方法，可以推知西塞山4件"市秤"银锭的误差率分别是：1.7%、-0.37%、-0.37%、-0.99%。不难看出，它们的误差率都比较低。其中，第一件银锭的误差率略高，但也没有超过2%；后三件银锭的误差率均在1%以下。因此毋需进行排除，这4件银锭的斤重平均值即可视作当时"市秤"的单位量值，即斤重613.44克（折合两重38.34克）。这个结果应基本符合南宋"市秤"的标准。

由上所述不难看出，大元时期的"官秤"标准（斤重616克、两重38.5克）与南宋的"市秤"标准较为接近。换句话说，蒙元政府应当是把南宋"市秤"的标准作为本朝的"官秤"标准使用了。这种改"重秤"

---

[1]　王曾瑜著：《宋朝军制初探（增订本）》，中华书局，2011年，第242页。

[2]　［北齐］魏收撰：《魏书》卷一百一十《食货志》，中华书局，1974年，第2866页。

为"轻秤"的做法，在中国历史上是有先例的。

《魏书·张惠普传》中载："仰惟高祖废大斗，去长尺，改重秤，所以爱万姓，从薄赋。……万姓得废大斗、去长尺、改重秤，荷轻赋之饶，不适于绵麻而已，故歌舞以供其职，奔走以役其勤。"[1]这里的"重秤"，是指斤两较重的秤。所谓"改重秤"，就是废弃斤两较重的秤，使用斤两较轻的秤。这一做法名义上是"爱万姓，从薄赋"，实际上是为了巩固统治。

蒙元之际，元军初平南宋。为了安抚南宋遗民，巩固新占领区的统治，蒙元政府采取了轻徭薄赋的策略，以南宋斤两较轻的"市秤"标准作为本朝"官秤"的标准，自然是一种行之有效的办法，其目的十分明确，即减轻赋税、安定民心、巩固统治。

---

① ［北齐］魏收撰：《魏书》卷七十八《张惠普传》，中华书局，1974年，第1736页。

第九章　元代度量衡的管理体系

有元一代，度量衡的管理机构有哪些？这些机构是怎样对度量衡进行管理的，实行了哪些管理制度，又采取了哪些管理措施？对于这一系列问题，目前尚无学者进行专门讨论。本章以元代文献资料为基础，以元代铜权资料为中心，拟对相关问题作系统探讨。

第一节　元代度量衡的研究资料

元代度量衡的研究资料可分为两类：一是实物资料，一是文献资料。前者主要是指以元代铜权为主的度量衡资料，后者主要是指《元史》《元典章》等文献所载的相关史料。

元代铜权铭文的内容较为广泛，包含的信息十分丰富，不仅涉及度量衡的制作机构、检校机构和颁发机构，而且涉及度量衡的管理制度和管理措施，是目前探讨元代度量衡相关问题所能依据的、最为重要的实物资料。

《元史》中涉及元代度量衡的材料较少，且零散不成系统；但这些材料是不可或缺的，是探讨元代度量衡相关问题的基础材料。

《元典章》中涉及元代度量衡的内容也不多，但其中的三段材料十分宝贵，不仅涉及元代度量衡的制作机构、颁发机构、检校机构和监督机构，而且涉及元代度量衡的管理制度和管理措施，是深入探讨元代度量衡相关问题的关键材料。为便于讨论，现将这三段材料迻录如下并加以剖析。

一　"禁私斛斗秤尺"

至元二十三年，行中书省准中书省咨：

拟议到事内一件：照得先为各路行铺之家行用度尺升斗等秤俱不如法，札付合属，照依系官见行用法物，同样制造，差官较勘均平，一体封裹印烙，定立本价，发下随路，遍历行使，立限拘收旧使斛槛升斗尺秤。若有不遵违犯之人，严行禁治，及扎付御史台纠察。外，今体知各路官司虽承官降式样，终不曾制造完备。有行户人等，恣意私造使用，或出入斛斗秤度不同，以致物价低昂，深恐不便。都省议得：遍行各路，文字到限六十日，令各路总管府验所辖司县街市民间合用斛斗秤度，照依省部元降样制成造。委本路管民达鲁花赤长官较勘相同，印烙讫，发下各处，公私一体行用。常切关防较勘，毋令似前作弊抵换。据合该工物，照依在先体例，官为借用，各验关降数目，却令拨还。即将不依法式斛斗秤度，随即拘收入官毁坏。仍令本处达鲁花赤长官不妨本职，常切用心提调。如限外违犯之人捉拿到官，断决五十七下，止坐见发之家。亲民司县正官禁治不严，初犯罚俸一月，再犯各决二十七下，三犯别议。亲民州郡与司县同，仍标注过名，任满于解由内明白开写，以凭定夺。外据路府州县①达鲁花赤长官不为用心提调，致有违犯，初犯罚俸二十日，再犯取招别议定罪②。

这段材料是中书省下发给各处行省的一道公文，时间为至元二十三年（1286年）。从内容来看，这道公文可分为两部分：

第一部分为"照得先为各路行铺之家……及扎付御史台纠察"这段话。不难看出，这一部分实际上是征引的一道过往公文（以下简称为《公文一》）。具体来讲，这道公文是中书省在至元二十三年以前下发给各处行省的，主要阐述了至元二十三年以前的若干度量衡管理制度和管理措施。

第二部分为"外，今体知各路官司虽承官降式样……再犯取招别议定罪"这段话。这一部分实际上是《禁私斛斗秤尺》的正文内容，阐述了当时（至元二十三年）中书省颁行全国的若干度量衡管理制度和管理措施（以下简称为《公文二》）。

从整体来看，《禁私斛斗秤尺》主要涉及度量衡管理方面的三个内容：一是度量衡的制作机构、检校机构和监督机构；二是度量衡的颁降、仿造、销售、保管、缴毁、检校、提调等相关管理制度；三是度量衡的相关行政管理规定和法律处罚措施。

---

① 原文无"县"字，此处据《元史·刑法志》和《元典章·斛斗秤尺牙人》等文献增之。

② 陈高华等点校：《元典章》卷五十七《刑部卷之十九》，中华书局等，2011年，第1940～1941页。

这里需要说明的是,《公文二》中"亲民司县正官禁治不严……再犯取招别议定罪"这段话,亦见于《元史·刑法志》一文,但二者的文字表述略有不同。这里迻录原文如下:

> 诸度量权衡不同者,犯人笞五十七。司县正官,初犯罚俸一月,再犯笞二十七,三犯别议,仍记过名。路府州县达鲁花赤、长官提调失职,初犯罚俸二十日,再犯别议。[①]

二 "行用圆斛"

> 至元二十九年,御史台咨:
>
> 照得至元二十年四月十六日准御史中丞牒:"官司所用斛槪,底狭面阔。吏卒收受,槪量之际,轻重其手,弊悖多端。亡宋行用文思院斛,腹大口狭,难于作弊,今可比附式样成造新斛,颁行天下。此不可但施于官,至于民间市肆,亦合准官斛制造,庶使奸伪不行,实为公私两利。"准此。五月二十五日,御前看过新斛样制。钦奉圣旨:"是有。说的有体例,交这般行者。"钦此。呈奉中书省札付:"令工部造到圆斛一十只,较勘相同,每处拟发斛样一只,咨发各处行省、宣慰司依样成造,较勘印烙,发下合属行用。"咨请各道察院严加纠察施行[②]。

这段材料是御史台下发给各道察院的一道公文,时间为至元二十九年(1292年)。从内容来看,这道公文可分为两个部分:

第一部分为"照得至元二十年四月十六日准御史中丞牒……发下合属行用"这段话。这一部分征引了三道过往公文:

第一道公文为御史中丞呈送给御史台的牒文,即"(御史中丞牒:)官司所用斛槪……实为公私两利"这段话(以下简称为《公文三》)。这道公文主要讲述了中书省颁行"文思院斛"的缘由。此事亦见于《元史》之《世祖本纪》和《崔彧传》。据这些文献记载,至元二十年(1283年),崔彧向元世祖建言,"宋文思院小口斛,出入官粮,无所容隐,所宜颁行";元世祖"皆从之"[③],并于该年的五月戊寅日(五月二十五日)

---

① [明]宋濂等撰:《元史》卷一百五《刑法四》,中华书局,1976年,第2679页。
② 陈高华等点校:《元典章》卷二十一《户部卷之七》,中华书局等,2011年,第753页。
③ [明]宋濂等撰:《元史》卷一百七十三《崔彧传》,中华书局,1976年,第4041页。

"颁行宋文思院小口斛"①。

第二道公文是元世祖忽必烈下达的旨意，即"（钦奉圣旨：）是有。说的有体例，交这般行者"这段话（以下简称为《公文四》）。

第三道公文是中书省发送给御史台的公文，即"（呈奉中书省札付：）令工部造到圆斛一十只……发下合属行用"这段话（以下简称为《公文五》）。

第二部分是御史台针对颁行"文思院斛"这一重要举措，对各道察院提出的要求，即"咨请各道察院严加纠察施行"。

总体来看，"行用圆斛"公文所涉及度量衡的内容主要有三个方面：一是度量衡的制作机构、颁发机构和检校机构；二是度量衡流通过程中的监督机构；三是度量衡的仿造制度。

三 "斛斗秤尺牙人"

皇庆元年七月，袁州路奉江西行省札付：

吉安路申："本路河岸市井行铺之家，多有私造斛斗秤尺，俱不依法。又有违禁使用亡宋但有蛮桶，大小不同。除依样成造斛斗秤尺给散，及革去私牙外，乞照详。"得此。检会先准中书省咨："先为各路行铺之家行用度尺升斗等秤俱不如法，札付合属，照依系官见行用法物，同样制造，差官较勘均平，一体封裹印烙，定立本价，发下随路，遍历行使，立限拘收旧使斛槛升斗秤尺。若有不遵违犯之人，严行究治。今体知得各路官司虽承官降式样，终不曾制造完备。有行户人等恣意私造使用，或出入斛斗秤度不同，以致物价低昂，深为不便。都省议得：遍行各路，文字到限六十日，令各路总管府验所辖州县街市民间合用斛斗秤度，照依省部元降样制成造。委本路管民达鲁花赤长官较勘相同，印烙讫，发下各处，公私一体行用。常切关防较勘，毋令似前作弊抵换。合该工物，照依在先体例，官为借用，各验关降数目，随令拨还。即将不依法式斛斗秤度，拘收入官毁坏。仍令本处达鲁花赤长官不妨本职，用心提调。如限外违犯之人捉拿到官，决五十七下，止坐见发之家。亲民司县正官禁治不严，初犯罚俸一月，再犯各决二十七下，三犯别议。亲民州郡与司县同。

---

① ［明］宋濂等撰：《元史》卷十二《世祖九》，中华书局，1976年，第254页。

仍标注过名，任满于解由内开写，以凭定夺。外据路府州县达鲁花赤、长官不为用心提调，致有违犯，初犯罚俸二十日，再犯，取招别议定罪。"又准中书省咨："盖里赤扰害百姓，已行禁罢。况兼客旅买卖，依例纳税，若更设立诸色牙行，抽分牙钱，刮削市利，侵渔百姓，于民不便。除大都羊牙依上年例收办，及随路应立文契买卖人口、头疋、庄宅牙行依前存设，验价取要牙钱，每十两不过二钱，其余各色牙人并行革去"。又准都省咨："发到铁升斗小口方斛样制，咨请收管"。准此。已下各路，依样成造行用。去后，为体访得各处诸行铺户不将官降斗斛行用，贪图厚利，欺瞒客旅，别行私造大小斛斗，遇有贩到米麦，用大者收籴，小者出粜，所有秤尺亦皆效此；又有一等诈称牙人，把柄行市，及将好米拌湿，白面插和米粉，情弊多端，已经禁治。今后行铺之家，凡用斛斗秤尺，须要行使印烙官降法物，及不得于米面内伪滥插和粜卖。如有似前违犯之人，许诸人捉拿赴官，枷项号令，严行断罪，于犯人名下征至元钞一定，给付告人充赏。除应设庄宅、人口官牙依例存设外，据其余诸色私牙人等，截日尽行革去。仍将私造斛斗秤尺，尽数官为拘收去讫。今据见申，省府仰照依都省元行事理，严加禁治施行[1]。

这段材料是江西行省下发给袁州路的一道公文，颁发时间为皇庆元年（1312年）。从内容来看，这道公文可分为三个部分：

第一部分为"（吉安路申：）本路河岸市井行铺之家，……乞照详"这段话。这一部分实际上是吉安路呈送给江西行省的一道公文（以下简称为《公文六》）。

第二部分为"检会先准中书省咨……仍将私造斛斗秤尺尽数官为拘收去讫"这段话。这一部分包含了江西行省为解决吉安路度量衡的混乱问题而征引的三道中书省下发给各处行省的、有关度量衡管理和市场管理方面的过往公文。第一道公文为"（江西行省先准中书省咨：）先为各路行铺之家行用度尺升斗等秤俱不如法……取招别议定罪"这段话。不难看出，这道公文实际上就是《禁私斛斗秤尺》的内容，包

---

① 陈高华等点校：《元典章》卷五十七《刑部卷之十九》，中华书局等，2011年，第1941～1943页。

括了《公文一》和《公文二》。第二道公文为"（江西行省又准中书省咨：）盖里赤扰害百姓，已行禁罢……其余各色牙人并行革去"这段话。这道公文又见于《通制条格》，颁发时间为至元二十三年（1286年）六月①（以下简称为《公文七》）。第三道公文为"（江西行省又准中书省咨：）发到铁升斗、小口方斛样制，咨请收管"（以下简称为《公文八》）。

综合《行用圆斛》和《斛斗秤尺牙人》两段材料来看，"文思院圆斛"的颁行时间为至元二十年（1283年），直到至元二十九年仍在推广。"小口方斛"是继"文思院圆斛"之后颁行的另一种斛制，故《公文八》的颁发时间当在至元二十九年（1292年）之后、皇庆元年（1312年）以前。

第三部分是江西行省对吉安路所呈"申文"的处理意见，即"今据见申，省府仰照依都省元行事理，严加禁治施行"这段话（以下简称为《公文九》）。

总体来看，《斛斗秤尺牙人》不仅涉及度量衡的制作机构、检校机构、颁发机构和监督机构，而且涉及度量衡的若干管理制度和管理措施，同时涉及惩处违法和奖励举报的相关内容。

为便于讨论，本章在探讨相关问题时，分别将《禁私斛斗秤尺》、《行用圆斛》、《斛斗秤尺牙人》三段材料称之为《至元二十三年公文》、《至元二十九年公文》和《皇庆元年公文》。

第二节　元代度量衡及其制度的发展

从现有资料看，元代的度量衡及其制度经历了一个从无序到有序、从确立到完善、从秩序到混乱的发展演变过程。从时代特征看，这一过程可大致分为"草创""确立""完善"和"衰落"四个阶段。

一　草创期

这一阶段为"前四汗"时期，始于大蒙古国的建立（1206年），终于忽必烈继位大统前夕（1259年），前后经历了50余年。

① 方龄贵校注：《通制条格校注》，中华书局，2001年，第549页。

1230年，元太宗窝阔台采取耶律楚材的建议，建立十路征收课税所（又称为"课税所""税课所""宣课所""宣课司"等），作为征收和转运财赋的专门机构。由于度量衡与赋税征收休戚相关，诸路征收课税所自然拥有了制颁和管理本处度量衡的权力。《附表》中，标本1和标本2的纪地铭文为"东平路宣课所"，标本3和标本4的纪地铭文为"真定河间宣课所"。其中，标本1还有编号铭文，这说明诸路征收课税所制颁了一定数量的度量衡。

《元史·耶律楚材传》中载："（丁酉年，1237年）楚材奏令本利相侔而止，永为定制，民间所负者，官为代偿之。至一衡量，给符印，立钞法，定均输，布递传，明驿券，庶政略备，民稍苏息焉"[1]。从时间上看，这条文献中所谓的"一衡量"，当是指诸路课税所制颁度量衡一事。由于职权所限，诸路课税所制颁的度量衡应当仅用于赋税的征收和转运。至于市场交易和民间交换所需的大量度量衡，当是民间自行制作，并由民间"牙行"进行监督和管理。这是因为在当时政局动荡、征战频繁、世侯割据的大环境下，蒙元政府是无暇顾及度量衡事务的，也不可能实现度量衡的统一。

面对度量衡制作和流通的无政府状态，1250年刘秉忠向忽必烈建议，"宜令权量度均为一法，使锱铢圭撮尺寸皆平，以存信去诈"，"世祖嘉纳焉"[2]。由于此时的忽必烈尚未继承帝位，刘秉忠的这一建言并未立即实施。

总体来看，在这一阶段内，蒙元政府尚未建立起自上而下的、统一的度量衡制度，度量衡的制颁与管理是无序的，基本上还处于一种无政府状态。

二 确立期

这一阶段为忽必烈统治的早期，始于忽必烈继承皇位（中统元年，1260年），终于南宋灭亡（至元十三年，1276年），前后延续了17年。

中统元年（1260年），元世祖忽必烈在即位之初，就着手实施刘秉忠的计划，开始制作和颁发度量衡，如《附表》标本5、标本6、标本7、标本8、标本9等5件铜权的纪年铭文均为"中统元年（1260年）"。

---

① ［明］宋濂等撰：《元史》卷一百四十六《耶律楚材传》，中华书局，1976年，第3461页。

② ［明］宋濂等撰：《元史》卷一百五十七《刘秉忠传》，中华书局，1976年，第3688～3692页。

　　中统二年（1261年）八月，元世祖忽必烈正式下诏"颁斛斗权衡"①。由于史载有缺，这次所颁度量衡的具体内容已不可详。但这一诏令首次以皇帝的名义颁发，标志着元代度量衡制度的初步确立。

　　此后，一些地方政府开始推行度量衡新政，以促进度量衡的统一。如至元元年（1265年），李德辉担任太原路总管之初，就把"一权度"与"崇学校""表孝节""劝耕桑""立社仓"等重要举措同等视之，作为治理太原路的五项"阜民"政策之一②。

　　但是，由于统一尚未完成，宋元战争仍在继续，大部分地方政府并没有很好地贯彻和执行"中统新政"，度量衡仍处于混乱之中，诚如监察御史王恽在至元五年至八年（1268~1271年）所言："今民间升斗秤尺，有出入之异，往年虽有禁令，有司灭裂，竟莫曾行。今后合无制造法物，官为印烙，颁降州县，一体施行"③。

　　1276年2月，元军攻占临安，南宋灭亡。蒙元政府即于该年五月庚子（初六日）颁发诏令，再"定度量"④。由于文献缺载，这次所"定度量"的具体内容亦不可详。但这一诏令颁发于元朝统一全国之后，具有非同寻常的意义，标志着元代统一的度量衡制度的正式确立。

　　从现有的铜权资料来看，这一阶段的度量衡具有以下几个显著特点：

　　1.铜权铭文的内容增多，纪年、纪地、编号等铭文比较常见，这一情况表明蒙元政府已经对度量衡实行了有效的管理。

　　2.路总管府成为最主要的制颁机构。纪地铭文中，不仅有留守司（标本30）、市令司（如标本11等）等专门机构，还有路总管府（标本14）和直隶府（标本16）等地方政府机构。其中，路总管府是最主要的制颁机构，在22件纪地铜权中，路总管府制颁的铜权占据了15件。

　　3.铜权铭文中出现了"依奉尚书户部造"的字样（标本16），表明元代由上及下的度量衡颁降制度和仿造制度已经确立。

---

① ［明］宋濂等撰：《元史》卷九《世祖六》，中华书局，1976年，第182页。

② ［明］宋濂等撰：《元史》卷一百六十三《李德辉传》，中华书局，1976年，第3816页。

③ ［元］王恽：《乌台笔补·论均平秤尺斛斗事状》，［元］赵承禧等编，王晓欣点校《宪台通纪（外三种）》，浙江古籍出版社，2002年，第367页。据王晓欣考证，《乌台笔补》作于至元五年至八年（1268~1271年）王恽任监察御史期间（参见《宪台通纪（外三种）》之《点校说明》第9页）。

④ ［明］宋濂等撰：《元史》卷九《世祖六》，中华书局，1976年，第182页。

三 完善期

这一阶段始于1277年，终于1323年（元英宗至治三年），前后延续了40余年。

在这一阶段里，中书省连续向各处行省颁发了多道有关度量衡的政令，如《公文一》《公文二》《公文五》等。从这些公文的内容看，这一阶段的度量衡制度具有以下几个显著特点：

1. 度量衡制颁机构与管理机构责权分明，对度量衡的生产和流通实行了有效的管理。

2. 度量衡管理制度相对完备，既有颁降制度、仿造制度、保管制度和缴毁制度，又有检校制度、编号制度和提调制度。

3. 度量衡管理的法律条文比较完备，既有对制作和使用不合法式度量衡之人的处罚规定，也有对度量衡监管不力之官吏的惩处条例。

总体来看，这一阶段的度量衡制度比较完善：相关机构责权分明，相关管理制度全面系统，相关管理措施也清晰明了。

四 衰落期

这一阶段为"大元晚期"，始于元泰定元年（1324年），终于明军攻占大都（至正二十八年，1368年），前后延续了40余年。

这一时期，由于皇室内斗频繁，农民起义迭起，元代的政治、经济等诸多方面均遭受到极大地破坏。在这种情况下，元代的度量衡及其制度自然无法幸免，开始趋向衰落。

从铜权资料来看，这一时期制颁的铜权数量大为减少。从文献资料来看，这一时期的度量衡制度虽然仍在发挥作用，但使用不合法式度量衡的现象逐渐增多。

至元五年（1339年），两浙运司申中书省云："今各纲运盐船户，经行岁久，奸弊日滋。凡遇到场装盐之时，私属盐场官吏、司秤人等，重其斤两，装为硬袋，出场之后，沿途盗卖，杂以灰土，补其所亏。及到所赴之仓，而仓官、司秤人又各受贿，既不加辨，秤盘又不如法。"[1]

至正年间的辽阳地区，"其俗编柳为斗，大小不一，豪贾猾侩得以高

---

① ［明］宋濂等撰：《元史》卷九十七《食货五》，中华书局，1976年，第2496～2497页。

下其手，民咸病之”①。

上述“秤盘又不如法”“编柳为斗，大小不一，豪贾猾侩得以高下其手”等现象的存在，说明元代度量衡制度遭受到了一定程度地破坏，并随着政治经济的崩溃而渐趋衰落。

第三节　元代度量衡的制颁机构

“制颁机构”，是指参与制作、检校和颁发度量衡的各级各类政府机构。一般情况下，度量衡的制作、检校和颁发这三道程序由同一机构依次完成。换句话说，度量衡器的制作机构，通常也是度量衡的检校机构和颁发机构。

从现有资料看，元代度量衡的制颁机构可分为三类：一是中央政府机构，主要包括中书省（或尚书省）及其所属的工部、户部等；二是地方政府机构，主要包括行省、宣尉司、路总管府、直隶府、直隶州、路属府、路属州、府属州、县等；三是专门机构，主要包括（上都）留守司、云需总管府、（大都）市令司、宣课所等几类性质不同的机构。

一　中央政府机构

中书省负责向各处行省提供度量衡标准器。这些标准器的制作、检校和颁发，通常由工部、户部两个部门合作完成。

（一）工部

《公文五》中讲到，中书省“令工部造到圆斛一十只，较勘相同，每处拟发斛样一只”②。这段话说明，工部负有制作和检校度量衡标准器的职责。工部之所以参与度量衡的制颁，与其职掌密切相关。《元史·百官志》中载，工部“掌天下营造百工之政令。凡城池之修浚，土木之缮葺，材物之给受，工匠之程式，铨注局院司匠之官，悉以任之”③。

按照《元史·百官志》中的记载，元代的度量衡标准器，材质是丰富多样的，譬如衡多木质、权多铜质、升斗多铁质。工部所属的“诸色人匠总管府”，下设十一处局所。其中，铸泻等铜局，“掌铸泻之工”；镔

---

① ［明］宋濂等撰：《元史》卷一百三十九《朵尔直班传》，中华书局，1976年，第3358页。
② 陈高华等点校：《元典章》卷二十一《户部卷之七》，中华书局等，2011年，第753页。
③ ［明］宋濂等撰：《元史》卷八十五《百官一》，中华书局，1976年，第2143页。

铁局,"掌镂铁之工";木局,"掌董木之工"①。从职能来看,这些局院应是度量衡标准器的具体制作机构。

(二)户部

度量衡标准器的颁发并不是工部分内之事。从铜权资料来看,这项任务通常由户部来完成。《附表》中有5件铜权的铭文间接透露出户部参与度量衡标准器颁发的信息。

1.标本16,山东茌平县(今聊城市茌平区)窖藏出土,圆体,权身正面阴刻"至元八年""云"等铭文,背面阴刻"东平府""依奉尚书户部造"等铭文②。这里的"尚书"为"尚书省"的省简。

2.标本438,山东掖县(今莱州市)出土,圆体,权身正面阴刻"延祐六年",其右侧刻"千五";背面阴刻"较勘相同""依样成造"等铭文③。

3.标本483,河南固始出土,六面体,权身正面阴铸"至治二年"和"较勘相同",其右侧面打刻一个"平"字;背面阳铸八思巴文,其左侧面阴刻"官□□尺",右侧面阴刻"依样成造"④。

4.标本496,河南省博物馆(今河南博物院)藏品,圆体,权身正面铭文为"泰定二年正月日造",背面铭文为"河南府路"和"依尚方户部样",侧面刻有"工徐"二字⑤。原资料提供的铭文拓片中,"尚方"二字模糊不清,当是对"中书(中书省)"的误释。

5.标本655,《小校经阁金石文字》中辑录,圆体,权腹正面"汴梁路""达鲁花赤",背面有"依省成造""较勘相同"⑥。

总体来看,上述5件铜权铭文中的"依奉尚书户部造""依样成造""依尚方户部样""依省成造"等,实际上均是"依奉尚书省(或中书省)户部样造"的省称。由此可知,元代度量衡标准器制颁的一般流程是:工部依据中书省提供的样式制作度量衡标准器,并检校合格后交付给户部,再由户部向各处行省颁发。户部之所以参与度量衡标准器的

---

① [明]宋濂等撰:《元史》卷八十五《百官一》,中华书局,1976年,第2144~2145页。

② 刘善沂:《山东茌平郜屯出土一批金元器物》,《考古》1986年第8期。

③ 崔天勇:《山东掖县出土元代铜权》,《考古》1991年第4期。

④ 詹汉清编:《固蓼文物考古选集》,2009年,第70页。

⑤ 杨国庆:《河南省博物馆藏元纪铭铜权》,《中原文物》1987年第1期。

⑥ [清]刘体智主编:《小校经阁金石文字(引得本)》(四),台湾大通书局,1979年,第2340页。

颁发，亦与其职权相关。《元史·百官志》中载："户部，……掌天下户口、钱粮、田土之政令。凡贡赋出纳之经，金币转通之法，府藏委积之实，物货贵贱之直，敛散准驳之宜，悉以任之。"①

二　地方政府机构

（一）行省、宣慰司

行省与宣慰司（或宣慰司都元帅府）在度量衡方面负有制作、检校和颁发的职责。

《公文五》中载，中书省在命令工部制作圆斛的同时，还发文给各处行省、宣慰司，要求他们"依样成造，较勘印烙，发下合属行用"。这条公文明确规定了行省和宣慰司（或宣慰司都元帅府）在度量衡器制颁方面的职责，即"依样成造""较勘相同""印烙标记""发下合属行用"。

行省作为地方最高行政机构，在本省度量衡制颁方面负有不可推卸的责任。《元史·百官志》中载："行中书省，凡十一，秩从一品，掌国庶务，统郡县，镇边鄙，与都省为表里。"②

陕西西安市文物保护考古所藏有1件元代铜权（标本547），六面体，权腹阳铸"至元五年造""汴梁省下通行官秤"等铭文③。从铭文内容来看，这件铜权是至元五年（1339年）汴梁省（即"河南江北行省"）制颁的。

宣慰司是介于行省与路总管府之间的地方行政机构，起着上行下达的作用。《元史·百官志》中载："宣慰司，掌军民之务，分道以总郡县，行省有政令则布于下，郡县有请则为达于省。"④宣慰司作为行省派出的分治机构，在度量衡管理方面，有着与行省大致相同的职责。

（二）路总管府

元代地方赋税的征收，一般采取路总管府总领、逐级科敛的方式进行。路总管府，作为管民官之首，具体负责本路赋税的征收。而与赋税征收休戚相关的度量衡，通常由各路总管府依次完成制作、检校、颁发三道程序。

① ［明］宋濂等撰：《元史》卷八十五《百官一》，中华书局，1976年，第2126页。

② ［明］宋濂等撰：《元史》卷九十一《百官七》，中华书局，1976年，第2305页。

③ 西安市文物保护考古所编著：《西安文物精华：青铜器》，世界图书出版西安公司，2005年，第169页。

④ ［明］宋濂等撰：《元史》卷九十一《百官七》，中华书局，1976年，第2308页。

《公文二》中载:"今体知各路官司虽承官降式样,终不曾制造完备……委本路管民达鲁花赤、长官较勘相同,印烙讫,发下各处,公私一体行用。"这道公文说明,各路总管府负责着本路度量衡器制作和供应。元代的铜权资料也反映了这一情况。《附表》中纪地明确的408件铜权中,诸路总管府制颁的铜权高达351件,约占总数的86.03%。

诸路总管府一般下设"司狱司""平准行用库""织染局""杂造局""府仓""惠民药局""税务"和"录事司"等机构[1]。其中,"杂造局"掌管着一定数量的官营手工业作坊,应是度量衡的具体制作机构。

由于官府、街市、民间对度量衡的需求量较大,官营手工业的制作能力往往不能满足需要。为了解决这一问题,诸路总管府通常会采取两种变通的方式来扩大度量衡的生产:一是指定一些民间度量衡作坊代为制作,二是允许下辖的府州县按照法定样式进行仿造。

但是,无论是民间的度量衡作坊,还是府州县的度量衡作坊,不仅制作度量衡的数量较少,而且通常会受到路总管府的严格监督。具体表现是:府州县所仿造的度量衡器物上往往印烙本路"总管府"的标记。如标本398,山东临沂市博物馆藏品,六面体,权腹正面铭文为"延祐元年",背面铭文为"教(较)同",左侧面铭文为"沂州",右侧面铭文为"益都路"[2]。从铭文内容看,这件铜权为"沂州"铸造,但同时烙印了本路总管府"益都路"的标记。这一现象说明,在诸路中,路总管府在制颁度量衡方面始终处于主体地位。

(三)直隶州和直隶府

腹里地区和各处行省的直隶州、直隶府也有制颁度量衡器的职能。《附表》中有1件铜权(标本429)为高唐州(隶于中书省)铸颁,另有5件铜权(标本16、标本201、标本179、标本219、标本453)分别为东平府(隶于中书省)、平凉府(隶于陕西行省)、汝宁府(隶于河南行省)三处直隶府制颁。

从现有资料来看,直隶州参与度量衡的制颁,不见于各处行省,似乎是中书省的特例。

直隶州和直隶府,亦与诸路总管府的地位相当,在制颁度量衡方面,也应当有着同于诸路总管府的职责。

---

① [明]宋濂等撰:《元史》卷九十一《百官七》,中华书局,1976年,第2316~2317页。

② 冯沂:《山东临沂市发现五件元代铜权》,《文物》1986年第4期。

（四）路属州和路属府

路总管府所辖的"属州"和"属府"也担负着制颁度量衡的责任。《附表》中有13件铜权为11个"属州"所铸颁。这些"属州"分别是：中书省益都路的沂州和峄州、济南路的棣州，辽阳行省辽阳路的懿州，河南行省庐州路的无为州，江浙行省温州路的瑞安州和平阳州、建康路的溧水州，江西行省袁州路的萍乡州、临江路的新渝州，湖广行省潭州路的浏阳州。

《附表》中有4件铜权分别为顺宁府、中山府所制颁。这两处"路属府"分别隶属于中书省的上都路和真定路。"路属府"参与度量衡器的制颁，目前仅见于中书省。

标本261，江西萍乡市博物馆藏品，圆体，权身正面铭文为"大德七年造"，背面铭文为"袁州路萍乡州"[①]。

标本268，河北曲阳出土，圆体，权腹正面铭文为"真定路""大德七年"，背面铭文为"中山府""官"[②]。

标本302，江苏无锡无锡区文物管理部门藏品，六面体，权腹正面阴刻"大德九年"，左侧阴刻"中平"，背面阴刻"益都路峄州造"[③]。

标本398，山东临沂市博物馆征集，六面体，权腹正面铭文为"延祐元年"，背面铭文为"教同"，左侧面铭文为"沂州"，右侧面铭文为"益都路"[④]。

上述4件铜权中，"属州"或"属府"与路总管府同铭，表明路总管府在本路度量衡制颁方面处于主导地位。

（五）府属州

蒙元帝国疆域内，个别"路属府"下亦有"州"的建置，这里暂称之为"府属州"。"府属州"也参与了度量衡的制颁，如标本530的铸颁机构就是上都路顺宁府的属州——"奉圣州"[⑤]。

---

① 邓里：《萍乡博物馆珍藏元代铜权浅析》，载江西省博物馆编《江西省博物馆集刊（七）》，文物出版社，2016年，第237～248页。

② 郑绍宗：《河北出土金元时期铜权的分析与研究》，《文物春秋》2004年第3期。

③ 中国人民政治协商会议无锡市锡山区委员会编：《锡山名器》，凤凰出版社，2009年，第81页。

④ 冯沂：《山东临沂市发现五件元代铜权》，《文物》1986年第4期。

⑤ 涿鹿县地方志编纂委员会编：《涿鹿县志（1989～2009）》，河北人民出版社，2014年，第820页。

（六）县

县级政府机构也有制颁度量衡的权力。《附表》中有4件铜权分别为永平路迁安县（标本558）、保定路曲阳县（标本354）、台州路宁海县（标本465）、潭州路浏阳县（标本145）等四处县级政府所制颁。

标本354，《小校经阁金石文字》中所辑，权腹正面铭文为"至大二年""官造""二十斤"；背面铭文为"保定路""曲阳县"，右侧铭文为"地字七"，左侧铭文为"匠人中山张"①。这里"曲阳县"与"保定路"同铭，说明路总管府在本路制颁度量衡方面处于主导地位。

三 专门机构

有元一代，一些专门的政府机构也参与了度量衡的制颁。这些机构主要有（上都）留守司、云需总管府、市令司和宣课所等。

（一）（上都）留守司

《附表》中有10件铜权为（上都）留守司所铸颁。（上都）留守司之所以参与度量衡器的铸颁，是因为其兼管了上都路总管府的民政事务。

中统四年（1264年）五月，以开平府为阙庭所在，加号上都。同年建立了上都路总管府。至元二年（1265年），置留守司。至元三年（1266年）七月，诏上都路总管府遇车驾巡幸，行留守司事，又给留守司印，车驾还归大都后，总管府恢复旧掌。十八年（1281年）二月，"立上都留守司"。十九年（1282年），上都路总管府与留守司合并，故称"上都路留守司兼本路都总管府"。

（二）云需总管府

《附表》中有2件铜权为"云需总管府"所制颁，这与其独特的职责休戚相关。这两件铜权的相关信息如下：

标本599，北京市文物管理部门藏品，六面体，权腹正面为"至正十二年正月造"，其左侧面为"三十五斤"；背面为"云需总管府较"，右侧面为"廿（廿）八"；权纽顶端铸有八思巴文②。

标本600，河北张家口地区（今张家口市）博物馆藏品，权身正面铭文"云需总管府较"，左侧面一个"同"字，右侧面一个"三"字；背面铭文"至正十三年正月造"，左侧面铭文"三十五斤"，底座正面有一

① ［清］刘体智主编：《小校经阁金石文字（引得本）》（四），台湾大通书局，1979年，第2348页。
② 高桂云、张先得：《记北京发现的元代铜权》，《文物》1987年第11期。

个八思巴文[①]。

"云需总管府"，秩正三品，延祐二年（1315年）设置，"掌守护察罕脑儿行宫，及行营供办之事"[②]。泰定四年（1327年）二月，隶属于上都留守司[③]。

（三）市令司

《附表》中有10件铜权为市令司制颁。《金史·百官志》中载，市令司，唯中都置。令一员，正八品。丞一员，正九品。掌平物价，察度量权衡之违式、百货之估直[④]。元承金制，亦在中都（大都的前身）置市令司。

（四）宣课所

1230年，为了征收和转运天下赋税，元太宗窝阔台设置了燕京、宣德、西京、太原、平阳、真定、东平、北京、平州、济南等十路征收课税所。"征收课税所"，又称为"课税所""税课所""课程所""宣课司"和"宣课所"等（参见本书第四章附考二）。

《附表》中有4件铜权（标本1、标本2、标本3、标本4）分别为东平路宣课所和真定河间宣课所制颁。这说明，在大蒙古国时期，诸路课税所具有制颁度量衡器的权力，当然这与其征收和转运赋税的职能密切相关。

总之，在上述各级、各类度量衡制颁机构中，中书省及其工部、户部负责度量衡标准器的制颁。行省和宣尉司则"依样成造"，但数量有限，除一部分供下属机构使用外，一部分则作为样器颁予所辖路份加以仿制。路总管府作为"管民官"之首，基本上全部承担了本路下属机构和府州县所需度量衡的供应。

第四节　元代度量衡的管理机构

度量衡的管理机构与制颁机构有所不同。度量衡的制颁机构不一定是度量衡的管理机构，度量衡的管理机构也不一定是度量衡的制颁机构。

从现有资料看，元代度量衡的管理机构主要有三类：一是行政机构，

① 刘建中：《张家口地区博物馆收藏的元代铜权》，《文物春秋》1993年第3期。
② ［明］宋濂等撰：《元史》卷九十《百官六》，中华书局，1976年，第2300页。
③ ［明］宋濂等撰：《元史》卷三十《泰定帝二》，中华书局，1976年，第677页。
④ ［明］宋濂等撰：《金史》卷五十七《百官三》，中华书局，1976年，第1316页。

主要包括中书省、行省、宣尉司（或宣尉司都元帅府）、路、府、州、县等各级政府机构；二是监察机构，主要包括御史台（又称"内台"）、行御史台（包括西台和南台）、肃政廉访司等；三是专门机构，主要包括宣课所和市令司等。

一　行政机构

度量衡管理机构的主体是各级政府机构，主要包括中书省、行省、宣尉司（或宣尉司都元帅府）、路、府、州、县等。

（一）中书省

中书省（或尚书省）作为全国的政务机关，在度量衡管理方面负有总责，但其并不直接参与度量衡的管理。其在度量衡方面的管理职能，主要是指导全国的度量衡管理，并为此制定总体的管理制度和管理措施。

1.颁布度量衡管理制度

度量衡的各种管理制度，譬如颁降制度、仿造制度、销售制度、缴毁制度、提调制度、保管制度、奖惩制度等皆是中书省制定并向各处行省颁布的。这些制度是行省、宣慰司、路、府、州、县等各级政府机构管理本处度量衡相关事务的制度保障和指导方针。

2.制定度量衡管理措施

度量衡相关的各类管理措施，无论是行政处罚措施，还是经济处罚措施，抑或是法律处罚措施，亦是由中书省依据实际情况制定并发布全国的。如《公文一》中，中书省针对"各路行铺之家行用度尺升斗等秤俱不如法"这一情况，提出了指导性的解决办法和措施，即要求各行省"照依系官见行用法物，同样制造，差官较勘均平，一体钉裹印烙，定立本价，发下随路，遍历行使，立限拘收旧使斛槛升斗秤尺。若有不遵违犯之人，严行禁治"。

（二）行省、宣尉司

行省作为最高级别的地方政府机构，在本省度量衡管理方面负有不可推卸的责任。具体来讲，行省的度量衡管理职能主要体现在两个方面：

1.指导本省的度量衡管理

《公文一》和《公文二》中载，行省向下属机构和所属路府州县传达中书省下发的各项度量衡管理政令，指导本省的度量衡管理工作。

2.直接参与本省的度量衡管理

《元史·朵尔直班传》中载，至正年间，辽阳地区的民众"编柳为斗，大小不一，豪贾猾侩得以高下其手，民咸病之"。时任辽阳行省平章政事的朵尔直班"即饬有司厉防禁，齐称量，诸物乃毕集而价自平"[①]。这里的"有司"，说明行省内设有专门机构或专职官员具体负责度量衡的管理。

宣慰司作为行省派出的分治机构，当与行省的职能大致相同，即指导和参与本辖区的度量衡管理。

（三）路总管府

诸路总管府，作为管民官之首，具体负责本路度量衡的管理。其度量衡管理职权主要体现在以下四个方面：

1.定期或不定期抽检度量衡

《公文二》中载："（达鲁花赤、庶政长官）常切关防较勘，毋令似前作弊抵换。"这句话说明诸路总管府的达鲁花赤和总管有对本处的度量衡器有进行定期或不定期检查的权力，目的是防止"作弊抵换"。

2.收缴、销毁不合法式度量衡

《公文二》中载："将不依法式斛斗秤度，随即拘收入官毁坏。"这句话是说，路总管府具有收缴并毁坏不合法式度量衡器的权力。

3.惩处不法行为

《公文二》中载："令本处达鲁花赤、长官不妨本职，常切用心提调。如限外违犯之人捉拿到官，断决五十七下，止坐见发之家。"这里的"本处"，包括路、府、州、县等各级政府。如果具体到"路"，路总管府达鲁花赤、总管要具体负责度量衡的管理，对于违反相关规定的人，要给予相应的惩罚。

4.鼓励和奖励举报

《皇庆元年公文》中载："如有似前违犯之人，许诸人捉拿赴官，枷项号令，严行断罪，于犯人名下征至元钞一定，给付告人充赏。"这段话中所谓的"许诸人捉拿赴官"，是鼓励举报的措施；"于犯人名下征至元钞一定，给付告人充赏"，则是奖励举报的措施。

（四）府、州、县

府、州、县等各级地方政府，对本处度量衡的制作和流通担负着监督职责。具体表现在两个方面：

1.府、州、县达鲁花赤、庶政长官

《公文二》载："府州县达鲁花赤、长官不为用心提调，致有违犯"，"初犯罚俸二十日，再犯取招别议定罪。"这段话说明，府州县的达鲁花赤、庶政长官要具体负责度量衡器的制作和流通，如果不用心提调，要

---

① ［明］宋濂等撰：《元史》卷一百三十九《朵尔直班传》，中华书局，1976年，第3358页。

受到严厉的惩罚。

2.府、州、县正官

《公文二》中言："亲民司县正官禁治不严，初犯罚俸一月，再犯各决二十七下，三犯别议。亲民州部与司县同，仍标注过名，任满于解由内开写，以凭定夺。"这段话的大致意思是：府州县等各级政府的正官，如若对不合法式度量衡器禁治不严，不仅要受到经济处罚、法律处分和行政记过，而且在任期满后，还要根据其所犯过错之轻重来决定去留或降黜。这条文献说明，府、州、县等各级正官也担负着管理本处度量衡器职责；如果禁治不严，导致不合法式度量衡的流通，也要受到各种严厉的惩罚。

二　监察机构

元代建立了以御史台为中心、以行御史台为重点、以各道察院为经纬的严密监察网。

御史台，又称"内台"，是蒙元帝国的最高监察机构，并直领腹里地区和河南、辽阳、岭北三处行省，统领八道肃政廉访司。

江南诸道行御史台，简称为江南行御史台、江南行台或南台，监临江浙、江西、湖广等三处行省，统领十道肃政廉访司。

陕西诸道行御史台，简称为陕西行御史台、陕西行台或西台，监临陕西、甘肃、四川、云南等四处行省，统领四道肃政廉访司。

元初置提刑按察司，以纠察地方吏治、政治得失。至元二十八年（1291年），改称为肃政廉访司。其所督查或巡视地区称为"道"。大德初，设置二十二道，遍于全国，分别隶属于御史台、江南行台、陕西行台。

上述各级监察机构并不直接参与度量衡的管理，其在度量衡方面的职权主要有建议权和监督权两种。

1.建议权

各级监察机构在察访过程中，若发现度量衡存在着弊端，有提出改进或改造的权力。

《至元二十九年公文》中载，御史台咨：照得至元二十年四月十六日准御史中丞牒："官司所用斛榦，底狭面阔。吏卒收受，概量之际，轻重其手，弊悖多端。亡宋行用文思院斛，腹大口狭，难于作弊，今可比附式样成造新斛，颁行天下。此不可但施于官，至于民间市肆，亦合准官斛制造，庶使奸伪不行，实为公私两利。"准此。五月二十五日，御前看过新斛样制。钦奉圣旨："是有。说的有体例，交这般行者。"钦此①。从这条文献不难看出，"文思院斛"之所以能够推行全国，就是御史台向元世祖忽必烈建议的结果。

2.监督权

在度量衡制颁和流通的过程中，"若有不遵违犯之人"，各级监察机构有监督权。

《公文一》中言："若有不遵违犯之人，严行禁治，及扎付御史台纠察。"这条文献说明，御史台在度量衡器制作和流通过程中负有监督权。这里的"御史台"，应包括南台和西台在内。

《至元二十九年公文》中载，御史台在推行"文思院斛"时，"咨请各道察院严加纠察施行"。这说明各道察院在度量衡器制作和流通过程中负有监督权。这里的"各道察院"，即是各道肃政廉访司。

三　专门机构

在元代早中期，个别专门政府机构也参与了度量衡的管理。这类机构主要有两个：一是宣课所，一是市令司。

（一）宣课所

1230年，元太宗窝阔台设立十路宣课所（征收课税所）。由于大蒙古国时期各级政府机构的建置尚不完备，作为征收和转运赋税的专门机构——宣课所，当承担着本路度量衡的管理。

（二）市令司

元代承袭金制，在燕京路（后改中都路、又改大都路）设置市令司，以管理大都的市场。据《金史·百官志》记载，金朝的市令司具有"察度量权衡之违式"的职能②。从元代铜权铭文"市令司发"来看，元代的市令司也负有管理度量衡的职责（详见第四章附考三）。

上述各类度量衡管理机构中，中书省、行省（包括宣慰使司）、路级机构（包括了路、直隶府、直隶州）、府、州、县等各级政府机构，在度量衡方面具有行政管理权；御史台（包括南台和西台）、肃政廉访司等监察机构，在度量衡方面主要行使监督权。

---

① 陈高华等点校：《元典章》卷二十一《户部卷之七》，中华书局等，2011年，第753页。
② ［元］脱脱等撰：《金史》卷五十七《百官三》，中华书局，1976年，第1316页。

第五节　元代度量衡的管理制度与措施

为了促进度量衡及其制度的统一与发展，蒙元政府不仅建立了较为完善的度量衡管理制度，而且制定了较为完备的度量衡管理措施。

一　元代度量衡的管理制度

从现有资料看，蒙元政府主要制定了八项度量衡管理制度，即颁降制度、仿造制度、保管制度、销售制度、缴毁制度、检校制度、编号制度和提调制度。

（一）颁降制度

"颁降制度"，是指中书省（或尚书省）及其户部将工部制作的度量衡标准器颁发给各处行省，供其使用和仿造的制度。这里所谓的"度量衡标准器"，在元代文献和实物资料中常被称为"省部元降样制""官降式样"，或径称为"（省）样"。

《公文五》载："（中书省）令工部造到圆斛一十只，较勘相同，每处拟发斛样一只。咨发各处行省、宣慰司依样成造，较勘印烙，发下合属行用。"① 这条文献所讲的就是"颁降制度"。其大致意思是：中书省命令工部制作十只圆斛，经检校合格后向每处行省发放一只。与此同时，中书省又发文给各处行省、宣尉司，要求他们按照省部所颁降的样式进行仿造，经检校合格后再发放给所属机构和所辖"路级机构"（包括"路"、直隶府、直隶州）使用或仿造。

这里需要说明的是，中书省下发这道公文的时间为至元二十三年（1286年）。此时的蒙元帝国辖有腹里地区和陕西、四川、云南、辽阳、河南、湖广、江浙、江西、甘肃等九处行省。因此《公文五》中所谓的"每处"，是指腹里地区和九处行省。由此可知，中书省颁降的"省样"数量是较为有限的。

（二）仿造制度

"仿造制度"，主要是指各处行省、宣慰司（或宣慰司都元帅府）、"路级机构"（包括"路"、直隶府、直隶州），依据中书省颁降的"省样"

---

① 陈高华等点校：《元典章》卷二十一《户部卷之七》，中华书局等，2011年，第753页。

逐级进行仿造的制度。在元代文献中，官府仿造并发放给所属机构和地区的度量衡通常称之为"法物"或"工物"。

由《公文五》可知，中书省颁降的"省样"数量较为有限，这是无法满足需要的。因此，中书省又发文给各处行省和宣尉司，要求他们"依样成造，较勘印烙，发下合属行用"。

从政府机构的组成来讲，各处行省均由多个部门组成；从所辖地域来说，各处行省既有若干个直辖的"路"，还有若干个分治机构——宣尉司（或宣尉使司都元帅府）。因此，各处行省所仿造的度量衡可大致分为三部分：一部分发给下属相关机构使用，一部分发给所属"路级机构"以便进一步仿造，一部分发给所属宣尉司（或宣尉使司都元帅府）以便进一步仿造。

中书省是全国的政务机关，不仅辖有多个政府部门，而且直辖广袤的腹里地区。腹里地区也辖有若干个宣尉司和"路级机构"。因此，中书省和行省有着大致相同的度量衡仿造制度。

宣尉司是行省在偏远地区设置的分治机构，同样是由多个部门组成，并辖有若干个"路级机构"。因此，宣尉司仿造的度量衡可大致分为两部分，一部分发给下属相关机构使用，一部分发给"路级机构"以便进一步仿造。

"路级机构"依照行省或宣尉司提供的样器来仿造度量衡。"路级机构"制作的度量衡可大致分为两部分：一部分发放给下属相关机构使用，一部分发放给所属府、州、县使用。

"路级机构"所属的府、州、县也有仿造度量衡的权力，但这一权力较为有限。一方面，他们要经过"路级机构"的授权才可以仿造；另一方面，他们制作的度量衡要经过"路级机构"的检校。

（三）保管制度

"保管制度"，是指"省样"或"法物"的保管和借用制度。"省样"是中书省及其户部向各处行省颁降的度量衡，"法物"（或"工物"）是行省、宣尉司、"路级机构"向下属机构和所属府、州、县发放的度量衡。

据《公文八》载，江西行省曾收到了中书省下发的一道公文："发到铁升斗、小口方斛样制，咨请收管。"从该公文的内容看，中书省颁降的"省样"一般由行省的相关部门保管。

《公文二》中载："合该工物，照依在先体例，官为借用，各验关降数目，却令拨还"。这则材料反映的是借用度量衡标准器方面的有关措施。其大致意思是，按照规定，官家如果借用度量衡标准器，借时要验清发放的数目，用完要尽快归还。

（四）缴毁制度

"缴毁制度"，是指官府对不合法式度量衡进行收缴并给予销毁的制度。从文献资料来看，官府需要收缴和销毁的度量衡大致有两类：一是旧式的度量衡，即材料一所言的"旧使斛檻升斗尺秤"，亦即宋金时期遗留下的度量衡；一是私造的度量衡，即《公文一》中所言的"不依法式斛斗秤度"，亦即"限外违犯之人"制作的度量衡。

（五）销售制度

"销售制度"，是指"路级机构"将度量衡"定立本价"出售给下属机构和所辖府州县之市肆、民间的制度。

《公文一》中载："各路行铺之家行用度尺升斗等秤俱不如法，札付合属，照依系官见行用法物，同样制造，差官较勘均平，一体封裹印烙，定立本价，发下随路，遍历行使。"

《公文二》中载："都省议得：遍行各路，文字到限六十日，令各路总管府验所辖司县街市、民间合用斛斗秤度，照依省部元降样制成造。委本路管民达鲁花赤、长官较勘相同，印烙讫，发下各处，公私一体行用。"

《公文六》中载："本路（吉安路）河岸市井行铺之家，多有私造斛斗秤尺，俱不依法。又有违禁使用亡宋但有蛮桶，大小不同。除依样成造斛斗秤尺给散，及革去私牙外，乞照详。"

综合上述三道公文来看，在至元二十三年以前，元政府对于度量衡曾经采取"定立本价，发下随路"的办法，实行"销售制度"。但这种制度存在的时间并不长。至元二十三年以后，元政府则采取了直接将度量衡发下各处的措施，不再言及"定立本价"一事。

（六）检校制度

"检校制度"，是度量衡经过官府检定合格之后方可流通使用的制度。此项制度主要体现在两个方面：

1.在度量衡的制作方面，制作机构与检校机构两位一体。如工部、行省、宣尉司、"路级机构"等，既是度量衡的制作机构，也是度量衡的检校机构。只有检校合格的度量衡，才能颁发给下属部门和所属地域使用。

2.在度量衡的流通方面，诸路总管府负有定期或不定期对度量衡进行检校的职责，以杜绝私造度量衡的流通。《公文二》中所言的"委本路管民达鲁花赤、庶政长官……常切关防较勘",就是这一制度的具体体现,目的是"毋令似前作弊抵换"。

（七）编号制度

"编号制度",是指对度量衡进行编号以便登记造册的制度。元代铜权上常见的编号铭文,就是这一制度的反映。

编号制度的直接目的是防止不法之徒以私造的度量衡去抵换"省样"或"法物",根本目的则是杜绝不合法式度量衡的制作和流通。

（八）提调制度

"提调制度",主要是指路府州县等各级政府达鲁花赤和庶政长官在"不妨本职"的前提下,总体负责本处度量衡制颁和流通的制度。

《公文二》中载,中书省命令各路府州县的达鲁花赤和庶政长官在"不妨本职"的前提下,"常切用心提调"本处度量衡的制颁和流通。如若"不为用心提调,致有违犯",则给予相应的惩罚,"初犯,罚俸二十日;再犯,取招别议定罪"。

二　元代度量衡的管理措施

为了严禁不合法式度量衡的制作和流通,蒙元政府制定了较为严厉的管理措施。在这些措施中,有的属于行政处罚,有的属于经济处罚,有的则属于刑事处罚。惩罚的对象主要包括三类人群:一是制作或使用不合法式度量衡的"违范之人",二是路府州县等各级政府的达鲁花赤和庶政长官,三是路府州县等各级政府的其他正官。

（一）限外违范之人

《至元二十三年公文》和《皇庆元年公文》中所言的"限外违犯之人",是指制作或使用不合法式度量衡的人员。对于此类人群,蒙元政府"许诸人捉拿赴官",即人人皆有将其捉拿赴官的权利和义务。

按照上述两道公文所载,蒙元政府对"限外违犯之人"的惩罚措施主要有四项:一是"枷项号令",即将犯人带上枷锁并标明罪状游街示众;二是"严行断罪","决五十七下";三是"坐发见之家",家属要连带受罚;四是在"犯人名下征至元钞一定",以"给付告人充赏",目的是鼓励举报。在这些措施中,第二项、第三项见于《至元二十三年公文》,第一项、第二项和第四项见于《皇庆元年公文》。不难看出,蒙元政府的管理措施日趋完善:一方面加重了对违法者本身的处罚,一方面减免了对违法者亲属的处罚。

（二）路府州县正官

路、府、州、县等各级政府的正官，具体负责本处度量衡的管理。若"禁治不严"而导致不合法式度量衡的制作或流通，他们将会受到严厉的惩罚。

亲民司县正官，若"禁治不严"，要受到严厉的处罚。对于初犯者，"罚俸一月"；对于再犯者，"决二十七下"；对于三犯者，则是更为严厉的处罚。这里的"司县"，指的是"录事司"和"县"。

亲民州郡正官，若"禁治不严"，所受到的惩罚与"亲民司县正官"大致相同。除此之外，还要"标注过名，任满于解由内开写，以凭定夺"，即在档案中记录官员所犯的过错，在任期满后，决定其去留或降黜。这里的"州郡"，指的是"州"和"府"。

（三）路府州县长官

路、府、州、县等各级政府的达鲁花赤和庶政长官，均是本处的"长官"。他们在"不妨本职"的情况下，总体负责度量衡的管理。如果"不为用心提调，致有违犯"，也将受到严厉的惩罚，"初犯，罚俸二十日，再犯，取招别议定罪"。

三　元代度量衡管理的局限性

元代度量衡各管理机构之责权相对分明，各项管理制度也相对完善，各项管理措施也较为完备，这不仅有利于度量衡的统一，而且有利于经济的发展，同时也有助于社会的稳定。但我们也应看到，元代度量衡在大体统一的同时，也表现出较为混乱的一面。

1.度量衡并未实现大一统

有元一代，蒙元政府一直试图实现度量衡的标准化和统一化，但由于种种弊端的存在，元代的度量衡始终未能实现真正意义上的大一统。

从文献记载来看，蒙元帝国各个区域的度量衡标准是不太一致的。如元世祖末年，东平人赵天麟曾说："虽定而未齐一者，度量衡而已矣。臣居山东，但见山东数郡，或隔一镇，或间一河，其度之长短，量之多寡，衡之轻重，已皆不同矣。"①

实物资料反映出的情况与文献记载是基本一致的：各行省之间、各路之间、各州县之间存在着铜权铭文体例不一、铜权编号方式不一、铜

---

① ［元］赵天麟撰：《太平金镜策》，《续修四库全书》第475册，上海古籍出版社，2002年，第224页。

权自重铭文相同而实测重量差别较大等现象。

2.私造度量衡的现象较为常见

有元一代，无论是在度量衡制度的草创或衰落阶段，还是在度量衡制度的确立或完善阶段，始终存在着私造度量衡的现象，并且较为常见。

《公文二》中载，至元二十三年（1286年）前后，"有行户人等，恣意私造使用，或出入斛斗秤度不同，以致物价低昂，深恐不便"。

《公文六》中载，皇庆元年（1312年）前后，吉安路"多有私造斛斗秤尺，俱不依法，又有违禁使用亡宋但有蛮桶，大小不同"。

《元史·朵尔直班传》中载，至正年间，辽阳地区的民众"编柳为斗"，而且"大小不一"[①]。

《至正条格》"断例"目录"第二十五卷·诈伪·杂律"中有"斛斗秤尺不如法"一目[②]，显然是针对不合法式度量衡的"断例"。这从侧面反映了元代度量衡的混乱状况。

从文献记载来看，元代度量衡之所以比较混乱，主要有以下两个原因：

1.吏治腐败

蒙元吏治腐败之甚，实属少见，诚如《元史·刑法志》中所言，"挟情之吏，舞弄文法，出入比附，用谲行私，而凶顽不法之徒，又数以赦宥获免；至于西僧岁作佛事，或恣意纵囚，以售其奸宄，俾善良者暗哑而饮恨，识者病之"[③]。

吏治腐败，是造成元代度量衡混乱的一个重要原因。元代度量衡方面的腐败主要表现在两个方面：一是懒政惰政，一是贪赃枉法。

（1）懒政惰政

度量衡方面的懒政惰政行为，不仅雍滞了度量衡政令的推行，而且阻碍了度量衡管理制度和管理措施的实施，不利于度量衡的统一。

元人王与《无冤录》中载，丽水、开化的仵作在检尸时，不用官降的"官尺打量"，而"缘公行使"毫厘有差、短长无准并且"明有禁例"的营造尺打量[④]。这种做法，显然阻碍了度量衡的统一。

① ［明］宋濂等撰：《元史》卷一百三十九《朵尔直班传》，中华书局，1976年，第3358页。
② ［韩］韩国学中央研究院编：《至正条格（校注本）》，"断例"目录"第二十五卷"，韩国人文出版集团，2007年，第164页。该卷的正文已佚。
③ ［明］宋濂等撰：《元史》卷一百二《刑法一》，中华书局，1976年，第2604页。
④ ［元］王与撰：《无冤录》，《续修四库全书》第972册，上海古籍出版社，2002年，第504页。

据《至元二十九年公文》记载，至元二十年（1283年）五月，蒙元政府开始在全国范围内推行"文思院斛"，但直至九年之后的至元二十九年（1292年），御史台仍在"咨请各道察院严加纠察施行"。"懒政惰政"之危害，由此可见一斑。

（2）贪赃枉法

度量衡方面的贪赃枉法行为，不仅破坏了度量衡的公平，而且动摇了社会的根基，不利于国家的长治久安。

《公文三》中载："官司所用斛榼，底狭面阔。吏卒收受，概量之际，轻重其手，弊悻多端。"

《元史·刑法志》中载："诸使臣行橐过重，压损驿马，而脱脱禾孙与使臣交赠为好，不以法秤盘者，笞二十七，记过。"①

《元史·食货志》中载："每中统钞一贯，买盐二斤四两，毋令杂灰土其中，及权衡不得其平"②。

《元史·食货志》又载："今各纲运盐船户，经行岁久，奸弊日滋。凡遇到场装盐之时，私属盐场官吏司秤人等，重其斤两，装为硬袋，出场之后，沿途盗卖，杂以灰土，补其所亏。及到所赴之仓，而仓官司秤人又各受贿，既不加辨，秤盘又不如法"③。

上述几条文献中所言的"不以法秤盘""权衡不得其平"和"秤盘又不如法"等，反映了官吏在度量衡方面的贪赃枉法现象。

2.商人贪图厚利

商人为贪图厚利，使用不合法式度量衡的现象较为常见，也是元代度量衡混乱的一个重要因素。

《公文一》中载："各路行铺之家行用度尺升斗等秤俱不如法。"

《公文六》中载："本路（吉安路）河岸市井行铺之家，多有私造斛斗秤尺，俱不依法。又有违禁使用亡宋但有蛮桶，大小不同。"

《皇庆元年公文》中载："各处诸行铺户……不将官降斗斛行用，贪图厚利，欺瞒客旅，别行私造大小斛斗，遇有贩到米麦，用大者收籴，小者出粜，所有秤尺亦皆效此"。

《元史·朵尔直班传》中载，至正年间的辽阳地区，"其俗编柳为斗，

---

① ［明］宋濂等撰：《元史》卷一百三《刑法二》，中华书局，1976年，第2629页。

② ［明］宋濂等撰：《元史》卷九十七《食货五》，中华书局，1976年，第2486页。

① ［明］宋濂等撰：《元史》卷九十七《食货五》，中华书局，1976年，第2496~2497页。

大小不一，豪贾猾侩得以高下其手，民咸病之"①。

　　总而言之，官吏的懒政惰政和徇私枉法，不仅阻碍了度量衡的统一，而且开启了恶劣的先例，以致商人、民众争相仿效，最终使元代度量衡及其制度陷入了混乱之中。

―――――――――

① ［明］宋濂等撰：《元史》卷一百三十九《朵尔直班传》，中华书局，1976年，第3358页。

第十章　元代经济发展的基本特征

元代铜权是元代商品经济乃至整个社会经济发展状况的实物见证。通过元代铜权的年代分布状况，可以窥见元代经济发展的阶段性特征；通过元代铜权的地域分布状况，可以了解元代经济发展的区域性特点。

第一节　元代经济发展的阶段性

以元代文献资料为基础，以元代铜权的分期和年代分布状况为依据（详见第一章第五节和第三章第三节），可将元代经济的发展历程分为三个阶段，即"恢复期""兴盛期"和"衰落期"。

一　恢复期

此期始于1206年大蒙古国的建立，终于"大元"国号确立的前夕（1270年），共65年；先后经历了元太祖成吉思汗统治时期、元太宗窝阔台统治时期、元定宗贵由统治时期、元宪宗蒙哥统治时期、元世祖忽必烈统治的前期。其间，又经历了拖雷监国（1228年）、乃马真后称制（1242～1245年）、海迷失后称制（1249～1250年）三个短暂的时期。

（一）政治环境

大蒙古国建立前后，进行了一系列的内外战争。其中，对外战争主要有灭夏战争（1205～1227年）、灭金战争（1211～1234年）、第一次西征（1219～1225年）、第二次西征（1235～1244年）、第一次蒙宋战争（1235～1241年）、第三次西征（1253～1260年）、第二次蒙宋战争（1253～1259年）等。内部战争主要有忽必烈与阿里不哥争夺汗位之战（1260～1264年）、忽必烈平定李璮叛乱之战（1262年）等。

大蒙古国发动的一系列战争，给当地经济带来了极大的破坏：一方面，造成了人口的大量逃亡。元太宗窝阔台七年（1235年）整理中原户籍，自燕京、顺天等三十六路，得"户八十七万三千七百八十一，

口四百七十五万四千九百七十五"①，较之金泰和七年（1207年）"户
七百六十八万四千四百三十八、口四千五百八十一万六千七十九"②，户
数和人数几乎减少了十分之九。另一方面，导致了土地的大量荒芜。在
战争的摧残下，原本富庶的黄河中下游地区，出现了"赤地千里，人烟
断绝"的景象③。

（二）经济状况

为了解决当时战争所需的物力和财力问题，大蒙古国采取了一系列
恢复和发展经济的政策和措施。

元太宗窝阔台时期，恢复和发展经济的措施主要有两点：一是建立
北京、燕京、宣德、西京、太原、平阳、真定、平州、济南、东平等十
路"征收课税所"（1230年），用以征收中原赋税；二是整理户籍（1235
年完成），初步确立了赋税制度。

元宪宗蒙哥统治时期，采取了检田括户、招抚流亡、鼓励屯田、整
顿财政等一系列措施。

元世祖忽必烈继位之后，采取了鼓励垦荒、兴修水利、减轻赋税、
发行宝钞、重视商业等一系列措施。

经过几代帝王的努力，大蒙古国的经济开始出现复苏景象，人口与
户数也开始增加。《元史·地理志》载，元宪宗二年壬子（1252年），又
籍户，增户二十余万。元世祖至元七年（1270年），再次籍户，又增户
三十余万④。人口的增加，使土地大量荒芜的状况有所改变。

总体来看，这一时期的大蒙古国以扩张版图为首要任务，没有太多
的精力顾及经济的发展。蒙元政府虽采取了恢复和发展经济的一系列措
施，但基本上是围绕着军事征服来进行的。战争的破坏与消耗，统治阶
级的掠夺与浪费，决定了这一时期经济发展的缓慢性和曲折性。

二　兴盛期

此期始于1271年改国号为"大元"，终于1323年的"南坡之变"，共
53年，先后经历了元世祖统治中后期（1271～1294年）、元成宗统治时

---

① ［明］宋濂等撰：《元史》卷五十八《地理一》，中华书局，1976年，第1345页。
② ［元］脱脱等撰：《金史》卷四十六《食货一》，中华书局，1975年，1036页。
③ ［宋］李心传撰，徐规点校：《建炎以来朝野杂记》乙集卷十九《鞑靼款塞》，中华书
　　局，2000年，第852页。
④ ［明］宋濂等撰：《元史》卷五十八《地理一》，中华书局，1976年，第1345页。

期（1295～1307年）、元武宗统治时期（1308～1311年）、元仁宗统治时期（1312～1320年）和元英宗统治时期（1321～1323年）。

（一）政治环境

1271年，宋蒙之争大局已定，元世祖忽必烈改国号为"大元"。1279年，南宋灭亡，战争基本结束，南北统一，政治趋于稳定，发展经济的各项政策得以在全国范围内持续推行。

（二）经济状况

元世祖统治的中后期，继续推行重农重商的各项举措，使元代经济进入快速发展时期。元成宗是中国历史上有名的守成之君。在他当政期间，继续推行元世祖时期的各项经济政策，使元代经济持续稳定发展。

至元、元贞和大德时期，是元代经济的鼎盛时期。《元史·食货志》中所言的"元之治以至元、大德为首"[1]，是比较符合实际的评价。

元武宗孛儿只斤·海山统治时期，一改世祖、成宗之政，大兴土木、滥封无节、滥赏无度、滥发至大宝钞，以致财政枯竭。诚如《元史·武宗纪》中所载："武宗当富有之大业，慨然欲创治改法而有为，故其封爵太盛，而遥授之官众，锡赉太隆，而泛赏之恩溥。至元、大德之政，于是稍有变更云。"[2]

元仁宗爱育黎拔力八达即位后，针对武宗朝的种种弊端，立即采取了一系列的革新措施：一是停止兴建中都等处的土木工程；二是裁汰冗员，减少开支；三是停止发行至大银钞和铜钱，继续发行中统和至元宝钞；四是打击土地兼并。但由于保守势力的反对，元仁宗的改革并未取得明显的效果。

元英宗硕德八剌即位后，提拔拜柱为右丞相，并采取了一系列的改革措施，如减轻徭役、精简机构、裁汰冗官、实行助役法等。但因过于激进，元英宗的改革惨遭失败并祸及本人。

元武宗的倒行逆施，一度使元代经济处于停滞状态。元仁宗和元英宗的改革虽均以失败告终，未能挽大厦于将倾，但在世祖、成宗两朝"全盛"的余荫下，元代经济并未出现快速下滑的景象。

总体来看，这一时期政治比较稳定、政策相对宽松，农业、手工业、商业发展迅速，是元代经济发展的全盛时期。

---

① ［明］宋濂等撰：《元史》卷九十三《食货一》，中华书局，1976年，第2352页。
② ［明］宋濂等撰：《元史》卷二十三《武宗二》，中华书局，1976年，第531页。

三　衰落期

此期始于1324年泰定帝改元"泰定"，终于1368年元顺帝北遁，共45年，先后经历了泰定帝统治时期（1324～1328年）、天顺帝统治时期（1328年）、元文宗时期（1328年，1329～1333年）、元明宗统治时期（1329年）、元宁宗统治时期（1333年）和元顺帝统治时期（1333～1368年）。

（一）政治环境

1323年的"南坡之变"，元英宗硕德八剌被杀，泰定帝也孙铁木儿以"弑君"的方式继承大统，开启了"叔辈"篡夺"侄辈"皇位的恶劣先例，打开了皇室内斗的潘多拉魔盒，元代从此进入了一个皇位更迭频繁、权臣当政、农民起义频发的时期。

致和元年（1328年）七月，泰定帝驾崩于上都。权臣倒剌沙在上都拥立皇太子阿剌吉八为皇帝，并改元"天顺"；与此同时，燕帖木儿在大都拥戴图帖木儿称帝，并改元"天历"，从而触发了两都之战。大都军队很快攻进上都，倒剌沙投降后被处死，天顺帝下落不明。

天历二年（1329年）正月，元文宗图帖睦尔让位于和世㻋，是为元明宗。同年八月，元明宗突然暴崩，元文宗复位，史称"天历之变"。

至顺三年（1332年）八月，元文宗崩于上都。在元文宗皇后卜答里的主导下，元明宗次子懿璘质班得以继承皇位，是为元宁宗。但仅在位五十三天，元宁宗就因病去世了。随后，元宁宗的哥哥妥欢帖木儿继承皇位，是为元顺帝。

有元一代，元顺帝是在位时间最长的一位皇帝（1333～1368年，共36年）。但其统治前期遭遇伯颜专权（1333～1340年），后期又适逢大规模的农民起义（1351～1368年）。1368年，大都被明军攻破，元顺帝北遁大漠。

（二）经济状况

1324～1333年，在这短暂的十年中，先后有6位帝王更迭。皇位的不确定性，影响了政治的稳定，分散了统治者发展经济的注意力。这一时期在经济方面的举措，唯一令人称道的当属丞相脱脱所进行的革新。

脱脱在经济方面的革新举措主要有两点：一是解除了不许汉人养马的禁令，一定程度上减轻了农民的负担；二是更改钞法，铸造至正通宝铜钱，暂时缓解了国家财政窘迫的困境。但这次钞法改革具有两面性，其消极作用导致了严重的通货膨胀，加重了劳动人民的负担。

脱脱以后的元朝，再未出现一个强有力的改革家。面对此起彼伏的

自然灾害、波涛汹涌的农民起义、极其严重的通货膨胀，元代经济急速
下滑，已经濒于崩溃的边缘，无能为力的元顺帝也只能坐视元朝的灭
亡了。

第二节　元代经济发展的区域性

　　元代铜权地域分布的不均衡性，反映了元代经济发展的区域性。从
表10-1可以看出，腹里地区制颁的铜权数量最多，共250件，约占总数
（404件）的61.88%；其次为江浙行省，共52件，约占总数的12.87%；
再次为湖广行省，共34件，约占总数的8.42%；河南行省再次之，共30
件，约占总数的7.43%；江西、陕西、四川、甘肃、云南等五处行省的
数量更少，共38件，约占总数的9.41%。这里需要说明的是，云南、岭
北两处行省至今尚没有铜权发现。出现这种情况的原因，不是这两省没
有制颁铜权，应当是制颁的数量较少而未能留存于世。

表10-1　元代铜权各省分布状况一览表

序号	省份	铜权数量	百分比	次序
1	腹里地区	250件	61.88%	1
2	江浙行省	52件	12.87%	2
3	湖广行省	34件	8.42%	3
4	河南行省	30件	7.43%	4
5	江西行省	13件	3.22%	5
6	陕西行省	12件	2.97%	6
7	辽阳行省	11件	2.72%	7
8	四川行省	1件	0.25%	8
9	甘肃行省	1件	0.25%	8
10	云南行省	0件	0	9
11	岭北行省	0件	0	9
总计		404件	100%	

　　说明：该表铜权总数404件，不包括大蒙古国时期的4件（即东平路宣课所2件和真定河间
宣课所2件）。

　　蒙元帝国各省铜权留存数量的多寡，既有一定的必然性，又有一定

的偶然性。总体来看，"必然性"要高于（或大于）"偶然性"。这是因为：铜权的留存数量与制颁数量一般是成正比的。正是如此，我们既不能把元代铜权的地域分布状况和元代经济发展的区域性进行简单比附，又不能否认元代铜权地域分布状况基本反映了元代经济发展的区域性这一客观事实，这一认识可由元代相关文献资料给予佐证。

一　相关文献资料

对于元代经济发展的区域性问题，《元史》和《元典章》中有三段材料较为宝贵，现摘录如下：

（一）泰定初年税粮额数

《元史·食货一》载：

> 天下岁入粮数，总计一千二百十一万四千七百八石。
> 腹里，二百二十七万一千四百四十九石。
> 行省，九百八十四万三千二百五十八石。
> 辽阳省七万二千六十六石。
> 河南省二百五十九万一千二百六十九石。
> 陕西省二十二万九千二十三石。
> 四川省一十一万六千五百七十四石。
> 甘肃省六万五百八十六石。
> 云南省二十七万七千七百一十九石。
> 江浙省四百四十九万四千七百八十三石。
> 江西省一百一十五万七千四百四十八石。
> 湖广省八十四万三千七百八十七石[①]。

此段材料记载了泰定（1321～1323年）初年各省缴纳的税粮额数，涉及腹里、辽阳、河南、陕西、四川、甘肃、云南、江浙、江西、湖广等十处省份（不包括岭北行省），基本反映了当时各省的农业发展状况（表10-2）。

这里需要说明的是，上条资料中记全国税粮总额为12114708石，各省税粮总额为9843258石；通过计算得知，全国税粮总额实际为

---

① ［明］宋濂等撰：《元史》卷九十三《食货一》，中华书局，1976年，第2360～2361页。

表 10-2　泰定初年各省税粮一览表

序号	省份	税粮额数	百分比	次序
1	腹里地区	二百二十七万一千四百四十九石（2271449石）	18.75%	3
2	辽阳行省	七万二千六十六石（72066石）	0.59%	9
3	河南行省	二百五十九万一千二百六十九石（2591269石）	21.39%	2
4	陕西行省	二十二万九千二十三石（229023石）	1.89%	7
5	四川行省	一十一万六千五百七十四石（116574石）	0.96%	8
6	甘肃行省	六万五百八十六石（60586石）	0.50%	10
7	云南行省	二十七万七千七百一十九石（277719石）	2.29%	6
8	江浙行省	四百四十九万四千七百八十三石（4494783石）	37.10%	1
9	江西行省	一百一十五万七千四百四十八石（1157448石）	9.55%	4
10	湖广行省	八十四万三千七百八十七石（843787石）	6.96%	5
总计		一千二百一十一万四千七百四石（12114704石）	100%	

12114704石，比文献所载少了4石；各省税粮总额实际为9843255石，比文献所载少了3石。

（二）天历年间商税额数

《元史·食货二》载：

> 大都宣课提举司，一十万三千六锭一十一两四钱。
>
> 大都路，八千二百四十二锭九两七钱。
>
> 上都留守司，一千九百三十四锭五两。
>
> 上都税课提举司，一万五百二十五锭五两。
>
> 兴和路，七百七十锭一十七两一钱。
>
> 永平路，二千二百七十二锭四两五钱。
>
> 保定路，六千五百七锭二十三两五钱。
>
> 真定路，一万七千四百八锭三两九钱。
>
> 顺德路，二千五百七锭九两九钱。
>
> 广平路，五千三百七锭二十两二钱。
>
> 彰德路，四千八百五锭四十二两八钱。
>
> 大名路，一万七百九十五锭八两五钱。
>
> 怀庆路，四千九百四十九锭二两。

卫辉路，三千六百六十三锭七两。

河间路，一万四百六十六锭四十七两二钱。

东平路，七千一百四十一锭四十八两四钱。

东昌路，四千八百七十九锭三十二两。

济宁路，一万二千四百三锭四两一钱。

曹州，六千一十七锭四十六两三钱。

濮州，二千六百七十一锭七钱。

高唐州，四千二百五十九锭六两。

泰安州，二千一十三锭二十五两四钱。

冠州，七百三十八锭一十九两七钱。

宁海州，九百四十四锭三钱。

德州，二千九百一十九锭四十二两八钱。

益都路，九千四百七十七锭一十五两。

济南路，一万二千七百五十二锭三十六两六钱。

般阳路，三千四百八十六锭九两。

大同路，八千四百三十八锭一十九两一钱。

冀宁路，一万七百一十四锭三十四两六钱。

晋宁路，二万一千三百五十九锭四十二两二钱。

岭北行省，四百四十八锭四十五两六钱。

辽阳行省，八千二百七十三锭四十一两四钱。

河南行省，一十四万七千四百二十八锭三十二两三钱。

陕西行省，四万五千五百七十九锭三十九两二钱。

四川行省，一万六千六百七十六锭四两八钱。

甘肃行省，一万七千三百六十一锭三十六两一钱。

江浙行省，二十六万九千二十七锭三十两三钱。

江西行省，六万二千五百一十二锭七两三钱。

湖广行省，六万八千八百四十四锭九两九钱[①]。

此段材料记载了天历年间（1328～1329年）某年各省的商税额数（约939532锭），涉及腹里（约303378锭）、岭北、辽阳、河南、陕西、四川、甘肃、江浙、江西、湖广等十处省份（不包括云南行省），基本反映

---

① ［明］宋濂等撰：《元史》卷九十四《食货二》，中华书局，1976年，第2398～2401页。"真定路"，原资料为"嘉定路"，有误，这里径改之。

了当时各省的商业发展状况（表10-3）。

表10-3　天历年间各省商税一览表

序号	省份	商税额数	百分比	次序
1	腹里地区	三十万三千三百七十八锭一两九钱（按303378锭计）	32.29%	1
2	岭北行省	四百四十八锭四十五两六钱（按449锭计）	0.05%	10
3	辽阳行省	八千二百七十三锭四十一两四钱（按8274锭计）	0.88%	9
4	河南行省	一十四万七千四百二十八锭三十二两三钱（按147429锭计）	15.69%	3
5	陕西行省	四万五千五百七十九锭三十九两二钱（按45580锭计）	4.85%	6
6	四川行省	一万六千六百七十六锭四两八钱（按16676锭计）	1.77%	8
7	甘肃行省	一万七千三百六十一锭三十六两一钱（按17362锭计）	1.85%	7
8	江浙行省	二十六万九千二十七锭三十两三钱（按269028锭计）	28.63%	2
9	江西行省	六万二千五百一十二锭七两三钱（按62512锭计）	6.65%	5
10	湖广行省	六万八千八百四十四锭九两九钱（按68844锭计）	7.33%	4
总计		939532锭	100%	

说明：税额按锭计，四舍五入。

（三）元代"税务"的分布

为了征收商税，蒙元政府成立了专门的机构——"税务"（或称"税使司"）。依据所征收商税额数的不同，各省所设的"税务"数量也是不同的。

元代"税务"的数量，《元典章》中有三种不同的记载，一为173处[1]，一为170处[2]，一为200处[3]。数量的差异，说明元代"税务"是一个动态过程。其中，200处"税务"的资料是我们重点关注的材料，因为它是分区记载的，有助于我们讨论元代经济发展的区域性问题。

200处"税务"的具体分布情况如下："腹里税务七十三处""江浙行省四十处""江西行省一十八处""福建行省六处""辽阳行省两处""河南行省三十四处""陕西行省四处""四川行省两处""甘肃行省两处""湖广行省一十九处"（表10-4）。

---

① 陈高华等点校：《元典章》卷七《吏部卷之一》，中华书局等，2011年，第192～223页。
② 陈高华等点校：《元典章》卷九《吏部卷之三》，中华书局等，2011年，第335～337页。
③ 陈高华等点校：《元典章》卷九《吏部卷之三》，中华书局等，2011年，第338～340页。

表10-4　元代"税务"分布一览表

序号	省份	"税务"数量	百分比	次序
1	腹里地区	七十三处	36.5%	1
2	江浙行省	四十处	20%	2
3	江西行省	一十八处	9%	5
4	福建行省	六处	3%	6
5	辽阳行省	两处	1%	8
6	河南行省	三十四处	17%	3
7	陕西行省	四处	2%	7
8	四川行省	两处	1%	8
9	甘肃行省	两处	1%	8
10	湖广行省	一十九处	9.5%	4
总计		200处	100%	

对于记载200处"税务"的材料，其年代可以通过福建、辽阳、岭北三处行省的历史沿革情况来推定。福建行省的存在时间有两段：第一段是至元十四年（1277年）到大德三年（1299年），第二段是至正十六年（1356年）到至正二十八年（1368年）[1]。辽阳行省始置于至元二十四年（1287年）。岭北行省始置于皇庆元年（1312年）[2]。综合来看，记载200处"税务"之材料的年代当在1287年至1299年之间。

总体来看，在元代经济的区域性方面，上述三段材料与元代铜权所反映出的情况是基本一致的（表10-5）。

二　元代经济发展的区域性

农业是社会经济的基础，商业是社会经济发展状况的主要表征。综合元代铜权的地域分布状况、泰定初年各省税粮额数、天历年间各省商税额数和元代"税务"的分布情况，可将元代经济大致分为三个大的发展区域，即"发达地区""欠发达地区"和"落后地区"（表10-5）。

---

① 温海清：《元代福建行省置废变迁再考》，载中国地理学会历史地理专业委员会《历史地理》编辑委员会编《历史地理（第26辑）》，上海人民出版社，2012年，第144~162页。

② ［明］宋濂等撰：《元史》卷九十一《百官七》，中华书局，1976年，第2037页。

表10-5 元代经济发展的三大区域

经济区域		铜权		泰定初年税粮		天历年间商税		"税务"	
		百分比	次序	百分比	次序	百分比	次序	百分比	次序
发达地区	腹里	61.88%	1	18.75%	3	32.29%	1	36.5%	1
	江浙	12.87%	2	37.10%	1	28.63%	2	20%	2
	河南	7.43%	4	21.39%	2	15.69%	3	17%	3
欠发达地区	湖广	8.42%	3	6.96%	5	7.33%	4	9.5%	4
	江西	3.22%	5	9.55%	4	6.65%	5	9%	5
落后地区	辽阳	2.72%	7	0.59%	9	0.88%	9	1%	8
	陕西	2.97%	6	1.89%	7	4.85%	6	2%	7
	四川	0.25%	8	0.96%	8	1.77%	8	1%	8
	甘肃	0.25%	8	0.50%	10	1.85%	7	1%	8
	云南	不详	不详	2.29%	6	不详	不详	不详	不详
	岭北	不详	不详	不详	不详	0.05%	10	不详	不详
不详	福建	不详	不详	不详	不详	不详	不详	3%	6
总计		100%		100%		100%		100%	

说明：福建行省置废、分合繁复，暂未列入"三大经济区域"。

（一）"发达地区"

元代经济的"发达地区"包括腹里地区、江浙行省和河南行省。这三处省份均位于东部沿海地区，地理位置优越、自然资源丰富、海陆交通便利、对外贸易兴盛。其中，腹里地区不仅是元朝都城（大都和上都）的所在地，而且曾经是辽金都城（辽南京、金中都）的所在地；河南行省曾经为宋金都城（北宋都城汴梁，金改为南京）的所在地，江浙行省曾经为南宋都城杭州所在地。相对而言，这三个省份的经济基础都比较好，发展速度也比较快。

从泰定初年税粮额数来看，江浙行省的额数最多，共4494783石，约占总数（12114704石）的37.10%；河南行省次之，共2591269石，约占总数的21.39%；腹里地区再次之，为2271449石，约占总数的18.75%。不难看出，江浙行省的税粮额数几乎是腹里地区和河南行省的总和。从整体来看，这三个省份的税粮总额为9357501石，约占总数的77.24%。

从天历年间商税额数来看，腹里地区最多，约为303378锭，约占总数（939532锭）的32.29%；江浙行省次之，约为269028锭，约占总数的28.63%；河南行省次之，约为147429锭，约占总数的15.69%。整体来看，这三个省份的商税总额为719795锭，约占总数的76.61%。

从"税务"的分布来看，腹里地区最多，共73处，约占总数（200处）的36.5%；江浙行省次之，共40处，约占总数的20%；河南行省再次之，共34处，约占总数的17%。总体来看，三处行省共计147处，约占总数的73.5%。

（二）"欠发达地区"

元代经济的"欠发达地区"包括江西行省和湖广行省。这两个省份均位于南部沿海地区，耕地、人口、交通等各方面均落后于发达地区。

从泰定初年税粮额数来看，江西行省为1157448石，约占总数的9.55%；湖广行省为843787石，约占总数的6.96%。总体来看，这两个省份的税粮总额为2001235石，约占总数的16.52%，约是发达地区的21.39%。

从天历年间商税额数来看，江西行省约为62512锭，约占总数的6.65%；湖广行省约为68844锭，约占总数的7.33%。总体来看，这两个省份的商税总额为131356锭，约占总数的13.98%，约是发达地区的18.25%。

从"税务"的分布来看，江西行省共18处，约占总数（200处）的9%；湖广行省共19处，约占总数的9.5%。总体来看，两处行省共计37处，约占总数的18.5%，约是发达地区的25.17%。

（三）"落后地区"

元代经济的"落后地区"包括云南行省、四川行省、陕西行省、辽阳行省、甘肃行省和岭北行省。这六个省份中，除辽阳行省南部濒临渤海外，其他5个省份均位于内陆地区。无论是在资源、环境和交通方面来看，还是在耕地面积、人口规模等方面来说，这六个省份均落后于或少于其他几个省份。

从泰定初年税粮额数来看，云南行省为277719石，约占总数的2.29%；陕西行省为229023石，约占总数的1.89%；四川行省为116574石，约占总数的0.96%；辽阳行省为72066石，约占总数的0.59%；甘肃行省为60586石，约占总数的0.50%；岭北行省不详。总体来看，这六个省份的总额为755968石，约占总数的6.24%，约是发达地区的8.08%、欠发达地区37.77%。

从天历年间商税额数来看，陕西行省约为45580锭，约占总数的4.85%；四川行省约为16676锭，约占总数的1.77%；辽阳行省约为8274锭，约占总数的0.88%；甘肃行省约为17362锭，约占总数的1.85%；岭北行省约为449锭，约占总数的0.05%；云南行省不详。总体来看，这六个省份的总额为88341锭，约占总数的9.40%，约是发达地区的12.27%、欠发达地区的67.25%。

从"税务"的分布来看，辽阳、四川、陕西、甘肃等四处行省，总共10处，约占总数的5%，约是发达地区的6.8%、欠发达地区的27.03%。

整体来看，元代经济发展的区域差异性是十分明显的。综合元代铜权的地域分布、至元大德年间税务的地域分布、泰定初年税粮额数和天历年间商税额数来看，"发达地区"三个省份的数量（或额数）约占总数（或总额）的四分之三，其他八个省份仅占总数（或总额）的四分之一左右。这种严重的不均衡性，反映出元代商品经济和社会经济发展的区域差异性。这种差异性，势必会延缓甚至阻碍元朝整个社会经济的发展。

结　语

学者对元代铜权进行研究，始于清代乾隆时期。长期以来，由于时代和资料之限，这项课题的研究方法较为单一，基本上被局限于金石学范围之内；相关研究成果也较为单薄，既不全面、也不系统。

新中国成立之后，元代铜权的研究状况大为改观：一方面，大量的元代铜权被发现并公布出来，为系统探讨相关问题提供了丰富而又翔实的实物资料；另一方面，历史学、考古学、统计学等学科的发展以及网络技术的进步，为全面探讨相关问题提供了切实可行的理论、方法和技术。

一　元代铜权的整理

资料的搜集是进行相关研究的前提。我们充分利用发达的网络资源和种类繁多的书籍报刊，尽可能地查找元代的铜权资料。经过几近三年的努力，我们搜集到了近千件被发表者认为是元代的铜权。

资料的整理是进行相关研究的基础。我们对元代铜权的整理，主要包括以下几项工作：一是查证铜权的来源，确保铜权自身属性的真实；二是考证铜权的年代，确保铜权年代属性的可靠；三是校补误读或漏读之铜权铭文，以获得准确的铜权铭文；四是完善铜权相关事项或信息，尽可能地获得铜权的全面信息。通过上述几项工作，我们筛选出了672件可靠的元代铜权。

二　元代铜权的研究

依据672件元代铜权资料，并结合相关文献记载，我们对元代铜权的形制、元代铜权的铭文、元代权衡的单位量值、元代度量衡的管理体系、元代经济发展的基本特征等问题进行了系统探讨。

（一）元代铜权的形制

元代铜权形制的相关问题主要有三个：一是元代铜权的结构，二是元代铜权的类型，三是元代铜权的分期。

元代铜权一般由钮、肩、腹、腰、座五部分组成；但个别铜权是无腰无座的，仅由钮、肩、腹三部分组成。

依据腹部特征的差异，可将元代铜权分为 A 型、B 型、C 型、D 型、E 型、F 型六种类型。其中，B 型可细分为 Ba 型、Bb 型、Bc 型和 Bd 型四种亚型；C 型可细分为 Ca 型和 Cb 型两种亚型；D 型可细分为 Da 型和 Db 型两种亚型；E 型可细分为 Ea 型和 Eb 型两种亚型。

元代铜权各类型中，A 型、Ba 型是两种最主要的类型，不仅数量最多，而且分布地域最广、流传时间最久。

依据各类型的年代分布状况，可将元代铜权的发展演变分为三期。其中，第一期为元代早期，1206～1270 年，延续了 65 年，此期铜权的主要特征是类型单一，数量较少。第二期为元代中期，1271～1323 年，延续了 53 年，此期铜权的主要特征是类型多样，数量激增。第三期为元代晚期，1324～1368 年，延续了 45 年，此期铜权的主要特征是类型减少，数量锐减。

（二）元代铜权的铭文

元代铜权铭文的相关问题也主要有三个：一是元代铜权铭文的文字类型与体例，二是元代铜权铭文的类别与体例，三是元代铜权各类铭文的特征。

元代铜权的铭文包含了汉文、八思巴文、回鹘蒙文、波斯文等四种文字类型。依据各文字类型的组合关系，可将元代铜权分为四类，即"汉文铭文铜权""双体铭文铜权""三体铭文铜权"和"四体铭文铜权"。其中，"汉文铭文铜权"最为常见、数量最多；"四体铭文铜权"虽数量不多，但最富特色。

元代铜权铭文的内容较为丰富。依据具体内涵的不同，可将其分为纪年铭文、纪地铭文、编号铭文、自重铭文、称重铭文和其他铭文六类。

元代铜权的纪年铭文主要包括年号、干支、年份、月份、日期等内容；纪年方式主要有年号纪年、干支纪年、复合纪年（干支和年号相结合的纪年方式）三类。从纪年铭文来看，元代铜权的年代分布是不均衡的，具有较强的阶段性。

元代铜权纪地铭文涉及的行政区划十分广泛，既涉及中书省直辖的腹里地区，又涉及河南、江浙、江西、湖广、辽阳、甘肃、四川、陕西等 8 处行省；涉及的行政机构也比较广泛，不仅包括行省、路、府、州、县等各级地方政府机构，而且包括"（上都）留守司""宣课所""市令司""云需总管府"等各类专门机构。从纪地铭文来看，元代铜权的地域分布是不均衡的，具有较强的区域性。

元代铜权的自重铭文主要有"一斤锤""斤半锤""二斤锤""斤三（两锤）"和"斤九两（锤）"等五类。其中，"一斤锤""斤半锤"和"二斤锤"是八思巴文的汉译，"斤三（两锤）"和"斤九两（锤）"则是汉文。

元代铜权的称重铭文可分为"一十五斤""一十六斤""二十斤""二十三斤""二十五斤""二十六斤""三十五斤""四十五斤"和"五十五斤"九类。其中，"二十五斤"和"三十五斤"是两种最常见的类别，"一十五斤""一十六斤"和"五十五斤"等三类较为少见，"二十斤""二十三斤""二十六斤"和"四十五斤"等四类则属于偶见。

元代铜权的编号铭文主要包括千字文、数字、干支等要素。依据各要素的组合情况，可将元代铜权的编号方式大致分为八类，即"单个千字文文字""数字""单个千字文文字＋数字""两个千字文文字""天干文字＋数字""地支文字""地支文字＋数字""其他汉字＋数字"。其中，"单个千字文文字＋数字"的编号方式最为常见。

元代铜权的其他铭文，涉及的内容较为庞杂。依据具体内涵的不同，可将其分为十三类，即铜权的制作者、铜权的性质、铜权的制作作坊、铜权的检校标记、铜权的检校者、铜权的所有者、铜权的质量、铜权依照样器仿造、铜权所配杆秤高度精准、铜权所配杆秤公平公正、铜权所配杆秤的适用范围、铜权所配杆秤的使用主体、铜权制作和流通过程中的管理者。

（三）元代的权衡单位量值

元代分为大蒙古国和大元两个时期。相关资料显示，这两个时期的权衡单位量值是不同的。我们通过对10件大蒙古国时期银锭的细致分析，并以宋金时期权衡单位量值为参考，推得大蒙古国时期的斤重约为635克（折合两重39.7克）。我们通过对大元时期35件铜权和26件银锭的综合分析，推得大元时期的斤重约为616克（折合两重为38.5克）。

可以看出，大元时期的权衡单位量值，与大蒙古国时期相比有所减少（斤重减少了近20克、两重减少了约1.2克）。出现这一情况的原因是：南宋灭亡之时，为了安抚南宋遗民，蒙元政府采取了轻徭薄赋的政策。而推行这一政策的重要一环就是改"重秤"为"轻秤"，即摒弃大蒙古国时期的"重秤"（斤重约635克），而以南宋时期的"轻秤"——市秤（斤重约613.44克）作为新的官秤标准。

（四）元代度量衡的管理体系

元代度量衡的管理体系问题，主要包括三个方面的内容，即度量衡的管理机构、度量衡的管理制度和度量衡的管理措施。

元代度量衡的管理机构可分为两类:一是直接管理机构,二是间接管理机构。前者主要是指各级行政机构,包括中书省、行省、宣尉司、路、府、州、县等各级政府机构;后者主要是指御史台、行御史台(包括南台和西台)、诸道肃政廉访司等各级监察机构。

元代的度量衡管理制度主要包括八项,即颁降制度、仿造制度、保管制度、销售制度、缴毁制度、编号制度、检校制度和提调制度。

元代度量衡的管理措施主要包括两类:一是行政管理措施,二是法律管理措施。

(五)元代经济发展的基本特征

从某种意义上来说,元代铜权不仅是元代商品经济发展态势的晴雨表,而且是元代整个社会经济发展状况的指向标。

从年代分布来看,元代铜权的发展历程可大致分为三个阶段。其中,第一期为肇始期,1206~1270年,共65年;第二期为兴盛期,1271~1323年,共53年;第三期为衰落期,1324~1368年,共45年。如果将这一发展历程与元代经济发展的实际状况相对照,不难发现,第一期与元代经济的恢复期基本对应,第二期与元代经济的兴盛期大致相合,第三期则与元代经济的衰落期基本对应(见表11-1)。

表11-1 本书元代铜权相关分期(段)对照表

类别 时间	元代历史 分期		元代铜权 的分期	元代铜权的 发展阶段	元代度量衡及其 制度的发展阶段	元代经济的 发展阶段
1206–1259年	元代 早期	早段	第一期	肇始期	草创期	恢复期
1260–1270年		晚段			确立期	
1271–1294年	元代 中期	早段	第二期	兴盛期	完善期	兴盛期
1295–1323年		晚段				
1324–1368年	元代晚期		第三期	衰落期	衰落期	衰落期
所在章节	绪论		第一章第五节	第三章第三节	第九章第二节	第十章第一节

从元朝全境来看,元代铜权的地域分布是极不平衡的。其中,腹里、江浙、河南三个省份的铜权数量总和为332件,约占总数(404件)的82.18%;湖广、江西两个省份的铜权数量总和为47件,约占总数的11.63%;四川、陕西、甘肃、辽阳等六个省份的铜权数量较少,总和为25件,仅占总数的6.19%左右。这一区域差异性与元代三个经济区域("发

达地区""欠发达地区"和"落后地区")的实际状况是基本一致的。

三　元代度量衡及其制度的基本特征

通过对元代铜权诸多相关问题的探讨，我们可将元代度量衡及其制度的总体特征归纳为三点：一是承袭与创新互现，二是一体与多元交织，三是秩序与混乱并存。

（一）承袭与创新互现

元代的度量衡及其制度，大多承袭宋金，但亦包含着不少的创新因素。其中，大蒙古国时期多沿袭金制，大元时期多沿袭宋制。

如在铜权类型方面，元代铜权的 A 型、Ba 型两种类型，可以追溯到宋金时期，属于承袭；而 Bb 型、Bc 型、Bd 型、C 型（包括 Ca 型和 Cb 型）、D 型（包括 Da 型和 Db 型）、E 型（包括 Ea 型和 Eb 型）、F 型等多种类型不见于元代以前，属于元人的创新。

又如在度量衡管理制度方面，元代的颁降制度和仿造制度是承袭宋代而来，而提调制度始见于元，属于元人的创新。《宋会要·食货志》中载，绍兴二十五年（1155 年）四月四日，诏："令文思院制造一石斛，较定，明用火印，工部颁降诸路转运司，依省样制造、用印，付所辖州、军、监、县、镇受纳行使。如有违戾，按劾施行。"①从这条文献可以看出，度量衡的颁降制度和仿造制度在宋代就已存在。

（二）一体与多元交织

总体来看，元代的度量衡是统一的，但又呈现出多元化的发展趋势。这里的一体，包含了多元；多元，则是一体下的多元。

如在铜权类型方面，元代铜权的类型多达 12 种，体现了元代度量衡的多元性特征。但是在这 12 种类型中，A 型和 Ba 型处于主体地位，总共 391 件，约占总数的（485 件）80.62%；而其他 10 种类型则处于从属地位，总共 94 件，仅占总数的 19.38% 左右（详见第一章表 1-1）；这体现了元代度量衡的一体性特征。

又如在称重铭文方面，称重铭文共有 9 类，体现了元代度量衡及其制度的多元性。在这些类别中，"二十五斤"和"三十五斤"处于主体地位，共有 75 件，约占总数（109 件）的 68.81%；其他 6 类，总共 31 件，约占总数的 28.44%；这体现了元代度量衡及其制度的一体性特征。

---

① ［清］徐松辑，刘琳等校点：《宋会要辑稿·食货六九》，上海古籍出版社，2014 年，第 8052 页。

（三）秩序与混乱并存

元代的度量衡及其制度，从始至终，既表现出秩序井然的一面，又暴露出较为混乱的一面。

较为完善的管理制度、责罚相对分明的管理措施，体现了元代度量衡及其制度较有秩序的一面；但由于各项管理制度和管理措施执行不严、推行不力，致使伪造度量衡的现象普遍而又长期存在，这说明元代度量衡及其制度存在着比较混乱的一面。

综观以上所述，元代铜权的诸多相关问题，譬如元代铜权的形制问题、元代铜权的铭文问题、元代权衡的单位量值问题、元代度量衡的管理体系问题、元代经济发展的基本特征问题等，我们已尽可能地给予了相应地关照，并提出了一些新的认识和看法。但是，由于文献资料和实物资料的限制，我们对以下几个问题的讨论并不是很充分，所持的证据也不是很确凿：1.关于"千字文+数字"编号中"千字文"的含义问题，我们认为是"区域代码"，但这一认识尚需更多的资料给予证实；2.关于宣慰司（或宣慰司都元帅府）在度量衡制颁和管理方面的作用问题，我们仅以"行省"作类推，文献和实物证据并不充分；3.关于大元时期"官秤"与宋代"市秤"之间的关系问题，我们认为前者来源于后者，但并没有确凿的证据，仅是一种较为合理的推测；4.关于元代经济发展的基本特征问题，由于元代铜权的留存具有一定的偶然性，加之文献资料的贫乏性，我们对这一问题的讨论还是浅层次的。因此，这些问题只能留待相关资料丰富以后，我们再作详尽地探讨了。

附表　元代铜权一览表

说明：

一、本表所录铜权均为元代。这些铜权满足下列两个条件之一：一是纪年属于元代；二是无纪年，但依据纪地铭文等相关信息可推定为元代。

二、本表事项主要包括"形制""保存状况""制颁年代""纪年铭文""制颁机构""铭文内容""高度""重量""资料来源"等九类。"制颁机构"一栏下，若无相关信息，则以"空格"表示；其他事项对应栏下，若相关信息因原资料缺载而不可得知的，则以"不详"表示。

三、本表铜权以制颁年代之早晚为序排列。其中，年号明确而年份不明的铜权附于年号和年份皆明确的铜权之后，年号和年份均不明的铜权（包括年代不可考的铜权和无纪年铭文的铜权）附于最后。

四、本表铜权之铭文均已经过校正和订补。若原资料有误释或漏释的，本表径改之，并在"备注"栏下给予简单说明；若原资料的释读与史实不符，而又无清晰图片可供参考，本表按原资料如实移录，并在其后标以"？"表示存疑。

五、本表部分铜权见于多种资料。这些资料对铜权相关事项的记述或有或缺、或参差有别，本表择可信度高者用之，同时将相关资料皆备于"资料来源"一栏下，以便研究者查稽。因限于篇幅，本表"来源资料"一览下的记录是简略的，其完整信息可在本书"参考文献"中查得。

六、"制颁机构"一栏下，有的是铜权的制作机构，有的是铜权的颁发机构，有的则是铜权的检校机构。

七、"高度"和"重量"两栏下，有的涉及清代或民国的旧制，由于当时度量衡的标准较为混乱，该表暂不以今制进行换算。

八、"铭文内容"一栏下，"□"表示不可辨识之字，"□…□"表示连续多字不可辨识。

九、本表资料截止到2021年12月底。

标本	形制	保存状况	制颁年代	纪年铭文	制颁机构	铭文内容	高度（厘米）	重量（克）	资料来源	备注
1	不详	完整	1236	丙申年	东平路宣课所	权腹正面阴刻"丙申年造"，右侧阳刻"火"；背面阴刻"东平路宣课所"。	10.4	850	《文物春秋》1999年第2期	原文误释"火"为"少"。
2	不详	完整	1236	丙申年	东平路宣课所	权腹正面"丙申年造"，背面"东平路宣课所"，皆阴文。	6.2	170	《文物春秋》1999年第2期	
3	B	不详	1236	丙申年	真定河间宣课所	权腹有"丙申年""真定河间宣课所""天□"和一个押记。	清制一寸九分	清制五两五分前五分	《金石屑》第4633～4635页，1979年；《馓辅金石志》第8405页，1979年；《大观：中国书画珍品之夜（古代）》，2015年秋	
4	不详	不详	1237	丁酉年	真定河间宣课所	权腹有"丁酉年""真定河间宣课所"等铭文。	不详	不详	《雪堂藏古器物目录》第30页，2013年	
5	Ba	完整	1260	中统元年		权腹正面"中统元年"，背面"以同校秤"，皆阴文。	16	3578	《草原金石录》第233页，2013年	
6	A	完整	1260	中统元年		权腹正面"中统元年"，背面"官"，皆阴文。	9.8	725	《辽海文物学刊》1997年第2期	
7	A	完整	1260	中统元年	南京	权腹正面"中统元年"，背面"南京皇甫"，皆阴文。	7.9	380	《四川文物》2017年第3期	
8	不详	不详	1260	中统元年		权腹有"中统元年"铭文。	不详	28.2	《中国历代度量衡考》第472页，1992年	

续表

标本	形制	保存状况	制颁年代	纪年铭文	制颁机构	铭文内容	高度（厘米）	重量（克）	资料来源	备注
9	不详	不详	1260	中统元年		权腹有"中统元年""官造"等铭文。	不详	334	《中国历代度量衡考》第472页，1992年	
10	A	完整	1261	中统二年		权腹正面阴铸"中统二年"，背面铭文模糊不清。	8	402.5	《文物》1987年第11期	
11	A	完整	1270	至元七年	市令司	权腹正面"至元七年"，背面"市令司发"，皆阴铸。	11.5	1015	《考古》1994年第1期	
12	A	不详	1270	至元七年	市令司	权腹有"至元七年""市令司发"等。	11.5	925	《文物春秋》1991年第2期	
13	A	完整	1270	至元七年	市令司	权腹正面"至元七年"，背面"市令司发""下三"，皆阴文。	10.5	730	《文物春秋》2004年第3期	
14	不详	不详	1270	至元七年	总府	权腹有"至元七年""总府"等铭文。	不详	不详	《雪堂藏古器物目录》第29页，2013年	
15	不详	不详	1271	至元八年	总府	权腹有"至元八年""总府"等铭文。	不详	不详	《河北省考古文集（四）》第214～249页，2011年	
16	A	完整	1271	至元八年	东平府	权身正面"至元八年""云"，背面"东平府欣奉尚书户部造"，皆阴文。	10.7	872	《考古》1986年第8期	
17	A	完整	1271	至元八年	博州路	权腹正面阴铸"至元八年""地"，背面阴铸"博州路路造"，右侧线刻"天"。	11.2	858.58	《考古》1993年第5期；《邢台职业技术学院学报》2015年第2期	

续表

标本	形制	保存状况	制颁年代	纪年铭文	制颁机构	铭文内容	高度（厘米）	重量（克）	资料来源	备注
18	A	完整	1271	至元八年	益都路总管府	权腹正面"至元八年""工"，背面"益都路总管府造"，皆阴文。	9.5	550	《考古》1996年第12期	
19	A	座缺	1271	至元八年		权腹有"至元八年""□……□部造"等铭文。	残7.6	残630	《四川文物》2017年第3期	
20	A	完整	1271	至元八年	中都路	权腹正面"至元八年"，背面"中都路造"，皆阴铸。	8.4	497	《文物》1987年第11期	
21	A	完整	1271	至元八年		权身正面"至元八年"，背面只辨清一个"造"字，左上方"西"。	10.7	840	《文物春秋》1993年第3期	
22	A	座缺	1271	至元八年	顺天路	权腹正面"至元八年"，背面"顺天路"，侧面"四五"。	7.7	670	《文物春秋》2004年第3期	
23	A	完整	1271	至元八年		权腹刻有阴文"至元八年"。	11	不详	《文物春秋》2013年第4期	
24	A	不详	1271	至元八年		权腹正面"至元八年""丁（下）"，背面"官□□"，皆阴文。	不详	不详	《小校经阁金石文字》（四）第2341页（引得本）1979年	
25	A	不详	1271	至元八年	中都路	权腹正面"至元八年"，背面"中都路造""大世"，皆阴文。	不详	不详	《小校经阁金石文字》（四）第2342页（引得本）1979年	
26	A	完整	1271	至元八年	南京路	权腹正面"至元八年"，背面"南京路造"，右侧"寸七"，皆阴文。	10.9	951	《中原文物》1985年第3期	

续表

标本	形制	保存状况	制颁年代	纪年铭文	制颁机构	铭文内容	高度（厘米）	重量（克）	资料来源	备注
27	A	完整	1271	至元八年	南京路	权腹正面"至元八年"，背面"南京路造"，侧面"扌"，皆阴文。	10.5	879	《中原文物》1987年第1期	
28	A	完整	1271	至元八年	顺天路	权腹正面"至元八年"，背面"顺天路造"，侧面"十"，皆阴文。	10.88	930	《中国文物报》2020年9月8日第7版	
29	A	完整	1271	至元八年		权腹有"至元八年"闰一"等铭文，皆阴文。	11	830	《中国文物报》2001年7月18日第2版	
30	A	完整	1272	至元九年	留守司	权腹有"至元九年""留守司发""号"等阴文。	10.45	700	《四川文物》2017年第3期	
31	A	完整	1272	至元九年	京兆路	权身正面"至元九年"，背面"京兆路官造"，皆阴文。	10.9	900	《文物》1977年第2期	
32	A	完整	1272	至元九年	京兆路	权腹正面"至元九年"，背面"京兆路官造"，皆阴文。	11	800	《文物》1978年第3期	
33	不详	不详	1272	至元九年	留守司	权腹有"至元九年""留守司发"等阴文。	不详	725	《中国历代量衡考》第472页，1992年	
34	A	完整	1272	至元九年	成都路总府	权腹正面"至元九年"，背面"成都路总府"，皆阴文。	10.6	650	《四川文物》1989年第2期	原资料误读"京兆路"为"北路"。
35	A	完整	1273	至元十年	济南路	权腹正面"济南路造"，背面"至元十年"，皆阴刻。	8.6	510	《资州文史资料（第3辑）》第172～173页，1991年	

续表

标本	形制	保存状况	制颁年代	纪年铭文	制颁机构	铭文内容	高度（厘米）	重量（克）	资料来源	备注
36	不详	不详	1274	至元十一年		权腹有"至元十一年"铭文。	不详	不详	《中国历代度量衡考》第472页，1992年	
37	Ba	完整	1276	至元十三年	济南路	权腹正面"至元十三年"，背面"济南路"，侧面"千三"，皆阴文。	10.4	不详	《枣庄市博物馆馆藏文物精品集》第76页，2014年	
38	A	完整	1279	至元十六年		权腹正面阴刻"至元十六年造"。	9	不详	《德清博物馆文物珍藏》第124页，2010年	
39	A	不详	1279	至元十六年	□□路	权身正面刻"至元十六年"，背面刻"□□路"。	10.3	125	《怀宁县志》第657页，1996年	
40	A	完整	1279	至元十六年		权腹有"至元十六年造"铭文	不详	不详	《海隅之地：北仑史迹陈列图录》第43页，2019年	
41	不详	不详	1280	至元十七年		权身有"至元十七年"铭文。	7.5	不详	《中国历史文物陈列·陈列品简目（南京博物馆）》第57页，1957年	
42	Ba	完整	1281	至元十八年	潭州路	权身正面"至元十八年"造"官""潭州路造""十"等阴文。	9.1	538.6	《藏宝集粹：桂林博物馆藏文物精品》第135页，2015年	
43	A	较完整	1281	至元十八年	池州路总管府	权身正面"至元十八年造"，背面"池州路总管府""天四八"，皆阴文。	8.8	620	《考古》1997年第10期	

续表

标本	形制	保存状况	制颁年代	纪年铭文	制颁机构	铭文内容	高度（厘米）	重量（克）	资料来源	备注
44	A	不详	1281	至元十八年		权腹刻"至元十八年造"，旁又增刻"至大元年造"。	不详	495	《文博通讯》1983年第6期；《中国历代度量衡考》第472页，1992年	
45	A	不详	1281	至元十八年		权腹正面阴文"至元十八年造"，背面阳文"□五十七"。	不详	不详	《小校经阁金石文字（引得本）》（四）第2342页，1979年	
46	A	完整	1281	至元十八年		权腹有"至元十八年造"阴文。	10.6	1273	《越地范金》第110页，2009年	
47	不详	不详	1281	至元十八年		权腹有"至元十八年"铭文。	不详	800.6	《中国历代度量衡考》第472页，1992年	
48	A	完整	1282	至元十九年		权腹正面"至元十九年"，背面铭文模糊不清。	8	410	《南方文物》2006年第2期	
49	A	完整	1282	至元十九年		权腹阳铸"至元十九年造""十一"等铭文。	10	605	《越地范金》第110页，2009年	
50	A	完整	1283	至元二十年	潭州路	权腹正面"至元二十年造""皇"，背面"潭州路"，皆阳文。	22	10750	《湖南省博物馆馆刊（第10辑）》第335～339页，2013年	
51	不详	不详	1283	至元二十年		权腹有"至元二十年""至□角天""元十"等铭文。	13	2000	《江西历史文物》1983年第2期	

续表

标本	形制	保存状况	制颁年代	纪年铭文	制颁机构	铭文内容	高度（厘米）	重量（克）	资料来源	备注
52	不详	不详	1283	至元二十年		权腹有"至元廿年""官造"等铭文。	不详	350	《中国历代度量衡考》第472页，1992年	
53	B	不详	1284	至元二十一年	潭州路	权腹有"潭州路造""至元二十一年""丁"等铭文。	清制三寸强	不详	《古泉山馆金石文编残稿》第1711页，1979年	
54	A	完整	1284	至元二十一年	潭州路	权腹正面"至元二十一年"，背面"潭州路造"，皆阴文。	8.1	379	《江西省博物馆集刊（七）》第237~248页，2016年	
55	A	完整	1284	至元二十一年	潭州路	权腹有"至元二十一年""潭州路造"等铭文。	9.5	680	《醴陵市志》第792页，1995年	
56	Ba	完整	1284	至元二十一年	大都路	权腹正面"至元二十一年""大都造"，背面"二十五斤秤"，侧面为非汉字文字，皆阴铸。	9.95	720	《辽宁省博物馆刊（2012）》第245~258页，2013年；《四川文物》2017年第3期	
57	A	完整	1284	至元二十一年		权腹阴铸"至元二十一年"。	8.3	613	《名家点金·文物知识系列（青铜器卷）》第231页，2013年	
58	B	完整	1284	至元二十一年	大都路	权腹正面"至元二十一年""大都路造"，背面"三十斤秤"。	11.1	920	《文物春秋》2004年第3期	
59	不详	不详	1284	至元二十一年	大都路	权腹有"至元廿一年""大都路"（蒙汉文）。	不详	不详	《中国历代度量衡考》第472页，1992年	

续表

标本	形制	保存状况	制颁年代	纪年铭文	制颁机构	铭文内容	高度（厘米）	重量（克）	资料来源	备注
60	不详	不详	1284	至元二十一年	大都路	权腹有"至元二十一年""大都路造"，蒙汉文。	不详	不详	《中国历代度量衡考》第472页，1992年	
61	A	完整	1285	至元二十二年	潭州路	权腹正面"至元二十二年"，背面"潭州路造"，皆阴文。	7.8	361	《江西省博物馆集刊（七）》第237～248页，2016年	
62	A	完整	1285	至元二十二年	潭州路	权腹正面"至元二十二年"，背面"潭州路造""六"，皆阴文。	7.6	350	《考古》1996年第12期	
63	B	完整	1285	至元二十二年	保定路	权腹正面"保定路""至元廿二年"，背面"官造"，侧面"九"。	8.6	510	《文物春秋》2004年第3期	
64	B	不详	1285	至元二十二年	真定路	权腹正面"真定路""至元丨（廿）二年"，背面"官造"，侧面"丁（下）八"，皆阴文。	不详	不详	《小校经阁金石文字（引得本）》（四）第2343页，1979年	
65	不详	不详	1285	至元二十二年		权腹有"至元二十二年"铭文。	不详	不详	《雪堂藏古器物目录》第29页，2013年	
66	B	完整	1285	至元二十二年	潭州路	权腹有"至元二十一年""上十""潭州路造"等铭文。	8	400	《印江土家族苗族自治县文物志》第409页，2013年	
67	不详	不详	1285	至元二十二年	保定路	权腹有"至元二十二年""保定路造"铭文。	不详	774	《中国历代度量衡考》第472页，1992年	
68	不详	不详	1285	至元二十二年	大都路	权腹有"至元廿二年""大都路造"铭文。	不详	不详	《中国历代度量衡考》第472页，1992年	

续表

标本	形制	保存状况	制颁年代	纪年铭文	制颁机构	铭文内容	高度（厘米）	重量（克）	资料来源	备注
69	Cb	完整	1285	至元二十二年	赣州路	权腹有"至元廿二年""赣州路造"等铭文。	8.5	545	《中国计量》2010年第1期；《修来富斋量衡藏品选》第40页，2014年	
70	A	完整	1285	至元二十二年		权腹有"至元二十二年"铭文。	不详	不详	《益阳日报》2021年8月21日第3版	
71	Bc	完整	1286	至元二十三年	保定路	权腹有"保定路""至元二十三年""官造""六"等铭文。	9	520	《四川文物》2017年第3期	
72	Ba	完整	1286	至元二十三年	益都路总管府	权体正面"至元二十三年造"，右侧面"之"，背面"益都路总管府"，皆阴文。	9.5	420	《考古与文物》1990年第5期；《平度文物精粹》第77页，2014年	
73	A	完整	1286	至元二十三年		权腹有"至元二十三年"铭文。	8.3	58.5？	《岱山县志》第610页，1994年	
74	Ba	完整	1286	至元二十三年	开成路	权腹正面"官造""至元二十三年"，背面"开成路"，底座正面"账大"，阴文。	10.8	701	《开城安西王府遗址勘探报告》第261~263页，2009年	
75	Ba	完整	1286	至元二十三年	益都路总管府	权腹正面"至元二十三年造"，背面"益都路总管府"，皆阴文。	10	500	《考古》1988年第3期	
76	A	完整	1286	至元二十三年	真定路	权腹有"至元二十三年""真定路造"等铭文。	5.6	180	《四川文物》2017年第3期	

续表

标本	形制	保存状况	制颁年代	纪年铭文	制颁机构	铭文内容	高度（厘米）	重量（克）	资料来源	备注
77	Bc	完整	1286	至元二十三年	保定路	权身正面"保定路""至元廿三年"；背面"官造"，左侧面"工"，皆阴铸。	9	450	《文物春秋》1993年第3期	
78	B	钮缺	1286	至元二十三年	保定路	权腹正面"保定路""至元廿三年"，背面"官造"。	残8.8	残875	《文物春秋》2004年第3期	
79	Ba	完整	1286	至元二十三年	保定路	权腹正面"保定路""至元廿三年"，背面"官造"。	6.1	150	《文物春秋》2004年第3期	
80	B	完整	1286	至元二十三年	保定路	权腹正面"保定路""至元廿三年"，背面"官造"，侧面"五"。	10	785	《文物春秋》2004年第3期	
81	B	完整	1286	至元二十三年		权腹正面"保定路""至元廿三年"，背面"官造"，侧面"刘"。	10.2	820	《文物春秋》2004年第3期	
82	B	不详	1286	至元二十三年	保定路	权腹正面"至元二十三年"，背面"王"，皆阴文。	不详	不详	《小校经阁金石文字》（四）（引得本），1979年	
83	A	不详	1286	至元二十三年	真定路	权腹正面"至元二十三年"，背面"真定路"和花押，皆阴文。	不详	不详	《小校经阁金石文字》（四）（引得本），1979年	
84	不详	不详	1286	至元二十三年	保定路	权腹有"至元二十三年""保定路"等铭文。	不详	不详	《雪堂藏古器物目录》第29页，2013年	

续表

标本	形制	保存状况	制颁年代	纪年铭文	制颁机构	铭文内容	高度（厘米）	重量（克）	资料来源	备注
85	不详	不详	1286	至元二十三年	保定路	权腹有"至元廿三年""保定路造"等铭文。	不详	不详	《中国历代度量衡考》第472页，1992年	
86	不详	不详	1286	至元二十三年	总管府	权腹有"至元廿三年""总管府造"等铭文。	不详	290.4	《中国历代度量衡考》第472页，1992年	
87	不详	不详	1286	至元二十三年		权腹有"至元廿三年"铭文。	不详	274	《中国历代度量衡考》第472页，1992年	
88	Ba	完整	1286	至元二十三年	益都路总管府	权腹有"至元二十三年""益都路总管府""万"等铭文。	10.9	不详	《锦州市文物志》第185页，2005年	
89	A	完整	1286	至元二十三年		权腹正面"至元廿三年"，背面"官""六十"，皆铭文。	9	450	《南京标准计量管理志》图7，2002年	
90	A	不详	1286	至元二十三年		权腹正面"至元廿三年造"，背面"八十四"，皆阳文。	8.79	750	《连江县文物志》第126页，2006年；《丝路帆远：福建与海上丝绸之路》第150页，2017年	
91	A	完整	1286	至元二十三年	南京路总管府	权腹有"至元二十三年""南京路总管府""占"等铭文。	10	639	《理财（收藏）》2020年第9期	
92	A	完整	1287	至元二十四年	大都路市令司	权腹正面"大都路""至元二十四年造"，背面"市令司发""二十五斤秤"。	10.3	785	《文物春秋》2004年第3期	

续表

标本	形制	保存状况	制颁年代	纪年铭文	制颁机构	铭文内容	高度（厘米）	重量（克）	资料来源	备注
93	A	钮缺	1287	至元二十四年	大都路市令司	权腹正面"大都路""至元二十四年造"，侧面"二十五斤秤"，背面"市令司发""上"。	残8.8	残755	《文物春秋》2004年第3期	
94	A	完整	1287	至元二十四年	大都路市令司	权身正面"大都路""至元二十四年造"，背面"市令司发""四十五斤秤"。	11	855	《文物资料丛刊（8）》第113～115页，1983年	
95	Ba	完整	1287	至元二十四年	般阳路	权腹有"至元廿（廿）四年""般阳路造""十二"等铭文。	10.8	612.5	《中国计量》2006年第9期	
96	A	完整	1288	至元二十五年		权体正面"至元廿五年"，左侧"付廿四"皆阴文。	7.3	720	《考古》1986年第9期	
97	A	完整	1288	至元二十五年		权腹有"至元廿五年""洛口口"等铭文。	6.1	190	《四川文物》2017年第3期	
98	Ba	完整	1288	至元二十五年	济南路	权腹正面阴刻"至元廿五年"，右侧"荒"，背面阴刻"济南路"。	10.9	715	《文物春秋》1999年第2期	
99	不详	不详	1288	至元二十五年	济南路	权腹有"至元廿五年""济南路造""米"等铭文。	不详	820	《中国历代度量衡考》第472页，1992年	
100	不详	不详	1288	至元二十五年		权腹有"至元廿五年"铭文。	不详	144	《中国历代度量衡考》第472页，1992年	

续表

标本	形制	保存状况	制颁年代	纪年铭文	制颁机构	铭文内容	高度（厘米）	重量（克）	资料来源	备注
101	Bc	完整	1288	至元二十五年		权腹正面"至元二十五年"，背面"化一"。	5.7	不详	《淮安金石录》第83页，2008年	
102	A	完整	1365	至元二十五年	济南路	权腹正面"至元廿五年"；背面"济南路造"，一侧"十"。	10.7	835	《文物春秋》2004年第3期	
103	不详	不详	1289	至元二十六年	潭州路	权腹有"潭州路造""至元二十六年"等铭文。	8.5	不详	《广西大百科全书·历史》（上册）第389页，2008年	
104	A	不详	1290	至元二十七年	潭州路	权腹正面"至元二十七年"，背面"潭州路造"。	8.7	不详	《常德市文物志（1988～2010）》第244页，2014年	
105	A	完整	1291	至元二十八年	潭州路	权身正面"至元二十八年"，背面"潭州路造"。	9	415.5	《广东文物普查成果图录（出土文物部分）》第97页，1990年	
106	A	完整	1291	至元二十八年		权腹有"至元廿八年"铭文。	9.32	380	《四川文物》2017年第3期	
107	不详	不详	1291	至元二十八年		权腹有"平四""至元廿八年造"铭文，皆阴阳。	不详	不详	《小校经阁金文字（引得本）》（四）第2344页，1979年	
108	不详	不详	1292	至元二十九年	益都路峄州	权腹正面"至元二十九年"，右侧"上巾"；背面"益都路峄州造"。	不详	不详	《山左金石志》第14383页，1982年	

续表

标本	形制	保存状况	制颁年代	纪年铭文	制颁机构	铭文内容	高度（厘米）	重量（克）	资料来源	备注
109	Ba	完整	1292	至元二十九年	益都路总管府	权腹正面"益都路总管府"，背面"至元二十玖年造"，皆阴铸。	9	330	《文物》1982年第7期	
110	Ba	座缺	1292	至元二十九年	市令司	权身正面"至元二十斤秤""市令司口"，背面"二十五斤秤"和八思巴文"一斤锤"，侧面为波斯文和回鹘蒙文"二十五斤秤"，阴文。	残7.2	残450	《文物春秋》1993年第3期	原资料误释八思巴文为"斤半锤"。
111	Ba	完整	1292	至元二十九年	总管府	权腹正面"至元廿玖年"，侧面"午"，背面"总官（管）府造，皆阴文。	8	270	《文物春秋》1999年第2期	
112	Ba	完整	1292	至元二十九年	扬州路	权腹正面"至元二十九年"，背面"扬州路"和八思巴文，侧阴文"两三十四"。	10.4	846	《文物资料丛刊（7）》第177页，1983年	
113	不详	不详	1292	至元二十九年		权腹阴文"至元二十九年造"。	不详	不详	《小校经阁金石文字（四）（引得本）》（四）第2342页，1979年	原资料误读纪年为"至元一十九年"。
114	B	不详	1292	至元二十九年		权腹有阴文"至元二十九年造"。	不详	不详	《小校经阁金石文字（四）（引得本）》第2344页，1979年	
115	Ba	不详	1292	至元二十九年	信州路	权腹正面阴文"元十五年"，右侧面阴文"信州路"和八思巴文；背面阴文和八思巴文。	不详	不详	《小校经阁金石文字（四）（引得本）》第2345页，1979年	原资料误读"元十五"为"元年"。

续表

标本	形制	保存状况	制颁年代	纪年铭文	制颁机构	铭文内容	高度（厘米）	重量（克）	资料来源	备注
116	不详	不详	1292	至元二十九年	益都路	权腹有"至元二十九年""益都路总管府"等铭文。	不详	不详	《雪堂藏古器物目录》第30页，2013年	
117	不详	不详	1292	至元二十九年	扬州路	权腹有"至元廿九年""扬州路"等铭文。	不详	575	《中国历代度量衡考》第472页，1992年	
118	不详	不详	1292	至元二十九年	扬州路	权腹有"至元廿九年""扬州路"等铭文。	不详	170	《中国历代度量衡考》第472页，1992年	
119	不详	不详	1292	至元二十九年		权腹有"至元廿九""铜作"等铭文。	不详	570	《中国历代度量衡考》第473页，1992年	
120	不详	不详	1292	至元二十九年		权腹有"至元廿九年"铭文。	不详	386	《中国历代度量衡考》第472页，1992年	
121	Ba	完整	1292	至元二十九年	口川路	权腹正面阴刻"至元二十九年"；背面阴刻"口川路"和八思巴文，左侧面阴铸"上"。	8.97	580	《西安文物精华：青铜器》第169页，2005年	
122	Ba	完整	1292	至元二十九年	市令司	权腹"三十五斤秤"造"市令锤""斤半锤"和八思巴文，侧面为回鹘蒙文和波斯文"三十五斤秤"。	11.3	912.3	《新泰市志》第743页，1993年；新泰市博物馆网站	
123	Ba	完整	1293	至元三十年	大都路	权身刻"至元三十年""二斤秤"大都路造"五十五斤秤""二斤秤"。包含汉文、回鹘蒙文、八思巴文、波斯文等四种铭文。	11.7	1229	《北京文博文丛》2013年第2辑	

续表

标本	形制	保存状况	制颁年代	纪年铭文	制颁机构	铭文内容	高度（厘米）	重量（克）	资料来源	备注
124	A	完整	1293	至元三十年		权腹正面"至元卅年造"，背面有无铭文不详。	6.4	不详	《金源文物图集》第28页，2001年	
125	不详	不详	1293	至元三十年		权腹有"至元三十年造"铭文。	不详	882	《中国历代度量衡考》第473页，1992年	
126	不详	不详	1293	至元三十年	大都路市令司	权腹有"至元三十年""大都路市令司""三十五斤秤"等铭文。	10.5	800	《中国历代度量衡考》，1992年；《天水市文化志（1985～2011）》第340页，2016年	
127	A	完整	1294	至元三十一年		权身有"至元三十一年"铭文。	9.2	不详	《国立中央图书馆台湾分馆珍藏民俗器物图录（第2辑）》第64页，1984年	
128	F	完整	1294	至元三十一年	泉州路总管府	权身正面"泉州路总管府"，背面"至元三十一年造""天口"，皆阴铸。	8.3	570	《考古》1986年第11期；《文物》2001年第7期	
129	Ba	完整	1294	至元三十一年	大都路	权腹正面"至元三十一年大都路造"，背面"五十五斤"，其余四面为非汉字文字，皆阴铸。	11.65	1260	《辽宁省博物馆馆刊（2012）》第245～258页，2013年；《四川文物》2017年第3期	
130	B	钮缺	1294	至元三十一年		权腹正面"至元三十一年"，背面"管造"，侧面"卅五"。	残8.7	残710	《文物春秋》2004年第3期	

续表

标本	形制	保存状况	制颁年代	纪年铭文	制颁机构	铭文内容	高度（厘米）	重量（克）	资料来源	备注
131	A	不详	1294	至元三十一年		权腹正面"至元三十一年"，背面铭文模糊不清。	不详	不详	《小校经阁金石文字（四）》第2345页，1979年	
132	不详	不详	1294	至元三十一年	大都路	权腹有"至元三十一年""大都路造"等铭文。	不详	744	《中国历代度量衡考》第473页，1992年	
133	不详	不详	1294	至元三十一年		权身有"至元三十一年"铭文。	不详	548	《中国历代度量衡考》第473页，1992年	
134	不详	不详	1284—1292	至元廿口口年		权腹有"至元廿口年"铭文。	不详	不详	《中国历代度量衡考》第473页，1992年	
135	不详	不详	1284—1294	至元口十口年	大都路市令司	权腹有"至元口十口年""大都路造""市令司发""二十五斤秤"等铭文。	不详	625	《中国历代度量衡考》第473页，1992年	
136	A	完整	1274或1284	至元十一年或至元三十一年		权腹有"至元三十一年"（或"至元十一年"）"权皿"等铭文。	8.5	670	《视界观》2019年第4期	
137	Ba	完整	1295	元贞元年	大都路	权身刻"元贞元年""大都路造""二十五斤秤""一斤锤"，包含汉文、回鹘蒙文、八思巴文、波斯文等四种铭文。	9.6	612	《北京文博文丛》2013年第2辑	
138	Ba	完整	1295	元贞元年	大都路	权身刻"元贞元年""大都路造""三十五斤秤""斤半锤"，包含汉文、回鹘蒙文、八思巴文、波斯文等四种铭文。	11.6	936	《北京文博文丛》2013年第2辑	

续表

标本	形制	保存状况	制颁年代	纪年铭文	制颁机构	铭文内容	高度（厘米）	重量（克）	资料来源	备注
139	A	完整	1295	元贞元年	泽州路？	权身阴刻"元贞元年""泽州路（？）"造"十"等铭文。	6.6	不详	《广西大百科全书·历史》（上册）第389页，2008年	元代文献无"泽州路"，暂存疑。
140	Ba	完整	1295	元贞元年	潭州路	权腹正面"元贞元年"，背面"潭州路造"，皆阴文。	8.5	307	《江西省博物馆集刊（七）》第237～248页，2016年	
141	Ba	座缺	1295	元贞元年	大都路	权腹正面"元贞元年""大都路造"，背面"一十六斤秤"，侧面波斯文和回鹘蒙文"一十六斤秤"。	残7.2	残454	《考古》1998年第7期	原资料误释八思巴文为"半斤锤"。
142	Ba	完整	1295	元贞元年	大都路	权腹正面"元贞元年""大都路造"，背面"三十五斤秤"和八思巴文"斤半锤"，侧面波斯文和回鹘蒙文"三十五斤秤"。	10.7	878.4	《内蒙古出土文物选集》第117页，1963年；《内蒙古自治区志·技术监督志》第517页，2004年	八思巴文释为"斤半锤"。
143	Ba	不详	1295	元贞元年	扬州路	权腹正面"元贞元年"；背面"扬州路"和八思巴文，左侧面有一押记，皆阴文。	不详	不详	《清仪阁所藏古器物文》（下册）第527页，2020年	
144	A	完整	1295	元贞元年	□□路	权腹有"元贞元□""□□□路□官府"等铭文。	10.75	870	《四川文物》2017年第3期	
145	Bc	完整	1295	元贞元年	浏阳县	权腹有"元贞元年""浏阳县造""六□□"等铭文。	9.5	460	《四川文物》2017年第3期	

续表

标本	形制	保存状况	制颁年代	纪年铭文	制颁机构	铭文内容	高度（厘米）	重量（克）	资料来源	备注
146	Ba	完整	1295	元贞元年	大都路	权腹正面"元贞元年""大都路造"，背面"斤半锤""三十五斤秤"，侧面为回鹘文和八思巴文和波斯文阴铸。	11.2	933	《文物》1987年第11期	
147	Ba	完整	1295	元贞元年	大都路	权腹正面"元贞元年""大都路造"，背面"斤半锤""三十五斤秤"，侧面为波斯文和回鹘蒙文阴文。	11	890	《文物春秋》1993年第3期	
148	Ba	完整	1295	元贞元年	扬州路	权腹正面"元贞元年"，背面"扬州路"和八思巴文，侧面"平"。	10	722	《文物资料丛刊（7）》第177页，1983年	
149	A	完整	1295	元贞元年	潭州路	权身有"元贞元年""潭州路造"等楷书铭文。	8.5	不详	《长沙市志（第十三卷）》第443页，1996年	
150	不详	不详	1295	元贞元年	汴梁路	权腹有"元贞元年""汴梁路"等铭文。	不详	924	《中国历代度量衡考》第473页，1992年	
151	不详	不详	1295	元贞元年		权有"元贞元年"铭文。	10.4	不详	《中国历史文物陈列·陈列品简目（南京博物馆）》第57页，1957年	
152	Ba	完整	1295	元贞元年		权腹正面"元贞元年造"，背面"元□□几"。	10.5	480	《收藏界》2019年第5期	

附表　元代铜权一览表　307

续表

标本	形制	保存状况	制颁年代	纪年铭文	制颁机构	铭文内容	高度（厘米）	重量（克）	资料来源	备注
153	Ba	完整	1296	元贞二年	大都路	权腹正面阴刻"元贞二年""大都路造"，背面文字不清，侧面及底座周围均刻阴八思巴文。	11.2	750	《考古》1994年第10期	
154	Ba	完整	1296	元贞二年	保定路	权腹正面"保定路""元贞二年"，背面"官造"，侧面"上一"。	10.9	845	《文物春秋》2004年第3期	
155	Ba	完整	1296	元贞二年	大都路	权腹正面"元贞二年""大都路造"，背面"一十六斤半秤""一斤锤"，侧面为回鹘蒙文和八思巴文和波斯文。	10	不详	《草原丝路：内蒙古明博草原文化博物馆精品文物展》第106页，2018年	八思巴文为"一斤锤"。
156	Ba	完整	1296	元贞二年	大都路	权腹正面"元贞二年""大都路造"，背面"三十五斤秤"，侧面为回鹘蒙文和波斯文"三十五斤秤"。	11.4	950	《中国计量》2010年第1期；《修来富度量衡藏品选》第43页，2014年	原资料误读纪年为"至正二年"。
157	Ca	完整	1297	元贞三年	赣州路	权腹正面"元贞三年"，背面"赣州路造"。	9.5	500	《南方文物》1996年第2期	
158	不详	不详	1297	元贞元年		权腹有"元贞三年"铭文。	不详	630	《中国历代量衡考》第473页，1992年	
159	B	完整	1295–1297	元贞口年	大都路	权腹正面"元贞口年""大都路造"，背面"二十五斤秤"。	10.2	800	《文物春秋》2004年第3期	
160	不详	不详	1297	大德元年		权身有"大德元年"铭文。	8	不详	《中国历史文物陈列·陈列品简目（南京博物馆）》第57页，1957年	

续表

标本	形制	保存状况	制颁年代	纪年铭文	制颁机构	铭文内容	高度（厘米）	重量（克）	资料来源	备注
161	A	不详	1297	大德元年		权腹阴刻"大德元年"铭文。	7.5	不详	《常德市文物志（1988～2010）》第288页，2014年	
162	A	完整	1297	大德元年		权腹有"大德元年造"铭文。	10.2	607.4	《拌标录：吉林省博物院学术文集（2010～2011）》第103～105页，2012年	
163	不详	完整	1297	大德元年		权腹有"大德元年"铭文。	10	不详	《吉安地区志》第3458页，2010年	
164	A	完整	1297	大德元年	袁州路	权腹正面"大德元年"，背面"袁州路"，皆阴文。	6.7	361	《江西省博物馆集刊（七）》第237～248页，2016年	
165	A	完整	1297	大德元年	汴梁路总管府	权腹有"大德元年""工造（？）""汴梁路总管府""和"等阴文铭文。	11	290	《考古》1986年第1期	
166	A	完整	1297	大德元年	益都路	权腹正面"大德元年"，右侧刻一"刂"字，背面"益都昌造"，皆阴文。	9	400	《考古》1992年第1期	
167	A	完整	1297	大德元年		权腹正面"大德元年"，左侧一"十"字，皆阴文。	10.8	710	《考古》1996年第6期	
168	A	完整	1297	大德元年		权腹正面"大德元年"，背面"刘家造""手"字，皆阴文。	10.7	700	《考古》1996年第6期；《孟府孟庙文物珍藏》第187～189页，2011年	

续表

标本	形制	保存状况	制颁年代	纪年铭文	制颁机构	铭文内容	高度（厘米）	重量（克）	资料来源	备注
169	Ba	完整	1297	大德元年	大都路	权腹正面"大德元年""大都路造"，背面"二十五斤秤"，侧面为非汉字文字，皆阴铸。	9.8	600	《辽宁省博物馆馆刊（2012）》第24～258页，2013年；《四川文物》2017年第3期	
170	Ba	完整	1297	大德元年	大都路	权腹正面"大德元年""大都路造"，背面"三十五斤秤"，侧面为非汉字文字，皆阴铸。	11.3	940	《辽宁省博物馆馆刊（2012）》第245～258页，2013年；《四川文物》2017年第3期	
171	A	完整	1297	大德元年	潭州路	权腹正面"大德元年"，背面"潭州路造"。	9.9	837	《南方文物》2000年第3期	
172	A	钮座均缺	1297	大德元年	真定路	权腹有"大德元年""真定路造""地"等铭文。	残6.2	残520	《四川文物》2017年第3期	
173	Ba	完整	1297	大德元年	太原路	权腹有"大德元年""太原路造"等铭文。	3.8	40	《四川文物》2017年第3期	
174	Ba	完整	1297	大德元年	保定路	权腹正面"大德元年十二月日造"，侧面"王"，背面"保定路""较勘相同"，皆阴文。	8	422	《文物》1987年第11期	
175	B	完整	1297	大德元年	保定路	权腹正面"大德元年十二月日造"，侧面"保定路""较勘相同"，背面"十六""六四"。	10.3	915	《文物春秋》2004年第3期	
176	B	完整	1297	大德元年	大都路	权腹正面"大德元年""大都路造"，背面"二十六斤秤"。	9.5	615	《文物春秋》2004年第3期	

续表

标本	形制	保存状况	制颁年代	纪年铭文	制颁机构	铭文内容	高度（厘米）	重量（克）	资料来源	备注
177	Ba	完整	1297	大德元年	大都路	权腹正面"大德元年""大都路造"，背面"五十五斤秤"和八思巴文"斤半锤"，侧面为波斯文和回鹘蒙文，阴文。	10.6	800	《文物春秋》2007年第5期	八思巴文为"斤半锤"。
178	Ba	完整	1297	大德一年	大都路	权身正面"大德一年"，背面"大都路"，皆阴文。	8.2	420	《文物春秋》2007年第5期	
179	A	不详	1297	大德元年	汝宁府	权腹正面"大德元年""大卄（廿）"，背面"汝宁府造"，皆阴文。	不详	不详	《小校经阁金文字（引得本）》（四）第2345页，1979年	原资料误读纪地铭文为"江宁府"。
180	不详	不详	1297	大德元年	保定路	权腹有"大德元年""保定路"等铭文。	不详	560	《中国历代度量衡考》第473页，1992年	
181	不详	不详	1297	大德元年	汴梁路	权腹有"大德元年""汴梁路"等铭文。	不详	不详	《中国历代度量衡考》第473页，1992年	
182	不详	不详	1297	大德元年		权腹有"大德元年"铭文。	不详	不详	《中国历代度量衡考》第473页，1992年	
183	不详	不详	1297	大德元年		权腹有"大德元年"铭文。	不详	38.7	《中国历代度量衡考》第473页，1992年	
184	A	完整	1297	大德元年	□□府	权腹有"大德元年""□□府□"等铭文。	10.71	860	《西安文物精华：青铜器》第170页，2005年	

续表

标本	形制	保存状况	制颁年代	纪年铭文	制颁机构	铭文内容	高度（厘米）	重量（克）	资料来源	备注
185	A	完整	1297	大德元年	□州路	权腹有"大德元年""□州路"等铭文。	8.6	520	《湖南文物》（第一辑）第57页，1986年	
186	A	完整	1297	大德元年	汴梁路	权腹有"大德元年""汴梁路造""□元""今"等铭文。	11.1	837	《收藏界》2019年第5期	
187	A	完整	1298	大德二年	浏阳州	权腹正面"大德二年"，背面"浏阳州造"。	9.7	594	《文物》2020年第12期	
188	Ba	完整	1298	大德二年	建康路	权腹正面"大德二年"，左侧面"天四百"；背面"建康路造"，右侧面"九"，皆鉴刻。	10	不详	《东山撷芳：江宁博物馆暨东晋历史文化博物馆馆藏精粹》第169页，2013年	
189	A	完整	1298	大德二年	□江路	权腹正面铭文"大德二年"，背面铭文"□江路造"，皆阴文。	6.9	267	《江西省博物馆集刊（七）》第237~248页，2016年	
190	Ba	完整	1298	大德二年	池州路总管府	权腹正面"大德二年造"，背面"池州路总管府"，皆阴刻。	9.5	500	《考古》1994年第8期	
191	A	完整	1298	大德二年		权身正面"大德"，背面"二年"，阴文。	8	275	《考古》1995年第1期	
192	A	完整	1298	大德二年		权身有"大德二年造"铭文。	不详	不详	《明光揽胜》第127页，2001年	
193	Bc	完整	1298	大德二年	保定路	权腹有"保定路大德二年""天""官造"等铭文。	9.5	580	《四川文物》2017年第3期	

续表

标本	形制	保存状况	制颁年代	纪年铭文	制颁机构	铭文内容	高度（厘米）	重量（克）	资料来源	备注
194	B	不详	1298	大德二年	建康路	权身刻"建康路造""大德二年"等铭文。	不详	260	《文博通讯》1983年第6期；《中国历代度量衡考》第473页，1992年	
195	Ba	不详	1298	大德二年	建康路	权身刻"建康路造""大德二年"等铭文。	9.5	440	《文博通讯》1983年第6期；《南京标准计量管理志》图11，2002年	
196	B	残	1298	大德二年	建康路	权身刻"建康路造""大德二年"等铭文。	不详	不详	《文博通讯》1983年第6期；《中国历代度量衡考》第473页，1992年	
197	B	不详	1298	大德二年	建康路	权身刻"建康路造""大德二年"等铭文。	不详	610	《文博通讯》1983年第6期；《中国历代度量衡考》第473页，1992年	
198	Ba	不详	1298	大德二年		权腹正面"大德二年"，背面"脞"，皆阳文。	不详	不详	《小校经阁金石文字（四）》得本）第2346页，1979年	
199	Ba	不详	1298	大德二年		权腹正面"大德二年"，背面"脞"，皆阳文。	不详	不详	《小校经阁金石文字（四）》得本）第2346页，1979年	
200	不详	不详	1298	大德二年	建康路	权腹有"大德二年""建康路"等铭文。	不详	不详	《雪堂藏古器物目录》第30页，2013年	

续表

标本	形制	保存状况	制颁年代	纪年铭文	制颁机构	铭文内容	高度（厘米）	重量（克）	资料来源	备注
201	不详	不详	1298	大德二年	平凉府	权腹有"大德二年""平凉府"等铭文。	不详	不详	《中国历代度量衡考》第473页，1992年	
202	A	完整	1298	大德二年		权腹有"大德二年"铭文。	8.3	370	《中国历代度量衡考》第473页，1992年；《蚌埠珍贵文物》第169页，2017年	
203	Ba	完整	1299	大德三年	大都路	权腹正面"大德三年""大都路造"，背面"二十五斤秤"和八思巴文，侧面为波斯文和回鹘蒙文，皆阴文。	10	不详	《考古》1987年第11期	
204	Ba	完整	1299	大德三年	大都路	权腹正面"大德三年""大都路造"，背面铭文模糊不清；其余四面为蒙文，亦模糊不清。	10	725	《考古》1987年第12期；《文物》1990年第9期	
205	Ba	完整	1299	大德三年	大都路	权腹正面"大德三年"，背面"大都路"，皆阴铸。	8.2	350	《辽宁省博物馆馆刊》（2012）第245~258页，2013年；《四川文物》2017年第3期	
206	Ba	完整	1299	大德三年		权腹正面阳铸"大德三年"。	9.5	不详	《固原文物精品图集》（下册）第173页，2013年	
207	不详	不详	1299	大德三年		权腹有"大德三年"铭文。	不详	不详	《平阳金石志》第411页，1986年	

续表

标本	形制	保存状况	制颁年代	纪年铭文	制颁机构	铭文内容	高度（厘米）	重量（克）	资料来源	备注
208	Ba	完整	1299	大德三年	建康路	权身正面"建康路造"；背面"大德三年"；侧面"收六号"；后改刻"延祐二年"；皆阴文。	14.2	1335	《南京标准计量管理志》图12，2002年；《溧水文物精粹》第158页，2009年	
209	Ba	底部有残	1299	大德三年	大都路	权腹正面"大德三年""大都路造"，背面"二十五斤秤"和八思巴文"斤半锤"，侧面非汉文文字，皆阴文。	残10.7	残725	《文物参考资料》1957年第12期；《文物春秋》2004年第3期	八思巴文为"斤半锤"。
210	Ba	完整	1299	大德三年	大都路	权腹正面"大德三年""大都路造"，背面"三十五斤秤"和八思巴文"斤半锤"，侧面非汉文文字，皆阴文。	不详	不详	《文物资料丛刊（4）》第210~217页，1981年	
211	A	完整	1299	大德三年		权腹正面阴刻"大德三年"，背面有不清晰划纹。	9.5	580	《邢台职业技术学院学报》2015年第2期	
212	不详	不详	1299	大德三年	大都路	权腹有"大德三年""大都路造"铭文。	不详	不详	《中国历代度量衡考》第473页，1992年	
213	不详	不详	1299	大德三年	河南府路	权腹有"大德三年""河南府路造"铭文。	不详	943	《中国历代度量衡考》第473页，1992年	
214	不详	不详	1299	大德三年		权腹有"大德三年"铭文。	不详	不详	《中国历代度量衡考》第473页，1992年	
215	不详	不详	1299	大德三年		权腹有"大德三年八月""行造"等铭文。	不详	384.5	《中国历代度量衡考》第473页，1992年	

续表

标本	形制	保存状况	制颁年代	纪年铭文	制颁机构	铭文内容	高度（厘米）	重量（克）	资料来源	备注
216	不详	不详	1299	大德三年	□州路	权腹有"大德三年""□州路"等铭文。	不详	不详	《雪堂藏古器物目录》第30页，2013年	
217	Ba	完整	1300	大德四年	大都路	权身刻"大德四年""大都路造""二十五斤秤""一斤锤"。包含汉文、回鹘蒙文、八思巴文、波斯文等四种铭文。	10.4	755	《北京文博文丛》2013年第2辑	
218	Ba	完整	1300	大德四年		权腹正面"大德四年造"，背面"提调官"，皆阳铸。	16	不详	《草原丝路：内蒙古明博草原文化博物馆精品文物展》（上册）第105页，2018年	
219	A	座缺	1300	大德四年	汝宁府	权腹正面"大德四年造"，背面"汝宁府""上"。	7.2	605	《淮上文物史迹纵横谈》图版十，第23～25，1993年	
220	A	完整	1300	大德四年	□州路	权腹正面"大德四年"，背面"□州路造"，皆阴铸。	8.8	466	《江汉考古》1983年第3期	
221	A	完整	1300	大德四年		权身正面"大德四年"，背面"官造"。	9	450	《泾县文物志》第62页，1986年	
222	A	完整	1300	大德四年	扬州路	权腹正面"大德四年"，背面"扬州路官造"。	10.5	970	《考古》1988年第6期	
223	B	不详	1300	大德四年		权腹正面"大德四年造"，背面"地字五十九"，皆阴文。	不详	不详	《清仪阁所藏古器文》（下册）第528页，2020年	

续表

标本	形制	保存状况	制颁年代	纪年铭文	制颁机构	铭文内容	高度（厘米）	重量（克）	资料来源	备注
224	A	完整	1300	大德四年	柳州路	权身有"大德四年""柳州路造""十八"等铭文。	7	265	《文物》1986年第7期	
225	Ba	座缺	1300	大德四年	大都路	权身正面"大德四年""大都路造"，背面"二十五斤秤""一斤锤"，侧面八思巴文和回鹘文蒙文"二十五斤秤"阴文。	残7.5	残425	《文物春秋》1993年第3期	
226	A	不详	1300	大德四年	宁国路	权腹有"大德四年"，背面"宁国路造"，皆阴文。	8.8	600	《宣州文史资料（第三辑）》第154页，1988年；《宣城博物馆文物集萃》第45页，2012年	
227	不详	不详	1300	大德四年	无为州	权腹有"大德四年""无为州"等铭文。	不详	不详	《雪堂藏古器物目录》第30页，2013年	
228	A	完整	1300	大德四年		权腹有"大德四年造""冬十九"等。	8	447	《越地范金》第110页，2009年	
229	不详	不详	1300	大德四年	潭州路	权腹有"大德四年""潭州路造"铭文。	不详	292.5	《中国历代度量衡考》第473页，1992年	
230	不详	不详	1300	大德四年		权腹有"大德四年"铭文。	不详	741	《中国历代度量衡考》第473页，1992年	

续表

标本	形制	保存状况	制颁年代	纪年铭文	制颁机构	铭文内容	高度（厘米）	重量（克）	资料来源	备注
231	不详	不详	1300	大德四年		权腹有"大德四年造""辰八"铭文。	不详	365	《中国历代度量衡考》第473页，1992年	
232	A	完整	1300	大德四年	滦州路	权腹正面"大德四年造"，背面"滦州路造"，皆阴文。	7	292.5	《中原文物》1987年第1期	
233	Ba	不详	1300	大德四年		权腹正面"大德四年造"，背面铭文不详。	不详	不详	《中国收藏》2016年第11期	
234	Db	腹残	1300	大德四年		权腹正面"大德四年造"，背面"官造""上十"，皆阴文。	10	800	浙江省湖州市博物馆	
235	A	完整	1300	大德四年		权腹正面"大德"，左侧"十"背面"四年"。	7.3	不详	《郴州馆藏文物精品图录》第55页，2010年	
236	Bb	完整	1301	大德五年		权腹有"大德五年造"铭文。	8.12	221	《江西省博物馆集刊（七）》第237～248页，2016年	
237	A	钮缺	1301	大德五年	池州路	权腹铸有"大德五年"和"池州路造"铭文。	残8	残480	《九华山大辞典》第246页，2001年；《青阳博物馆文物集萃》第199页，2013年	
238	Ba	完整	1301	大德五年	大都路	权腹正面"大德五年""大都路造"，背面"三十五斤秤"和八思巴文（不可辨识），侧面为非汉文字，皆阴文。	10.5	750	《考古》1992年第1期	八思巴文不可识。

续表

标本	形制	保存状况	制颁年代	纪年铭文	制颁机构	铭文内容	高度（厘米）	重量（克）	资料来源	备注
239	Ba	完整	1301	大德五年	大都路	权腹正面"大德五年""大都路造"，背面"二十五斤秤"和八思巴文文字，侧面为非汉文文字，皆阴文。	10	580	《考古》1992年第1期	八思巴文为"一斤锤"。
240	A	完整	1301	大德五年	武昌路	权腹正面阴文"大德五年"，背面阴文"武昌"。	8	273.4	《考古》1965年第5期	
241	不详	不详	1301	大德五年		权腹有"大德五年"铭文。	不详	不详	《中国历代度量衡考》第474页，1992年	
242	不详	不详	1301	大德五年		权腹有"大德五年"铭文。	不详	857	《中国历代度量衡考》第473页，1992年	
243	A	完整	1301	大德五年		权腹正面阴刻"大德五年""十"铭文。	13.1	2240	湖北监利县革命历史博物馆	
244	A	完整	1301	大德五年	扬州路	权腹有"大德五年造""扬州路总府""成"等铭文。	10.5	不详	《淮安金石录》第83页，2008年	
245	Ba	完整	1302	大德六年	大都路	权身刻"大德六年造""一十六斤秤""一斤锤"，包含汉文、八思巴文、回鹘蒙文、波斯文等四种铭文。	9.7	601	《北京文博文丛》2013年第2辑	
246	B	完整	1302	壬寅大德六年	庆元路	权身两面分别铸"壬寅大德六年"和"庆元路□□制"铭文。	9.4	800	《鄞县文化广播志》第233页，1992年	

续表

标本	形制	保存状况	制颁年代	纪年铭文	制颁机构	铭文内容	高度（厘米）	重量（克）	资料来源	备注
247	Ba	完整	1302	壬寅大德六年	庆元路总管府	权腹正面"壬寅大德六年"，背面"庆元路总管府"，皆阳铸；侧面"人字一号"和八思巴文，皆阴文。	11	746	《文物》1979年第12期	
248	A	完整	1302	大德六年	济南路	权腹正面"大德六年""济南路造"，背面"官较同"，皆阴文。	10	900	《文物春秋》1999年第2期	
249	不详	不详	1302	大德六年		权腹正面阴文"大德六年""二"，背面阴文"官"。	不详	不详	《小校经阁金石文字（引得本）》（四）第2346页，1979年	
250	不详	不详	1302	大德六年	大都路	权腹有"大德六年""大都路造"铭文。	不详	不详	《中国历代度量衡考》第474页，1992年	
251	不详	不详	1302	大德六年		权腹有"大德六年""较□□□"等铭文。	不详	638	《中国历代度量衡考》第474页，1992年	
252	不详	不详	1302	大德六年		权腹有"大德六年十二月日造"铭文。	不详	不详	《中国历代度量衡考》第474页，1992年	
253	不详	不详	1302	大德六年		权腹有"大德六年"铭文。	不详	760	《中国历代度量衡考》第474页，1992年	
254	A	不详	1302	大德六年		权腹正面"大德六年造"，右侧"十"字；背面"官"字，皆阴刻。	11	1280	《文化学刊》2019年第6期	

续表

标本	形制	保存状况	制颁年代	纪年铭文	制颁机构	铭文内容	高度（厘米）	重量（克）	资料来源	备注
255	Ba	完整	1302	大德六年	大都路	权腹正面"大德六年""大都路造"，背面"三十五斤"，其余四面为非汉字文字。	11.2	不详	《武清文物图集》第77页，2008年	
256	不详	不详	1302	大德六年		权身有"大德六年""两平""官秤"等铭文。	清制二寸许	清制八两	《黎平金石志》第218页，1986年	
257	不详	完整	1303	大德七年		权腹有"大德七年"铭文。	不详	不详	《灿烂的德清历史文化》第163～165页，2015年	
258	A	完整	1303	大德七年		权腹正面"大德七年"，背面"官造"，皆阴文。	8.5	440	《考古》1987年第12期；《文物》1990年第9期	
259	Da	完整	1303	大德七年	潭州路	权腹阴铸"大德七年""潭州路"等铭文。	7	235	《考古》1990年第5期	
260	A	足残	1303	大德七年	袁州路总管府	权身正面"大德七年造"，背面"袁州路总管府"，皆阴文。	8.2	303	《江西省博物馆集刊（七）》第237～248页，2016年	
261	A	有缺	1303	大德七年	袁州路萍乡州	权身正面"大德七年造"，背面"袁州路萍乡州"，皆阴文。	11.9	1030	《江西省博物馆集刊（七）》第237～248页，2016年	
262	A	不详	1303	大德七年		权身正面"大德七年"，背面"生六"，皆阴文。	不详	不详	《清仪阁所藏古器物文》（下册）第530页，2020年	
263	不详	不详	1303	大德七年	真定路	权身有"大德柒年""较勘相同""匠人李成""真定路"等铭文，"路"下有一押记。	不详	不详	《清仪阁所藏古器物文》（下册）第529页，2020年	

续表

标本	形制	保存状况	制颁年代	纪年铭文	制颁机构	铭文内容	高度（厘米）	重量（克）	资料来源	备注
264	A	座缺	1303	大德七年		权腹有"大德七年造""地七十"等铭文。	残7.8	残640	《四川文物》2017年第3期	
265	A	完整	1303	大德七年	袁州路总管府	权腹正面"袁州路总管府"，背面"大德七年造"，皆阴文。	8	360	《文物》1992年第9期；《南方文物》1992年第3期	
266	Ba	完整	1303	大德七年	大都路	权腹正面"大德七年""大都路造"；背面"二十五斤秤"和八思巴文（不可辨识），侧面波斯文和回鹘蒙文"二十五斤秤"，皆阴文。	10.3	760	《文物春秋》1993年第3期	八思巴文不可识，原资料误释为"斤半锤"。
267	A	完整	1303	大德七年	保定路	权腹正面"大德七年"，背面"保定路造"，皆阴文。	11.7	1200	《文物春秋》2004年第3期	
268	A	座缺	1303	大德七年	真定路中山府	权腹正面"真定路""大德七年"，背面"中山府""官"，皆阴文。	残6.3	残385	《文物春秋》2004年第3期	
269	Ba	完整	1303	大德七年	大都路	权腹正面"大德七年""大都路造"，背面"三十五斤秤""斤半锤"和八思巴文、回鹘蒙文和波斯文"三十五斤秤"，皆阴文。	11	883	《文物资料丛刊（8）》第113～115页，1983年	
270	Ba	不详	1303	大德七年		权腹正面"大德七年"，背面铭文不可辨，侧面可辨识出一个"下"字，阴文。	不详	不详	《小校经阁金石文字》（四）第2347页（引得本），1979年	
271	Bd	完整	1303	大德七年		权腹有"大德七年""元九"等铭文。	7.8	262	《越地范金》第110页，2009年	

续表

标本	形制	保存状况	制颁年代	纪年铭文	制颁机构	铭文内容	高度（厘米）	重量（克）	资料来源	备注
272	不详	不详	1303	大德七年	大都路	权腹有"大德七年""大都路造"铭文。	不详	不详	《中国历代度量衡考》第474页，1992年	
273	不详	不详	1303	大德七年	真定路	权腹有"大德七年""真定路造"铭文。	不详	不详	《中国历代度量衡考》第474页，1992年	
274	不详	不详	1303	大德七年		权腹有"大德七年""官造"等铭文。	不详	440	《中国历代度量衡考》第474页，1992年	
275	不详	不详	1303	大德七年		权腹有"大德七年""官造"等铭文。	不详	415	《中国历代度量衡考》第474页，1992年	
276	不详	不详	1303	大德七年		权腹有"大德七年""官"等铭文。	不详	367	《中国历代度量衡考》第474页，1992年	
277	不详	不详	1303	大德七年		权腹有"大德七年""官造"等铭文。	不详	456	《中国历代度量衡考》第474页，1992年	
278	A	完整	1303	大德七年		权腹正面"大德七年""至造"，一侧"上"，皆阴文。	11	725	《中原文物》1987年第1期	
279	Ba	完整	1303	大德七年	大都路	权腹有"大德七年""大都路造"等铭文。	10.2	743	《锦州市文物志》185页，2005年	
280	Ba	完整	1304	大德八年	大都路	权身刻"大德八年""大都路造""斤半锤"和八思巴文"斤半锤"。包含汉文、回鹘蒙文、八思巴文、波斯文等四种铭文。	11.4	923	《北京文丛》2013年第2辑	

续表

标本	形制	保存状况	制颁年代	纪年铭文	制颁机构	铭文内容	高度（厘米）	重量（克）	资料来源	备注
281	A	不详	1304	大德八年	宁国路	权腹正面"大德八年"，背面"宁国路"，皆阴文。	不详	不详	《清仪阁所藏古器物文》（下册）第531页，2020年	
282	不详	完整	1304	大德八年		权身正面"大德八年"，背面"官里公同"，皆阴文。	10.4	1695	《文博论集（第一辑）》第410~411页，1990年	
283	Ba	完整	1304	大德八年	大都路	权腹正面"大德八年""大都路造"背面"三十五斤秤"及八思巴文"斤半秤"，侧面波斯文和回鹘蒙文"三十五斤秤"。	11.2	900	《文物》1987年第11期	
284	B	钮缺	1304	大德八年	大都路	权腹正面"大德八年""大都路造"，背面"三十五斤秤"和蒙文。	残9.6	残895	《文物春秋》2004年第3期	
285	Bb	肩部损伤	1304	大德八年		权腹有"大德八年""大"等铭文。	7.9	255	《越地范金》第110页，2009年	
286	不详	不详	1304	大德八年	宁国路	权腹有"大德八年""宁国路造"等铭文。	不详	560	《中国历代度量衡考》第474页，1992年	
287	不详	不详	1304	大德八年		权腹有"大德八年"铭文。	不详	586	《中国历代度量衡考》第474页，1992年	
288	Ba	完整	1304	大德八年	大都路	权腹有"大德八年""大都路造""二斤锤""五十五斤秤"等铭文，包含多种文字。	12	1275	《历史教学》1979年第6期；《中国古代量衡图集》第162页，1984年	

续表

标本	形制	保存状况	制颁年代	纪年铭文	制颁机构	铭文内容	高度（厘米）	重量（克）	资料来源	备注
289	A	完整	1304	大德八年		权腹有阴文"大德八年"。	不详	不详	《中国青铜器发展史》第225页，1995年	
290	A	完整	1304	大德八年		权腹正面蒙文，背面"大德八年"，左侧"六一"，皆阴铸。	7.85	不详	《考古》1995年第10期	
291	Ba	完整	1304	大德八年	大宁路	权腹正面"大宁路造"，背面"二十五斤"，侧面"大德八年""较勘相同""鳞口□"，阴文。	10	560	《文物鉴定与鉴赏》2018年第5期	
292	Ba	完整	1305	大德九年	大都路	权身刻"大德九年""大都路造""斤半锤"。包含汉文、回鹘蒙文、八思巴文、波斯文等四种铭文。	11.6	903	《北京文博丛》2013年第2辑	
293	Bc	不详	1305	大德九年	济南路总管府	权腹正面"相同""大德九年造"，背面"济南路总管府"，皆阴文。	不详	清制二十三两六钱	《金石萃》第135页，2002年	
294	A	完整	1305	大德九年	兴元路	权腹正面"大德九年"，背面"兴元路官造"，皆阴文。	9.5	470	《考古》1986年第11期；《陇右文博》2009年第1期	
295	A	完整	1305	大德九年	江西路?	权腹正面"江西路造（？）"，背面"大德九年"，皆阴铸。	8.7	不详	《考古》1995年第10期	元代无"江西路"，暂存疑。
296	Ba	完整	1305	大德九年	大都路	权腹正面"大德九年""大都路造"，背面"三十五斤秤"，侧面为非汉字文字，皆阴铸。	11.5	920	《辽宁省博物馆馆刊（2012）》第245～258页，2013年；《四川文物》2017年第3期	

续表

标本	形制	保存状况	制颁年代	纪年铭文	制颁机构	铭文内容	高度（厘米）	重量（克）	资料来源	备注
297	A	完整	1305	大德九年	安西路	权腹有"安西路""官造""大德九年"等铭文。	10.5	850	《镇安兴隆寺遗址探查与研究》第99页，2016年	
298	A	不详	1305	大德九年		权腹刻"大德九年造""收四"等铭文。后在其上改刻为"延祐六年造"。	9.5	550	《文博通讯》1983年第6期；《南京标准计量管理志》图13，2002年	
299	Ba	完整	1305	大德九年	大都路	权身正面"大德九年""大都路造"，背面"一十五斤秤"和八思巴文（不可辨识），侧面波斯文和回鹘蒙文"一十五斤造"皆阴文。	10.5	770	《文物春秋》1993年第3期	八思巴文不可识，原资料误释巴文，误读"一十五斤"为"一斤"。
300	Ba	完整	1305	大德九年	大都路	权身正面"大德九年""大都路造"，背面"一十五斤秤"和八思巴文"斤半锤"，侧面波斯文和回鹘文"一十五斤造"皆阴文。	9.8	610	《文物春秋》1993年第3期	原资料误释八思巴文巴文，误读"斤半锤"为"斤半斤"。
301	B	完整	1305	大德九年	大都路	权腹正面"大德九年""大都路造"，背面"二十五斤秤"。	10.4	785	《文物春秋》2004年第3期	
302	Ba	完整	1305	大德九年	益都路嶧州	权腹正面"大德九年"，左侧"中平"，背面"益都路嶧州造"，皆阴文。	12	940	《锡山名器》第81页，2009年	

续表

标本	形制	保存状况	制颁年代	纪年铭文	制颁机构	铭文内容	高度（厘米）	重量（克）	资料来源	备注
303	A	完整	1305	大德九年		权腹有"大德九年""成三"等铭文。	18	20000	《越地范金》第111页，2009年	
304	不详	不详	1305	大德九年		权腹有"大德九年造""较勘相同"等铭文。	不详	667	《中国历代度量衡考》第474页，1992年	
305	Ba	不详	1305	乙巳大德九年	庆元路总管府	权腹正面"乙巳大德九年"，两侧面为八思巴文；背面"庆元路总管府"。	不详	不详	《中国收藏》2016年第11期	
306	Ba	完整	1306	大德十年	大都路	权身刻"大德十年造""一十六斤秤""一斤锤"。包含汉文、八思巴文、波斯文等四种铭文。	9.6	618	《北京文博文丛》2013年第2辑	
307	A	完整	1306	大德十年		权腹正面"廿十五斤""大德十年造"，背面"廿五号"，皆阴文。	10	960	《考古》1988年第6期	
308	Ba	完整	1306	大德十年	益都路	权腹正面"大德十年"，背面"益都路"，皆阴刻。	10.7	450	《考古》1995年第3期；《文物》1996年第8期	
309	Ba	完整	1306	大德十年	大都路	权腹正面"大德十年造""大都路造"，背面"三十五斤秤"，皆阴铸。	9.6	600	《辽宁省博物馆馆刊（2012）》第245~258页，2013年；《四川文物》2017年第3期	侧面为非汉字文字
310	A	完整	1306	大德十年	保定路	权腹有"大德十年""保定路"铭文。	7.9	380	《四川文物》2017年第3期	

续表

标本	形制	保存状况	制颁年代	纪年铭文	制颁机构	铭文内容	高度（厘米）	重量（克）	资料来源	备注
311	Ba	完整	1306	大德十年	大都路	权腹正面"大德十年""大都路造"及八思巴文"一十六斤秤"，背面侧面波斯文和回鹘蒙文"一十六斤秤"。	9.4	616	《文物》1987年第11期	
312	B	钮缺	1306	大德十年	大都路	权腹正面"大德十年""大都路造"，背面"三十五斤秤"。	残9.8	残625	《文物春秋》2004年第3期	
313	不详	不详	1306	大德十年		权腹有"大德十年""元九十"等铭文。	不详	314	《中国历代度量衡考》第474页，1992年	
314	不详	不详	1306	大德十年		权身有"大德十年"铭文。	7.9	不详	《中国历史文物陈列·陈列品简目（南京博物馆）》第57页，1957年	
315	Eb	不详	1307	大德十一年	东平路总管府	权腹正面"大德十一年""东平路总管府""较勘造"，皆阴文。	不详	不详	《金石索》第135页，2002年；《济宁州金石》第9455页，1979年	
316	A	不详	1307	大德十一年		权腹阴刻"大德十一年造"，阳铸"天十"。	13.5	1685	《文博通讯》1983年第6期；《南京标准计量管理志》图16，2002年	
317	Ba	完整	1307	大德十一年	益都路	权腹正面"大德十一年"，背面"益都路"，侧面"大一"，皆阴文。	10.8	445	《文物》1986年第4期	

续表

标本	形制	保存状况	制颁年代	纪年铭文	制颁机构	铭文内容	高度（厘米）	重量（克）	资料来源	备注
318	A	完整	1307	大德十一年	大都路	权腹正面"大德十一年""上一号"，背面"大都路较同""二十五斤"，侧面"皇"。	10.4	705	《文物春秋》2004年第3期	原资料误读纪年为"大德十七年"。
319	不详	不详	1307	大德十一年	大都路	权腹有"大德十一年""大都路"铭文。	不详	1241	《中国历代度量衡考》474页，1992年	
320	不详	不详	1307	大德十一年		权腹有"大德十一年造"铭文。	不详	不详	《中国历代度量衡考》474页，1992年	
321	不详	不详	1307	大德十一年		权腹有"大德十一年造"铭文。	不详	不详	《中国历代度量衡考》474页，1992年	
322	Ba	完整	1297－1302	大德口年	大都路	权腹正面"大德七年""大都路造"，背面"二十五斤秤"和八思巴文（不可辨识），"二十五斤秤"，侧面为回鹘蒙文和波斯文。"七"是磨平原铸年号数字后錾刻上的。	10.5	775	《文物资料丛刊（8）》113～115页，1983年	原资料误识"波斯哈台文"，误释八思巴文为"一斤锤"。
323	Ba	完整	1297－1307	大德口年	大都路	权身刻"大德口年""大都路造""五十五斤秤""二斤锤"。包含汉文、回鹘蒙文、八思巴文、波斯文等四种铭文。	11.8	1260	《北京文博文丛》2013年第2辑	
324	Ba	完整	1297－1307	大德口年	大都路	权腹正面"大德口年"，背面"大都路"，皆阴刻。	8.3	403.2	《耕耘录：吉林省博物院学术文集（2010～2011）》103～105页，2012年	

标本	形制	保存状况	制颁年代	纪年铭文	制颁机构	铭文内容	高度（厘米）	重量（克）	资料来源	备注
325	A	完整	1297-1307	大德	江陵路	权腹正面阴文"江陵路造"，背面阴文"大德"。	9.2	450	《江汉考古》1992年第3期	
326	不详	不详	1297-1307	大德	赣州路	权腹正面"大德"，背面"赣州路造"。	不详	不详	《南方文物》1996年第2期	
327	A	不详	1297-1307	大德		权腹正面"大德"，背面"权衡"，皆阴文。	6.7	220	《南方文物》1998年第4期	
328	A	不详	1297-1307	大德口年		权腹正面"大德口年"，背面"口造"，皆阴文。	不详	不详	《清仪阁所藏古器物文》（下册）第529页，2020年	
329	Ba	完整	1297-1307	大德年	池州路总管府	权腹正面"大德年造"，背面"池州路总管府"，侧面"五"，皆阴文。	9.7	650	《铜陵博物馆文物集粹》第69页，2012年	
330	A	不详	1297-1307	大德		权腹阴铸"大德"铭文。	不详	315	《文博通讯》1983年第6期；《中国历代量衡考》474页，1992年	
331	B	完整	1297-1307	大德口年	大都路	权腹正面"大德口年""大都路造"，背面"二十五斤秤"。	10.2	760	《文物春秋》2004年第3期	
332	不详	不详	1297-1307	大德		权腹有"大德"铭文。	不详	588	《中国历代度量衡考》第474页，1992年	

续表

标本	形制	保存状况	制颁年代	纪年铭文	制颁机构	铭文内容	高度（厘米）	重量（克）	资料来源	备注
333	A	不详	1297~1307	大德		权腹阴刻"大德""官造""卅九"等铭文。	7.3	不详	《淮安金石录》第82页，2008年	
334	不详	完整	1297~1307	大德年		权腹"大德年""两平"等铭文。	不详	270	《安康文物名胜》第58页，1992年	
335	不详	不详	1308	至大元年	益都路	权腹有"至大元年""益都路造"等铭文。	不详	不详	《济宁州金石》第9455页，1979年	
336	A	完整	1308	至大元年	大都路	权腹正面"至大元年"，背面"大都路""较口""一十五斤"，皆阴文。	9.05	590	《辽宁省博物馆馆刊（2012）》第245~258页，2013年；《四川文物》2017年第3期	
337	不详	不详	1308	至大元年		权腹正面及其两侧两面均为八思巴文；背面"至大元年"，两侧面"夫字八十号"。	清制四寸二分	清制八两	《台州金志》第281页，1986年；《台州金石录》11149页，1982年	
338	Bb	完整	1308	至大元年	杭州路	权腹阴铸"至大元年"，两侧面阴刻八思巴文；背面阴刻"杭州路"，两侧面阳铸"人字十号"。	9.2	450	《东方博物》2017年第3期	
339	A	完整	1308	至大元年		权腹正面"至大元年""上"，背面铭文模糊不清。	10	685	《文物资料丛刊（10）》第200页，1987年	

续表

标本	形制	保存状况	制颁年代	纪年铭文	制颁机构	铭文内容	高度（厘米）	重量（克）	资料来源	备注
340	A	不详	1308	至大元年		权腹正面"至大元年"，背面"官造"，皆阴文。	不详	不详	《小校经阁金石文字》（四）（引得本）第2347页，1979年	
341	Bb	不详	1308	至大元年	杭州路	权腹正面阳文"至大元年"，背面阴文"杭州路"。	不详	不详	《小校经阁金石文字》（四）（引得本）第2348页，1979年	
342	不详	不详	1308	至大元年	杭州路	权腹有"至大元年""杭州路"等铭文。	不详	不详	《雪堂藏古器物目录》第30页，2013年	
343	不详	不详	1308	至大元年	益都路	权腹有"至大元年""益都路"等铭文。	不详	不详	《雪堂藏古器物目录》第30页，2013年	
344	不详	不详	1308	至大元年		权腹有"至大元年""上"等铭文。	不详	685	《中国历代度量衡考》第474页，1992年	
345	不详	不详	1308	至大元年		权腹有"至大元年"铭文。	不详	627	《中国历代度量衡考》第474页，1992年	
346	A	完整	1308	至大元年		权腹正面"至大元年"，右侧刻一"丕"字形押记，皆阴文。	10.6	613	《中原文物》1987年第1期	
347	A	完整	1308	至大元年		权腹有阴文"至大元年""□造"，阳文"人一"。	7.5	420	《南京标准计量管理志》图8，2002年	

续表

标本	形制	保存状况	制颁年代	纪年铭文	制颁机构	铭文内容	高度（厘米）	重量（克）	资料来源	备注
348	A	完整	1308	至大元年		权腹有阴文"至大元年造"，阴文"上四"。	9	705	《南京标准计量管理志》图14，2002年	
349	Bc	座缺	1308	至大元年	保定路	权腹正面"至大元年""保定路""官造"，背面"官造"，皆阴文。	残6.7	不详	《营南县博物馆青铜器精粹》第184～185页，2019年	
350	A	完整	1308	至大元年	兴元路	权腹有"至大元""兴元路口口""一百号"等铭文。	9.8	不详	《湛江珍藏：湛江市第一次全国可移动文物普查精品图录》（下）第59页，2017年	
351	不详	完整	1308	至大元年		权腹有"至大元年"铭文。	8.4	424.5	《东南文化》1986年第1期	
352	Ba	完整	1309	至大二年	真定路	权腹阴刻"真定路""至大二年""较勘相同"，阴铸"崔"。	11	920	《井陉县志（1985～2004）》第1105页，2006年	
353	A	完整	1309	至大二年	汴梁路	权腹正面"至大二年"，背面"汴梁路""千"，皆阴铸。	12	825	《考古》1988年第2期	
354	不详	不详	1309	至大二年	保定路曲阳县	权腹有"至大二年""官造""二十斤""保定路曲阳县""地字七"和"匠人中山张"。	不详	不详	《小校经阁金石文字（引得本）》（四）第2348页，1979年	
355	A	完整	1309	至大二年	宁国路	权腹正面"至大二年"，背面"宁国路造"，皆阴文。	9.8	850	《宣州文史资料（第三辑）》第154页，1988年；《宣城博物馆文物集萃》第46页，2012年	

续表

标本	形制	保存状况	制颁年代	纪年铭文	制颁机构	铭文内容	高度（厘米）	重量（克）	资料来源	备注
356	不详	不详	1309	至大二年	保定路	权腹有"至大二年""保定路""官造"铭文。	不详	191.6	《中国历代度量衡考》第474页，1992年	
357	A	完整	1310	至大三年	大都路	权腹正面"大都路""较同""一十五斤"，背面"至大三年""口号"，皆阴文。	10	不详	《考古》1987年第11期	
358	不详	不详	1310	至大三年	益都路	权腹有"至大三年""益都路""公"等铭文。	10	不详	《考古》1987年第7期	
359	A	完整	1311	至大四年		权腹有"至大四年"阴文。	9.5	300	《文物春秋》1998年第3期	
360	不详	不详	1311	至大四年		权腹有"至大四年"铭文。	不详	380.5	《中国历代度量衡考》第474页，1992年	
361	A	完整	1311	至大四年	大都路	权腹正面"至大四年""二十五斤"，背面"大都路""较同""二十五斤"。	10	不详	《中国文物定级图典（三级品）》第317页，2001年	
362	A	完整	1311	至大四年		权腹正面"至大四年"，背面一个"元"字。	9.74	620	《中国文物报》2020年9月8日第7版	
363	不详	不详	1308—1311	至大	赣州路	权腹正面"至大"，背面"赣州路造"。	不详	不详	《南方文物》1996年第2期	
364	Ba	完整	1308—1311	至大口年	大都路	权腹正面"至大口年""大都路造"，右侧面"天三"；背面"皇甫"和非汉文文字；其他侧面为非汉文文字；阴文。	9	不详	《内蒙古文物考古》1986年总第4期	

续表

标本	形制	保存状况	制颁年代	纪年铭文	制颁机构	铭文内容	高度（厘米）	重量（克）	资料来源	备注
365	不详	不详	1308－1311	至大	保定路	权腹有"至大""保定路"等铭文。	不详	592	《中国历代度量衡考》第474页，1992年	
366	不详	不详	1308－1311	至大	应天府？	权腹有"至大""应天府（？）"等铭文。	不详	100.5	《中国历代度量衡考》第474页，1992年	至大年间无"应天府"。暂存疑。
367	Ba	完整	1312	皇庆元年	总管府	权腹正面"皇庆元年"和八思巴文、背面"总管府造"和八思巴文，一侧面"干"，皆阴文。	10	395	《考古》1987年第11期；《普兰店文物掠影》第127页，2001年	
368	A	完整	1312	皇庆元年	雷州路	权腹有"皇庆元年""雷州路"等阴文。	7.6	不详	《湛江珍藏：湛江市第一次全国可移动文物普查精品图录》（下）第58页，2017年	
369	不详	不详	1312	皇庆元年	总管府	权腹有"皇庆元年""王""总管府造"等铭文，另有两竖行八思巴文。	不详	不详	《清仪阁所藏古器物文》（下册）第532页，2020年	
370	A	完整	1312	皇庆元年	济南路总管府	权腹正面"皇庆元年造"，背面"济南路总管府"，皆阴文。	10.3	710	《文物春秋》1999年第2期	
371	A	不详	1312	皇庆元年	□□路	权腹正面"皇庆元年"，背面"□□路"，皆阴文。	不详	不详	《小校经阁金石文字》（四）第2349页（引得本），1979年	

续表

标本	形制	保存状况	制颁年代	纪年铭文	制颁机构	铭文内容	高度（厘米）	重量（克）	资料来源	备注
372	Ba	不详	1312	皇庆元年	总管府	权腹正面"皇庆元年"和八思巴文，背面"总管府造"和八思巴文，一侧面"四"，阴文。	不详	不详	《小校经阁金石文字（四）》（引得本）第2349页，1979年	
373	不详	不详	1312	皇庆元年	保定路	权腹有"皇庆元年""官造""保定路"阴文。	不详	不详	《小校经阁金石文字（四）》（引得本）第2350页，1979年	
374	不详	不详	1312	皇庆元年	庆元路总管府	权腹有"皇庆元年""庆元路总管府"等铭文。	不详	不详	《雪堂藏古器物目录》第30页，2013年	
375	不详	不详	1312	皇庆元年	□□路总管府	权腹有"皇庆元年""□□路总管府"等铭文。	不详	不详	《雪堂藏古器物目录》第30页，2013年	
376	A	完整	1312	皇庆元年		权腹有"皇庆元年""天九"等铭文。	8.3	473	《越地范金》第111页，2009年	
377	B	完整	1312	皇庆元年	河南府路	权腹正面"皇庆元年""官造"，背面"曹二家""河南府路""金字号称匠"。	11	不详	《郑州市文物志》第409页，1999年	
378	不详	不详	1312	皇庆元年	河南府路	权腹有"皇庆元年""河南府路""官造"等铭文。	不详	900.6	《中国历代度量衡考》第475页，1992年	
379	不详	不详	1312	皇庆元年	武阳路？	权腹有"皇庆元年""武阳路（？）造"等铭文。	不详	410	《中国历代度量衡考》第475页，1992年	元代文献无"武阳路"，暂存疑。

续表

标本	形制	保存状况	制颁年代	纪年铭文	制颁机构	铭文内容	高度（厘米）	重量（克）	资料来源	备注
380	不详	不详	1312	皇庆元年		权腹有"皇庆元年""官造"等铭文。	不详	366	《中国历代度量衡考》第474页，1992年	
381	不详	不详	1312	皇庆元年		权腹有"皇庆元年"铭文	不详	517.5	《中国历代度量衡考》第475页，1992年	
382	A	完整	1312	皇庆元年	奉元路	权腹正面阴文"皇庆元年"，阳文"上廿七"；背面"奉元路造"一斤九两，皆阴文。	10.93	900	《西安文物精华：青铜器》第170页，2005年	
383	Ba	完整	1313	皇庆二年	建康路	权腹正面"皇庆二年"，背面"建康路造"。	8.8	374	《高淳文物》彩图27，第49页，2000年	
384	Bb	不详	1313	皇庆二年		权腹正面"皇庆二年"，背面"月六"，皆阳文。	不详	不详	《清仪阁所藏古器物文》（下册）第532页，2020年	
385	A	不详	1313	皇庆二年	大宁路	权腹阴刻"皇庆二年造"铭文。	6.1	213	《文博通讯》1983年第6期；《中国历代度量衡考》第475页，1992年	
386	Ba	完整	1313	皇庆二年	大宁路	权腹正面"大宁路造""皇庆元年"，侧面"异之""天字七十一号"，皆阴文。	10.2	718	《文物》2013年第5期	
387	Ba	完整	1313	皇庆二年	□□路	权腹正面"皇庆二年"，背面有"□□路"和一个押记，一侧面"三"，一侧面"匠人□□"。	10	650	《文物春秋》2004年第3期；《河北省出土文物选集》第233页，1980年	

续表

标本	形制	保存状况	制颁年代	纪年铭文	制颁机构	铭文内容	高度（厘米）	重量（克）	资料来源	备注
388	不详	不详	1313	皇庆二年		权腹有"皇庆二年造"铭文。	不详	不详	《中国历代度量衡考》第475页，1992年	
389	A	完整	1312－1313	皇庆年	济南路总管府	权腹正面"皇庆年""号"，背面"济南路造总管府"，皆阴文。	10.7	840	《文物春秋》1999年第2期	
390	Ba	完整	1312－1313	皇庆		权腹有"皇庆"铭文。	10	666	《锦州市文物志》第185页，2005年	
391	Bb	完整	1314	延祐元年		权腹正面"延祐元年"，背面"人七"，阳文。	8.1	294	《东方博物》2017年第3期	
392	Ba	完整	1314	延祐元年	静江路	权腹阳铸"延祐元年""静江路造"等铭文。	9.3	310	《广西大百科全书·历史》（上册）第389页，2008年	
393	Ba	完整	1314	延祐元年		权腹正面"延祐元年"，背面"教（较）同"，一侧面"十"，皆阴文。	9.6	350	《考古》1992年第1期	
394	Ba	座缺	1314	延祐元年		权腹正面"延祐元年"，背面模糊不清，一侧面"王"，皆阴文。	残8.8	残400	《考古》1992年第1期	
395	A	不详	1314	延祐元年		权腹正面"延祐元年"，背面"月六"，皆阳文。	不详	不详	《清仪阁所藏古器物文》（下册）第533页，2020年	
396	不详	不详	1314	延祐元年		权腹有"延祐元年"，"较勘相同"等铭文。	清制三寸四分	清制七两四钱	《台州金石志》第281页，1986年；《台州金石录》第11150页，1982年	

续表

标本	形制	保存状况	制颁年代	纪年铭文	制颁机构	铭文内容	高度（厘米）	重量（克）	资料来源	备注
397	Bd	完整	1314	延祐元年	瑞安州	权腹正面"瑞安州"，背面"延祐元年造"，皆阴铸。	8	235	《文物》1985年第3期	
398	Ba	完整	1314	延祐元年	益都路沂州	权腹正面"延祐元年"，背面"教同"，侧面"益都路""沂州"，皆阴铸。	9.8	435	《文物》1986年第4期	
399	Ba	不详	1314	延祐元年		权腹正面"延祐元年"，背面"较勘相同"，侧面"三"，皆阴文。	不详	不详	《小校经阁金石文字》（四）（引得本）第2350页，1979年	
400	不详	不详	1314	延祐元年		权腹有"延祐元年"铭文。	不详	242.4	《中国历代度量衡考》第475页，1992年	
401	不详	不详	1314	延祐元年		权身有"延祐元年"铭文。	9.4	不详	《中国历史文物陈列·陈列品简目（南京博物馆）》第58页，1957年	
402	Ba	完整	1314	延祐元年		权腹正面"延祐"，右侧面"左"，背面"元年"。	8.6	不详	《古邑藏珍：四会市可移动文物图录》第218页，2019年	
403	A	完整	1315	延祐二年		权身有"延祐二年"铭文。	不详	不详	《广西大百科全书·历史》（上册）第389页，2008年	
404	不详	不详	1315	延祐二年		权腹正面"延祐二年"，背面"人四"。	不详	不详	《两浙金石志》第410页，1998年	

续表

标本	形制	保存状况	制颁年代	纪年铭文	制颁机构	铭文内容	高度（厘米）	重量（克）	资料来源	备注
405	不详	不详	1315	延祐二年		权腹有"延祐二年"铭文。	不详	不详	《两浙金石志》第410页，1998年	
406	A	不详	1315	延祐二年		权腹正面"延祐二年"，背面"人四"，阴文。	不详	不详	《清仪阁所藏古器物文》（下册）第534页，2020年	
407	Ba	完整	1315	延祐二年	留守司	权身正面"延祐二年""官""木州六"；侧面波斯文和回鹘蒙文"一十六斤秤"，皆阴文。	9.7	640	《文物春秋》1993年第3期	原资料误认为"一斤锤"。
408	B	完整	1315	延祐二年	留守司	权腹正面"延祐二年""官""留守司造"，背面"三十五斤秤""火五"字。	9	565	《文物春秋》2004年第3期	
409	A	完整	1315	延祐二年	大都路	权腹正面"延祐二年""七二"，背面"大都路""较同""三十五斤秤"，皆鉴刻。	10.5	892	《文物资料丛刊（8）》第113～115页，1983年	
410	Bb	完整	1315	延祐二年		权腹有"延祐二年""上二"等铭文。	9.5	487	《越地范金》第110页，2009年	
411	不详	不详	1315	延祐二年		权腹有"延祐二年""十八"等铭文。	不详	不详	《中国历代度量衡考》第475页，1992年	
412	不详	不详	1316	延祐三年		权身有"延祐三年"铭文。	8.8	不详	《中国历史文物陈列·陈列品简目（南京博物馆）》第58页，1957年	

续表

标本	形制	保存状况	制颁年代	纪年铭文	制颁机构	铭文内容	高度（厘米）	重量（克）	资料来源	备注
413	Bb	完整	1316	延祐三年		权腹正面"延祐三年"，背面"正一"，皆阳文。	9.2	不详	《东方博物》2017年第3期	
414	A	完整	1316	延祐三年	大都路	权腹正面"延祐三年""七二"，背面"大都路""较同""二十五斤"，皆阴铸。	10.1	750	《辽宁省博物馆刊（2012）》第245~258页；《四川文物》2017年第3期	
415	Bb	不详	1316	延祐三年	杭州路	权腹正面"延祐三年""日六"，背面"杭州路"，皆阴文。	不详	不详	《清仪阁所藏古器物文》（下册）第535页，2020年	
416	A	完整	1316	延祐三年	大口路	权腹有"延祐三年""大口路"等铭文。	7.8	1340	《四川文物》2017年第3期	
417	Ba	钮缺	1316	延祐三年	溧水州	权腹正面"溧水州造"，背面"延祐三年"，侧面"人二"，皆阴铸。	残7.6	残330	《南京标准计量管理志》图15，2002年；《溧水文物精粹》第157页，2009年	
418	A	完整	1316	延祐三年	大名路	权腹正面"延祐三年"，背面"大名路造"，皆阴铸。	12	不详	《文物春秋》2003年第3期	
419	A	不详	1316	延祐三年	汴梁路	权腹正面"延祐三年"，背面"汴梁路造"，左侧"甲"，皆阴文。	不详	不详	《小校经阁金文字》（四）》（引得本）第2351页，1979年	
420	不详	不详	1316	延祐三年	益都路	权腹有"延祐三年""王""益都路造"等铭文。	不详	533	《中国历代量衡考》第475页，1992年	

续表

标本	形制	保存状况	制颁年代	纪年铭文	制颁机构	铭文内容	高度（厘米）	重量（克）	资料来源	备注
421	不详	不详	1316	延祐三年		权腹有"延祐三年"铭文。	不详	186.8	《中国历代度量衡考》第475页，1992年	
422	不详	不详	1316	延祐三年	建德路	权腹有"延祐三年造""建德路"等铭文。	不详	526	《中国历代度量衡考》第475页，1992年	
423	Bb	完整	1316	延祐三年	口江路	权腹正面"延祐三年"，背面"口江路造"一侧面"人三"。	7.6	350	《文化学刊》2019年第6期	
424	Bb	完整	1317	延祐四年		权腹正、背两面均阴铸"延祐四年" 一侧面阴刻"天廿（卅）九"。	9.5	450	《考古》1988年第6期；《青阳博物馆文物集萃》第200页，2013年	
425	不详	不详	1317	延祐四年	杭州路	权腹正面"延祐四年"，背面"杭州路"。	不详	不详	《两浙金石志》第410页，1998年	
426	A	不详	1317	延祐四年		权腹有"延祐四年""官造"铭文。	清制三寸五分	清库平十九两	《宁津金石志》第517页，1986年	
427	Ba	不详	1317	延祐四年	杭州路	权腹正面"延祐四年"；背面"杭州路"，侧面"尺六"，皆阳文。	不详	不详	《清仪阁所藏古器物文》（下册）第536页，2020年	
428	不详	不详	1317	延祐四年	口宁口	权腹正面"延祐四年""口宁口造"，背面"较勘口口""二十五斤"。	清制三寸八分	不详	《台州金石志》第281页，1986年；《台州金石录》第11151页，1982年	

续表

标本	形制	保存状况	制颁年代	纪年铭文	制颁机构	铭文内容	高度（厘米）	重量（克）	资料来源	备注
429	Ba	完整	1317	延祐四年	高唐州	权腹正面"延祐四年"，背面"高唐州""较勘相同"，皆阴文。	9.1	310	《文物春秋》1999年第2期	
430	不详	不详	1317	延祐四年	杭州路	权腹正面"延祐肆年"，背面"杭州路"，一侧"人三十九"，皆阴文。	不详	不详	《小校经阁金石文字（四）》第2351页，1979年	
431	Ba	完整	1318	延祐五年	中山府	权腹正面"官"和一押记，左侧面"延祐五年"；背面"中山府""较勘相同"，左侧面"廿五"，皆阴文。	11.5	950	《考古》1973年第5期	
432	A	完整	1318	延祐五年		权身正面"延祐"，背面"五年"，皆阴文。	6	142	《考古》1987年第1期	
433	Ba	完整	1318	延祐五年		权腹正面"延祐五年"，背面"较同"，一侧面"九"，皆阴文。	9.1	不详	《考古》1987年第11期	
434	不详	不详	1318	延祐五年	杭州路	权腹正面"延祐五年"，背面"杭州路"。	不详	不详	《两浙金石志》第410页，1998年	
435	不详	不详	1318	延祐五年	宁国路	权腹有"延祐五年""宁国路造"等铭文。	不详	不详	《宣州文史资料（第三辑）》第154页，1988年	
436	A	完整	1318	延祐五年	杭州路	权腹铸有"延祐伍年""杭州路""成人十"等铭文。	19	6300	《最忆是杭州》第131页，2015年	
437	Bb	完整	1319	延祐六年		权腹正面"延祐六年"，背面"成人"，阳文。	7.5	不详	《东方博物》2017年第3期	

续表

标本	形制	保存状况	制颁年代	纪年铭文	制颁机构	铭文内容	高度（厘米）	重量（克）	资料来源	备注
438	A	完整	1319	延祐六年		权身正面"延祐六年""千"字形符号，背面"较勘相同""依样成造"，皆阴刻。	10.5	705	《考古》1991年第4期	原资料所谓"千"和一"五"形符号，当为"千五"。
439	不详	不详	1319	延祐六年	杭州路	权腹正面"延祐六年"，背面"杭州路"。	不详	不详	《两浙金石志》第410页，1998年	
440	Bb	不详	1319	延祐六年	杭州路	权腹正面"延祐六年"，右侧面"人"，左侧面"一"；背面"杭州路"，两侧面有八思巴文，皆阴文。	不详	不详	《清仪阁所藏古器物文》（下册）第538页，2020年	
441	Bb	完整	1319	延祐六年	温州路总管府	权腹正面"温州路总管府"，背面"延祐六年造"，皆阴刻；侧面"提调正官""较勘"，皆阴刻。	8.3	300	《温州名胜古迹》第262页，1998年	
442	A	完整	1319	延祐六年	益都路	权腹正面"延祐六年""十三"和一行八思巴字，背面"益都路"和一行八思巴字，皆阴文。	8.3	400	《文物》2002年第12期；《莒南县博物馆青铜器选粹》第179页，2019年	
443	Ba	完整	1319	延祐六年	般阳路	权腹有"延祐六年""般阳路造""金字秤"和一个押记，皆阴文。	11	635	《文物春秋》1999年第2期	原资料所谓"金口秤"，当为"金字秤"。

续表

标本	形制	保存状况	制颁年代	纪年铭文	制颁机构	铭文内容	高度（厘米）	重量（克）	资料来源	备注
444	A	不详	1319	延祐六年		权腹正面"延祐六年"，背面"收口"，皆阴文。	不详	不详	《小校经阁金石文字》（四）》（得本）第2351页，1979年	
445	A	不详	1319	延祐六年		权腹正面"延祐六年"，背面"较勘相同"，右侧"平"，皆阴文。	不详	不详	《小校经阁金石文字》（四）》（得本）第2352页，1979年	
446	Ba	完整	1319	延祐六年		权腹刻有"延祐六年"铭文。	7.8	不详	《永康文物图录》第67页，1993年	
447	不详	不详	1319	延祐六年	庆元路	权腹有"延祐六年""庆元路"等铭文。	不详	370	《中国历代度量衡考》第475页，1992年	
448	Ba	完整	1319	延祐六年		权腹正面"延祐六年"，背面"造"。	9.6	不详	《淮安金石录》第83页，2008年	
449	A	完整	1319	延祐六年		权腹有"延祐六年""三"等铭文。	10.73	650	《西安文物精华：青铜器》第170页，2005年	
450	Bb	完整	1320	庚申年	庆元路	权身正面"庚申年"，背面"庆元路"。	9.3	不详	《大元帆影：韩国新安沉船出水文物精华》第34~35，2012年	
451	A	完整	1320	延祐七年		权腹正面"延祐七年"，背面"较勘相同"，右侧面"一十"，皆阴铸。	9.8	575	《文物》1986年第4期	

续表

标本	形制	保存状况	制颁年代	纪年铭文	制颁机构	铭文内容	高度（厘米）	重量（克）	资料来源	备注
452	Bb	不详	1320	延祐七年		权腹有"延祐七年"阳文。	不详	不详	《小校经阁金文字（引得本）》（四）第2352页，1979年	
453	Ba	完整	1320	延祐七年	汝宁府	权腹正面"延祐七年""较勘相同"，背面"汝宁府"，侧面"官平"，上侧刻"元"。	12.11	765	《收藏界》2019年第5期	
454	A	不详	1314—1320	延祐		权腹正面"延祐"，背面两字漫漶不清，右上侧刻"天一"。	9.6	509.5	《大余县志》第595页，1990年	
455	不详	不详	1314—1320	延祐		权腹有"延祐"铭文。	不详	36.1	《中国历代度量衡考》第475页，1992年	
456	Bc	完整	1314—1320	延祐		权腹正面"延祐"，右侧面"匠人"，左侧面"公平"；背面"官秤"，右侧面"张□□"，左侧面铭文不可辨，皆阳文。	9.1	533	《修来富度量衡藏品选》第41页，2014年	
457	Ba	完整	1314—1320	延祐□年	真定路总管府	权腹正面"延祐□年二月□□□"，右侧面"较勘相同"，左侧面"匠人□"押记，右侧面"匠人"，背面一个"总管路"，左侧面"真定路"，背面一个"总管府"，阴文。	6.3	133.5	《修来富度量衡藏品选》第41页，2014年	
458	Ba	完整	1321	至治元年	大都路	权腹正面"至治元年""大都路造"，背面"二十五斤秤"和八思巴文"一斤锤"，侧面为回鹘蒙文和波斯文"二十五斤秤"，皆阴文。	不详	不详	《八思巴字与元代汉语（增订本）》第25～26页，2004年	八思巴文为"一斤锤"。

续表

标本	形制	保存状况	制颁年代	纪年铭文	制颁机构	铭文内容	高度（厘米）	重量（克）	资料来源	备注
459	Ba	完整	1321	至治元年	大都路南京	权腹正面"南京"，左侧面"大都路较"；背面"皇甫"，右侧面"同三十五斤"，左侧面"至治元年"，皆阴铸。	9	900	《考古》1990年第2期	原资料误读纪年为"至顺元年"。
460	Bc	完整	1321	至治元年		权腹正面阴文"至治"，背面阴文"元年"，左侧面阴文"六"。	8.3	178	《考古与文物》2001年第6期	
461	不详	不详	1321	至治元年	杭州路	权腹正面"至治元年"，背面"杭州路"。	不详	不详	《两浙金石志》第410页，1998年	
462	A	完整	1321	至治元年	奉元路	权腹阴刻"至治元年""奉元路官造""斤九两"等铭文。	10.9	925	《陇东报》2017年2月18日第三版	
463	Bb	不详	1321	至治元年	总府	权腹正面阳文"总府"；背面阴文"天三"，右侧面阴文"至治元年"。	不详	不详	《清仪阁所藏古器物文》（下册）第539页，2020年	
464	A	完整	1321	至治元年		权腹正面"皇"，右侧面"至治元年"；背面"甫"，左侧面"元年"，皆阴文。	9.3	550	《四川文物》2017年第3期	
465	不详	不详	1321	至治元年	宁海县	权腹有"至治元年""李明道造""口官较同""宁海县口"等铭文。	清制三寸三分	清制八两五钱	《台州金石志》第280~282页，1986年；《台州金石录》第11152页，1982年	原资料所谓"宁海口"，当为"宁海县"。
466	Ba	完整	1321	至治元年	保定路	权腹正面"至治元年""官造"，背面"保定路""较勘相同"，侧面"士七"，皆阴文。	8	440	《文博》2012年第2期	

续表

标本	形制	保存状况	制颁年代	纪年铭文	制颁机构	铭文内容	高度（厘米）	重量（克）	资料来源	备注
467	Bd	完整	1321	至治元年	益都路	权腹正面"至治元年"，背面"益都路"，皆阴文。	10.5	565	《文物》1986年第4期	
468	Ba	完整	1321	至治元年	保定路	权腹正面"至治元年""二十五斤""官造"，背面"保定路""较勘相同"，侧面"斤三"。	10	725	《文物春秋》2004年第3期	
469	Bd	完整	1321	至治元年	益都路	权腹正面"至治元年"，背面"益都路"。	10	492.5	《文物资料丛刊（8）》第113～115页，1983年	
470	Bb	不详	1321	至治元年	杭州路	权腹正面"至治元年"，背面"杭州路"，皆阳文。	不详	不详	《小校经阁金石文字（四）》（引得本）第2352页，1979年	
471	不详	不详	1321	至治元年		权腹有"至治元年口""较勘相同"等铭文。	不详	707	《中国历代度量衡考》第475页，1992年	
472	不详	不详	1321	至治元年		权腹有"至治元年"铭文。	不详	885	《中国历代度量衡考》第475页，1992年	
473	不详	不详	1321	至治元年		权腹有"至治元年"铭文。	不详	867	《中国历代度量衡考》第475页，1992年	
474	不详	不详	1321	至治元年	保定路	权腹有"至治元年""保定路""官造"铭文。	不详	589	《中国历代度量衡考》第475页，1992年	

续表

标本	形制	保存状况	制颁年代	纪年铭文	制颁机构	铭文内容	高度（厘米）	重量（克）	资料来源	备注
475	A	完整	1321	至治元年	潭州路	权腹有"至治元年""潭州路造"等铭文。	8.7	500	《潇湘寻古》第67页，2013年	
476	Bc	完整	1321	至治元年	保定路	权腹正面"至治元年"，背面"官造"，定路较勘相同。	8.2	不详	《孟府孟庙文物珍藏》第187～189页，2011年	
477	A	完整	1321	至治元年		权腹正面"至治元年"，背面"官""一"。	6.7	不详	《古邑藏珍：四会市可移动文物图录》第219页，2019年	
478	Ba	不详	1322	至治二年	常德路	权腹正面"至治二年""较勘相同"，背面"常德路造"。	12	不详	《常德市文物志（1988～2010）》第243页，2014年	
479	不详	不详	1322	至治二年	台州路总府	权腹正面"至治二年""李明德造""太字"四二号"，背面"台州路总府""提调官较同""月"。	不详	不详	《台州金石志》第280～281页，1986年	
480	B	完整	1322	至治二年		权腹正面"至治二年"，背面"皇甫"。	9.2	375	《文物春秋》2004年第3期	
481	不详	不详	1322	至治二年		权腹有"至治二年"铭文。	不详	362	《中国历代度量衡考》第475页，1992年	
482	不详	不详	1322	至治二年		权腹有"至治二年"铭文。	不详	108.6	《中国历代度量衡考》第475页，1992年	
483	Ba	完整	1322	至治二年		权身正面"至治二年""较勘相同"，右侧面"平"；背面为八思巴文，左侧面不可辨，右侧面阴刻"依样成造"。	11	530	《中国文物报》1985年11月20日第2版；《固蒙文物考古选集》第70页，2009年	

续表

标本	形制	保存状况	制颁年代	纪年铭文	制颁机构	铭文内容	高度（厘米）	重量（克）	资料来源	备注
484	Ba			至治三年	衡州路	权身正面"衡州路造"，背面"至治三年"，皆阴铸。	9.4	不详	《考古》1995年第10期	原资料"至口"，当是"至治"。
485	A	完整	1323	至治三年	真定路	权腹正面"至治叁年""较勘相同"，背面"真定路"和一个押记。	10.2	660	《四川文物》2017年第3期	
486	不详	不详	1323	至治三年		权腹有"至治三年"铭文。	不详	995	《中国历代度量衡考》第475页，1992年	
487	不详	不详	1321-1323	至治		权腹有"至治"铭文。	不详	567.5	《中国历代度量衡考》第475页，1992年	
488	Bd	完整	1324	泰定元年	益都路	权腹正面"泰定元年"，背面"益都路造"，皆阴刻。	10.8	500	《考古》1985年第3期	
489	不详	不详	1324	泰定元年		权腹正面"泰定元年"，背面"王七"。	不详	不详	《两浙金石志》第410页，1998年	
490	A	完整	1324	泰定元年	口定路	权腹有"泰定元年""较勘相同""口定路造""川（廿）二"等铭文。	10.35	780	《四川文物》2017年第3期	
491	不详	不详	1324	泰定元年		权腹有"泰定元年""王七"等阴文铭文。	不详	不详	《小校经阁金石文字（引得本）》（四）第2352页，1979年	

续表

标本	形制	保存状况	制颁年代	纪年铭文	制颁机构	铭文内容	高度（厘米）	重量（克）	资料来源	备注
492	不详	不详	1324	泰定元年		权腹有"泰定元年"铭文。	不详	111.6	《中国历代度量衡考》第475页，1992年	
493	不详	不详	1324	泰定元年		权腹有"泰定元年""较勘相同"等铭文。	不详	975	《中国历代度量衡考》第475页，1992年	
494	Ba	座缺	1325	泰定二年	大宁路	权腹有"泰定二年""大宁路口""较勘相同""二十五斤""冀家造"和一个花押"天字口号"后改刻为"地字卅三号"。	残6.8	残360	《四川文物》2017年第3期	
495	Ba	完整	1325	泰定二年		权腹正面"泰定二年"；背面"较勘相同"，左侧"日"，皆阴文。	11.5	764	《文物》1992年第5期	
496	A	完整	1325	泰定二年	河南府路	权腹正面"泰定二年正月日造"，背面"河南府路依尚右户部样"，一侧"工徐"，皆阴文。	10.6	865	《中原文物》1986年第4期；《中原文物》1987年第1期	
497	Bb	不详	1325	泰定二年		权腹正面"泰定二年造"，背面有无铭文不详。	不详	不详	《中国收藏》2016年第11期	
498	Bb	完整	1326	泰定三年	杭州路	权腹正面"泰定三年"，背面"杭州路"，侧面"成十"。	8.6	不详	《南湖文物》第230页，2009年	
499	Ba	完整	1326	泰定三年	留守司	权腹正面"泰定三年""一十六斤"，背面"留守司""官较同"。	9.2	565	《文物春秋》2004年第3期；《河北省出土文物选集》第233页，1980年	

续表

标本	形制	保存状况	制颁年代	纪年铭文	制颁机构	铭文内容	高度（厘米）	重量（克）	资料来源	备注
500	Ba	不详	1326	泰定三年	益都路总管府	权腹正面"总管府造"和八思巴文，背面铭文漫漶不清，侧面"泰定三年"、"益都路""九"，皆阴文。	不详	不详	《小校经阁金石文字（四）》（引得本）》（四）第2353页，1979年	
501	A	不详	1326	泰定三年		权腹正面"泰定三年"，左侧"一七"，皆阴文。	不详	不详	《小校经阁金石文字（引得本）》（四）第283页，1979年	
502	A	完整	1326	泰定三年		权腹有阴文"泰定三年"。	4.4	不详	《蚌埠珍贵文物》第169页，2017年	
503	Ba	完整	1326	泰定三年	兴元路	权腹正面"兴元路造"、背面"泰定三年"、"十一号"等铭文。	9.5	480	《文物陕西·度量衡器卷》第81页，2018年	
504	A	完整	1327	泰定四年	太平路	权腹阳铸"天六""太平路"和"泰定四年"等铭文。	16.1	不详	《马鞍山文物聚珍》第65页，2006年	
505	不详	不详	1327	泰定四年		权腹有"泰定四年"铭文。	不详	340	《中国历代度量衡考》第476页，1992年	
506	A	座缺	1327	泰定四年	益都路	权腹正面"泰定四年"，背面"益都路造"皆阴文。	残7.8	不详	《肇源博物馆文物精品概览》第111页，2018年	
507	A	完整	1328	致和元年	益都路	权腹正面"致和元年"，背面"益都路造"，皆阴文。	8.8	不详	《考古》1987年第11期	
508	Ba	完整	1328	致和元年	益都路总管府	权身正面"益都路总管府"，右侧面"千"；背面"致和元年"，皆阴文。	12	725	《考古》1989年第5期	

续表

标本	形制	保存状况	制颁年代	纪年铭文	制颁机构	铭文内容	高度（厘米）	重量（克）	资料来源	备注
509	Bb	完整	1328	致和元年		权腹有"致和元年""天字九七号"等铭文。	8.9	267	《越地范金》第111页，2009年	
510	不详	不详	1328.1	天历元年	益都路	权腹有"天历元年""益都路造"铭文。	不详	415.5	《中国历代度量衡考》第476页，1992年	
511	Bb	完整	1329	天历元年	杭州路	权体正面阴文"天历贰年"，两侧面铭文不可辨；背面阴文"杭州路"。	9	350	《灿烂的德清历史文化》第163～166页，2015年；《德清博物馆文物珍藏》第125页，2010年	
512	A	不详	1329	天历二年	保定路	权腹正面"天历二年"，背面"保定路"，皆阴文。	不详	不详	《清仪阁所藏古器物文》（下册）第540页，2020年	
513	A	座缺	1329	天历二年	保定路	权腹正面"天历二年"，背面"保定路"。	残9	残600	《文物春秋》2004年第3期	
514	不详	不详	1329	天历二年		权腹正面"天历二年"，左上角"五"，皆阴文。	不详	不详	《小校经阁金石得本》（四）第2354页，1979年	
515	不详	不详	1329	天历二年		权腹有"天历二年"铭文。	不详	不详	《雪堂藏古器物目录》第30页，2013年	
516	Bd	完整	1330	天历三年		权腹有"天历三年""天""较勘相同"等铭文，皆阴文。	10.5	610	《考古》1991年第4期	

续表

标本	形制	保存状况	制颁年代	纪年铭文	制颁机构	铭文内容	高度（厘米）	重量（克）	资料来源	备注
517	不详	不详	1330	天历三年		权腹有"天历三年""较勘相同""平"等铭文。	8	不详	《神醉金源故地哈尔滨》第182页，2007年	
518	Ba	完整	1330	天历三年		权腹有"天历三年""平"等铭文。	10.1	810	《四川文物》2017年第3期	
519	A	完整	1330	天历三年	大都路	权身正面"上二""天历叁年""皇甫"，背面"大都路""较同""贰拾伍斤"，皆阴文。	9.8	665.5	《文物》1987年第11期	
520	不详	不详	1330	天历三年	大都路	权腹有"天历三年""大都路造"铭文。	不详	796	《中国历代度量衡考》第476页，1992年	
521	A	完整	1330	至顺元年	益都路	权身正面"至顺元年"，背面"益都路□"，皆阴文。	12	500	《考古》1996年第12期	
522	不详	不详	1330	至顺元年	平阳州	权腹有"至顺元年""平阳州"等铭文。	不详	不详	《平阳金石志》第411页，1986年	
523	Bb	完整	1331	至顺二年	温州路总管府	权腹正面"温州路总管府"，背面"至顺二年造"，皆阴文。	7.8	140	《文物》1985年第3期	
524	不详	不详	1331	至顺二年	益都路	权腹有"至顺二年""益都路造"等铭文。	不详	506	《中国历代度量衡考》第476页，1992年	
525	Ba	完整	1332	至顺三年	益都路	权腹正面"至顺三年"，一侧面"丁"（下），背面"益都路"，皆阴文。	10.5	645	《考古》1985年第2期	

续表

标本	形制	保存状况	制颁年代	纪年铭文	制颁机构	铭文内容	高度（厘米）	重量（克）	资料来源	备注
526	Ba	完整	1332	至顺三年	益都路	权腹正面"至顺三年"，右侧面"平"；背面"益都路造"，皆阴文。	11.5	900	《考古》1997年第9期	
527	不详	不详	1333	至顺四年	益都路	权腹有"至顺四年""益都路""较勘相同""王"等铭文。	不详	不详	《山左金石志》第14383页，1982年；《济宁州金石》第9455页，1979年	
528	Ba	完整	1333	至顺四年	大都路	权腹正面"至顺四年"，背面"大都路较"。	7.7	335	《文物春秋》2004年第3期	
529	Ba	完整	1333	至顺四年		权腹正面"至顺四年"，背面"□□相同"，"汶□□三"，皆阴文。	11	不详	南开大学博物馆；百作文物精品卷》第53页，2020年	
530	A	完整	1330～1333	至顺□□年	奉圣州	权腹有"至顺□年""奉圣州造""黄字五号"等铭文。	11.2	不详	《古蕴涿鹿（蕴藏卷）》第47页，2013年；《涿鹿县志（1989～2009）》第820页，2014年	至顺存4年。原资料所谓"至顺八年"，当误读。
531	不详	不详	1334	元统二年	上都留守司	权腹有"上都留守司""官启用""元统二年""二十五斤"等铭文。	不详	不详	《内蒙古自治区志·技术监督志》第517页，2004年	
532	Bb	完整	1334	元统二年	□州路	权腹正面阳铸"元统二年"，"□州路"，右侧"天"。背面阳铸"□"。	9.6	450	《东方博物》2017年第3期	
533	Ba	完整	1335	元统三年	懿州	权腹有"元统三年""懿州""成造""二十五斤""玄字十号"等铭文。	9.6	620	《四川文物》2017年第3期	

续表

标本	形制	保存状况	制颁年代	纪年铭文	制颁机构	铭文内容	高度（厘米）	重量（克）	资料来源	备注
534	B	完整	1335	元统三年	上都留守司	权腹正面"元统三年""一十六斤"，左侧面"上三"；背面"上都留守司"面"官较"同，皆阴文。	9.3	515	《文物春秋》2004年第3期	
535	Ba	完整	1335	元统三年	上都留守司	权腹正面"元统三年""五十五斤"；背面"上都留守司""官较"同，左侧面"一"，阴文。	11.5	1110	《文物春秋》2004年第3期	
536	Ba	完整	1335	元统三年	懿州	权腹正面"元统三年""三十五斤"面"三十五斤""成造"，背面"懿州""天字四十九号"，座底"较同"，皆錾刻。	10	不详	《文物资料丛刊（7）》第163～167页，1983年	
537	不详	不详	1335	元统三年		权腹有"元统三年造"铭文。	不详	不详	《中国历代度量衡考》第476页，1992年	
538	A	完整	1335	元统三年	大都路	权腹有"元统三年""三十五斤""大都路"等铭文。	11.3	970	《门头沟文物志》第194页，2001年	原资料所谓"三十五斤"，当为"三十五斤"。
539	A	表面损伤	1333－1335	元统		权腹有"元统"铭文。	7.9	380	《四川文物》2017年第3期	
540	Bd	完整	1333－1335	元统口年		权腹阴铸"元统口年造"。	9	325	《文物》1985年第3期	

续表

标本	形制	保存状况	制颁年代	纪年铭文	制颁机构	铭文内容	高度（厘米）	重量（克）	资料来源	备注
541	A	完整	1335	后至元元年	保定路	权腹阴刻"至元元年""较勘相同""千四""保定路""官造"等阴文。	9	不详	《草原金石录》第233页，2013年	
542	Ba	不详	1336	后至元二年	大都路	权腹正面"至元二年""大都路口"，背面"三十五斤秤"，皆阴文。	10.5	不详	《法库县文物志》第225页，1996年	
543	Ba	完整	1336	后至元二年	般阳路总管府	权腹正面"较勘相同""至元二年"，右侧面"三"；背面"般阳路总管府；皆阴文。	10.6	625	《考古》1992年第1期	
544	不详	不详	1336	后至元二年	大都路	权身有"至元二年""大都路造"等铭文。	不详	1147	《中国历代度量衡考》第472页，1992年	
545	Bb	完整	1337	后至元三年	杭州路	权腹正面"至元三年"，背面"杭州路"。	8.5	不详	《元代杭州历史遗存》第265页，2014年	
546	不详	不详	1338	后至元四年	保定路	权身有"至元四年""保定路"等铭文。	不详	不详	《中国历代度量衡考》第472页，1992年	
547	Ba	完整	1339	后至元五年	汴梁省	权腹阴铸"至元五年造""汴梁省下通行官秤"等铭文。	11.1	710	《西安文物精华：青铜器》第169页，2005年	
548	Ba	完整	1339	后至元五年	潭州路	权腹正面"至元"；背面"潭州"，左侧面"路造"，右侧面"五年"，皆阴文。	18	不详	《郴州馆藏文物精品图集》第57页，2010年	
549	Ba	完整	1340	后至元六年	大宁路	权腹正面"至元陆年""大宁路造"，背面"二十五斤""较勘相同"，侧面可辨"天□□号""□家造"，皆阴文。	10.3	630	《考古》1998年第7期	

续表

标本	形制	保存状况	制颁年代	纪年铭文	制颁机构	铭文内容	高度（厘米）	重量（克）	资料来源	备注
550	Ba	完整	1340	后至元六年	大宁路	权腹阴刻"至元陆年""大宁路""口家造""天十一"等铭文。	10.1	600	《辽海文物学刊》1997年第2期	
551	Ba	完整	1341	至正元年	大都路	权身正面"至正元年，大都路造"，背面"口口五口斤秤"及蒙文，字迹均不清晰，皆阴文。	10.5	700	《文物春秋》2007年第5期	
552	A	不详	1341	至正元年	保定路	权腹正面"至正元年""官造"，背面"保定路""较勘相同"，一侧"卅九"，皆阴文。	不详	不详	《小校经阁金石文字（引得本）》（四）第2854页，1979年	
553	不详	不详	1341	至正元年	益都路	权腹有"至正元年""益都路"铭文。	不详	63.2	《中国历代量衡考》第476页，1992年	
554	A	完整	1341	至正元年	益都路	权身正面"至正元年"，左侧"三"；背面"益都路造"铭文。	10	533	《中国文物报》2011年1月21日第6版	
555	A	完整	1341	至正元年	怀庆路	权腹正面"至正元年""天字平秤"，背面"怀庆路""安童"，座底"师"，皆阴文。	10.5	888	《中原文物》1987年第1期	
556	Ba	完整	1342	至正二年	大都路	权腹阴刻"至正二年""大都路造""三"等铭文。	9.5	413	《北京文博》2006年第4期	
557	Ba	完整	1342	至正二年	大都路	权身有"至正二年""大都路造"等铭文。	10.5	不详	《国立中央图书馆台湾分馆珍藏民俗器物图录》（第2辑）第65页，1984年	

续表

标本	形制	保存状况	制颁年代	纪年铭文	制颁机构	铭文内容	高度（厘米）	重量（克）	资料来源	备注
558	Ba	完整	1342	至正二年	迁安县	权腹正面"迁安县",背面"官平",左侧面"至正二年",皆阴文。	9.5	400	《考古》1994年第10期	
559	A	完整	1342	至正二年	益都路	权身正面"至正二年",背面"益都路造""中",皆阴文。	10.5	690	《文物春秋》2007年第5期	
560	Ba	不详	1342	至正二年	保定路	权腹正面"保定路",左侧面"至正二年",右侧面"官造",阴文;背面阴文"人"。	不详	不详	《小校经阁金石文字》（四）（引得本）第2355页,1979年	
561	A	不详	1342	至正二年	汴梁路总管府	权腹正面"至正二年""至造",背面"许",皆阴文。	不详	不详	《小校经阁金石文字》（四）（引得本）第2356页,1979年	
562	A	不详	1342	至正二年		权腹有"至正二年""二十五斤"等铭文。	不详	不详	《小校经阁金石文字》（四）（引得本）第2356页,1979年	
563	不详	不详	1342	至正二年	益都路	权腹有"至正二年""益都路"铭文。	不详	不详	《中国历代量衡考》第476页,1992年	
564	A	完整	1343	至正三年		权腹正面"至正三年""较勘相同"和一个押记,背面"匠",侧面"五"和一个押记。	10.3	730	《文物春秋》2004年第3期	
565	A	完整	1343	至正三年		权腹铸有"至正三年""成"等铭文。	11	1194	《趣地范金》第111页,2009年	

续表

标本	形制	保存状况	制颁年代	纪年铭文	制颁机构	铭文内容	高度（厘米）	重量（克）	资料来源	备注
566	Bb	完整	1343	至正三年		权腹正面阴文"至正三年"，背面阳文"上二"。	11.2	不详	《湖州市第一次全国可移动文物普查成果汇编》第58页，2016年	
567	Ba	完整	1344	至正四年	大都路	权腹正面"大都路制造"；背面"至正四年""四十五斤"，左侧面和其他侧侧面分别为八思巴文、回鹘蒙文和波斯文。	9	809	《草原金石录》第235页，2013年	
568	A	完整	1344	至正四年		权腹有"至正四年"阴文。	8	不详	《考古》1987年第11期	
569	B	下端缺	1344	至正四年	保定路	权腹正面"至正四年""官造"，背面"保定路""较勘相同"，侧面"十"，阴文。	残6.3	残285	《文物春秋》2004年第3期	
570	B	完整	1344	至正四年	保定路	权腹正面"至正四年""官"，背面"保定路""较勘相同"，左侧面"Ⅱ（廿）八"。	10	810	《文物春秋》2004年第3期	
571	Bc	完整	1344	至正四年	保定路	权腹正面"至正四年""官造"，背面"保定路""较勘相同"，侧面"千"。	9.4	595	《文物春秋》2004年第3期	
572	Ba	完整	1344	至正四年	大都路	权腹正面"至正四年""大都路造"，背面"五十五斤"和蒙文，侧面为阿拉伯文和波斯文。	11.5	1225	《文物春秋》2007年第5期	
573	Bc	完整	1344	至正四年	保定路	权腹正面"至正四年""官造"，背面"保定路""较勘相同"，"山三"，侧面，阴文。	9.5	616.5	《文物资料丛刊（8）》第113～115页，1983年	

续表

标本	形制	保存状况	制颁年代	纪年铭文	制颁机构	铭文内容	高度（厘米）	重量（克）	资料来源	备注
574	Ba	不详	1344	至正四年	兴元路	权腹正面"至正四年"，右侧面"兴元路"，背面"天"；右侧面"官造"，左侧面文，皆阴文。	不详	不详	《小校经阁金石文字（引得本）》（四）第2355页，1979年	
575	不详	不详	1344	至正四年	保定路	权腹有"至正四年""口口口口""官造""保定路"等铭文。	不详	不详	《中国历代度量衡考》第476页，1992年	
576	Ba	完整	1344	至正四年	大都路	权身正面"至正四年""大都路造"，右侧面；背面八思巴文，其他侧面为非汉字文字，皆阴文。	9.3	790	《文物鉴定与鉴赏》2018年第5期	
577	Ba	完整	1344	至正四年	大都路	权身正面"至正四年""二十五斤"，右侧面"大都路造"，左侧面为非汉字铭文；其他三面铭文不详。	9.4	800	《修来富度量衡藏品选》第44页，2014年	
578	Ba	完整	1345	至正五年	湖州路	权身正面"湖州路""至正五年造""二十五斤秤"，右侧面"口字卅号"；背面两行八行巴文，皆阳文。	10.5	不详	《湖州市博物馆藏品集》第89页，1999年	
579	不详	不详	1345	至正五年	济南路	权腹有"至正五年""济南路造"等铭文。	不详	不详	《中国历代度量衡考》第476页，1992年	
580	不详	不详	1345	至正五年	湖州路	权腹有"湖州路""至正五年""二十五斤秤""月九十四号"等铭文。	不详	清制十七两	《（道光）武康县志》第1001页，1982年	

续表

标本	形制	保存状况	制颁年代	纪年铭文	制颁机构	铭文内容	高度（厘米）	重量（克）	资料来源	备注
581	Ba	完整	1346	至正六年	上都留守司	权腹正面"至正六年""三十五斤"，背面"上都留守司""官较同"，皆阴文。	9.5	545	《草原金石录》第236页，2013年	
582	Ba	完整	1346	至正六年		权腹正面"至正六年六月口"，其他五面无铭文不详。	6.4	不详	《金源文物图集》第30页，2001年	
583	Ba	不详	1346	至正六年	大都路	权腹正面"至正六年""大都路造"，背面"三十五斤秤""较勘相同"，侧面非汉文；权座正面"三号"；皆阴文。	不详	不详	《清仪阁所藏古器物文》（下册）第542页，2020年	
584	A	完整	1346	至正六年	懿州路	权腹正面"至正六年""较勘相同"；背面"懿州路造""同二十五斤"，皆阴铸。	8.5	500	《考古》1990年第2期	
585	A	表面与底座有残	1346	至正六年	懿州路	权腹有"至正六年""较勘相同""懿州路造""同二十五斤""十七"等铭文。	9.2	残590	《四川文物》2017年第3期	原资料误读纪地铭文为"彭州"。
586	不详	不详	1346	至正六年	上都留守司	权腹正面"上都留守司""官较同"等铭文。	不详	不详	《中国历代度量衡考》第476页，1992年	
587	A	完整	1346	至正六年	懿州路	权腹正面"懿州路造""同二十五斤"；背面"至正六年""较勘相同"，皆阴铸。	8.5	450	《四川文物》2017年第3期	
588	A	完整	1347	至正七年	大都路	权腹正面"天一""至正七年""官造"，背面"大都路""校同""二十五斤"，皆阴刻。	9.5	707.3	《考古》1973年第5期；《北京文博》2006年第4期	

续表

标本	形制	保存状况	制颁年代	纪年铭文	制颁机构	铭文内容	高度（厘米）	重量（克）	资料来源	备注
589	不详	不详	1347	至正七年		权腹有"至正七年"铭文。	不详	164	《中国历代度量衡考》第476页，1992年	
590	A	不详	1348	至正八年	潭州路	权腹正面"至正八年"，背面"潭州路造"。	不详	不详	《湖南历史图典（一）》第233页，2010年	
591	Ba	完整	1350	至正十年		权腹正面"至正十年""二十五斤"，左侧面"王五"，其他四面有无铭文不详。	7.0	不详	《金源文物图集》第30页，2001年	
592	不详	不详	1350	至正十年		权腹正面"至正十年""五八""二十五斤"，背面"口口口同"，皆阴文。	清制三寸六分	不详	《台州金石志》第282页，《台州金石录》11158页，1982年	
593	Ba	不详	1350	至正十年	上都路都总管府	权腹有"上都路都总管府""较同""二六斤""至正十年二月造""一七"等铭文。	8.8	410	《文物春秋》1991年第2期	
594	B	完整	1350	至正十年	上都路都总管府	权腹正面"至正十年十一月造"，背面"上都路都总管府"，侧面"较同""州五斤""九"。	9.9	570	《文物春秋》2004年第3期	
595	不详	不详	1350	至正十年		权腹有"至正十年"铭文。	不详	539	《中国历代度量衡考》第476页，1992年	
596	Ba	完整	1351	至正十一年	大宁路	权腹有"至正十一年""大宁路造""冀家"等铭文，两侧面有花押。权腹"天十六""二十五斤"经勘相同。	10.54	680	《四川文物》2017年第3期	

续表

标本	形制	保存状况	制颁年代	纪年铭文	制颁机构	铭文内容	高度（厘米）	重量（克）	资料来源	备注
597	不详	不详	1351	至正十一年		权腹有"至正十一年十一月造"铭文。	不详	不详	《中国历代度量衡考》第476页，1992年	
598	Ba	完整	1352	至正十二年		权腹有"至正十二年""□□□□""一十五斤""较勘相同"及花押。	10.5	670	《四川文物》2017年第3期	
599	Ba	完整	1352	至正十二年	云需总管府	权腹正面"至正十二年正月造"，左侧面"三十五斤"；背面"云需总管府较"，侧面"廿（卅）八"；钮顶有人思巴押。	9.5	598	《文物》1987年第11期	
600	Ba	完整	1353	至正十三年	云需总管府	权身正面"至正十三年正月造"，背面"云需总管府较"，侧面"三""三十五斤"，底座正面有人思巴文，皆阴文。	9.6	590	《文物春秋》1993年第3期	
601	不详	不详	1353	至正十三年		权腹有"至正十三年"铭文。	不详	974	《中国历代度量衡考》第476页，1992年	
602	A	完整	1354	至正十四年		权腹有阳文"至正十四年"。	7.4	500	《邢台职业技术学院学报》2015年第2期	
603	Ba	完整	1358	至正十八年	都府	权腹正面"至正十八年""都府造"，背面"同二十五斤"，阴文。	9	524	《北京文博》2006年第4期	
604	Ba	完整	1358	至正十八年	都府	权腹正面"至正十八年""都府造"，背面"都府造""同十五斤"，皆阴文。	9	374	《北京文博》2006年第4期	

续表

标本	形制	保存状况	制颁年代	纪年铭文	制颁机构	铭文内容	高度（厘米）	重量（克）	资料来源	备注
605	Ba	完整	1358	至正十八年	都府	权腹正面"至正十八年二月十五造"，背面"李"，侧面"一十五斤"，"都府""较同"，皆阴文。	9.4	510.5	《文物》1987年第11期	
606	A	完整	1362	至正二十二年		权腹正面铭文"至正二十二年造"，背面铭文"籍伍"。	不详	不详	《海疆之地：北仑史迹陈列图录》第42页，2019年	
607	Ba	完整	1363	至正二十三年	棣州	权腹正面"至正廿三年造"，背面"棣州较勘相同"。	11.5	865	《文物春秋》2004年第3期；《中国青铜器定级图典》第275页，2008年	
608	Ba	完整	1364	至正二十四年	永平路总管府	权腹正面"至正廿四年""重廿五斤"，左侧面"三十一"；背面"永平路总管府"，左侧面"官造"，皆阴文。	9.4	490	《考古》1994年第10期	
609	不详	不详	1341–1350	至正口年		权腹有"至正口年""较勘相同"等铭文。	不详	不详	《中国历代度量衡考》第476页，1992年	
610	B	不详	1351–1364	至正口口年	澧州路	权腹有"至正口口年""澧州路"等铭文。	不详	不详	《古泉山馆金文编残稿》第1712页，1979年	至元十四年置澧州路，至正二十四年改澧州府。
611	Ba	不详	不详	乙卯年	真定路	权腹正面与左侧面为"乙卯年记"，右侧面"真定路"，两侧侧面为"赵新""新"下一押记。	不详	不详	《小校经阁金文字（得本）》（四）第2341页，1979年	

续表

标本	形制	保存状况	制颁年代	纪年铭文	制颁机构	铭文内容	高度（厘米）	重量（克）	资料来源	备注
612	B	完整	不详	丁丑	保定路	权腹正面"保定路"，背面"官造"，侧面"丁丑"。	8	375	《文物春秋》2004年第3期	
613	B	完整	不详	至元元年		权腹正面"至元元年"，背面"官造"。	5.2	125	《文物春秋》2004年第3期	
614	不详	不详	不详	至元元年		权腹有"至元元年""官造"等铭文。	不详	300.6	《中国历代度量衡考》第472页，1992年	
615	A	完整	不详	至元		权腹正面"至元"，背面"官秤"，阴文。	12.5	200	《南方文物》1996年第2期	
616	A	完整	不详	至元		权腹有"至元"铭文。	9.5	500	《四川文物》2017年第3期	
617	A	完整	不详	至元年	卫辉路	权腹正面"至元年"，背面"卫辉路"，侧面"天"，皆阴文。	10.5	836.5	《中原文物》1986年第4期；《中原文物》1987年第1期	
618	Ba	腹部有残	不详	至元	临江路	权腹有"至元""临江路造"等铭文。	8.8	残714	《理财（收藏）》2020年第9期	
619	A	不详	不详	至元二年		权身正面"至元二年"，背面"上"。	7.5	302	《安徽省文物志稿（下）》第290～291页，1993年；《太湖馆藏文物》第72页，2014年	
620	不详	不详	不详	至元二年		权腹有"至元二年"铭文。	不详	675	《中国历代度量衡考》第472页，1992年	

续表

标本	形制	保存状况	制颁年代	纪年铭文	制颁机构	铭文内容	高度（厘米）	重量（克）	资料来源	备注
621	Bb	不详	不详	至元二年		权身正面"至元二年"，背面"戊六"。	8.4	372.1	《汤原县志》第779页，1992年	
622	B	不详	不详	至元二年		权腹正面"至元二年"，侧面"八"，皆阴文。	不详	不详	《小校经阁金石文字（四）》第2339页，1979年	
623	A	完整	不详	至元三年		权腹阴刻"至元三年"铭文。	11	1400	《考古》1990年第2期	
624	Ba	完整	不详	至元三年		权腹"至元三年""口""校勘相同"等铭文。	9.9	400	《四川文物》2017年第3期	
625	A	完整	不详	至元三年		权腹有"至元三年"铭文。	8.65	400	《四川文物》2017年第3期	
626	不详	不详	不详	至元三年		权腹有"至元三年"铭文。	不详	820	《中国历代度量衡考》第472页，1992年	
627	不详	不详	不详	至元四年		权腹有"至元四年"铭文。	不详	657	《中国历代度量衡考》第472页，1992年	
628	A	不详	不详	至元四年		权腹正面"至元四年"，背面"二十五"。	8.5	535	《平鲁文物图志》321～322页，2018年	
629	不详	不详	不详	至元五年		权腹有"至元五年""官造"等铭文。	不详	757.5	《中国历代度量衡考》第472页，1992年	
630	A	钮缺	不详	至元五年	益都路	权腹正面阴刻"至元五年""廿（卅）"，背面阴刻"益都路"。	残9	残500	《考古》1984年第3期	

续表

标本	形制	保存状况	制颁年代	纪年铭文	制颁机构	铭文内容	高度（厘米）	重量（克）	资料来源	备注
631	不详	不详	不详	至元五年	益都路	权腹有"至元五年""益都路""廿"等铭文。	不详	500	《中国历代度量衡考》第472页，1992年	
632	A	完整	不详	至元□年		权腹有"至元""□年"等铭文。	8.87	460	《四川文物》2017年第3期	
633	Bb	完整	不详	至治元年 至元四年	益都路	权腹正面"至□□年"，背面"益都路造"，右侧面"平"。"至□□年"的第二字和第三字经过了改刻。第二字为"元"，或"治"，第三字为"元"或"四"。	11.2	655	《文物春秋》1999年第2期	
634	Ba	完整	1284－1297	大德六年	大都路	权腹正面"大德六年""大都路造"，背面"三十五斤秤"，侧面非汉字文字；底部"皇"字。大德六年系在原来年号上改刻而成。	10.5	780	《辽宁省博物馆馆刊》（2012）第245～258页，2013年；《四川文物》2017年第3期	
635	B	完整	不详	元统元年	益都路	权腹正面"益都路"；背面"元统元年"，左侧面"至元三年"；皆阴文。	10	500	《文物》1959年第12期	
636	Ba	完整	不详	泰定五年	奉元路	权腹正面"奉元路""官造"。"泰定五"和一个押记，背面"泰定五年"是刮去原来年号另刻的。	10.7	770	《文物》1977年第2期	
637	不详	不详	无	□□六年	大都路	权腹有"□□六年""大都路""三十五斤秤"等铭文。	不详	850	《中国历代度量衡考》第476页，1992年	

续表

标本	形制	保存状况	制颁年代	纪年铭文	制颁机构	铭文内容	高度（厘米）	重量（克）	资料来源	备注
638	A	完整	不详	□□二年	大都路	权腹有"大都路较同""二十五斤""□□二年""河十三"等阴文。	11	930	《邢台职业技术学院学报》2015年第2期	
639	Ba	完整	不详	至□□□	全宁路	权腹正面"至□□□"，背面"全宁路"，皆阴文。	9	590	《文物鉴定与鉴赏》2018年第5期	元大德七年置全宁路，明初改为全宁卫。
640	Ba	完整	不详	至□元年	般阳路总管府	权腹正面"至□元年"，侧面"平"，背面"般阳路总管府"，皆阴文。	12	不详	《莒南县博物馆青铜器精粹》第182~183页，2019年	元至元二十四年改淄莱路为般阳路，明初改为般阳府。
641	Ba	完整	不详	不详		权身字迹漫漶，仅识背面八思巴文"一斤"和右侧回鹘文"秤石（砣）"。	9.5	609	《文物资料丛刊（8）》第113~115页，1983年	这类铜权一般转颁于大都路。
642	B	不详	无	无	潭州路	权腹有"潭州路造"铭文。	不详	不详	《古泉山馆金石文编残稿》第1711页，1979年	元至元十四年置潭州路，天历二年改为天临路。
643	A	完整	无	无	全州路	权腹阴刻"全州路造""八"等铭文。	8.5	不详	《藏宝集粹：桂林博物馆藏文物精品》第135页，2015年	元至元十四年置全州路，明洪武二十七年为全州府，元年为全州府。
644	不详	完整	无	无	吉安路	权腹正面"元"，背面"吉安路"。	11	1000	《吉安地区志》第3456页，2010年	元元贞元年改吉州路为吉安路，明太祖洪武年改吉安府。

续表

标本	形制	保存状况	制颁年代	纪年铭文	制颁机构	铭文内容	高度（厘米）	重量（克）	资料来源	备注
645	A	完整	无	无	鄂州路	权腹正面"鄂州路造"，背面"收六"，皆阴文。	10	811	《江汉考古》1990年第1期	元至元十四年置鄂州路，大德五年改为武昌路。
646	A	完整	无	无	大都路	权腹正面"大都路""较同""二十五斤"，背面有无铭文不详。	10.5	不详	《金源文物图集》第29页，2001年	
647	A	座残	无	无	大都路	权腹正面"大都路""较同""一十五斤"，背面"上二号"，皆阴刻。	残7.5	残220	《考古》1994年第10期；《考古》1995年第3期	
648	Ba	完整	无	无	大都路	权腹正面"大都路"，背面"皇甫"。	8.7	310	《辽海文物学刊》1997年第2期	
649	A	完整	无	无	济南路	权腹正面"济南路"，背面"官较同"。	10.5	725.3	《文物》1987年第11期	
650	Ba	完整	无	无	大都路	权腹正面"大都路"，背面"皇甫"。	8.8	394	《文物》1997年第11期	
651	Ba	完整	无	无	顺宁府	权腹正面"顺宁府官"，右侧面一个"丝"形符号；背面"较勘相同"，右侧"十六斤"，皆阴文。	9.9	540	《文物春秋》1993年第3期	元后至元三年改宣德府为顺宁府，明洪武二年复为宣德府。
652	B	完整	无	无	保定路	权腹正面"保定路"，背面"官造"，侧面"四"。	7.9	395	《文物春秋》2004年第3期	元至元十二年改顺天路为保定路，明洪武元年改为保定府。

续表

标本	形制	保存状况	制颁年代	纪年铭文	制颁机构	铭文内容	高度（厘米）	重量（克）	资料来源	备注
653	B	完整	无	无	顺宁府	权腹正面"顺宁府官"；背面"较勘相同"，左侧面"十七号"，右侧面"十□"，阴文。	9.4	475	《文物春秋》2004年第3期	
654	A	完整	无	无	济南路	权身正面"济南路"，背面"官较同"，皆阴铸。	11	652	《文物资料丛刊（8）》第113～115页，1983年	
655	A	不详	无	无	汴梁路	权腹正面"汴梁路""达鲁花赤"，背面"依省成造""较勘相同"，皆阴文。	不详	不详	《小校经阁金石文字（引得本）》（四）第2340页，1979年	元至元二十五年改南京路为汴梁路，明洪武元年改为开封府。
656	B	不详	无	无	江州路	权腹正面"江州"，背面"路造"，皆阴文。	不详	不详	《小校经阁金石文字（引得本）》（四）第2340页，1979年	元至元十四年置江州路，明太祖辛丑年改九江府。
657	不详	不详	无	无	保定路	权腹有"保定路""官造"铭文。	不详	618	《中国历代度量衡考》第477页，1992年	
658	不详	不详	无	无	大都路	权腹有"大都路造（蒙汉文）"铭文。	不详	不详	《中国历代度量衡考》第477页，1992年	
659	不详	不详	无	无	济南路	权腹有"济南路""官较同"等铭文。	不详	不详	《中国历代度量衡考》第476页，1992年	
660	不详	不详	无	无	济南路	权腹有"济南路""官较同"等铭文。	不详	不详	《中国历代度量衡考》第476页，1992年	

续表

标本	形制	保存状况	制颁年代	纪年铭文	制颁机构	铭文内容	高度（厘米）	重量（克）	资料来源	备注
661	不详	不详	无	无	汴梁路	权腹有"汴梁路"铭文。	不详	不详	《中国历代度量衡考》第476页，1992年	
662	不详	不详	无	无	扬州路	权腹有"扬州路""建康路造""水三"等铭文。	不详	375	《中国历代度量衡考》第477页，1992年	
663	不详	不详	无	无	真定路	权腹有"真定路""裴一造"等铭文。	不详	不详	《中国历代度量衡考》第477页，1992年	
664	不详	不详	无	无	真定路	权腹有"真定路"铭文。	不详	636.5	《中国历代度量衡考》第476页，1992年	
665	不详	不详	无	无	真定路	权腹有"真定路"铭文。	不详	34	《中国历代度量衡考》第477页，1992年	
666	不详	不详	无	无	临江路	权腹有"临江路"铭文。	不详	200	《中国历代度量衡考》第477页，1992年	元至元十四年置临江路，明太祖癸卯年改临江府。
667	A	完整	无	无	怀庆路	权正面"怀庆路"，背面"申忠造"，一侧"天十"，皆阴文。	11.2	877	《中原文物》1987年第1期	元延祐六年改怀孟路为怀庆路，明洪武元年改武元年改为怀庆府。
668	Ea	完整	无	无	新渝州	权正面"新渝州造"，背面"元廿一号"，皆阴文。	10.5	950	《南方文物》2003年第3期	元元贞元年升新喻县为州，明洪武初年复新喻县。

续表

标本	形制	保存状况	制颁年代	纪年铭文	制颁机构	铭文内容	高度（厘米）	重量（克）	资料来源	备注
669	Ba	完整	无	无	宁夏路	权腹正面"宁夏路"，右侧面"官造"，背面"较同"。	10.5	568.6	《收藏界》2016年第7期	元至元二十五年置宁夏路，明洪武三年改宁夏府。
670	A	完整	无	无	潭州路	权腹有"潭州路造"铭文。	不详	不详	《益阳日报》2019年8月25日第A03版	
671	A	完整	无	无	潭州路	权腹正面"潭州"，背面"路造"，阴文。	6.8	不详	《郴州馆藏文物精品图集》第56页，2010年	
672	Ba	完整	无	无	潭州路	权腹正面"潭州"，背面"路造"，阴文。	8.3	246.5	《修来富度量衡藏品选》第42页，2014年	

参考文献

一 古籍类（含今人校注）

［元］脱脱等撰：《金史》，中华书局，1975年。

［元］脱脱等撰：《宋史》，中华书局，1977年。

［元］孛兰肹等撰，赵万里校辑：《元一统志》，中华书局，1966年。

［元］王与撰：《无冤录》，《续修四库全书》第972册，上海古籍出版社，2002年。

［宋］魏了翁撰，［元］方回续：《古今考·续古今考》，《景印文渊阁四库全书》第853册，台湾商务印书馆，1986年影印本。

［元］赵天麟撰：《太平金镜策》，《续修四库全书》第475册，上海古籍出版社，2002年。

［韩］韩国学中央研究院编：《至正条格（校注本）》，韩国首尔人文出版集团，2007年。

［明］宋濂等撰：《元史》，中华书局，1976年。

［清］张廷玉等撰：《明史》，中华书局，1974年。

［清］吴大澂撰：《权衡度量实验考》，艺文印书馆，1974年。

［清］疏筤等纂修：《道光武康县志》，《中国方志丛书·华北地方·第五六五号》，成文出版社有限公司（据道光九年刊本影印），1983年。

［清］阮元撰：《两浙金石志》，《历代碑志丛书·第十九册》，江苏古籍出版社（据清道光四年广东刊本影印），1998年。

［清］张廷济著：《清仪阁所藏古器物文》（下册），浙江美术出版社，2020年。

［清］冯云鹏、冯云鹓辑：《金石索》，《续修四库全书》第894册，上海古籍出版社，2002年。

［清］瞿中溶撰：《古泉山馆金石文编残稿》，《石刻史料新编·第二辑·第三册》，新文丰出版公司（据民国四年适园丛书本影印），1979年。

［清］黄瑞辑：《台州金石录》，《石刻史料新编·第一辑·第十五

册》，新文丰出版公司（据民国五年刘氏嘉业堂刊本影印），1982年。

　　［清］鲍昌熙摹：《金石屑》，《石刻史料新编·第二辑·第六册》，新文丰出版公司影印本，1979年。

　　［清］郭嵩焘纂：《湖南金石志》，《石刻史料新编·第二辑·第十一册》，新文丰出版公司影印本，1979年。

　　［清］缪荃孙纂：《畿辅金石志》，《石刻史料新编·第二辑·第十一册》，新文丰出版公司影印本，1979年。

　　［清］徐宗幹辑：《济宁州金石》，《石刻史料新编·第二辑·第十三册》，新文丰出版公司影印本，1979年。

　　王舟瑶撰：《台州金石志》，《石刻史料新编·第三辑·第九册》，新文丰出版公司影印本，1986年。

　　［清］吴浔源纂：《宁津金石志》，《石刻史料新编·第三辑·第二十三册》，新文丰出版公司影印本，1986年。

　　［清］毕沅辑：《山左金石志》，《石刻史料新编·第一辑·第十九册》，新文丰出版公司影印本，1982年。

　　［清］陈瑜纂：《黎平金石志》，《石刻史料新编·第三辑·第二十三册》，新文丰出版公司影印本，1986年。

　　［清］刘体智主编：《小校经阁金石文字（引得本）》（四），台湾大通书局，1979年。

　　刘绍宽撰：《平阳金石志》，《石刻史料新编·第三辑·第十册》，新文丰出版公司影印本，1986年。

　　罗振玉著：《雪堂藏古器物目录（外五种）》，上海古籍出版社，2013年。

　　吴承洛著：《中国度量衡史》，上海三联书店，2014年。

　　方龄贵校注：《通制条格校注》，中华书局，2001年。

　　陈高华等校点：《元典章》，天津古籍出版社、中华书局，2011年。

二　专著　论文集

　　刘复、李家瑞编：《宋元以来俗字谱》，国立中央研究院历史语言研究所，1930年。

　　南京博物馆编：《"中国历史文物陈列"陈列品简目》，1957年。

　　河南省计量局主编：《中国古代度量衡论文集》，中州古籍出版社，1990年。

　　国家计量总局主编：《中国古代度量衡图集》，文物出版社，1991年。

丘光明编著：《中国历代度量衡考》，科学出版社，1992年。

徐信印主编：《安康文物名胜》，三秦出版社，1992年。

李绍曾编著：《淮上文物史迹纵横谈》，河南人民出版社，1993年。

郭正忠著：《三至十四世纪中国的权衡度量》，中国社会科学出版社，1993年。

陈喜忠著：《中国元代经济史》，人民出版社，1994年。

杜廼松著：《中国青铜器发展史》，紫禁城出版社，1995年。

金柏东等编：《温州名胜古迹》，作家出版社，1998年。

陈高华、史卫民著：《中国经济通史·元代经济卷》，经济日报出版社，2000年。

丘光明、邱隆、王平著：《中国科学技术史·度量衡卷》，科学出版社，2001年。

张金铣著：《元代地方行政制度研究》，安徽大学出版社，2001年。

许光宁编著：《明光揽胜》，2001年。

普兰店市史志办公室等编：《普兰店文物掠影》，2001年。

九华山大辞典编纂委员会编：《九华山大辞典》，黄山书社，2001年。

马自树主编：《中国文物定级图典·三级品》，上海辞书出版社，2001年。

丘光明著：《中国物理学史大系：计量史》，湖南教育出版社，2002年。

李治安著：《元代政治制度研究》，人民出版社，2004年。

罗常培、蔡美彪编著：《八思巴字与元代汉语（增订本）》，中国社会科学出版社，2004年。

丘光明著：《中国古代计量史图鉴》，合肥工业大学出版社，2005年。

柴泽俊、任毅敏著：《中国古代建筑——洪洞广胜寺》，文物出版社，2006年。

杜廼松主编：《中国青铜器定级图典》，上海辞书出版社，2008年。

吴慧著：《中国经济史若干问题的计量研究》，福建人民出版社，2009年。

詹汉清著：《固蓼文物考古选集》，2009年。

李幹著：《元代民族经济史》，民族出版社，2010年。

李治安著：《元代行省制度》，中华书局，2011年。

温海清著：《画境中州——金元之际华北行政建置考》，上海古籍出版社，2012年。

薛磊著：《元代东北统治研究》，中国社会科学文献出版社，2012年。

中国文物学会专家委员会主编：《名家点金：文物知识系列（青铜器）》，山东教育出版社，2013年。

张忠义主编：《中国收藏拍卖年鉴》，人民美术出版社，2014年。

杜廼松著：《中国青铜器发展史》，紫禁城出版社，2015年。

中国嘉德国际拍卖有限公司编：《大观：中国书画珍品之夜·古代》，2015年秋。

湖州市第一次全国可移动文物普查领导小组办公室编：《湖州市第一次全国可移动文物普查成果汇编》，浙江古籍出版社，2016年。

赵晓军著：《先秦两汉度量衡制度研究》，上海交通大学出版社，2017年。

李治安、薛磊著：《中国行政区划通史·元代卷》（修订本），复旦大学出版社，2017年。

陈高华、史为民著：《元代政治制度史》，中国社会科学出版社，2020年。

三　论文类

奂文：《关于元代净州路古城的一些问题》，《考古》1958年第1期。

姜涛、李秀萍：《"元代铜权"略考》，《中原文物》1985年第3期。

刘幼铮：《元代衡器衡制略考》，载元史研究会编《元史论丛》（第三辑），中华书局，1986年，第172～180页。

郭正忠：《隋唐宋元之际的量器与量制》，《中国经济史研究》1987年第2期。

郭正忠：《宋代度量衡器的制作与管理机构》，《北京师范学院学报（社会科学版）》1989年第5期。

郭正忠：《略议宋代的权衡器物》，载邓广铭、漆侠主编《国际宋史研讨会论文选集》，河北大学出版社，1992年，第100～118页。

冯恩学：《俄罗斯滨海边区赛加古城出土金代权衡器考》，《北方文物》1993年第1期。

郭正忠：《宋代度量衡器在流通使用中的技术检定与监督》，《中州学刊》1993年第6期。

刘宏、晏德宗：《元代铜权小议》，《故宫文物月刊》第10卷第11期（总第119期），1993年（二月份）。

吴慧：《宋元的度量衡》，《中国社会经济史研究》1994年第1期。

黄时鉴：《元代四体铭文铜权的考释——以识读波斯文铭文为主》，载叶奕良编《伊朗学在中国论文集（第2集）》，北京大学出版社，1998年，第41~47页。

赵琦：《大蒙古国时期十路征收课税所考》，载中国蒙古史学会编《蒙古史研究（第六辑）》，内蒙古大学出版社，2000年，第30~42页。

郑绍宗：《河北出土金元时期铜权的分析与研究》，《文物春秋》2004年第3期。

涂伟华：《元代铜权考析》，《南方文物》2006年第2期。

姬永亮：《唐代度量衡制作与管理探索》，《上海交通大学学报（哲学社会科学版）》2006年第4期。

田茂磊：《铜秤砣见证元代山东行政区划和度量衡制》，《中国计量》2006年第9期。

董永强：《元代铜权上的回鹘式蒙古文铭文再考》，《西北大学学报（哲学社会科学版）》2007年第3期。

刘幼铮：《中国古代提系杆秤形态的起始和断代》，《中国文物报》2007年3月16日第7版。

石俊志：《秦汉时期的铜币减重与权衡减重》，《河南社会科学》2007年第6期。

张秀荣：《元大都出土八思巴字文物的思考》，《北京文博》2009年第2期。

黄诗金：《深圳博物馆藏小型青铜器》，《收藏家》2010年第6期。

何锟宇：《成都市博物馆新址出土北宋权范及相关问题的探讨》，载四川大学博物馆等编《南方民族考古（第七辑）》，科学出版社，2011年，第359~368。

蔡明：《深圳博物馆藏元代铜权及相关问题探讨》，《文博》2012年第2期。

张庆久：《浅说元代铜权》，《文物世界》2012年第4期。

田丽梅：《吉林省博物院藏"天成元年"铜权及其相关问题》，载吉林省博物院编《耕耘录：吉林省博物院学术文集（2010~2011）》，吉林人民出版社，2012年，第103~105页。

张璐：《吉林省博物院藏铜权及其相关问题》，载吉林省博物院编《耕耘录：吉林省博物院学术文集（2010~2011）》，吉林人民出版社，2012年，第408~410页。

于力凡：《元代大都路造四体铭文铜权及相关问题研究》，《北京文博文丛》2013年第2辑。

蔡明:《元代铜权的初步研究》,《考古》2013年第6期。

刘敏华:《废品堆中重生的国家珍贵文物》,《东方收藏》2013年第12期。

都惜青:《馆藏元代大都路铜权及相关问题研究》,载辽宁省博物馆编《辽宁省博物馆馆刊(2012)》,辽海出版社,2013年,第245~258页。

孙璇、崔艳茹:《盖州泉眼沟出土铜权浅析》,载辽宁省辽金契丹女真史研究会编《辽金历史与考古(第四辑)》,辽宁教育出版社,2013年,第365~366页。

刘志恒:《从元初铜权看元代的衡器改革》,《黑龙江史志》2014年第19期。

张建平:《"至元二十年"铜权及相关的几个问题》,载陈建明主编《湖南省博物馆馆刊(第十辑)》,岳麓书社,2014年,第335~339页。

李淑芹:《邢台市馆藏元代铜权及相关问题探讨》,《邢台职业技术学院学报》2015年第2期。

费胜成:《元代铜权浅说》,载德清县博物馆编《灿烂的德清历史文化》,西泠印社出版社,2015年,第163~165页。

谷丽芬:《盖州泉眼沟铜权为元代辨》,载辽宁省辽金契丹女真史研究会编《辽金历史与考古(第六辑)》,辽宁教育出版社,2015年,第324~326页。

余军、米向军:《新见一件元代"宁夏路"铜权——兼谈"宁夏路"建制废罢的政治背景》,《收藏界》2016年第7期。

刘玉婷:《谁说大元"旱鸭子"》,《中国收藏》2016年第11期。

关增建:《中国古代衡器形式的演变》,《中国计量》2016年第11期。

邓里:《萍乡博物馆珍藏元代铜权浅析》,载江西省博物馆编《江西省博物馆集刊(七)》,文物出版社,2016年,第237~248页。

都惜青:《辽宁省博物馆藏元代纪年铜权考析》,《四川文物》2017年第3期。

王卫锋:《安吉县博物馆藏元代铜权及相关问题》,《东方博物》2017年第3期。

刘铮:《"皇甫权"铭文"南京"地望新考》,《北方文物》2018年第4期。

乌云高娃:《元代多语文合璧书写形式及其对明清的影响》,《中国史研究动态》2018年第5期。

韩吉绍：《魏晋南朝衡制发微》，《历史研究》2018年第6期。

开路：《铜陵及周边地区出土铜权研究》，《文物鉴定与鉴赏》2018年第13期。

林志国：《元代四体铭文铜权上的八思巴文识读》，《中国计量》2019年第3期。

李春圆：《元代的量制政策和量制运用——兼考元省斛与南宋文思院斛之换算关系》，《史学月刊》2020年第5期。

四　简报、报告类

郑隆：《元代净州路古城的调查》，《考古》1957年第1期。

绍宗、克武：《铜权》，《文物参考资料》1957年第12期。

黄明兰：《开封师院收购到元代益都路铜权一件》，《文物》1959年第12期。

唐昌朴：《修水发现元代铜铁权》，《南方文物》1965年第1期。

唐昌朴：《江西修水发现元代铜铁权》，《考古》1965年第5期。

中国科学院考古研究所、北京市文物管理处、元大都考古队：《北京西绦胡同和后桃园的元代居住遗址》，《考古》1973年第5期。

刘善沂：《山东茌平郗屯出土一批金元器物》，《文物》1977年第2期。

左忠诚、罗西章：《陕西渭南、扶风出土元至元九年和泰定五年铜权》，《文物》1977年第2期。

云希正：《元代河西务漕运遗存》，《天津文物简讯》1977年第9期。

周至县文化馆：《陕西省周至县发现元至元九年铜权》，《文物》1978年第3期。

磁县文化馆：《河北磁县南开河村元代木船发掘简报》，《考古》1978年第6期。

刘东瑞：《铸有四种不同文字的元代二斤铜秤锤》，《历史教学》1979年第6期。

陈金生、王和平：《浙江岱山县发现元大德六年铜权》，《文物》1979年第12期。

李逸友：《内蒙古克托克托城的考古发现》，载文物编辑委员会编《文物资料丛刊（4）》，文物出版社，1981年，第210~217页。

安吉县博物馆：《浙江安吉县发现元代铜权》，《文物》1982年第

4期。

　　王明芳：《莱西发现元至元二十九年铜权》，《文物》1982年第7期。

　　刘礼纯：《瑞昌县出土元代铜权》，《江西历史文物》1983年第2期。

　　罗仲全：《潜江发现元代铜权》，《江汉考古》1983年第3期。

　　吴大林：《江苏溧水县收集到的元代铜权》，《文博通讯》1983年第6期。

　　邱志华：《扬州出土的元代铜权》，载文物编辑委员会编《文物资料丛刊（7）》，文物出版社，1983年，第177页。

　　冯永谦：《辽宁开远老城镇出土的元代铜器和铁器》，载文物编辑委员会编《文物资料丛刊（7）》，文物出版社，1983年，第163～167页。

　　刘幼铮：《介绍天津发现的一批古代铜、铁权》，载文物编辑委员会编《文物资料丛刊（8）》，文物出版社，1983年，第113～116页。

　　马玺伦：《山东沂水县发现元代铜权》，《考古》1984年第3期。

　　马玺伦：《山东沂水发现元代铜权》，《考古》1985年第2期。

　　李少南：《山东博兴发现元代铜权》，《考古》1985年第3期。

　　俞天舒：《浙江瑞安发现三件元代铜权》，《文物》1985年第3期。

　　詹汉清：《固始发现元代铜权》，《中国文物报》1985年11月20日第2版。

　　唐爱华：《河南新乡出土元代铜权》，《考古》1986年第1期。

　　黄建秋：《常州博物馆拣选青铜器介绍》，《东南文化》1986年第1期。

　　刘东亚：《新发现的三件金、元权》，《中原文物》1986年第4期。

　　冯沂：《山东临沂市发现五件元代铜权》，《文物》1986年第4期。

　　张松柏、任学军：《辽金松山州遗址调查》，《内蒙古文物考古》1986年总第4期。

　　姚高悟：《沔阳发现元代铜权》，《文物》1986年第7期。

　　刘善沂：《山东茌平郗屯出土一批金元器物》，《考古》1986年第8期。

　　林嘉华：《江苏江阴县发现元初铜权》，《考古》1986年第9期。

　　吴志谦：《福建泉州市发现元代铜权》，《考古》1986年第11期。

　　毛慧明：《甘肃天水县发现元代铜权》，《考古》1986年第11期。

　　曹传松、乔正国：《澧县出土元代铜权》，载《湖南文物》编辑室编《湖南文物（第一辑）》，湖南大学出版社，1986年，第57页。

　　杨国庆：《河南省博物馆藏元纪铭铜权》，《中原文物》1987年第

1期。

林嘉华：《江阴发现元初铜权》，《东南文化》1987年第3期。

郭治中、李逸友：《内蒙古黑城考古发掘纪要》，《文物》1987年第7期。

程继林：《山东泰安市大汶口镇近年出土的一批铜器》，《考古》1987年第7期。

许文巨：《浙江义乌出土"龙凤七年"铜权》，《文物》1987年第9期。

高桂云、张先得：《记北京发现的元代铜权》，《文物》1987年第11期。

许明纲：《大连地区出土元代铜、铁权》，《考古》1987年第11期。

魏人栋：《湖南城步苗族自治县出土元代铜权》，《考古》1987年第11期。

马瑞雪：《宽城县出土金元时代文物》，《考古》1987年第12期。

赵丙焕：《新郑发现元代铜权》，《中国文物报》1987年5月1日第2版。

徐孝忠：《淮南市发现两件元代文物》，载文物编辑委员会编《文物资料丛刊（10）》，文物出版社，1987年，第200页。

赵丙焕：《河南新郑县发现元代铜权》，《考古》1988年第2期。

姜建成：《山东益都发现元代铜权》，《考古》1988年第3期。

桂金元：《安徽省青阳县发现元代铜权》，《考古》1988年第6期。

宋志发：《安徽舒城县出土元大德年间铜权》，《考古》1988年第6期。

敖兴全：《广汉发现元代铜权》，《四川文物》1989年第2期。

马玺伦：《山东沂水县发现元代铜权》，《考古》1989年第5期。

王世振：《随州市发现元代铜权》，《江汉考古》1990年第1期。

赵振生：《辽宁阜新市发现元代铜权》，《考古》1990年第2期。

江洪：《湖南芷江发现元代铜权》，《考古》1990年第5期。

李秀兰：《平度博物馆藏元代铁权》，《考古与文物》1990年第5期。

马瑞雪：《河北宽城出土两件元代铜权》，《文物》1990年第9期。

淮生、贺进：《高唐县胡庄村发现铜权》，载陈昆麟、竞放编著《文博论集（第一辑）》，山东出版总社聊城分社，1990年，第410~411页。

郑绍宗、孙慧君：《隆化皇姑屯辽北安州及其附近遗迹调查简报》，《文物春秋》1991年第2期。

崔天勇：《山东掖县出土元代铜权》，《考古》1991年第4期。

郭世云：《滨城北关发现元代铜权》，载政协滨州市委员会文史资料委员会编《滨州文史资料（第三辑）》，1991年，第172～173页。

李刚、李超峰：《河北盐山发现元代铜权》，《考古》1992年第1期。

严烽：《江陵发现元代铜秤砣》，《江汉考古》1992年第3期。

蔡汝传、曾和生：《江西宜春市征集到元代铜权》，《南方文物》1992年第3期。

杨建东：《山东微山县出土元代铜权》，《文物》1992年第5期。

刘秀风等：《元末明玉珍农民政权"天统三年"铜权》，《文物》1992年第7期。

蔡汝传、曾和生：《江西分宜发现元代铜权》，《文物》1992年第9期。

刘建中：《张家口地区博物馆收藏的元代铜权》，《文物春秋》1993年第3期。

李振奇：《河北临城县发现元代铜权》，《考古》1993年第5期。

季占林：《河北崇礼出土元代铜器》，《考古》1994年1期。

程继红：《安徽省望江县发现元代铜权》，《考古》1994年第8期。

刘朴：《河北承德县发现元代铜权》，《考古》1994年10期。

姚旭天：《湖南安化出土元代铜权》，《考古》1995年第1期。

李学训：《山东昌乐发现龙凤六年铜权》，《考古》1995年第1期。

陈龙山：《江苏灌云县发现元代铜权》，《考古》1995年第3期。

刘朴：《河北承德县发现元代窖藏》，《考古》1995年3期。

程存洁：《广州博物馆藏三件元代铜权》，《考古》1995年第10期。

陈之勉：《江西赣州出土元代铜权》，《南方文物》1996年第2期。

程明：《山东邹城市出土元代铜权》，《考古》1996年第6期。

冯欣海：《江苏灌云县发现元代铜权》，《文物》1996年第8期。

王增山：《山东利津县发现元代铜权》，《考古》1996年第12期。

黄爱宗：《山东寿光县发现元代铜权》，《考古》1996年第12期。

龙福廷：《湖南郴州市发现元代铜权》，《考古》1996年第12期。

陈金梅：《北票市文管所收藏的6件元代铜权》，《辽海文物学刊》1997年第2期。

彭立平：《河北围场县发现元代铜权》，《考古》1998年第7期。

李克文：《江苏赣榆县出土元代铜权》，《考古》1997年第9期。

赵建明：《安徽贵池市发现元代铜权》，《考古》1997年第10期。

董杰：《朝阳市博物馆藏元代铜铁权》，《文物》1997年第11期。

李惠生、赵桂香：《元中都遗址及其周围村庄出土的元代文物》，《文物春秋》1998年第3期。

杨彩娥：《元代"大德权析"》，《南方文物》1998年第4期。

李晓峰：《济南市博物馆藏元代铜权介绍》，《文物春秋》1999年第2期。

刁山景：《江西安福发现元代铜权》，《南方文物》2000年第3期。

陈文：《广西灵山县发现元代铜权》，《考古与文物》2001年第6期。

林德民：《元"泉州路总管府"铜权》，《文物》2001年第7期。

王惠霞、宋山梅：《河南新郑市农民上交一批元代文物》，《中国文物报》2001年7月18日第2版。

房树辉：《河北正定发现一枚带铭铜权》，《文物春秋》2002年第6期。

常玉英：《山东莒南发现元代铜权》，《文物》2002年第12期。

赵建朝：《永年县发现一枚带铭铜权》，《文物春秋》2003年第3期。

章国任：《新渝州造铜权》，《南方文物》2003年第3期。

王燕玲：《北京市文物研究所藏元代铜权》，《北京文博》2006年第4期。

张翠荣、李素静、李剑：《平泉县博物馆藏元代铜权》，《文物春秋》2007年第5期。

汪明：《天水市麦积区元权》，《陇右文博》2009年第1期。

宁夏文物考古研究所、固原市原州区文物管理所编：《开城安西王府遗址勘探报告》，科学出版社，2009年。

邱隆：《修正药业"万权堂博物馆"藏品简介》，《中国计量》2010年第1期。

付万刚：《元至正元年铜权》，《中国文物报》2011年1月21日第6版。

河北省文物研究所"河北北部辽金元城址调查勘测与保护"课题组：《张家口地区辽金元时期城址勘察报告》，载河北省文物研究所编《河北省考古文集（四）》，科学出版社，2011年，第214～249页。

刘金霞：《沧州市博物馆馆藏铜器选介》，《文物春秋》2013年第4期。

朝阳博物馆：《辽宁朝阳博物馆收藏的元代窖藏器物》，《文物》2013年第5期。

于任杰：《馆藏元贞二年"大都路造"铜权》，《神州旬刊》2013年第6期。

陕西文保考古咨询研究院：《镇安兴隆寺遗址探查与研究》，三秦出版社，2016年。

王博文：《元代铜权》，《陇东报》2017年2月18日第三版。

姚情情：《内蒙古翁牛特旗博物馆馆藏元代铜权》，《文物鉴定与鉴赏》2018年第5期。

崔炜：《繁昌县出土元代"至元"铜权浅析》，《视界观（下半月）》2019年第4期。

汪喜松：《阜阳博物馆藏元代铜权赏析》，《收藏界》2019年第5期。

麻晓荣：《青铜遗韵——右江民族博物馆藏出水青铜器选介》，《文化学刊》2019年第6期。

益阳市博物馆：《元"潭州路"铜权》，《益阳日报》2019年8月25日第A03版。

李可鑫：《汤原县博物馆收藏的几枚秤锤》，《文物鉴定与鉴赏》2020年第4期。

梁爽：《河南博物院藏元代铜权赏析》，《理财（收藏）》2020年第9期。

林洪：《浏阳市博物馆藏元大德二年铜权》，《文物》2020年第12期。

柴轩治：《元中都博物馆收藏的元代铜权》，《中国文物报》2020年9月8日第7版。

益阳市博物馆：《元"至元二十二年"铜权》，《益阳日报》2021年8月21日第3版。

五　史志类

安徽省舒城县文化局编：《舒城县文物志》，1984年。

安徽泾县文化局编：《泾县文物志》，1986年。

宣州市政协委员会文史资料工作委员会编：《宣州文史资料（第三辑）》，1988年。

乌兰察布盟、锡林郭勒盟文史资料工作委员会编：《乌兰察布文史资料（第八辑）》，1989年。

大余县志编纂委员会编：《大余县志》，中国三环出版社，1990年。

汤原县地方志编纂委员会编：《汤原县志》，黑龙江人民出版社，1992年。

鄞县文化广播电视局编：《鄞县文化广播志》，1992年。

安徽省文物志编辑室编：《安徽省文物志稿（下）》，1993年。

山东省新泰市史志编纂委员会编：《新泰市志》，齐鲁书社，1993年。

黑龙江省地方志编纂委员会编：《黑龙江省志》第五十三卷《文物志》，黑龙江人民出版社，1994年。

岱山县志编纂委员会编：《岱山县志（1989～2000）》，浙江人民出版社，1994年。

醴陵市志编纂委员会编：《醴陵市志》，湖南出版社，1995年。

湖南省株洲县志编纂委员会编：《株洲县志》，湖南出版社，1995年。

怀宁县地方志编纂委员会编：《怀宁县志》，黄山书社，1996年。

长沙市志编纂委员会编：《长沙市志（第十三卷）》，湖南出版社，1996年。

冯永谦、温丽和编：《法库县文物志》，辽宁民族出版社，1996年。

郑州历史文化丛书编纂委员会编：《郑州市文物志》，河南人民出版社，1999年。

安徽省淮北市地方志编纂委员会编：《淮北市志》，方志出版社，1999年。

张北县政协文史资料委员会编：《张北文史资料（第五辑）》，1999年。

高淳县政协学习文史委员会等编：《高淳文物》（高淳文史资料第十五辑），2000年。

北京市门头沟区文化文物局编：《门头沟文物志》，北京燕山出版社，2001年。

南京市地方志编纂委员会编：《南京标准计量管理志》，方志出版社，2002年。

《内蒙古自治区志·技术监督志》编纂委员会编：《内蒙古自治区志·技术监督志》，方志出版社，2004年。

赵振新、吴玉林主编：《锦州市文物志》，学苑出版社，2005年。

井陉县志编纂委员会编：《井陉县志（1985～2004）》，新华出版社，2006年。

连江县博物馆编：《连江县文物志》，2006年。

刘学颜著：《神醉金源故地哈尔滨》，哈尔滨出版社，2007年。

沧州市文物局编：《沧州文物古迹》，科学出版社，2008年。

广西大百科全书委员会编：《广西大百科全书·历史》（上册），中国大百科全书出版社，2008年。

中国人民政协无锡市锡山区委员会编：《锡山名器》，凤凰出版社，2009年。

田伏隆主编：《湖南历史图典（一）》，湖南美术出版社，2010年。

陈阜东主编：《吉安地区志（第5卷）》，复旦大学出版社，2010年。

湖州市地方志编纂委员会办公室编：《湖州市志（1991～2005）》（中册），方志出版社，2012年。

印江县文化体育广播电视旅游局编：《印江土家族苗族自治县文物志》，2013年。

王大方、张文芳编著：《草原金石录》，文物出版社，2013年。

政协株洲县委员会编：《渌湘寻古》（株洲县文史第十辑），2013年。

宋涛主编：《元代杭州历史遗存》，杭州出版社，2014年。

逐鹿县地方志编纂委员会编：《涿鹿县志（1989～2009）》，河北人民出版社，2014年。

常德市地方志编纂委员会、常德市文物局编：《常德市文物志（1988～2010）》，方志出版社，2014年。

天水市文化和旅游局编：《天水市文化志（1985～2011）》，2016年。

六　图录类

内蒙古自治区文物工作队编：《内蒙古出土文物选集》，文物出版社，1963年。

河北省博物馆等编：《河北省出土文物资料选集》，文物出版社，1980年。

国立中央图书馆台湾分馆编：《国立中央图书馆台湾分馆珍藏民俗器物图录（第2辑）》，1984年。

广东省文物管理委员会、广东省博物馆编：《广东文物普查成果图录（出土文物部分）》，广东科技出版社，1990年。

永康市政协文史资料委员会、永康市文物管理委员会编：《永康文物图录》（永康文史资料第8辑），1993年。

湖州市博物馆：《湖州市博物馆藏品集》，西泠印社，1999年。

南京市文化局、南京市文物局编：《南京文物精华》，上海美术出版社，2000年。

鲍海春、王禹浪主编：《金源文物图集》，哈尔滨出版社，2001年。

吴高彬主编：《义乌文物精粹》，文物出版社，2003年。

西安市文物保护考古所编：《西安文物精华：青铜器》，世界图书出版公司，2005年。

马鞍山市博物馆编：《马鞍山文物聚珍》，文物出版社，2006年。

《淮安金石录》编纂委员会编：《淮安金石录》，南京大学出版社，2008年。

《武清文物图集》编辑委员会编：《武清文物图集》，2008年。

王连晨、任仕怀主编：《青龙文物选辑》，中央民族大学出版社，2008年。

浙江省博物馆编：《浙江省博物馆典藏大系：越地范金》，浙江古籍出版社，2009年。

溧水县文化局编：《溧水文物集粹》，东南大学出版社，2009年。

汪宏儿主编：《南湖文物》，西泠印社，2009年。

随州市博物馆编：《随州出土文物精粹》，文物出版社，2009年。

德清县博物馆编：《德清博物馆文物珍藏》，西泠印社，2010年。

郴州市文物事业管理处编：《郴州馆藏文物精品图集》，中国文史出版社，2010年。

郑建芳：《孟府孟庙文物珍藏》，中国社会出版社，2011年。

张家口市博物馆编：《张家口市博物馆馆藏文物精华》，科学出版社，2011年。

新乡市博物馆编：《新乡市博物馆馆藏文物图录——〈牧野华章〉展品精选》，2011年。

沈琼华编：《大元帆影——韩国新安沉船出水文物精华》，文物出版社，2012年。

宣城市博物馆编：《宣城博物馆文物集萃》，黄山书社，2012年。

铜陵市文物局、铜陵市博物馆编：《铜陵博物馆文物集粹》，黄山书社，2012年。

沈君山、王国平等主编：《滦平博物馆馆藏文物精华》，中国文联出版社，2012年。

宁夏固原博物馆编：《固原文物精品图集》（下册），宁夏人民出版社，2013年。

青阳县博物馆编：《青阳博物馆文物集粹》，黄山书社，2013年。

江宁博物馆编：《东山撷芳——江宁博物馆暨东晋历史文化博物馆馆藏精粹》，文物出版社，2013年。

平泉县文物保护管理所编：《平泉馆藏文物精品鉴赏》，2013年。

冯印涛主编：《古蕴逐鹿：蕴藏卷》，大众文艺出版社，2013年。

黄霖珍主编：《百色文物珍品》，广西美术出版社，2013年。

张跃辉等主编：《蜀风雏韵：广汉文物艺术精粹》，巴蜀书社，2013年。

福建博物院编：《丝路帆远：海上丝绸之路文物精萃》，福建教育出版社，2013年。

枣庄市博物馆编：《枣庄市博物馆馆藏文物精品集》，山东人民出版社，2014年。

鹰潭市博物馆编：《鹰潭市博物馆文物藏品》，江西美术出版社，2014年。

刘金文主编：《平度文物精粹》，山东美术出版社，2014年。

太湖县文管所、太湖县博物馆编著：《太湖馆藏文物》，黑龙江美术出版社，2014年。

修来富主编：《修来富度量衡藏品选》，2014年。

王振芬主编：《旅顺博物馆概览》，上海古籍出版社，2015年。

王博文主编：《镇原博物馆文物精品图集》，甘肃文化出版社，2015年。

唐青松编：《藏宝集粹：桂林博物馆藏文物精品》，广西师范大学出版社，2015年。

杭州博物馆编：《最忆是杭州》，浙江人民出版社，2015年。

贾瑞新主编：《瑞安博物馆馆藏文物集·器物卷》，浙江古籍出版社，2016年。

湛江市第一次全国可移动文物普查办公室编：《湛江珍藏——湛江市第一次全国可移动文物普查精品图录》（下册），河北美术出版社，2017年。

天水市政协文史资料委员会编：《天水文物精华》，甘肃文化出版社，2016年。

赵兰会著：《蚌埠珍贵文物》，安徽美术出版社，2017年。

澧县文物局编：《澧县文物大观》（上册），岳麓书社，2017年。

顺德区第一次全国可移动文物普查办公室、顺德区博物馆编：《顺德区第一次全国可移动文物普查成果汇编》，广东人民出版社，2017年。

张振、孟庆东主编：《肇源博物馆文物精品概览》，黑龙江美术出版社，2018年。

平鲁区文物旅游局编：《平鲁文物图志》，三晋出版社，2018年。

陕西省文物局编：《文物陕西：度量衡器卷》，陕西师范大学出版社，2018年。

北京民俗博物馆编：《草原丝路——内蒙古明博草原文化博物馆精品文物展》，北京工艺美术出版社，2018年。

东营市文化广电新闻出版局主编：《东营文物》，中国石油大学出版社，2018年。

四会市博物馆编：《古邑藏珍：四会市可移动文物图录》，吉林大学出版社，2019年。

莒南县博物馆编：《莒南县博物馆青铜器选粹》，上海古籍出版社，2019年。

中国港口博物馆编：《海濡之地：北仑史迹陈列图录》，宁波出版社，2019年。

南开大学博物馆编：《南开大学博物馆藏品图录：百件文物精品卷》，科学出版社，2020年。

广州博物馆编著：《字字珠玑——广州博物馆典藏铭文刻辞类文物选》，文物出版社，2021年。

后 记

岁月匆匆、白驹过隙。从我首次接触元代铜权到拙著《元代铜权整理与研究》即将付梓出版，几近九年的时光，还未来得及品味，便倏然遁去了。

2015年3月，一个偶然的机会，我接触到了元代铜权。出于对宋元历史与文物的偏好，我开始有计划地搜集元代铜权及相关材料。随着材料的日益丰富，我发现元代铜权蕴藏着极为丰富的历史文化信息。然而，这些珍贵的信息尚未得到学界足够的重视和充分地发掘，于是我决心对其相关问题进行一次全面系统地考察。

2018年春，经过三年的努力，我搜集到了672件可信的元代铜权。在此基础上，我开始逐步对其相关问题展开细致地探讨。2019年春，我以25万字的书稿申报了本年度的国家社科后期资助项目；同年10月，很荣幸地获得了此项资助。2023年4月，本项目又较为顺利地获批结项。

一路走来，磕磕绊绊、漫长难捱，或荆棘遍地，或忐忑不安，或踟蹰不前，但在各位师友的帮助和指导下，我最终品尝到了收获的喜悦。

感谢全国哲学社会科学规划办公室以及本项目的各位匿名评审专家，在书稿结构尚不合理、内容尚不完善、讨论尚不成熟的情况下，给予我的宽容、鼓励、支持和信任。

感谢我的博士生导师水涛教授和硕士生导师李怀顺教授。两位导师胸怀宽广、学识渊博、治学严谨、教导有方，不仅在学业上给予我细心的指导，而且在学风上给予我至深的影响，为我的学术之路指明了前进的方向并提供了源源不竭的精神动力。

感谢南京大学杨晓春教授为本书作序。书序本来是邀请业师水涛教授撰写的。业师从不谙元史计，亲邀元史专家杨晓春教授代为序。杨教授听闻此事，慨然允诺。他不辞辛苦，于百忙中审读拙稿，不仅对书稿作出了客观公正的评价，而且提出了许多宝贵的意见。杨教授的这份提携之恩，将时刻激励着我奋力前行。

感谢南京大学赵东升和白国柱、河南大学李溯源、宁夏文物考古研究所马强、苏州考古研究所张志清等各位同门。他们曾在生活、学习、工作等多个方面给予我无私的帮助和指导。

　　感谢我的妻子陈兰英女士。她一面从事繁琐的教学工作，一面承担繁重的家务劳动。正是在她的理解与支持下，我才能够顺利地完成本书的撰写。

　　最后我谨向所有在生活中给予我帮助的人、在学业中给予我指导的人、在人生旅途中给予我教诲的人，致以最诚挚的敬意。

　　由于本人学识和能力有限，书中定有诸多疏漏和不足之处，恳请各位师友批评指正。

刘　铮

2023 年 12 月 20 日于寓所